Scott Kelby

PHOTOSHOP

D&WN

Dirty

TRICKS

ADDISON-WESLEY

Bibliografische Information der Deutschen Bibliothek

Die Deutsche Bibliothek verzeichnet diese Publikation in der Deutschen Nationalbibliographie; detaillierte bibliografische Daten sind im Internet über http://dnb.ddb.de abrufbar.

Die Informationen in diesem Produkt werden ohne Rücksicht auf einen eventuellen Patentschutz veröffentlicht. Warennamen werden ohne Gewährleistung der freien Verwendbarkeit benutzt. Bei der Zusammenstellung von Texten und Abbildungen wurde mit größter Sorgfalt vorgegangen. Trotzdem können Fehler nicht vollständig ausgeschlossen werden. Verlag, Herausgeber und Autoren können für fehlerhafte Angaben und deren Folgen weder eine juristische Verantwortung noch irgendeine Haftung übernehmen. Für Verbesserungsvorschläge und Hinweise auf Fehler sind Verlag und Herausgeber dankbar.

Fast alle Hardware- und Softwarebezeichnungen und weitere Stichworte und sonstige Angaben, die in diesem Buch erwähnt werden, sind als eingetragene Marken geschützt. Da es nicht möglich ist, in allen Fällen zeitnah zu ermitteln, ob ein Markenschutz besteht, wird das ®-Symbol in diesem Buch nicht verwendet.

Umwelthinweis:
Dieses Buch wurde auf chlorfrei gebleichtem Papier gedruckt. Um Rohstoffe zu sparen, haben wir auf Folienverpackung verzichtet.

Authorized translation from the English language edition, entitled „Photoshop CS Down & Dirty Tricks", ISBN 0-7357-1353-7, by Kelby, Scott; published by Pearson Education, Inc, publishing as Peachpit Press, Copyright © 2004 Scott Kelby.

GERMAN language edition by PEARSON EDUCATION DEUTSCHLAND GmbH, Copyright © 2008

Autorisierte Übersetzung der englischsprachigen Originalausgabe mit dem Titel »Photoshop CS Down & Dirty Tricks« von Kelby, Scott, 1. Ausgabe, ISBN 10-7357-1353-7, erschienen bei Peachpit Press, ein Imprint von Pearson Education Inc.; Copyright © 2004

© der deutschen Ausgabe 2008 Addison-Wesley Verlag,
ein Imprint der PEARSON EDUCATION DEUTSCHAND GmbH;
Martin-Kollar-Str. 10-12, 81829 München/Germany

Alle Rechte vorbehalten

10 9 8 7 6 5 4 3 2 1

10 09 08

ISBN 978-3-8273-2310-1

Übersetzung und Überarbeitung auf Photoshop CS3: Heico Neumeyer
Satz: Tilly Mersin, Großerlach
Lektorat: Cornelia Karl, ckarl@pearson.de
Korrektorat: Petra Kienle, München
Herstellung: Claudia Bäurle, cbauerle@pearson.de
Einbandgestaltung: Marco Lindenbeck, webwo GmbH, mlindenbeck@webwo.de
Druck und Verarbeitung: Bosch Druck, Ergolding
Printed in Germany

*For my close friend Dave Moser,
because he wants the same
thing I want – to make everything
we do better than anything
we´ve done before.*

ÜBER DEN AUTOR

Scott Kelby

Scott Kelby ist Redakteur, Herausgeber und Mitbegründer des *Photoshop User Magazine*, Chefredakteur des *Layers Magazine* (das Tipps und Artikel für alle Adobe-Produkte anbietet) und Gastgeber des hochkarätigen wöchentlichen Video-Podcasts *Photoshop User TV*. Er ist Präsident der *National Association of Photoshop Professionals* (NAPP), der Berufsvereinigung für Adobe® Photoshop®-Anwender und Präsident der Software-Training, Bildungs- und Publishing-Firma *Kelby Media Group, Inc.*

Scott Kelby ist Fotograf, Designer und preisgekrönter Autor von 40 Büchern, darunter *Photoshop CS3 für digitale Fotografie*, *Lightroom für digitale Fotografie*, *Photoshop Farbkanäle*, *Photoshop Classic Effects*, *Das iPhone-Buch*, *Das iPod-Buch* und *Digitale Fotografie – Das Buch*. Seit Jahren ist Kelby einer der meistverkauften Computer- und Technikautoren weltweit. Seine Bücher wurden in viele Sprachen übersetzt, darunter Chinesisch, Russisch, Spanisch, Koreanisch, Polnisch, Taiwanesisch, Französisch, Italienisch, Japanisch, Holländisch, Schwedisch, Türkisch und Portugiesisch und natürlich Deutsch, wie Sie unschwer erkennen können. Er wurde mit dem prestigeträchtigen Benjamin-Franklin-Award ausgezeichnet. Außerdem ist er Ausbildungsleiter der Adobe Photoshop Seminar Tour und Conference Technical Chair für die *Photoshop World Conference & Expo*. Er hat an einer Reihe von Adobe Photoshop Training-DVDs mitgearbeitet und unterrichtet Photoshop-Anwender seit 1993. Weitere Informationen finden Sie in seinem Blog unter www.scottkelby.com.

INHALTSVERZEICHNIS www.kelbytraining.com

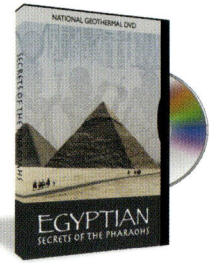

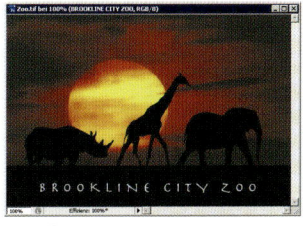

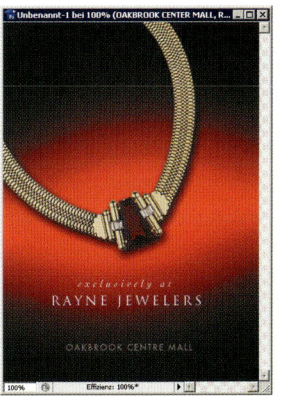

DIES IST KEINE EINLEITUNG

... Ich wollte Schritt-für-Schritt-Anleitungen für genau die Effekte, die Sie heute im Fernsehen, im Kino, in Drucksachen und im Web sehen ...

Jedes Buch hat eine Einleitung und praktisch keiner liest sie. Darum schreibe ich statt einer langweiligen, unbeachteten Einleitung lieber „die Präambel" zu diesem Buch.

Ja, richtig – eine Präambel. Das ist wichtiger, als es vielleicht klingt. Denn wie Sie vielleicht wissen, haben nicht viele Bücher heutzutage eine Präambel (aber vielleicht löst diese Präambel hier ja einen Trend aus). Tatsächlich fällt mir nur ein Dokument ein, das eine Präambel hat, und das ist die Verfassung der Vereinigten Staaten. Also trete ich in die Fußstapfen der Vorväter und schreibe ein Werk, das über 200 Jahre lang hält (oder bis zur nächsten Photoshop-Version, je nachdem, was zuerst kommt).

So, wir haben also klargestellt, dass dies KEINE Einleitung ist. Was bringt nun die Lektüre dieser Seiten für Sie (den wunderbaren, vielschichtigen, einzigartigen, genialen Käufer)? Sie können hier einen „Blick in meinen Kopf" werfen. Wenn Sie kurz die Präambel lesen, haben Sie es mit dem Buch viel leichter. Sie verstehen, wie und warum es geschrieben wurde, warum ich bestimmte Wege ging und wie Sie das Optimum aus dem Buch herausholen. Und wenn Sie hier weiterlesen, verrät das auch etwas über Sie, über Ihre Persönlichkeit (ein Mensch, der weiter in der Präambel liest, obwohl Sie sehr genau wissen, dass es eigentlich die Einleitung ist, aber Sie wollen meine Autorengefühle nicht verletzen). Also, wie nutzen Sie dieses Buch?

100 Prozent tolle neue Effekte!

Vielleicht kennen Sie ältere Bücher von mir. Dann habe ich eine gute und eine schlechte Nachricht für Sie. Zuerst die gute. Diese neue Ausgabe deklassiert alle früheren Bände. Ich habe die alten Texte nicht einfach aktualisiert, sondern noch einmal ganz von vorn damit angefangen, alle coolen, angesagten Photoshop-Effekte zu beschreiben. Ich konzentriere mich dabei auf Photoshop CS3 Standard, aber Sie erhalten teils auch Tipps für frühere Programmversionen. Die erweiterten Talente des teureren Photoshop CS3 Extended brauchen Sie für dieses Buch nicht.

Denn dieses Buch soll zeigen, was die Leute heute wirklich alles mit Photoshop produzieren. Ich wollte Schritt-für-Schritt-Anleitungen für genau die Effekte, die Sie heute im Fernsehen, im Kino, in Drucksachen und im Web sehen. Dann können Sie diese Tricks heute schon selber anwenden. Und genau darum habe ich alle alten Verfahren verworfen und die Anleitungen völlig neu aufgebaut. Das war zwar eine Riesenmenge Arbeit, aber ich bin froh, dass ich es gemacht habe. Ehrlich gesagt freue ich mich über die Ergebnisse mehr als bei irgendeinem anderen Buch. Und warum? Weil ich selber so viel beim Schreiben gelernt habe. Ich musste Effekte durchschauen, deren Entstehung mir am Anfang völlig schleierhaft war. Aber jetzt kenne ich die Verfahren und Sie lernen sie bald auch kennen. Das ist also die gute Nachricht – das Buch steckt voller neuer Effekte, wie sie Profi-Grafiker und -Fotografen heute verwenden.

Und was ist mit der schlechten Nachricht?

Nun, ich habe viele Briefe zu meinen früheren Büchern erhalten, immer mit der Betonung, wie viel die Leser gelernt haben. Es ist wirklich schön, solche Briefe zu bekommen. Aber die schlechte Nachricht kommt jetzt: Die Leser werden dieses neue Buch zur Hand nehmen, die tollen neuen Verfahren ausprobieren – und dann über ältere Ausgaben sagen: „Was für ein Mist!" (Oder sie verwenden sogar stärkere Ausdrücke.)

Die alten Effekte haben die alte Zeit widergespiegelt. Damals waren sie auch cool. Aber jetzt sind sie ausgelutscht und abgenutzt, man kann sie nicht mehr sehen. Ja, ich weiß, dass Sie ältere Werke jetzt vielleicht verachten, und ja, das tut auch irgendwie weh (mir jedenfalls), aber das ist Teil unserer Entwicklung.

Jetzt wissen Sie, warum ich dieses Buch so und nicht anders geschrieben habe. Sehen wir uns an, wie man es nutzt:

So nutzen Sie dieses Buch:

Das Buch ist so geschrieben, dass jeder Anwender mit viel oder wenig Photoshop-Erfahrung sofort loslegen und die Effekte nachbauen kann. Die meisten werden dafür dankbar sein. Aber wenn Sie Photoshop schon zig Jahre nutzen, dann sollten Sie wissen, dass ich alles explizit erkläre (zumindest beim ersten Mal innerhalb eines Effekts). So können wirklich alle Interessierten das Buch nutzen. Ein Beispiel: Sie müssen eine neue leere Ebene anlegen, dann schreibe ich beim ersten Mal: „Klicken Sie auf die Schaltfläche Neue Ebene erstellen unten in der Ebenenpalette, um eine neue leere Ebene zu erzeugen." Wenn Sie aber Ebenen schon seit grauer Vorzeit erstellen, dann denken Sie vielleicht: „Oh, das ist nur für Einsteiger." Aber lassen Sie sich nicht abschrecken, denn in den weiteren Schritten dieser Übung sage ich nur noch: „Legen Sie eine neue Ebene an." Ich musste es so aufbauen, denn dieses Buch soll man nicht chronologisch von Anfang bis Ende lesen. Man kann an jeder beliebigen Stelle einsteigen und Photoshop-Neulinge wissen vielleicht nicht, wie man eine neue Ebene anlegt (zum Beispiel ein Profi-Fotograf, der jetzt auf Digitalkameras umsteigt). Es gibt kein Kapitel mit allgemeinen Photoshop-Anleitungen, wie in anderen Photoshop-Büchern. Darum beschreibe ich eine Funktion, die zum ersten Mal auftaucht, in aller Ausführlichkeit. Aber wie gesagt, es sind nur ein paar Wörter und Sie können schnell darüber hinwegspringen, wenn Sie die Details schon kennen; das wird Sie nicht bremsen.

Jetzt folgt ein kurzer Frage-und-Antwort-Teil mit Informationen, die Sie vielleicht noch brauchen.

F: Bringt dieses Buch also nur fortgeschrittene Verfahren?

A: Einerseits ja, andererseits nein. Sie lernen hier die Techniken, die auch führende Grafiker, Webdesigner und Fotografen anwenden. Sie verwenden diese Verfahren alltäglich und nachdem sie für große TV-Sender, Hollywood-Studios oder Werbeagenturen arbeiten, sind es absolute Spezialisten. Doch obwohl die Verfahren von Photoshop-Profis stammen und von ihnen genutzt werden, sind sie nicht allzu schwer. Ich wollte die Techniken so leicht zugänglich machen wie irgendmöglich. Denn jede Leserin und jeder Leser soll alle Effekte mühelos nachspielen können. Das ist mein Ziel. Es soll schwer aussehen – aber es soll nicht wirklich viel Mühe machen. Das ist das Schöne daran. Es gibt für mich nichts Schöneres, als über einen vermeintlich komplizierten Effekt nachzudenken und dann herauszufinden, dass er sich in 60 Sekunden nachbauen lässt. Und was ich noch mehr mag: Ihnen diese Verfahren zu beschreiben. Und ganz genau darum geht es in diesem Buch.

Das meine ich: Dieses Buch ist voller Effekte, die nach harter Arbeit aussehen. Als ob Sie Wochen daran gefeilt hätten (schließlich berechnen Sie ja einen Wochenlohn dafür, oder nicht?). Doch meist brauchen Sie nur ein paar einfache Schritte. Fertig.

Ein Beispiel: In diesem Buch zeige ich Ihnen die vielleicht beliebteste Technik für Kinoplakate. Wir wissen beide, dass Hollywood für diese Plakate lauter hochbezahlte Grafikgurus eingestellt hat. Aber Sie erzeugen exakt den gleichen Effekt, kein Problem. Ist das nun ein Einsteigerbuch – weil ein Einsteiger die Tricks der Topprofis nachspielen kann? Oder ist es ein Buch für Fortgeschrittene, weil auch sehr erfahrene Anwender diese Techniken nutzen? Sie lernen im Grunde fortgeschrittene Techniken, die man leicht nachvollziehen kann, und dabei wirken Sie sehr professionell, selbst wenn Sie wenig Erfahrung haben. Wenn Sie sich ohnehin schon bestens mit Photoshop auskennen, lernen Sie hier noch schneller, indem Sie die paar Zeilen für Einsteiger überspringen.

F: Wo im Buch sollte ich anfangen?

A: Das spielt keine Rolle. Beginnen Sie mit einer Technik, die Sie gerade interessiert. Alles wird eindeutig erklärt, darum können Sie jeden Effekt sofort nachbauen.

... und genau darum habe ich alle alten Verfahren verworfen und die Anleitungen völlig neu aufgebaut ...

... es gibt für mich nichts Schöneres, als über einen vermeintlich komplizierten Effekt nachzudenken und dann herauszufinden, dass er sich in 60 Sekunden nachbauen lässt ...

F: Kann ich die Bilder aus dem Buch bekommen?

A: Sie sind etwas direkt. Das mag ich. Zum Glück ermöglicht die Agentur Brand X (www.brandx.com), dass Sie niedrigaufgelöste Versionen aller Bilder aus diesem Buch herunterladen können. Sie können die Anleitungen also mit den Originalfotos nachvollziehen.

F: Warum Brand X?

A: Brand X hat meiner Meinung nach die stärksten lizenzfreien Agenturfotos auf dem Markt. Ihr Katalog kam per Post und nach 30 Sekunden wusste ich „Diese Bilder brauche ich für mein nächstes Buch". Wir riefen spontan an und überzeugten (beknieten) sie, uns (und Ihnen) ihre Fotosammlung zur Verfügung zu stellen. Darüber bin ich sehr froh. Vor allem sind das nicht die üblichen aalglatten Motive à la „Zwei Männer machen Shakehands", die man bei vielen anderen Agenturen findet. Die Bilder von Brand X überzeugen gerade, weil sie nicht wie Agenturware aussehen. Sehen Sie sich die Internetseite www.brandx.com an. Ich weiß, das klingt wie Reklame für Brand X (und sie verdienen das auch). Ich kann Ihnen aber versichern, dass ich – abgesehen von der Bildnutzung – keine Gegenleistung erhalte, nicht einen Cent, auch dann nicht, wenn Sie ein Bild oder 1000 Bilder kaufen. Das Buch sieht mit den Brand-X-Bildern so viel besser aus. Das wollte ich mal loswerden.

F: Ist das Buch für Mac oder Windows?

A: Für beide. Die Mac- und Windows-Versionen von Photoshop CS3 unterscheiden sich nicht und darum eignet sich dieses Buch für beide Plattformen. Nun, ein paar Tastenbezeichnungen unterscheiden sich, darum nenne ich einige Tastaturbefehle separat für Windows und Mac.

F: Wie viel Liter entsprechen sieben Kubikyards?

A: Eine gute Frage. Sieben Kubikyards entsprechen 5351,99 Litern. Diese wichtige, scheinbar nutzlose Information bekommen Sie in anderen Photoshop-Büchern nicht. Sehen Sie, das ist mein Service.

F: Mehrmals erwähnen Sie Felix. Wer ist das?

A: Das ist Felix Nelson, so ungefähr der beste, kreativste und talentierteste Photoshop-Grafiker im Universum. Und ich schätze mich überaus glücklich, dass ich täglich mit ihm zusammenarbeite. Ehrlich, ich lerne mehr von ihm als von jedem anderen. Wie kein anderer kann er Verfahren weiterentwickeln, er hat laufend neuartige und kreative Ideen.
Ich zeige ihm zum Beispiel eine Methode, die ich für dieses Buch entwickelt habe, und er wirft einen Blick darauf und sagt: „Hey, das sieht gut aus. Aber weißt Du, wenn Du noch ..." Und dann macht er eine kleine Ergänzung, die ein raffiniertes Verfahren in ein absolut umwerfendes Verfahren verwandelt. In den letzten Monaten hat er mir zwei so überzeugende Tricks gezeigt, dass ich sagte: „Die musst Du in meinem Buch bringen." Also hat er zwei tolle Anleitungen für dieses Buch geschrieben, „Realistisches Neon" und „Lassen Sie ein Bild altern". Ich kann ihm nicht genug für all seine Tipps und Tricks danken, die dieses Buch aufwerten.

F: Was ist mit diesen Randspalten auf jeder Seite?

A: Das sind Tipps. Starke Tipps. Tipps, mit denen Sie schneller, besser und effektiver arbeiten. Manchmal passen die Tipps direkt zur nebenstehenden Anleitung. Manchmal stehen die Tipps dort ohne Bezug zum Hauptteil, ich musste sie einfach irgendwo unterbringen. Sie sollten die Tipps unbedingt auch lesen (sonst hätte ich sie umsonst getippt).

F: Wie heißt die Hauptstadt von South Dakota?

A: Pierre.

F: Was ist, wenn ich mit einer älteren Photoshop-Version arbeite?

A: Hey, Mann. Falsche Frage. Photoshop CS3 ist der beste Photoshop, den wir je hatten. Er ist schneller und kreativer – Sie sollten upgraden. Und dabei reicht sogar die günstigere Standardversion – die kostspielige „Extended"-Fassung brauchen Sie für dieses Buch nicht. Allerdings: Viele Verfahren aus diesem Buch funktionieren in der Tat auch mit älteren Versionen, probieren Sie es einfach mit einer älteren Version aus. Manchmal, wenn sich die Wege bei CS3 deutlich von den Vorgängerversionen unterscheiden, gebe ich auch Tipps zu älteren Programmfassungen.

F: Wo kann ich die Bilder für dieses Buch herunterladen?

A: Öffnen Sie die Internetseite www.scottkelbybooks.com/csphotos.html.

F: Wie viele Finger halte ich hier hoch?

A: Drei. Nein, vier!

F: Ist der Rest des Buchs so vernünftig und geradlinig wie diese Nicht-Einleitung?

A: Leider nein. Der Rest sieht in etwa so aus: Schritt 1: Klicken Sie auf Filter, Weichzeichnungsfilter, Gaußscher Weichzeichner. Ab hier folgen Schritt-für-Schritt-Anleitungen. Sie erhalten die erforderlichen Informationen ohne viel Zwischengerede von mir. Allerdings verbreite ich in den Kapiteleinleitungen noch ein paar sorgfältig ausformulierte Weisheiten. Nehmen Sie sich bitte Zeit für diese Lektüre, wenn Sie die Zen-artige Erfahrung von Kapiteleinleitungen schätzen, die so bedeutungsschwer und gedankenvoll erscheinen wie die ersten Absätze in dieser Präambel.

F: Kann ich also jetzt weiterlesen?

A: Ja, Sie haben Ihre Pflicht getan. Sie haben die Präambel gelesen und wissen, worum es im Buch geht, wie es geschrieben wurde, was Sie erwarten können und wie Sie das Optimum herausholen.
Blättern Sie weiter – verfremden Sie die Welt.

... dieses Buch ist voller Effekte, die nach harter Arbeit aussehen. Als ob Sie Wochen daran gefeilt hätten. Doch meist brauchen Sie nur ein paar einfache Schritte. Fertig.

Lassen Sie sich von der Kapitel-überschrift nicht täuschen – die Spezialeffekte hier brauchen nicht wirklich eine volle Stunde. Für die meisten Effekte reichen ungefähr drei

Stundenlabor
Fotografische Effekte, Teil 1

Minuten. Oder vier, wenn Sie mit einer Hand klicken und mit der anderen ein Butterbrot essen. Sie werden das nicht gern hören, falls Sie Rechnungen auf Stundenlohnbasis schreiben. Aber es gibt eine Lösung: Wenn Sie für einen Effekt zwölf Schritte brauchen, erledigen Sie nur die ersten zehn. Dann fahren Sie zu Ihrem Kunden und präsentieren das Zwischenergebnis als „frühe Endversion". Dann fahren Sie zur Wäscherei, gehen ins Museum, ins Restaurant, ins Kino usw. Schließlich fahren Sie zurück in Ihr Büro, erledigen die Schritte elf und zwölf und kehren zum Kunden zurück. Dort präsentieren Sie die „zweite Endversion". Das sieht so aus, als ob Sie Wochen daran gearbeitet hätten. Überreichen Sie dem Kunden Ihre Rechnung (samt Kino und Restaurant) und Sie sind ein Held – Sie haben den umwerfenden Bildeffekt in nur einem Tag geschafft (tatsächlich haben Sie nur dreieinhalb Minuten gebraucht). Ahh, jetzt stecken Sie im Dilemma. Sie fühlen sich schlecht. Sogar schuldig. Also fahren Sie zurück zum Kunden und erstatten alles zurück, mit Ausnahme des Honorars für dreieinhalb Minuten. Alles in allem – wenn Sie auf Stundenlohnbasis arbeiten, sollten Sie dieses Kapitel vielleicht überspringen.

Schnappschusseffekt mit Fokus

Diesen cleveren, aber auch verblüffend einfachen Trick sah ich zuerst in einer Broschüre für SeaWorld in Orlando. Das Auge des Betrachters wird per Schnappschusseffekt auf einen Bildteil gelenkt. Die Designer haben den Rest der Aufnahme nicht weggeschnitten, sondern mit einem Filter verfremdet. Insgesamt ein sehr ansprechender fotografischer Effekt. So geht's:

Schritt 1: Öffnen Sie das Foto, das einen Schnappschusseffekt erhalten soll.

© Brand X Pictures

Schritt 2: Mit dem Buchstaben M auf Ihrer Tastatur schalten Sie das Auswahlrechteckwerkzeug ein. Ziehen Sie einen Auswahlrahmen um den Bildbereich, auf den Sie die Aufmerksamkeit lenken wollen. Verwenden Sie die typischen Proportionen eines Polaroidfotos (wie hier zu sehen).

Schritt 3: Im AUSWAHL-Menü nehmen Sie AUSWAHL TRANS-FORMIEREN. Sie erhalten eine Rechteckbox wie beim Befehl FREI TRANSFORMIEREN. Doch verändern Sie hier nicht den Auswahl-Bildinhalt, sondern nur den Auswahlumriss. Halten Sie den Mauszeiger außen neben den Rechteckrahmen und ziehen Sie mit gedrückter Maustaste. So drehen Sie den Rahmen, bis er etwa so aussieht, wie hier abgebildet. Wenn der Winkel passt, drücken Sie die ⏎-Taste.

Tipp:
Wie Sie die Paletten verstecken, aber Werkzeugleiste und Werkzeugoptionen sichtbar halten
Drücken Sie ⇧+⇥-Taste. Werkzeugleiste und Werkzeugoptionen bleiben damit sichtbar. Alle anderen Paletten verschwinden dagegen. Sie wollen sie wieder zurückhaben? Drücken Sie erneut ⇧+⇥-Taste.

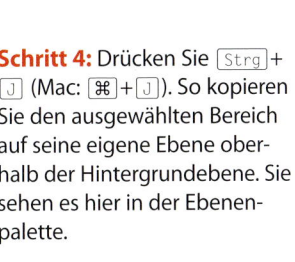

Schritt 4: Drücken Sie Strg+J (Mac: ⌘+J). So kopieren Sie den ausgewählten Bereich auf seine eigene Ebene oberhalb der Hintergrundebene. Sie sehen es hier in der Ebenenpalette.

Schritt 5: Unten in der Ebenenpalette klicken Sie auf EBENENSTIL HINZUFÜGEN und dann auf KONTUR. Im Dialogfeld erhöhen Sie die Größe auf neun Pixel. So entsteht eine rote, neun Pixel breite Kontur um die Ebene herum (siehe Abbildung). Photoshop erzeugt zunächst immer eine Kontur in Rot. Beachten Sie, dass die Außenecken abgerundet erscheinen. Das müssen wir noch ändern.

Fortsetzung

Tipp:
So legen Sie Ihre eigenen Tastatur-befehle an

In Photoshop können Sie fast jede Funktion mit einem beliebigen Tastaturbefehl aufrufen – eine tolle Sache. Ein Beispiel: Sie benutzen einen bestimmten Filter immer wieder (zum Beispiel SELEKTIV SCHARF-ZEICHNEN). Dann legen Sie einen Tastaturbefehl für diesen Filter an. Sie gehen ins BEARBEITEN-Menü und dort auf Tastaturbefehle. Sie sehen ein Dialogfeld und im Klappmenü oben entscheiden Sie, ob Sie Tastaturbefehle für Menübefehle, Werkzeuge oder Paletten erzeugen. Suchen Sie dann nach der gewünschten Funktion, klicken Sie darauf und tip-pen Sie den Tastaturbefehl ein (zum Beispiel [F4] oder [⇧]+[5]). Allerdings: Die meisten Tastaturbefehle hat Photoshop intern schon selber vergeben. Bester Beweis: Sogar der Befehl TASTATURBEFEHLE hat seinen Tastengriff: [⇧]+[Alt]+[Strg]+[K] (am Mac [⇧]+[Alt]+[⌘]+[K]). Sie können jedoch die alte Zuordnung überschreiben und Ihren eigenen Tasta-turbefehl durchsetzen.

Schritt 6: Im KONTUR-Dialog ändern Sie die POSITION von AUSSEN (das verursacht die abgerundeten Außenecken) nach INNEN (so verlagern Sie die Kontur ins Innere der Ebene, die Ecken werden hart). Im Bereich FÜLLART klicken Sie auf das rote Farbfeld, im Farbwähler geben Sie dann Weiß als Konturfarbe an (wie hier zu sehen). Klicken Sie im EBENENSTIL-Dialog noch nicht auf OK.

Schritt 7: Links im EBENENSTIL-Dialog klicken Sie auf das Wort „SCHLAGSCHATTEN", um die Schlagschatten-Optionen anzuzeigen. Erhöhen Sie die Deckkraft auf 90 Prozent, setzen Sie den Winkel auf 118 Grad, den Abstand auf 12 und die Größe auf 12. So entsteht ein dunkler Schlagschatten, der sich vom Schnappschuss aus nach rechts und unten ausdehnt. Im Weiteren besprechen wir jetzt, wie Sie den Bildhintergrund so verändern, dass sich die Aufmerksamkeit stärker auf das Hauptmotiv richtet.

Schritt 8: So können Sie die Aufmerksamkeit auf den Schnappschuss lenken: Klicken Sie in der Ebenenpalette ein-mal auf die Hintergrundebene, so dass sie aktiviert ist. Mit [Strg]+[L] (am Mac [⌘]+[L]) öffnen Sie den TONWERTKORREKTUR-Dialog. Ziehen Sie den rechten unteren Regler für Tonwert-umfang nach links (wie hier zu sehen); so dunkeln Sie den Hintergrund ab. Auf der nächs-ten Seite finden Sie weitere Möglichkeiten, die Konzen-tration auf den Schnappschuss zu lenken.

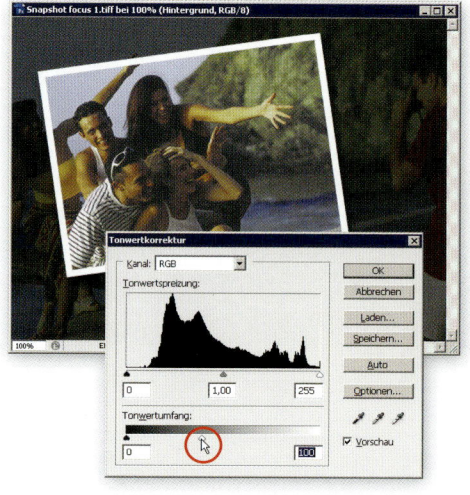

Option 1: Sie können den Hintergrund mit der Tonwertkorrektur auch aufhellen. Drücken Sie zunächst `Strg`+`Z` (am Mac `⌘`+`Z`), um die Abdunklung aus dem letzten Schritt zu widerrufen. Laden Sie wieder die Tonwertkorrektur. Dieses Mal ziehen Sie den linken Tonwertumfangregler nach rechts, um den Hintergrund aufzuhellen (siehe Abbildung).

Option 2: Per `Strg`+`Z` (am Mac `⌘`+`Z`) widerrufen Sie die Aufhellung des Hintergrunds. Jetzt kommt der Effekt, den die Grafiker von SeaWorld verwendeten – ein Zoom. Sie öffnen das FILTER-Menü, gehen auf WEICHZEICHNUNGSFILTER und dann auf RADIALER WEICHZEICHNER. Im Dialogfeld nehmen Sie STRAHLENFÖRMIG, erhöhen die Stärke auf 35 und klicken auf OK.

Option 3: Widerrufen Sie den Zoomeffekt und testen Sie dieses einfache Verfahren. Sie konzentrieren den Blick auf das Hauptmotiv, indem Sie die Hintergrundebene entfärben. Sie wählen BILD, ANPASSUNGEN, SÄTTIGUNG VERRINGERN. So erscheint nur noch das simulierte Polaroid-Bild farbig und zieht sofort alle Aufmerksamkeit auf sich. (Bei Bedarf: Mehr Feinsteuerung als SÄTTIGUNG VERRINGERN bietet der SCHWARZWEISS-Befehl aus demselben Untermenü.)

Tipp:
Ebenen beim Duplizieren neu benennen
Am schnellsten duplizieren Sie Ebenen per `Strg`+`J` (am Mac `⌘`+`J`). Allerdings können Sie dabei die Ebene nicht nach eigenen Wünschen neu benennen. Dazu brauchen Sie das Dialogfeld EBENE DUPLIZIEREN. Um es zu sehen, klicken Sie mit rechts (am Mac: `Ctrl`+Klick) auf die Ebene in der Palette und wählen EBENE DUPLIZIEREN. So sehen Sie den Dialog EBENE DUPLIZIEREN; dort benennen Sie die neue Ebene nach Belieben.

Tipp:

Wie man einen Pfad in eine Auswahl verwandelt

Wählen Sie einen Teil eines Pfades mit dem Direktauswahlwerkzeug aus, können Sie ihn in eine Auswahl verwandeln. Dazu klicken Sie im Menü der Pfadepalette auf AUSWAHL ERSTELLEN. Ihr Vorteil hier, unter anderem: Sie können im Dialogfeld AUSWAHL ERSTELLEN eine weiche Auswahlkante anlegen. Andererseits brauchen Sie vielleicht keine der Optionen aus dem Dialogfeld; dann verschwenden Sie dort nur Ihre Zeit.

Alternativ klicken Sie unten in der Pfadpalette auf die Schaltfläche PFAD ALS AUSWAHL LADEN. Dabei sehen Sie kein Dialogfeld, stattdessen greift Photoshop automatisch auf Ihre zuletzt verwendeten Einstellungen im Dialogfeld zurück. Es ist das dritte Symbol von links, es sieht aus wie ein Kreis aus Punkten.

Überbelichtung für ein Modefoto

Dieser Effekt ist sehr beliebt, Sie sehen ihn auf CD-Hüllen, Kinoplakaten und in Anzeigen. Sie zeigen hier die Hauttöne komplett weiß und erhalten nur wenige, subtile Schattenbereiche, die Augen, Nase, Lippen und den Gesichtsumriss skizzieren. Und hier kommt der Trick!

Schritt 1: Öffnen Sie das gewünschte Foto. Die Technik funktioniert am besten bei Bildern mit hellem oder weißem Hintergrund (denn der Hintergrund wird normalerweise völlig überbelichtet). Am besten eignen sich Personen mit dunklem Haar.

Schritt 2: Im AUSWAHL-Menü gehen Sie auf FARBBEREICH, dort öffnen Sie das obere Klappmenü mit der Bezeichnung AUSWAHL. Wählen Sie die Lichter und klicken Sie auf OK. So wählen Sie die helleren Bereiche im Bild aus und das mit weichem Übergang – Sie vermeiden also harte Übergänge.

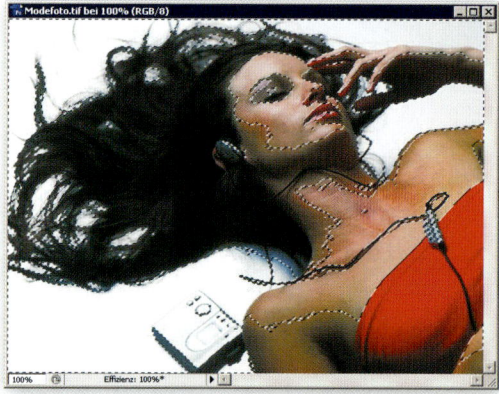

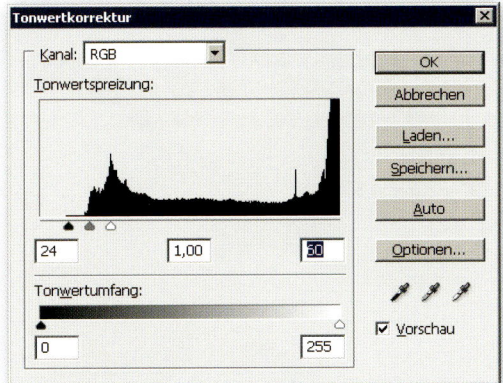

Schritt 3: Mit dem Tastaturbefehl `Strg`+`H` (am Mac `⌘`+`H`) verbergen Sie die Auswahllinie. Per `Strg`+`L` (am Mac `⌘`+`L`) laden Sie die Tonwertkorrektur. Den rechten weißen Regler direkt unter dem Histogramm ziehen Sie weit nach links; so heben Sie die Lichter drastisch an. Dann ziehen Sie das schwarze Dreieck von links außen ein bisschen nach rechts, um ein paar Schattenpartien zu erhalten.

Schritt 4: Klicken Sie auf OK. Die Haut ist jetzt deutlich heller, aber die Hauttöne blieben erkennbar, wenn sie auch jetzt sehr hell erscheinen. Wir müssen die Kontraste also noch weiter erhöhen.

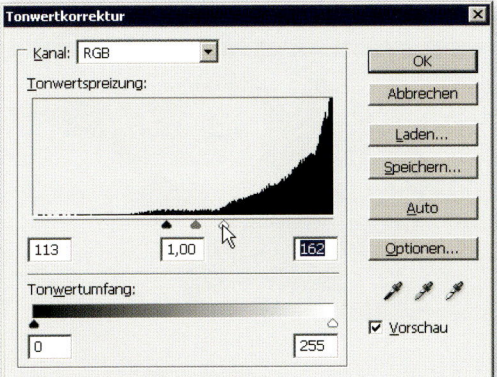

Schritt 5: Drücken Sie erneut `Strg`+`L` (am Mac `⌘`+`L`) für den Tonwertkorrektur-Dialog. Wir nehmen wieder denselben weißen Lichterregler rechts außen wie in Schritt 3. Ziehen Sie diesen Regler wieder nach links, um die Lichter noch weiter aufzuhellen. Ziehen Sie so weit, bis sich nichts mehr ändert. Dann ziehen Sie den linken, schwarzen Schattenregler etwas nach rechts, um die Schatten nicht ganz zu verlieren.

Tipp:
Schnellzugang zum Direktauswahlwerkzeug
Wenn Sie das Zeichenwerkzeug verwenden, korrigieren Sie Punkte und Pfadsegmente mit dem Direktauswahlwerkzeug (es sieht wie ein weißer, nicht gefüllter Pfeil aus). Sie können bei der Arbeit mit dem Zeichenwerkzeug jederzeit vorübergehend zum Direktauswahlwerkzeug wechseln; dazu drücken Sie einfach die `Strg`-Taste (am Mac `⌘`-Taste). Sobald Sie die Taste wieder freigeben, wechseln Sie sofort wieder zum vorherigen Zeichenwerkzeug.

Fortsetzung

Tipp:
Schneller Wechsel zwischen Zeichenwerkzeugen

Wollen Sie zwischen den Zeichenwerkzeugen wechseln, bietet Photoshop nur für zwei Werkzeuge ein Tastaturkürzel: Per ⇧+P wechseln Sie zwischen Zeichenstiftwerkzeug und Freiform-Zeichenstift-Werkzeug.

Wenn allerdings ein Pfad aktiviert ist, können Sie auch andere Zeichenwerkzeuge ansprechen, die gar kein Tastaturkürzel haben. Sie haben zum Beispiel einen aktiven Pfad und bewegen das Zeichenwerkzeug über ein Segment. Wenn Sie auf den Cursor achten, sehen Sie, dass Photoshop zum ANKERPUNKT-HINZUFÜGEN-Werkzeug wechselt. Bewegen Sie das Zeichenwerkzeug anschließend über einen Ankerpunkt. Photoshop bietet jetzt das ANKERPUNKT-LÖSCHEN-Werkzeug an.

Schritt 6: Klicken Sie auf OK und prüfen Sie das Bild. Man sieht immer noch ein paar Hauttöne, vor allem in den Augenlidern und am Ohr. Die Schatten am Kinn und unter den Armen sind ok – Sie brauchen ein paar Schatten, um Gesicht und Körper zu konturieren (darum ziehen wir den schwarzen Schattenregler in der Tonwertkorrektur nach rechts – um diese Details sichtbar zu halten).

Schritt 7: Wir verstärken den Effekt noch. Laden Sie wieder die Tonwertkorrektur und wiederholen Sie das Spiel – ziehen Sie den weißen Lichterregler nach links, um die Lichter noch stärker ausfressen zu lassen (Sie sehen schon am Histogramm, dass das Bild fast nur aus Lichtern besteht).

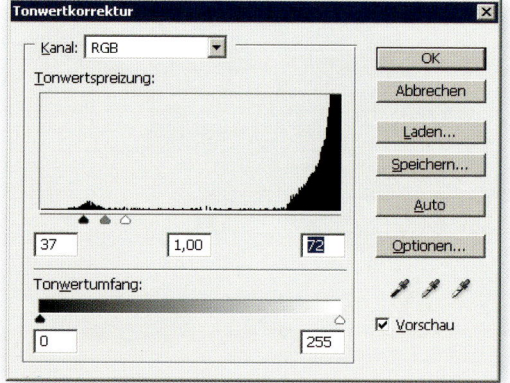

Schritt 8: Klicken Sie auf OK, dann haben Sie es in etwa. Wenn Sie es ganz genau wissen wollten, könnten Sie noch einen weiteren Durchgang mit der Tonwertkorrektur starten.

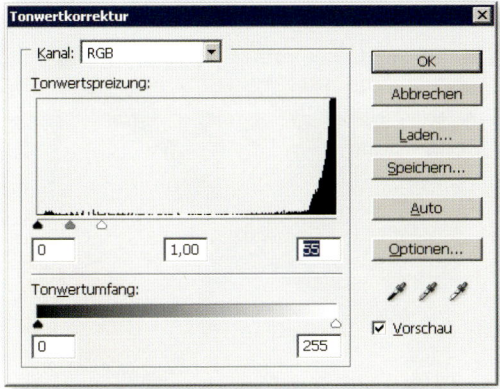

Schritt 9: Rufen Sie die Tonwertkorrektur ein letztes Mal auf, ziehen Sie den Lichterregler nach rechts und prüfen Sie, ob es noch etwas bringt. Wenn nicht, klicken Sie auf ABBRECHEN. Wenn ja, arbeiten Sie damit weiter und klicken auf OK. Dann drücken Sie `Strg`+`H` (am Mac `⌘`+`H`), so dass die Auswahl wieder sichtbar wird. Mit `Strg`+`D` (`⌘`+`D`) heben Sie die Auswahl auf. Im nächsten Schritt bearbeiten Sie die Lichterbereiche außerhalb der Hauttöne; Sie bringen etwas von der Farbe zurück, die Sie zuvor mit der Tonwertkorrektur entfernt haben.

Schritt 10: Nehmen Sie den Protokollpinsel aus der Werkzeugleiste mit einer mittelgroßen, weichen Pinselspitze. Malen Sie über Bildbereiche, die ausgefressen wirken, aber keine Hauttöne enthalten – malen Sie zum Beispiel über das Hemd und den Bügel für den Kopfhörer (beide Bildpartien wirken ausgefressen). Mit dem Protokollpinsel malen Sie das ursprüngliche Originalbild wieder zurück in den aktuellen Bildzustand.

Schritt 11: Weiter geht es mit dem Protokollpinsel. Malen Sie über dem MP3-Spieler, bis er wieder alle Details zeigt. Sie können auch am Haar und an der Schulter entlang malen, die bläulichen Schatten hier sehen noch etwas misslungen aus. Beim Malen bringen Sie wieder das Originalbild ins Spiel. Vielleicht möchten Sie auch noch die Schatten am Kinn und die Ohrstecker bearbeiten.

Tipp:
So arbeitet die Schnellauswahl zwar nicht am schnellsten – aber am besten
Seit Photoshop CS3 gibt es eine gute Alternative zum Zauberstab – das Schnellauswahlwerkzeug. Sie finden es im selben Fach der Werkzeugleiste wie den Zauberstab. Ziehen Sie das Schnellauswahlwerkzeug einfach über den gewünschten Bildbereich, schon wird der erstaunlich präzise ausgewählt. Sie können sofort über weitere Bereiche ziehen, die noch in die Auswahl gehören, denn das Schnellauswahlwerkzeug verwendet automatisch den Modus DER AUSWAHL HINZUFÜGEN.

Wichtig jedoch: Stellen Sie oben in den Optionen die Vorgabe AUTOMATISCH VERBESSERN ein. Dann arbeitet die Schnellauswahl zwar nicht mehr gar so schnell, aber Sie erhalten wesentlich glattere Kanten.

Fortsetzung

Tipp:

Zeigen Sie der Schnellauswahl, welche Farben Sie nicht brauchen. Und zwar möglichst schnell!

Mitunter erwischt das Schnellauswahlwerkzeug Bildbereiche, die gar nicht in die Auswahl gehören. Dann gehen Sie nach alter Photoshop-Sitte vor: Sie halten die [Alt]-Taste gedrückt und ziehen über dem Bereich, den Sie wieder aus der Auswahl ausnehmen wollen. Das Besondere am Schnellauswahlwerkzeug: Es „merkt sich" unerwünschte Farbtöne und berücksichtigt solche Tonwerte auch dann nicht mehr, wenn Sie die Auswahl anschließend wieder erweitern.

Zeigen Sie der Schnellauswahl am besten möglichst bald, welche Tonwerte zu ignorieren sind: Sie erstellen eine erste Auswahl durch Ziehen im Hauptmotiv. Dann halten Sie die [Alt]-Taste gedrückt und ziehen über einer Zone, die nicht in die Auswahl gehört. So „lernt" das Werkzeug, welche Fotobereiche Sie nicht brauchen. Lassen Sie die [Alt]-Taste los und arbeiten Sie weiter im Innern des gewünschten Bildteils.

Schritt 12: Das war's – der Effekt steht. Ich habe das Foto zum Schluss in eine CD-Hülle montiert und Textebenen hinzugefügt. Ihr fiktiver Name ist „Laura T", gesetzt in der Schriftart Mata (von House Industries). Für den CD-Titel „In The Name Of Love" habe ich die Schriftart Skia verwendet. Und natürlich habe ich einen Schlagschatteneffekt hinter der CD-Hülle angebracht. Wie das geht, steht in der vorhergehenden Übung.

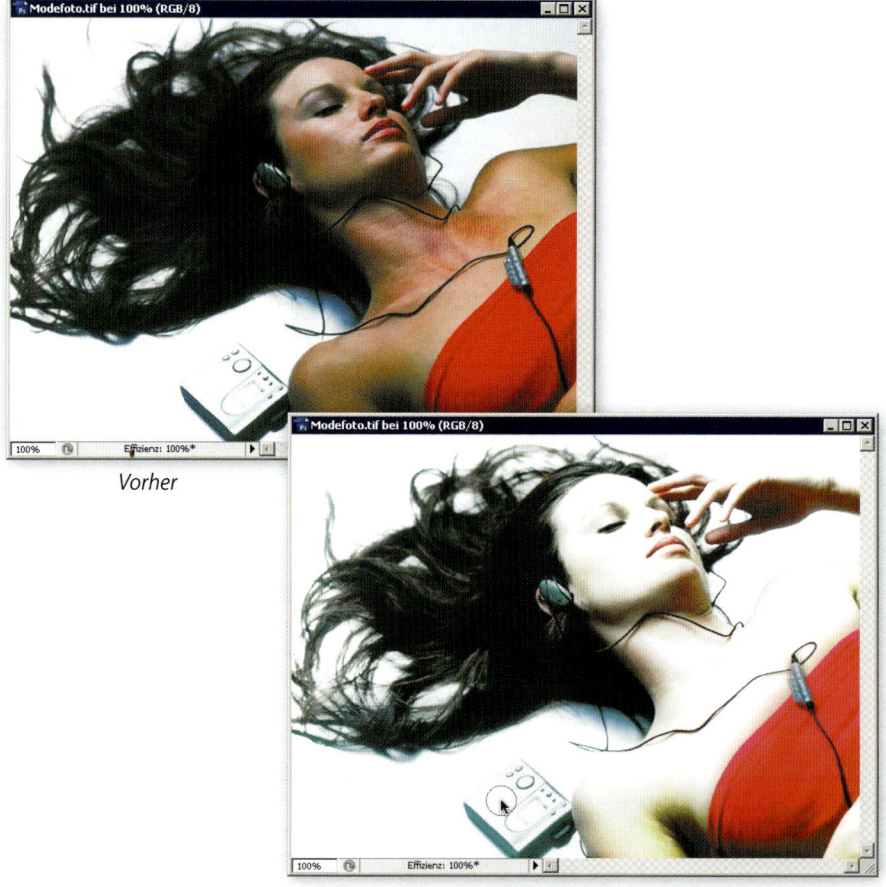

Vorher

Nachher

Ein Schatten erzählt die Geschichte

Mit dieser Technik erzählen Sie eine Geschichte. Ein Schatten, der die wahre Geschichte oder die Absichten einer Person enthüllt, ist sehr populär. Neulich sah ich das Foto eines Topmanagers in einem Magazin – sein Schatten erinnerte an einen Clown. So ein Bild sagt mehr als tausend Worte.

© Brand X Pictures

Schritt 1: Zuerst öffnen Sie das Foto, dem Sie einen „vielsagenden" Schatten hinzufügen wollen. Hier bauen wir den Schatten eines kräftigen Bodybuilders ein; damit deuten wir die Zukunft des kleinen Jungen an.

© Brand X Pictures

Schritt 2: Laden Sie das Bild, das Sie in einen Schatten verwandeln möchten. (Sie sehen das Bodybuilder-Foto, das wir als Schatten verwenden.)

Tipp:
So nutzen Sie den Flächeregler
Der Flächeregler in der Ebenenpalette wird zu selten genutzt. Er reduziert die Deckkraft der tatsächlichen Pixel in der Ebene, während Ebenenstile wie SCHLAGSCHATTEN oder ABGEFLACHTE KANTE und RELIEF erhalten bleiben. Ich zeige Ihnen ein Beispiel, wie Sie die Wirkung ausprobieren können: Legen Sie eine Textebene an und fügen Sie einen Schlagschatteneffekt hinzu. Jetzt senken Sie den Flächewert auf 0. Sehen Sie's?

Fortsetzung

Tipp:

Weg mit all den Hilfslinien

Photoshops Hilfslinien stören die Bildbeurteilung manchmal sehr. Sie wollen die Linien auf die Schnelle verbannen? Dann ziehen Sie die Linien nicht einzeln aus dem Bild. Stattdessen wählen Sie einfach `Strg`+`.` (am Mac `⌘`+`.`).

Schritt 3: Legen Sie eine Auswahl um den Bodybuilder herum an. Zum Glück wurde er vor weißem Hintergrund fotografiert, das erleichtert die Arbeit. Klicken Sie das Schnellauswahlwerkzeug an (es belegt dasselbe Fach in der Werkzeugleiste wie der Zauberstab) und ziehen Sie über den weißen Hintergrund. Klicken Sie dann ein zweites Mal zwischen die Beine, damit auch dieser Bereich erfasst wird. (In Photoshop CS2 und älteren Fassungen verwenden Sie den Zauberstab.)

Schritt 4: Den Hintergrund haben Sie vollständig ausgewählt, jetzt folgt ein alter Trick – Sie kehren die Auswahlwirkung um, so dass alles außer dem Hintergrund ausgewählt ist. Öffnen Sie also das Auswahl-Menü und klicken Sie auf AUSWAHL UMKEHREN.

Schritt 5: Ist der Bodybuilder ausgewählt? Dann drücken Sie `⇧`+`Strg`+`J` (am Mac `⇧`+`⌘`+`J`). So schneiden Sie die Figur aus dem Hintergrund aus und heben Sie auf eine eigene, unabhängige Ebene (wie hier zu sehen).

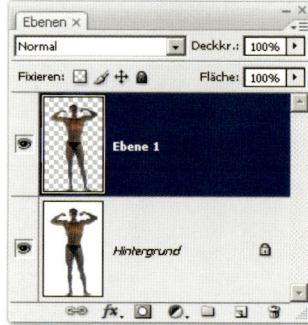

Schritt 6: Drücken Sie auf Ihrer Tastatur das `D`, so dass Photoshop schwarze Vordergrundfarbe einstellt. Dann folgt `⇧`+`Alt`+`Entf`. So füllen Sie den Bodybilder mit Schwarz (siehe Abbildung).

Schritt 7: Sie wechseln wieder zum Foto mit dem Buben und Sie brauchen das Magnetische Lasso. Es funktioniert hier besser als die Schnellauswahl. Wählen Sie den Jungen und die Gewichte aus.

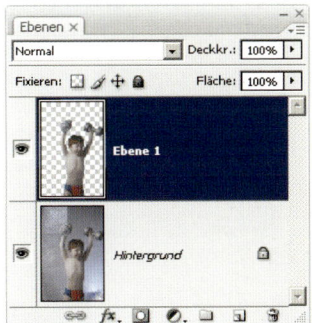

Schritt 8: Drücken Sie `Strg`+`J` (am Mac `⌘`+`J`). So heben Sie eine Kopie des Jungen auf seine eigene Ebene. Es ist nur eine Kopie; die ursprüngliche Hintergrundebene ist weiter vollständig intakt.

Tipp:
Ebenen gleichmäßig ausrichten
Sie können in Photoshop CS3 Objekte auf Ebenen gleichmäßig ausrichten, ohne sie erst zu verbinden. Die Ebenen werden lediglich ausgewählt. Sie halten die `Strg`-Taste (am Mac die `⌘`-Taste) gedrückt und klicken in der Ebenenpalette alle Ebenen an, die Sie verknüpfen und dann ausrichten wollen. Klicken Sie dabei in die Fläche rechts von der Miniatur, nicht auf die Miniatur selbst. Dann gehen Sie ins Untermenü EBENE, AUSRICHTEN.

Fortsetzung

Tipp:

Kommando zurück für Smart Objekte

Sie haben eine Ebene in ein Smart Objekt verwandelt und dann per FREI TRANSFORMIEREN dramatisch verzerrt. Nun wollen Sie wieder die ursprünglichen Proportionen sehen. Dazu starten Sie erneut das Transformieren mit Strg+T (am Mac ⌘+T). Oben in den Einstellungen stellen Sie Breite und Höhe jeweils auf 100 Prozent, in die Felder für Winkel und Neigung tippen Sie eine Null, dann müssen Sie nur noch zweimal die ↵-Taste traktieren – schon sehen Sie die Ebene wieder so, wie Sie sie einst eingesetzt hatten.

Schritt 9: Mit dem V schalten Sie das Verschiebenwerkzeug ein. Klicken Sie in das Bodybuilder-Foto und ziehen Sie den schwarzen Schatten in die Datei mit dem Jungen. Der Schatten liegt zunächst vor dem Jungen, wie Sie im Bild sehen.

Schritt 10: Der Schatten soll hinter dem Jungen erscheinen. Dazu ziehen Sie in der Ebenenpalette die Schattenebene unter die Ebene mit dem freigestellten Jungen. In der Palette sehen Sie jetzt den ausgeschnittenen Jungen ganz oben, den Schatten in der Mitte und das Originalbild unten.

Schritt 11: Die Schattenebene ist noch aktiv. Falls Sie mit CS3 arbeiten, wählen Sie FILTER, FÜR SMARTFILTER KONVERTIEREN. Dann können Sie Verzerrung und Filtereffekt jederzeit verlustfrei ändern oder annullieren. Egal, welche Version Sie nutzen, so geht's weiter: Per Strg+T (am Mac ⌘+T) starten Sie das Transformieren. Halten Sie die Strg-Taste (am Mac die ⌘-Taste) gedrückt und ziehen Sie den mittleren oberen Anfasspunkt nach rechts. So erhält der Schatten eine Verzerrung. Wenn es aussieht wie in der Abbildung, bestätigen Sie die Änderung per ↵-Taste.

Schritt 12: Der Schatten soll weniger aufdringlich wirken und sich besser mit der Umgebung mischen. Senken Sie also seine Deckkraft in der Ebenenpalette auf rund 30 Prozent.

Schritt 13: Im Untermenü FILTER, WEICHZEICHNUNGSFILTER öffnen Sie den Gaußschen Weichzeichner. Im Dialogfeld nehmen Sie ein Radius von 1 Pixel für 72 dpi-Bilder oder 5 Pixel für hochauf-gelöste 300 dpi-Dateien. Falls Sie Photoshop CS3 verwenden und den Smartfilter-Befehl aus Schritt 11 eingesetzt haben, zeigt die Ebenenpalette jetzt den Weichzeichner als Objekt an. Vorher-Nachher-Bilder sehen Sie auf der nächsten Seite.

Tipp:
Wie Sie Ebenen schnell umbenennen
Haben Sie's schon gemerkt? Wenn Sie Ebenen in der Palette umbenennen wollen, müssen Sie nicht erst ein Dialogfeld öffnen, wie es früher einmal war. Klicken Sie schlicht doppelt auf den Ebenennamen, schon können Sie eine neue Bezeichnung eintippen. So einfach ist das.

Fortsetzung

Tipp:

Ebenen verschmelzen, Photoshop beschleunigen

Photoshops Geschwindigkeit hängt direkt von der Dateigröße ab: Je größer die Datei, desto langsamer das Programm (speziell, wenn Sie wenig Arbeitsspeicher haben). Mit jeder Ebene, die Sie hinzufügen, steigt der Speicherbedarf deutlich. Darum sollten Sie manchmal mehrere Ebenen verschmelzen, sofern sie nicht mehr umarrangiert werden müssen.

Sie haben zum Beispiel zehn Textebenen. Sie sparen jede Menge Speicher, wenn Sie alle Ebenen zu einer einzigen verschmelzen. Halten Sie die Strg-Taste gedrückt (am Mac die ⌘-Taste) und klicken Sie in der Ebenenpalette jeweils in das freie Feld rechts von der Ebenenminiatur. Per Strg+E (am Mac ⌘+E) verschmelzen Sie die Ebenen. Die Dateigröße sinkt, Photoshop wird häufig schneller. Wenn Sie allerdings Ebenen mit Ebenenstilen verschmelzen, kann sich die Bildwirkung ungewollt ändern.

Vorher

Nachher

Hingetuschter Bildrand

Bei dieser Technik löschen Sie das Foto zunächst, dann malen Sie es ins Bildfenster zurück. Das Verfahren ist besonders bei Porträt- und Landschaftsaufnahmen beliebt. Es eignet sich aber auch für viele andere Motive – probieren Sie es aus! Ich zeige Ihnen darum auch, wie man die Technik automatisiert, sie lässt sich dann auf viele Bilder anwenden.

Schritt 1: Öffnen Sie das Foto, auf das Sie den Effekt anwenden wollen.

Schritt 2: Mit Strg + A (am Mac ⌘ + A) erzeugen Sie einen Auswahlrahmen um das komplette Bild herum. Jetzt drücken Sie die Entf-Taste. So zeigt der Dateirahmen nur noch Weiß.

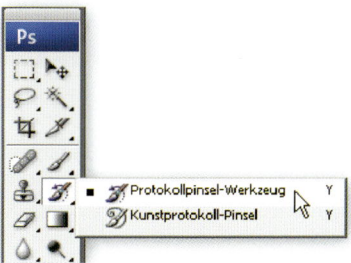

Schritt 3: In der Werkzeugleiste schalten Sie den Protokollpinsel ein (wie abgebildet). Oben in den Einstellungen öffnen Sie die Pinselbibliothek. Dazu klicken Sie auf das abwärts gerichtete kleine Dreieck direkt neben der aktuellen Pinselspitze.

Tipp:
Verstecken Sie die Extras
Hilfslinien, Pfadlinien, Auswahlränder, Slice-Begrenzungen und mehr – Photoshop zeigt alle möglichen Arbeitshilfen zur Orientierung, die generell nicht mitgedruckt werden. Manchmal aber stört das alles und Sie wollen nur das reine Bild sehen. Dazu drücken Sie einfach Strg + H (am Mac ⌘ + H) und das Gewusel verschwindet. Drücken Sie den Tastenbefehl erneut, um diese sogenannten „Extras" wieder zu Gesicht zu bekommen.

Tipp:

Wechseln Sie den Pinsel in zwei Paletten gleichzeitig

Photoshop hält die Pinselspitzen ja in zwei Bereichen parat – in der Optionenleiste und in der separaten Pinselpalette (sie heißt in früheren Ausgaben Werkzeugspitzenpalette). Vielleicht denken Sie, dass sich beim Speichern oder Ändern einer Pinselspitze nur einer dieser zwei Bereiche ändert. Dem ist aber nicht so: Wenn Sie zum Beispiel die Pinselspitzen in den Werkzeugoptionen ändern, wird gleichzeitig auch die Pinselspitzen-palette angepasst. Sie müssen also nicht zwei Bereiche gleichzeitig im Auge behalten.

Schritt 4: Sie laden jetzt eine Pinselbibliothek. Gehen Sie also in das Menü des Pinselwählers (klicken Sie auf die Schaltfläche rechts außen) und wählen Sie BREITE PINSEL.

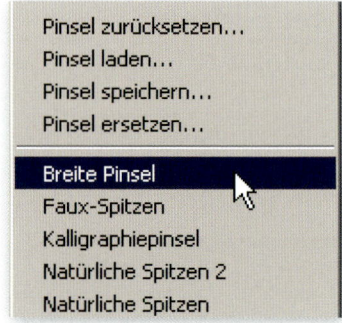

Schritt 5: Im Dialog klicken Sie auf ANFÜGEN. Die BREITEN PINSEL werden also zu den Standardpinseln hinzugefügt (sie erscheinen am Ende der Liste, wie hier zu sehen). Klicken Sie auf den ersten BREITEN PINSEL „Flat Bristle" mit 111 Pixel Durchmesser.

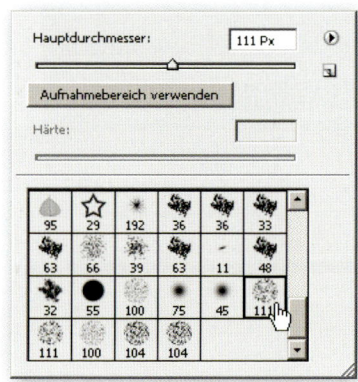

Schritt 6: Malen Sie ein paar Mal quer über das Bild von links nach rechts. Das Originalbild kehrt zurück. Das Gute an dieser Pinselspitze: Sie lässt ein paar Lücken beim Farbauftrag, ganz wie ein echter trockener Pinsel, so sieht das Ergebnis authentischer aus. Sie sehen das besonders beim untersten Pinselstrich (in den oberen Zonen fallen die Lücken nicht mehr auf, weil ich dort mehrfach übermalt habe).

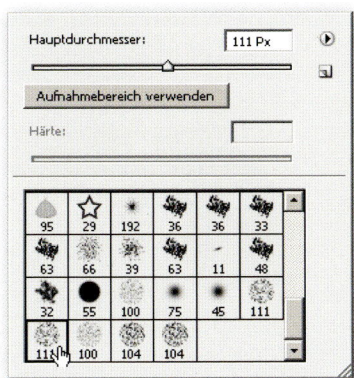

Schritt 7: Öffnen Sie erneut den Pinselwähler und klicken Sie auf den nächsten 111 Pixel-Pinsel, „Rough Flat Bristle" (wie abgebildet).

Tipp:
Pinsel umbenennen
Sind Sie mit den Bezeichnungen für Ihre Pinsel unzufrieden? Statt „39 Pixel weich" hätten Sie vielleicht lieber „Frank", „Kathi" oder „Xavier N."? Es braucht nur einen Rechtsklick (am Mac `Ctrl`-Klick) auf die Pinselspitze, dann wählen Sie PINSEL UMBENENNEN und tippen einen neuen Namen ein.

Schritt 8: Malen Sie wieder über dem Bild. 7/8 des Pinsels sollten über der bereits sichtbaren Bildfläche malen, das letzte Achtel sollte in noch weiße Bildzonen hineinragen. So entsteht ein natürlicheres, unregelmäßigeres Ergebnis. Am oberen Bildrand sehen Sie einige „Spritzer", die mit dem zweiten Pinsel entstanden sind.

nantucket seafood festival

Schritt 9: Hier sehen Sie das Ergebnis, ich habe noch eine Textzeile hinzugefügt. Dabei verwendete ich die Schriftart Minion (von Adobe), erhöhten Buchstabenabstand und absolute Kleinschreibung. So – erinnern Sie sich noch, dass wir zu Anfang eine neue Ebene angelegt haben? Der Grund: Wir wenden den Effekt jetzt unkompliziert auf weitere Fotos an.

Fortsetzung

Tipp:

Wie der Kopierstempel Einstellungsebenen einfach ignoriert

Sie arbeiten mit dem Kopierstempel, während eine Einstellungsebene das Foto verändert darstellt. In der Regel erzeugt Photoshop Klonpixel, die so aussehen wie Originalebene inklusive Veränderung durch die Einstellungsebene. Damit dupliziert der Kopierstempel jedoch nicht die Originaltonwerte – eine vorhandene Einstellungsebene zeigt folglich Original- und überdeckten Bereich unterschiedlich an. Um den absurden Effekt zu vermeiden, musste man die Einstellungsebene vorübergehend abschalten.

Seit Photoshop CS3 lassen sich Einstellungsebenen beim Klonen wahlweise ignorieren. Dann übertragen Stempel und Co. tatsächlich die Originalpixel, wie sie ohne darüberliegende Einstellungsebene aussehen – die Einstellungsebene kann dabei aktiv bleiben. Die nützliche Schaltfläche oben in den Kopierstempeloptionen zeigt die Einblendmeldung „Aktivieren, wenn Einstellungsebenen ignoriert werden sollen".

Schritt 10: Halten Sie die `Strg`-Taste (am Mac die `⌘`-Taste) gedrückt und klicken Sie in der Ebenenpalette auf die Miniatur Ihrer Bildebene. So entsteht eine Auswahl rings um das sichtbare Bild (wie hier zu sehen). Danach gehen Sie ins Auswahlmenü und nehmen AUSWAHL SPEICHERN. Klicken Sie im Dialogfeld sofort auf OK. Ziehen Sie die Bildebene in den Mülleimer in der Ebenenpalette.

Schritt 11: Öffnen Sie ein weiteres Foto. Mit dem `V` schalten Sie das Verschiebenwerkzeug ein, dann ziehen Sie das Bild in die andere Datei mit der gespeicherten Auswahl. Nehmen Sie im AUSWAHL-Menü den Befehl AUSWAHL LADEN. Im KANAL-Menü nehmen Sie ALPHA 1, dann klicken Sie auf OK. Sie sehen jetzt die Auswahl über Ihrem Bild. Abermals im AUSWAHL-Menü klicken Sie auf AUSWAHL UMKEHREN. Damit ist nur noch der Bildrand ausgewählt.

Schritt 12: Drücken Sie `Entf`. Die Außenbereiche werden gelöscht, Sie erhalten den gleichen Randeffekt wie beim ersten Foto. Sie müssen nur noch die Bildunterschrift anpassen.

Hochzeit von Margarete und Carsten

Sprengen Sie den (Bild-)Rahmen!

Dies ist ein überraschend einfacher Effekt. Es wirkt so, als ob die Hauptdarsteller regelrecht aus dem Bild herausplatzen (okay, hier spazieren sie heraus). Man kennt den Effekt vor allem aus der Printwerbung; aber jetzt sehe ich den Trick auch bei Hochzeits- und Kinderfotografen, denn er verleiht einem zweidimensionalen Bild räumliche Wirkung.

Schritt 1: Öffnen Sie das gewünschte Foto. Hier arbeiten wir mit einem Personenfoto, aber ich habe den Effekt auch schon mit Produktbildern gesehen. Per `Strg`+`A` (am Mac `⌘`+`A`) wählen Sie das gesamte Bild aus, per `⇧`+`Strg`+`J` (am Mac `⇧`+`⌘`+`J`) schneiden Sie das Foto aus der Hintergrundebene aus und heben es auf eine eigene separate Ebene.

Schritt 2: Sie nehmen ein geeignetes Auswahlwerkzeug wie etwa Magnetisches Lasso oder ein Zeichenwerkzeug. Damit wählen Sie das Hauptmotiv aus, in diesem Fall Braut und Bräutigam. Wenn sie sauber ausgewählt sind, drücken Sie `Strg`+`J` (am Mac `⌘`+`J`). So kopieren Sie das Paar auf eine eigene Ebene. Klicken Sie wieder auf Ebene 1 in der Ebenenpalette, um diese Ebene erneut zu aktivieren (sie enthält ja das gesamte Foto).

Schritt 3: Mit der Taste `M` schalten Sie das Auswahlrechteckwerkzeug ein. Rahmen Sie den Bildbereich ein, der sichtbar bleiben soll (Ihr Hauptmotiv muss darin enthalten sein). Dann klicken Sie im AUSWAHL-Menü auf AUSWAHL UMKEHREN. Jetzt ist nur noch der Bildrand ausgewählt (siehe Abbildung).

Fortsetzung

Tipp:

Wie Sie Pinselspitzen wieder entfernen

Sie haben vielleicht eigene Pinselspitzen angelegt, die Sie in der Pinselspitzenpalette nicht mehr sehen wollen. Öffnen Sie also die Pinselspitzenauswahl in den Einstellungen zu irgendeinem Malwerkzeug wie dem Kopierstempel. Halten Sie den Mauszeiger bei gedrückter ⌊Alt⌋-Taste über eine Pinselspitzenminiatur. Der Cursor erscheint jetzt als Schere. Klicken Sie auf eine Pinselspitze – weg ist sie. Oder möchten Sie sämtliche eigenen Spitzen löschen und die Werkzeugbibliothek wieder auf die Werksvorgabe zurücksetzen? Dann öffnen Sie das Menü der Pinselspitzenauswahl und nehmen WERKZEUGE ZURÜCKSETZEN.

Schritt 4: Sie drücken ⌊Entf⌋, um den äußeren Bildbereich zu löschen. Unten in der Ebenenpalette klicken Sie auf EBENENSTIL HINZUFÜGEN und dann auf KONTUR. Die Größe erhöhen Sie auf 11, die Position setzen Sie auf INNEN, dann klicken Sie auf das Farbfeld und wählen ein helles Grau (wie abgebildet). In der Liste links im Dialogfeld klicken Sie auf das Wort „Schlagschatten". Heben Sie die Größe auf 10 und klicken Sie auf OK. So erhält der Hintergrund einen Polaroideffekt.

Schritt 5: Halten Sie die ⌊Alt⌋-Taste gedrückt. Ziehen Sie das Wort „Schlagschatten" von der Fotoebene auf die Ebene, die nur das Brautpaar zeigt. So bekommt es den gleichen Schatten. Der Schatten des Brautpaars soll freilich über und unter dem Foto zu sehen sein, aber nicht auf dem Foto selbst. Darum klicken Sie auf die Ebene mit nur dem Brautpaar und nehmen dann den Menübefehl EBENE, EBENENSTIL, EBENEN ERSTELLEN. So entsteht eine separate Ebene, die nur den Schlagschatten allein enthält.

Schritt 6: In der Ebenenpalette klicken Sie einmal auf die Schlagschattenebene. Halten Sie die ⌊Strg⌋-Taste (am Mac ⌘-Taste) gedrückt und klicken Sie auf die Miniatur mit dem Fotohintergrund. Jetzt drücken Sie die ⌊Entf⌋-Taste. So verschwindet der Schlagschatten aus dem Bereich des Fotos – Sie sind fertig!

In 60 Sekunden vom Foto zur Zeichnung

Rich Harris, der Kreativexperte bei Wacom, zeigte mir die Grundlagen dieser Technik. Er schickte mir ein paar PDFs mit Special Effects und dieser hier hat mich umgeworfen. Kein anderes Verfahren wandelt Fotos so gut in Zeichnungen um. Aber ich war natürlich auch nicht faul und habe noch den Struktureffekt und einen Passepartout dazu entwickelt.

Schritt 1: Öffnen Sie das Foto, das Sie in eine Zeichnung verwandeln möchten.

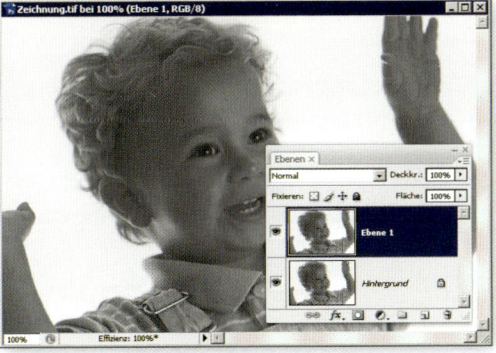

Schritt 2: Nun folgt ⇧+ Strg+U (am Mac ⇧+⌘+ U). Damit zeigt das Bild nur noch Graustufen (Sie entfernen die Farbsättigung). Drücken Sie Strg+J (am Mac ⌘+J), um die Ebene zu duplizieren, wie hier zu sehen.

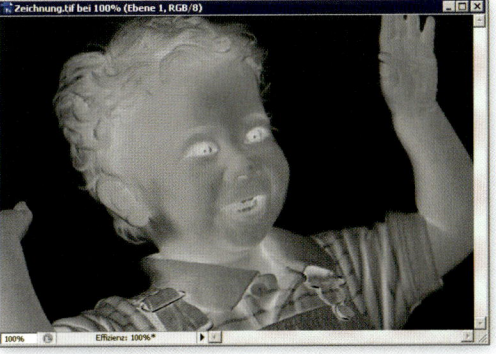

Schritt 3: Per Strg+I (am Mac ⌘+I) kehren Sie die Helligkeitswerte um. Das Zwischenergebnis sieht wie ein Negativ aus.

Fortsetzung

Tipp:

Vorschau für den Kopierstempel

Der Kopierstempel kann ab Photoshop CS3 die duplizierten Pixel als Vorschau über den angepeilten Bildbereich blenden, ohne dass Sie die Pixel tatsächlich schon auftragen. So erkennen Sie, ob Größe und Position einer Kopierstempelretusche exakt sitzen. Wählen Sie zunächst FENSTER, KOPIERQUELLE, um die Kopierquellenpalette anzuzeigen. Dann aktivieren Sie dort die Option ÜBERLAGERUNG ANZEIGEN. Wie deutlich Photoshop die kopierten Pixel vorab einblendet, stellen Sie im Feld DECKKRAFT ein.

Tipp:

Legen Sie eine völlig neue Pinselspitze an

Sie wollen eine völlig neue Pinselspitze anlegen, alle Einstellungen sollen der Werksvorgabe entsprechen? Dann klicken Sie in der Pinselpalette links auf die gewünschten Optionen wie Formeigenschaften, Streuung oder Struktur, aus dem Palettenmenü nehmen Sie PINSELSTEUERUNGEN LÖSCHEN. So löschen Sie die aktuellen Einstellungen.

Schritt 4: In der Ebenenpalette ändern Sie die Füllmethode von NORMAL auf FARBIG NACHBELICHTEN. Nun erscheint die Datei komplett weiß (sie sieht wie ein leeres Dokument aus, aber im nächsten Schritt bringen wir das Foto zurück).

Schritt 5: Im Untermenü FILTER, WEICHZEICHNUNGSFILTER nehmen Sie den Gaußschen Weichzeichner. Ziehen Sie den Radiusregler zunächst ganz nach links. Dann bewegen Sie ihn langsam wieder nach rechts und jetzt kommt so langsam die Zeichnung zum Vorschein. Wenn die Linien dunkel aussehen und das Foto nicht zu unscharf wirkt, klicken Sie auf OK.

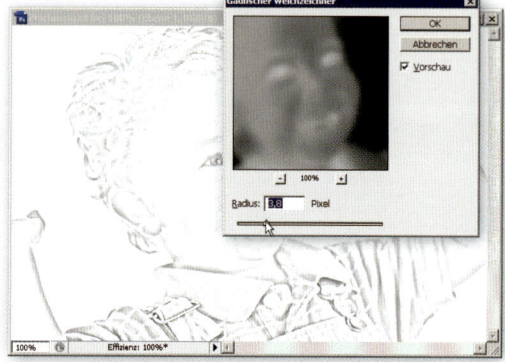

Schritt 6: In der Werkzeugleiste klicken Sie auf den Protokollpinsel. Oben in den Einstellungen senken Sie die Deckkraft auf 20 Prozent, dann wählen Sie eine große, weichkantige Pinselspitze aus. Malen Sie über dem Foto. Dabei bringen Sie die Originalfarben wieder blass zum Vorschein. Während Sie malen, halten Sie die Maustaste durchgehend gedrückt.

Schritt 7: Lassen Sie die Maustaste los, dann klicken Sie noch einmal auf die beiden Backen. So sorgen Sie dort für Extra-Farbtupfer (bei jedem neuen Mausklick dunkeln Sie die Bildstelle weiter ab). Verkleinern Sie die Pinselgröße, bis sie zu den Augen des Modells passt; dazu drücken Sie mehrfach die Taste ⌊ö⌋. Klicken Sie einmal in jedes Auge, um dort mehr Farbe zu erzeugen.

Schritt 8: Per ⌊Strg⌋+⌊E⌋ (am Mac ⌊⌘⌋+⌊E⌋) verschmelzen Sie die obere Ebene mit der Hintergrundebene. Jetzt verstärken Sie den Effekt noch mit einer Hintergrundtextur. Unter FILTER, STRUKTURIERUNGSFILTER nehmen Sie MIT STRUKTUR VERSEHEN. Als Textur verwenden Sie LEINWAND, die Skalierung setzen Sie auf 100 Prozent, das Relief auf 4, die Richtung auf OBEN. Dann klicken Sie auf OK. Die Struktur wirkt meist viel zu stark, aber das regeln Sie noch.

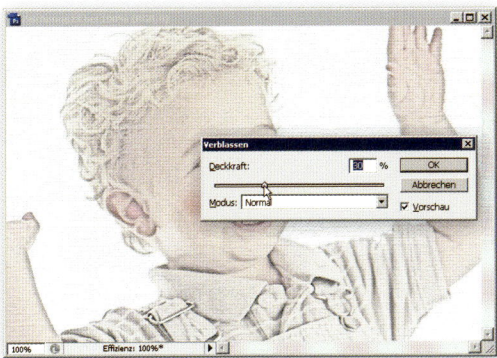

Schritt 9: Gleich nach dem Filter-Befehl nehmen Sie BEARBEITEN, VERBLASSEN, MIT STUKTUR VERSEHEN. Senken Sie im Dialog die Deckkraft auf 30 Prozent; so schwächen Sie den Filtereffekt. Mit ⌊Strg⌋+⌊A⌋ (am Mac ⌊⌘⌋+⌊A⌋) wählen Sie dann das Gesamtfoto aus. Per ⌊⇧⌋+⌊Strg⌋+⌊J⌋ (am Mac ⌊⇧⌋+⌊⌘⌋+⌊J⌋) schneiden Sie das Foto aus dem Hintergrund aus und setzen es auf eine eigene Ebene.

Tipp:
Sie wollen die Arbeitsfläche ausdehnen? Nehmen Sie die Relativ-Option.
Sie müssen nicht mehr lange herumrechnen, wenn Sie im ARBEITSFLÄCHE-Dialog die Option RELATIV verwenden. Jetzt tippen Sie nur noch ein, wie viel Fläche Sie hinzufügen möchten – und nicht, wie die neue Gesamtgröße ausfallen soll. Wenn Sie es einmal probiert haben, wissen Sie, was ich meine.

Tipp:
Erzeugen Sie Ihre eigenen Strukturen

Sie wollen Ihre eigenen Strukturen in Photoshop erzeugen? Hier sind ein paar nützliche Tipps:

• Fangen Sie mit dem Wolkenfilter an, denn er hat schon eine Textur.

• Häufig verwendet man den Filter RAUSCHEN HIN-ZUFÜGEN (früher STÖRUNGEN HINZUFÜGEN). Man füllt die Hintergrundebene mit einer Farbe und lässt den Filter RAUSCHEN HINZUFÜGEN darüberlaufen.

• Nehmen Sie Farbverläufe als Basis. Lassen Sie Filter wie Polarkoordinaten, Wellen oder Glas darüber-laufen, um Ihre eigenen Texturen zu verwenden.

• Legen Sie den Verlauf als Smart Objekt an (FILTER, FÜR SMARTFILTER KONVERTIEREN); die nachfolgenden Filter lassen sich dann jederzeit umstellen oder abschalten.

• Haben Sie schon RAUSCHEN HINZUFÜGEN genutzt? Dann fügen Sie noch die Bewegungs-unschärfe hinzu.

• Der Befehl MIT STRUKTUR VERSEHEN wertet glatte Farbflächen und Hinter-gründe mit Rauschen weiter auf.

Schritt 10: Fehlt noch der Passepartout. Der nächs-te Befehl heißt darum BILD, ARBEITSFLÄCHE. Im Dialogfeld schalten Sie RELATIV ein und geben rund fünf Zentimeter für Höhe und Breite hinzu. Unten im Dialog klicken Sie auf das Farbfeld. Im Farbwähler legen Sie dann ein helles Beige als Arbeitsflächenfarbe fest. Dann klicken Sie zweimal auf OK, um die Arbeitsfläche auszudehnen.

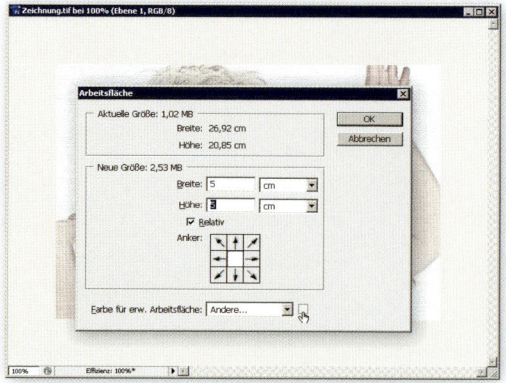

Schritt 11: In der Ebenen-palette klicken Sie einmal auf die Fotoebene. Der nächste Klick geht auf die Schaltfläche EBENENSTIL HINZUFÜGEN und dann auf SCHATTTEN NACH INNEN. Senken Sie die Deckkraft auf 40 Prozent und den Abstand auf 2. So erhalten die Ränder des Fotos einen leichten Schatten, als ob es sich tatsächlich in einem Passepartout befände.

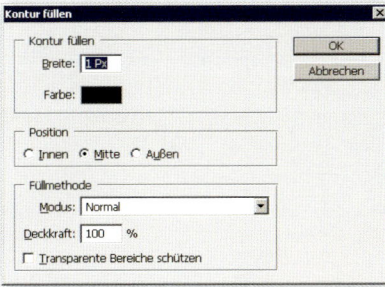

Schritt 12: Mit `Strg`+`A` (am Mac `⌘`+`A`) wählen Sie noch einmal das Gesamtbild aus. Erzeugen Sie eine neue, leere Ebene, dann klicken Sie auf KONTUR FÜLLEN aus dem BEARBEITEN-Menü. Die Breite setzen Sie auf 1 Pixel, dann klicken Sie auf OK und erzeugen so einen dünnen schwarzen Rahmen rund um den beigen Passepartout. In der Ebenenpalette senken Sie die Deckkraft noch auf 50 Prozent, so dass die schwarze Linie noch feiner erscheint. Das Ergebnis sehen Sie unten.

Nach dem ersten Kapitel haben Sie bestimmt geglaubt, mehr Fotoeffekte gäbe es nicht. Aber ich habe noch viel mehr in petto! Ein einzelnes Kapitel reichte schlicht nicht, um

Photo Finish
Fotografische Effekte, Teil 2

alle interessanten Verfremdungen aufzunehmen. Darum folgt hier der Teil 2. Lesen Sie also weiter, hier finden Sie tolle Kurse zu Bewegungsunschärfe, Beleuchtung, Randverzerrung und Collageeffekten. Nebenbei produzieren Sie auch noch ein Ölgemälde – Gratulation! Und wenn Ihr Bildmaterial mal ein bisschen langweilig aussieht, dann testen Sie einfach unsere „Schnelle Verfremdung", schon haben Sie Hingucker nach Maß.

Tipp:

Wie Sie sich bei hohen Zoomstufen noch im Bild orientieren

Sie haben tief ins Bild hineingezoomt, um Details zu erkennen. Wollen Sie den Bildausschnitt jetzt mit den Rollbalken ändern? Das ist frustrierend, denn selbst die kleinste Bewegung verursacht viel zu große Sprünge, Sie landen weit weg vom ursprünglichen Bildbereich. Drücken Sie stattdessen die Leertaste. Der Mauszeiger verwandelt sich dann vorübergehend in ein Handwerkzeug, Sie können das Bild im Dateirahmen feinfühlig verschieben. Das ist der beste Weg, um den Bildausschnitt zu ändern, ohne sich mit den Rollbalken herumzuärgern. Sobald Sie die Leertaste loslassen, bietet Photoshop wieder das ursprünglich genutzte Werkzeug an.

Bringen Sie Bewegung ins Bild

Diese populäre Technik sieht man oft bei redaktionellen Fotos, wenn zum Beispiel ein Vorstandsvorsitzender in einer Zeitschrift erscheint. Bei Porträts von Topmanagern wird das Verfahren gern angewandt, denn das Hauptmotiv bleibt gestochen scharf, aber die Umgebung erhält einen Wischeffekt, der nach Bewegung aussieht. Dieser Effekt geht so leicht, dass Sie vielleicht denken: „Das war's?" Ja, das war's.

Schritt 1: Öffnen Sie das Foto, das Sie mit Bewegungsunschärfe aufpeppen wollen.

Schritt 2: Duplizieren Sie die Hintergrundebene. Dazu drücken Sie ⌨Strg⌨+⌨J⌨ (am Mac ⌨⌘⌨+⌨J⌨).

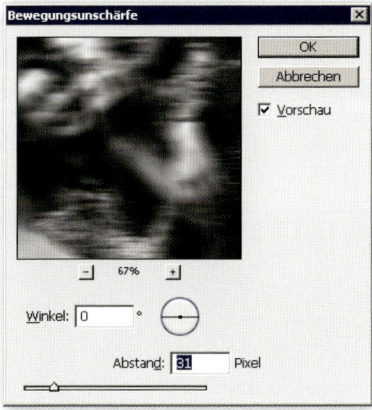

Schritt 3: Der nächste Befehl heißt FILTER, WEICHZEICHNUNGSFILTER, BEWEGUNGSUNSCHÄRFE. Stellen Sie den Winkel passend zum Bild ein (ich nehme oft eine horizontale Richtung). Die Stärke des Effekts steuern Sie mit dem Abstandregler. (Für dieses niedrig auflösende 72 dpi-Bild habe ich den Abstandwert 31 genommen. Testen Sie den Wert 100 für hoch auflösende 300 dpi-Bilder.)

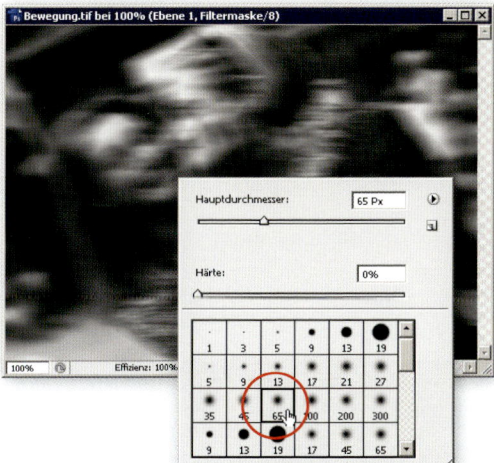

Schritt 4: Mit der Taste `E` schalten Sie zum Radiergummi. Oben in den Einstellungen öffnen Sie die Pinselbibliothek, indem Sie auf das abwärtsgerichtete kleine Dreieck klicken. Wählen Sie eine Pinselspitze mit weicher Kante aus (siehe Abbildung).

Schritt 5: Und jetzt wird's unterhaltsam. Malen Sie einfach über Bildteilen, die detailreich bleiben sollen. Das Originalbild kommt unter der verzerrten Ebene wieder zum Vorschein. Ich radiere meist Gesichter, Kleidung und Gegenstände, die Leute in der Hand halten. Die Ränder lasse ich jedoch unverändert.

Tipp:
Der Raw-Dialog dient nicht nur für Raw-Dateien
Der Camera-Raw-Dialog von Photoshop bietet fantastische Bearbeitungsmöglichkeiten, die Sie teilweise im Hauptprogramm gar nicht finden. Und Sie können seit Photoshop CS3 nicht nur Raw-, sondern auch TIFF- und JPEG-Dateien im Raw-Dialog bearbeiten. Um solche Dokumenttypen im Raw-Dialog zu sehen, markieren Sie die Bilder in Bridge und drücken `Strg`+`R` (am Mac `⌘`+`R`). Ihre Alternative: Sie nehmen in Photoshop den Befehl DATEI, ÖFFNEN ALS und stellen das Format im Klappmenü auf Camera Raw.

Nachträgliche Beleuchtung von der Seite

Ihr Hauptmotiv braucht mehr Seitenlicht? Sie haben im Studio das Seitenlicht vergessen? Dann nutzen Sie das folgende Verfahren. Wir arbeiten hier mit einem Porträtfoto, aber Produktaufnahmen eignen sich ebensogut.

Schritt 1: Sie öffnen das Foto, das noch Seitenlicht braucht. In diesem Beispiel werden wir die linke Gesichtshälfte etwas aufhellen.

© Brand X Pictures

Schritt 2: Die ursprüngliche Hintergrundebene muss hier intakt bleiben, also arbeiten wir auf einer Kopieebene. Um die Hintergrundebene zu duplizieren, drücken Sie schlicht ⌈Strg⌉+⌈J⌉ (am Mac ⌈⌘⌉+⌈J⌉). So erhalten Sie die Kopieebene (siehe Abbildung). Photoshop nennt sie Ebene 1.

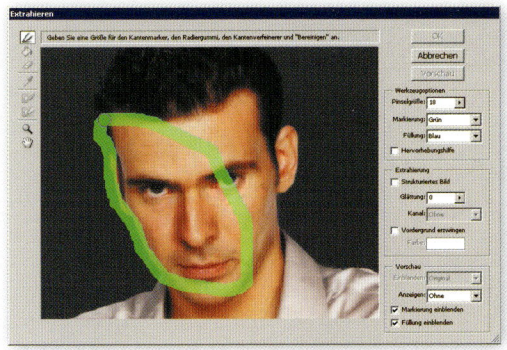

Schritt 3: Im Filter-Menü wählen Sie EXTRAHIEREN. Sie werden einen Teil der linken Gesichtshälfte ausschneiden, wir arbeiten ja bereits auf der Kopieebene. Mit der Taste B schalten Sie den Kantenmarker ein, das oberste Werkzeug im EXTRAHIEREN-Dialog. Malen Sie entlang der linken Gesichtshälfte. Dann ziehen Sie die Linie durch die Gesichtsmitte zurück und schließen den Kreis.

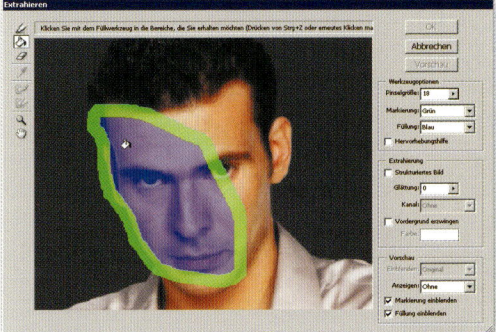

Schritt 4: Mit dem Buchstaben G wechseln Sie zum Füllwerkzeug (das zweite Werkzeug von oben). Klicken Sie einmal in die markierte Zone. So erfährt Photoshop, welche Bildteile Sie auf jeden Fall erhalten wollen.

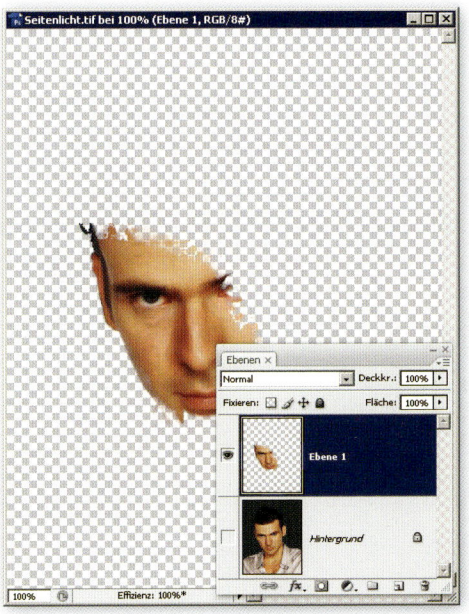

Schritt 5: Klicken Sie im EXTRAHIEREN-Dialog auf OK. Sie sehen den extrahierten Bereich zunächst nicht einzeln, denn die Hintergrundebene ist noch sichtbar. Klicken Sie also in der Ebenenpalette auf das Augensymbol links von der Hintergrundebene; sie wird so ausgeblendet. Wie die Abbildung zeigt, sehen Sie nur noch das freigestellte Gesicht. Kleinere Teile des linken Gesichtsrands fehlen, wie Sie sehen. Dafür haben wir aber eine schnelle Abhilfe.

Tipp:
Arbeiten mit Mustern
Sie können in Photoshop ganze Reihen von Mustern verwenden und beliebig viele eigene Muster sammeln. Photoshop setzt diese Bildausschnitte vielfach in Dateien oder Bildteile ein. Rahmen Sie einen beliebigen Bildteil mit dem Auswahlrechteck ein, dann wählen Sie BEARBEITEN, MUSTER FESTLEGEN. Nun verpassen Sie dem Muster im Dialogfeld noch einen Namen. Sie haben viele Möglichkeiten, das Muster ins Bild zu bringen, zum Beispiel per Füllwerkzeug, Musterstempel oder mit dem Befehl BEARBEITEN, FÜLLEN. Abschaltbar und skalierbar liefert Photoshop Ihr Muster als Füllebene (Schaltfläche EINSTELLUNGSEBENE ERSTELLEN unten in der Ebenenpalette) oder als Mustereffekt (Schaltfläche EBENENSTIL HINZUFÜGEN in der Ebenenpalette).

Tipp:
Auswahlen für später speichern

Manchmal will man gelungene Auswahlen später wiederverwenden. Darum können Sie die Auswahl speichern. So geht's: Während die Auswahl aktiv ist, wählen Sie AUSWAHL, AUSWAHL SPEICHERN. Im Dialogfeld klicken Sie sofort auf OK. Damit haben Sie die Auswahl gespeichert. Wann immer Sie die Auswahl benötigen, nehmen Sie den Befehl AUSWAHL, AUSWAHL LADEN. Im Dialogfeld geben Sie die gespeicherte Auswahl im Kanal-Klappmenü an (sie heißt meist Alpha 1), dann klicken Sie auf OK. Schon sehen Sie die Auswahlfließmarkierung wieder im Bild.

Schritt 6: Sie wollen die verlorenen Details am linken Gesichtsrand wiederherstellen. Drücken Sie zweimal Strg+J (am Mac ⌘+J). So duplizieren Sie diese Ebene zweimal und verstärken den leicht ausgefransten Gesichtsrand, die verlorenen Pixel kehren zurück. (Vergleichen Sie es einmal mit dem vorherigen Bild.)

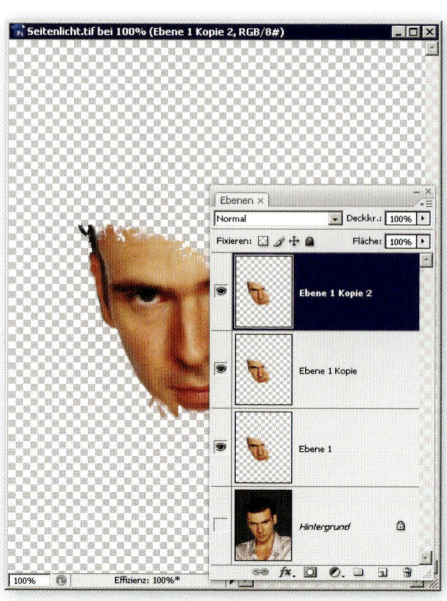

Schritt 7: Jetzt verschmelzen Sie die drei oberen Ebenen. Halten Sie die Strg-Taste (am Mac ⌘-Taste) gedrückt und klicken Sie in der Ebenenpalette jeweils rechts neben der Ebenenminiatur in die freie Fläche. So wählen Sie die drei Ebenen aus, dann folgt Strg+E (am Mac ⌘+E), um sie zu einer Ebene zu verschmelzen. Sie sehen es hier in der Ebenenpalette.

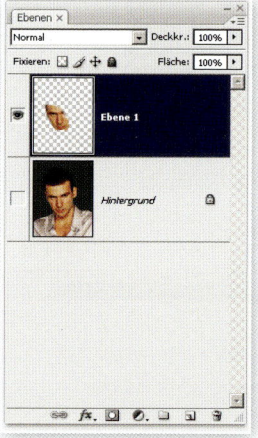

Schritt 8: Wir brauchen eine Auswahl um diese linke Gesichtshälfte herum. Halten Sie die Strg-Taste (am Mac ⌘-Taste) gedrückt und klicken Sie auf die Ebene in der Ebenenpalette. So entsteht eine Auswahl um die gesamte Ebene herum. Diese Auswahl müssen Sie sichern. Dazu wählen Sie AUSWAHL, AUSWAHL SPEICHERN. Im Dialog (siehe Abbildung) klicken Sie sofort auf OK.

Schritt 9: Klicken Sie in der Ebenenpalette in das leere Kästchen, wo vorher das Augensymbol war. So sehen Sie wieder die Hintergrundebene. Drücken Sie das [D] und dann das [X], um weiße Vordergrundfarbe einzurichten. Die Tastenkombination [⇧]+[Alt]+[Entf] füllt die Gesichtsebene weiß (siehe Bild). Mit [Strg]+[D] (am Mac [⌘]+[D]) heben Sie die vorhandene Auswahl auf.

Schritt 10: Mit dem [V] schalten Sie das Verschiebenwerkzeug ein. Drücken Sie zweimal auf die [←]-Taste. So wandert die weiße Gesichtsebene zwei Pixel nach links.

Schritt 11: Im Auswahl-Menü klicken Sie auf Auswahl laden. Im Kanal-Menü des Dialogfelds gehen Sie auf Alpha 1 (das ist die ursprüngliche Auswahl des Gesichts, die Sie vorhin gespeichert haben). Klicken Sie auf OK. Die frühere Auswahl erscheint wieder im Bild. Und weil Sie ja die weiße Ebene bewegt haben, ist sie nun gegenüber der Auswahl leicht nach links versetzt.

Tipp:
Wie Sie das Karomuster loswerden
Eigentlich sollte man es so nennen: „Wie Sie das nervige Karomuster endgültig in die Tonne treten." Ich meine das grauweiße Muster im Hintergrund von transparenten Ebenenbereichen. Es kennzeichnet transparente Teile einer Ebene. Dieses Muster brauchen Sie jedoch häufig nicht. Sie haben schon etwas, mit dem Sie Transparenz erkennen können – Ihre Augen. Darum werde ich häufig gefragt, wie man das Muster abschaltet. Sie wählen einfach Bearbeiten, Voreinstellungen, Transparenz & Farbumfang-Warnung. Im Bereich Transparenzeinstellungen wählen Sie als Rastergröße Ohne. Klicken Sie auf OK und das Muster ist weg.

Fortsetzung

Tipp:

Wie Sie mit der Farbüberlagerung arbeiten

Der Ebeneneffekt FARBÜBERLAGERUNG mag manchen Anwender erst einmal enttäuschen. Denn die Farbe wird nicht durchscheinend, sondern voll deckend angewendet und überdeckt womöglich andere Effekte. Soll jedoch der eigentliche Inhalt der Ebene irgendwie erkennbar bleiben, ändern Sie die Füllmethode im Dialogfeld zur Farbüberlagerung von NORMAL auf INEINANDERKOPIEREN.

Schritt 12: Ist die Auswahl noch im Bild? Dann drücken Sie die ⌊Entf⌋-Taste und anschließend ⌊Strg⌋+⌊D⌋ (am Mac ⌊⌘⌋+⌊D⌋), um die Auswahl aufzuheben. Sie sehen ein bisschen Pixelmüll in der Gesichtsmitte, aber das beheben wir gleich.

Schritt 13: Mit der Taste ⌊E⌋ schalten Sie zum Radiergummi. Radieren Sie die kaputten Stellen aus der Gesichtsmitte weg. Der weiße Kranz im Haar über dem Ohr muss auch weg. Nur hinter Ohr und Wange bleibt ein weißer Kranz erhalten. Zum Schluss senken Sie die Deckkraft in der Ebenenpalette auf 80 Prozent. Im Vorher-Nachher-Vergleich erkennen Sie es: Jetzt sieht das Bild so aus, als ob Sie einen Strahler von links hinten gesetzt hätten.

Vorher

Nachher

Raffinierte Collage – mit nur einem Bild

Diese Technik habe ich zuerst im Magazin „Surfer" gesehen. Das war so gelungen, dass ich Ihnen zeigen wollte, wie Sie ein ähnliches Ergebnis erhalten. Das Nette daran: Das Foto wird nicht bewegt und Sie arbeiten nur mit einem einzigen Bild – doch das Ergebnis sieht wie eine komplexe Collage aus. Kompliment an die Grafiker beim „Surfer"!

Schritt 1: Öffnen Sie das Foto, das den Effekt erhalten soll. Im Moment brauchen Sie es allerdings noch nicht: Erst einmal erstellen Sie die Vorlage für die aufgerauhten Kanten. Erzeugen Sie also eine neue RGB-Datei in der Größe 18x13 Zentimeter und in einer Auflösung, die zu Ihrer Vorlage passt.

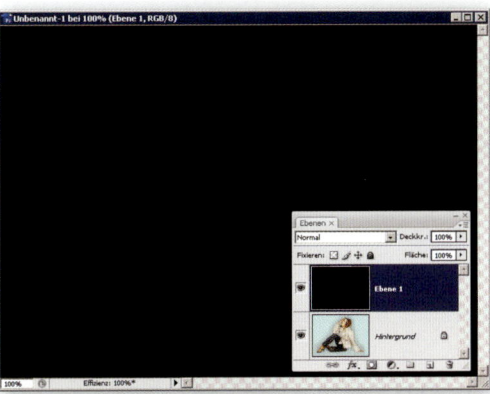

Schritt 2: Klicken Sie unten in der Ebenenpalette auf die Schaltfläche NEUE EBENE ERSTELLEN. Mit der Taste D setzen Sie die Vordergrundfarbe auf Schwarz. Dann drücken Sie Alt + Entf, um diese Ebene mit Schwarz zu füllen (wie abgebildet).

Schritt 3: Ein Druck aufs M schaltet das Auswahlrechteck ein. Ziehen Sie einen Auswahlrahmen auf, der etwa 75 Prozent der Arbeitsfläche einfasst (es sollte in etwa so aussehen wie hier).

Tipp:
Der abgehobenste Tastaturbefehl des Monats

Nun gut, das hier ist vielleicht etwas exotisch: Sie wissen vielleicht schon, dass Sie mit gedrückter Strg-Taste (am Mac immer ⌘) auf eine Ebenenminiatur klicken können, um den Umriss der Ebene als Auswahl zu erhalten. Sie Strg-klicken zum Beispiel auf die Miniatur einer Textebene, dann entsteht eine Auswahl entlang der Textkontur. Hier ist nun der „abgehobenste Tastaturbefehl des Monats": Erstellen Sie die Auswahl per Strg-Klick. Dann drücken Sie ⇧ + Alt + Strg (am Mac ⇧ + Alt + ⌘) und klicken auf eine andere Ebenenminiatur in der Palette; die entstehende Auswahl enthält nur die Schnittmenge der beiden Ebenen. Probieren Sie es einmal und vielleicht wundern Sie sich mit mir: „Wann im Leben brauche ich das?" Hey... ich mache diese Tastaturbefehle nicht – ich gebe sie nur weiter.

Fortsetzung

Schritt 4: Mit der Taste `Q`
wechseln Sie in den Maskierungsmodus. Nun können Sie
einen Filter auf die Auswahl
anwenden (einer der Vorteile
des Maskierungsmodus). Ein
roter Rahmen umgibt nicht
gewählte Bildbereiche, aber
das stört uns nicht weiter, es
ist nur eine Frage der Bild-
schirmdarstellung.

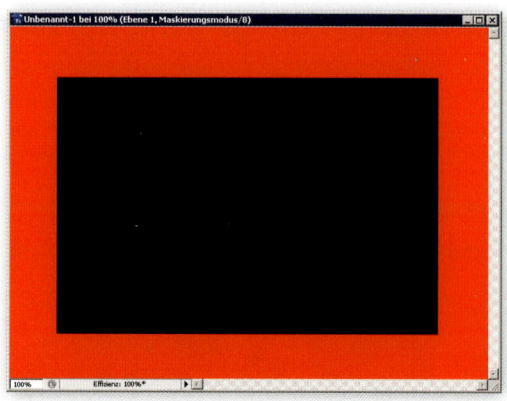

Schritt 5: Nun folgt der Befehl
FILTER, ZEICHENFILTER, CONTÉ-STIFTE.
Verwenden Sie die Standardeinstellungen, wie in der Abbildung zu sehen. Nach dem
OK-Klick wirkt die Auswahl auf-
gerauht. Wir befinden uns ja im
Maskierungsmodus; Sie sehen
also, wie der aufgerauhte Rand
auf die schwarzen Bereiche
Ihrer Auswahl angewandt wird
(das Bild im nächsten Schritt
zeigt es).

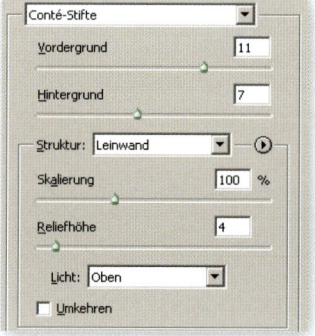

Schritt 6: Eine einzelne
Anwendung des Filters macht
die Ränder aber noch nicht
rauh genug. Wiederholen Sie
den Filter also mehrfach, indem
Sie fünfmal hintereinander
`Strg`+`F` (am Mac `⌘`+`F`)
drücken. (Dieser Tastenbefehl
wiederholt schlicht den letzten
Filter mit den Einstellungen, die
Sie dabei verwendet hatten.)

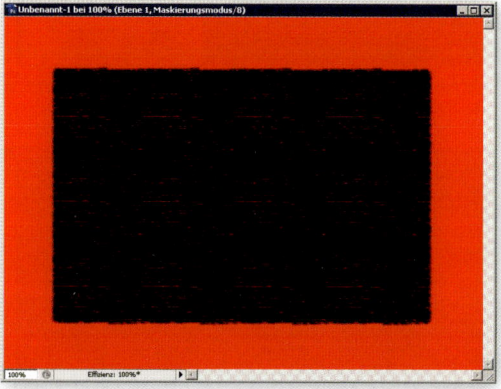

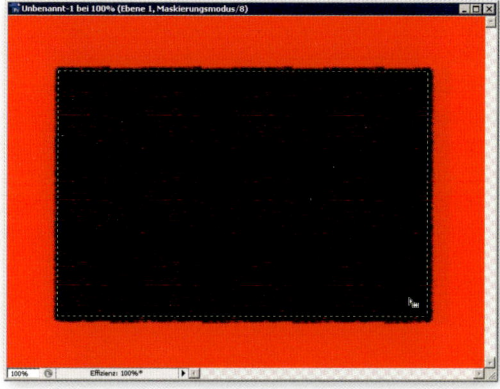

Schritt 7: Der Filter ändert freilich nicht nur den Rand, sondern auch den Innenbereich Ihrer Auswahl (also die schwarze Zone). Das beheben wir schnell. Ziehen Sie eine Rechteckauswahl, die den größten Teil der sichtbaren Schwarzfläche einfasst (wie abgebildet). Erfassen Sie die Randbereiche nicht mit.

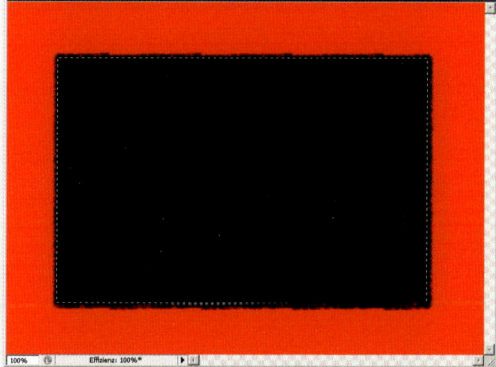

Schritt 8: Die `Entf`-Taste füllt den gewählten Bereich nun mit Schwarz (siehe Foto). Mit dem Tastaturbefehl `Strg`+`D` (am Mac `⌘`+`D`) heben Sie die Auswahl auf.

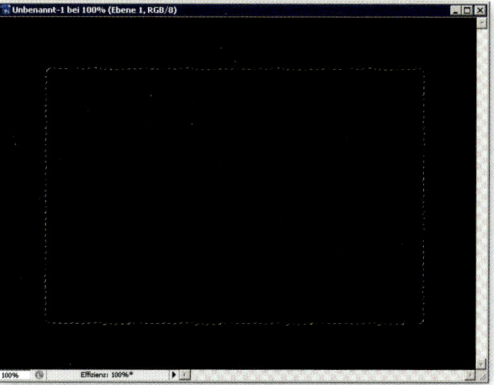

Schritt 9: Sie verlassen den Maskierungsmodus wieder mit der Taste `Q`. Jetzt sehen Sie die endgültige Auswahl mit den rauhen Rändern. Sie erkennen auch die schwarze Ebene und die aufgeraute Auswahlmarkierung. Entfernen Sie das Schwarz außerhalb der Auswahl.

Tipp:
Wie Sie die Laufweite bequem steuern
Laufweite ist die „Luft" zwischen einzelnen Buchstaben oder Wörtern in einer Zeile, während Kerning den Abstand innerhalb eines Buchstabenpaars meint. Um die Laufweite visuell und nicht rein numerisch zu steuern, schalten Sie das Textwerkzeug ein und markieren den Text. Halten Sie die `Alt`-Taste gedrückt und drücken Sie zusätzlich die `←`-Taste; so schrumpft die Laufweite. `Alt`-Taste plus `→` bläst mehr „Luft" zwischen die ausgewählten Lettern.

Fortsetzung

Tipp:
Verläufe ohne Störstreifen

Immer wieder arbeiten wir im Buch mit Farbverläufen. Je nach Druckverfahren sehen Sie unschöne Treppen und Linien in Ihren Prints. Nutzen Sie dann in den Verlaufsoptionen die Vorgabe „Dither". So rechnet Photoshop ein Streuselmuster in die Farbübergänge, Streifenbildung wird verhindert.

Schritt 10: Sie brauchen den Befehl AUSWAHL, AUSWAHL UMKEHREN. Damit ist nur der Rand des Dokuments ausgewählt. Mit der Entf-Taste löschen Sie das Schwarz weg. Sie heben die Auswahl mit Strg+D (am Mac ⌘+D) auf. Verbergen Sie noch die Hintergrundebene; dazu klicken Sie in der Ebenenpalette auf das Augensymbol links neben der Miniatur für die Hintergrundebene.

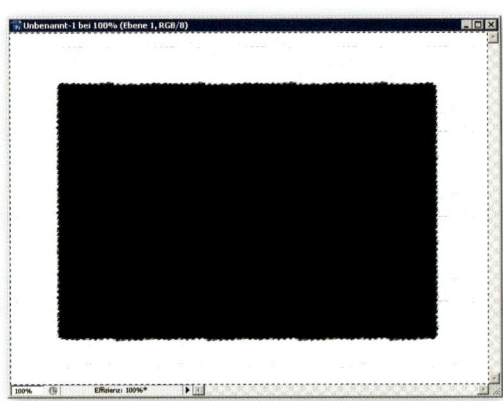

Schritt 11: Halten Sie die Strg-Taste (am Mac ⌘-Taste) gedrückt, dann klicken Sie in der Ebenenpalette auf die Schaltfläche NEUE EBENE ERSTELLEN. So entsteht eine neue Ebene direkt unterhalb der Ebene mit dem schwarzen Rand (und nicht oberhalb). Mit dem Auswahlrechteck ziehen Sie wieder einen Rahmen auf; er ist ein bisschen größer als das Objekt für den schwarzen Rand (wie abgebildet). Drücken Sie das X, um weiße Vordergrundfarbe zu erhalten, danach füllen Sie die Auswahl mit dem Tastenbefehl Alt+Entf weiß. Sie heben die Auswahl mit Strg+D (am Mac ⌘+D) auf. Im Menü zur Ebenenpalette nehmen Sie den Befehl SICHTBARE AUF EINE EBENE REDUZIEREN, so dass weiße und schwarze Ebene verschmelzen.

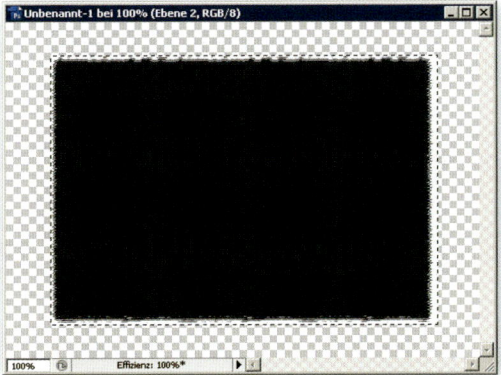

Schritt 12: Jetzt produzieren Sie ein Loch in der Mitte. Wieder mit dem Auswahlrechteck ziehen Sie einen Rahmen auf; er sollte etwas kleiner als der schwarze Bereich ausfallen. Mit der Entf-Taste löschen Sie die Auswahl leer (wie hier zu sehen). Heben Sie die Auswahl mit Strg+D (am Mac ⌘+D) auf. Das Randelement ist fertig!

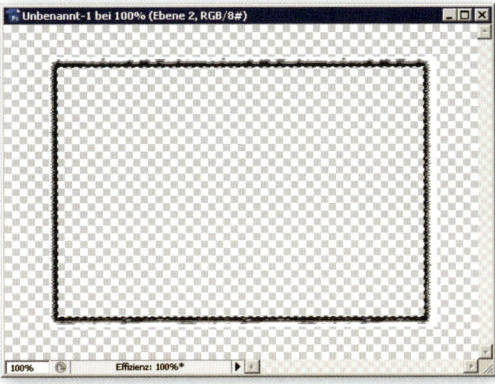

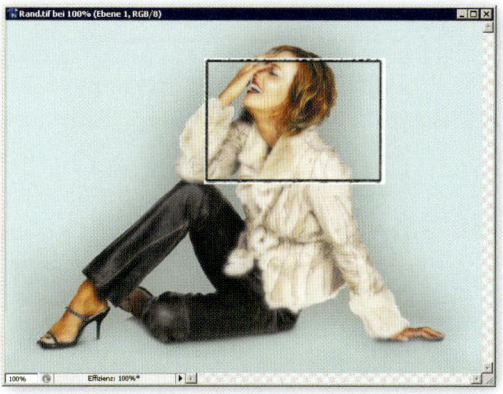

Schritt 13: Mit der Taste [V] stellt Photoshop das Verschiebenwerkzeug bereit. Ziehen Sie die Randebene in die Fotodatei, die Sie dekorieren wollen (siehe Abbildung). Womöglich ist der Rand zu groß, also werden Sie ihn im nächsten Schritt verkleinern.

Tipp:
Andere Farbenhersteller
Sie wollen die Sonderfarbe eines Farbenherstellers auswählen. Dann klicken Sie im Farbwähler auf Farbbibliotheken. Zunächst sehen Sie nur Pantone-Farben. Öffnen Sie aber einmal das Klappmenü BUCH; dort bietet Photoshop viele weitere Farben an.

Schritt 14: Mit [Strg]+[T] (am Mac [⌘]+[T]) beginnen Sie das FREI TRANSFORMIEREN. Bei gedrückter [⇧]-Taste ziehen Sie an einem Eckpunkt nach innen, um den Rahmen zu verkleinern, bis nur noch Kopf und Schultern erfasst sind. (Sie können den Rahmen auch in eine andere Position ziehen.) Wenden Sie die Änderung per [↵]-Taste endgültig an. Das ist Ihre Vorlage. Klicken Sie also in der Ebenenpalette doppelt auf den Ebenennamen, um ihn zu markieren, und tippen Sie „Vorlage" ein.

Schritt 15: Dieser Schritt ist wichtig, denn Sie werden ihn öfter wiederholen. Duplizieren Sie die Vorlageebene per [Strg]+[J] (am Mac [⌘]+[J]). Klicken Sie in das Augensymbol neben der Ebenenminiatur der Vorlage, um diese Ebene zu verstecken. Jetzt folgt [⇧]+[Strg]+[#] (am Mac [⇧]+[⌘]+[#]). So schicken Sie die kopierte Vorlageebene im Ebenenstapel ganz nach unten, direkt über die Hintergrundebene.

Fortsetzung

Tipp:
Ein Tipp zu Ebenengruppen

Manchmal sollen mehrere Ebenen ein und dieselbe Füllmethode oder eine identische Deckkraft erhalten. Markieren Sie alle Ebenen gemeinsam durch `Strg`-Klicks (am Mac `⌘`-Klicks) rechts neben die Ebenenminiatur, dann klicken Sie unten in der Ebenenpalette auf die Schaltfläche NEUE GRUPPE ERSTELLEN. Alle Ebenen landen nun in einem Ordner (Adobe nennt es Gruppe) innerhalb der Ebenenpalette. Das Interessante dabei: Wählen Sie eine Füllmethode oder eine Deckkraft für diese Gruppe aus und alle Elemente in der Gruppe ändern sich entsprechend, solange sie innerhalb der Gruppe verbleiben. Gut, oder?

Schritt 16: Aktivieren Sie die Hintergrundebene. Dazu klicken Sie einmal auf die entsprechende Miniatur in der Ebenenpalette. Mit dem Auswahlrechteck ziehen Sie einen Rahmen um die schwarze Kante herum (wie abgebildet). Sie sind ja noch auf der Hintergrundebene, nicht wahr? Duplizieren Sie den ausgewählten Bereich per `Strg`+`J` (am Mac `⌘`+`J`) auf eine eigene Ebene. Klicken Sie einmal auf die Miniatur der Vorlageebene (direkt über der Hintergrundebene).

Schritt 17: Mit dem Tastenbefehl `Strg`+`E` (am Mac `⌘`+`E`) verschmelzen Sie die duplizierte Vorlage und den Fotoausschnitt. Um nur diese eine Ebene zu begutachten, halten Sie die `Alt`-Taste gedrückt, dann klicken Sie in der Ebenenpalette auf das Augensymbol neben dieser verschmolzenen Ebene. Alle anderen Ebenen werden ausgeblendet, Sie sehen nur noch den verschmolzenen Ausschnitt samt Rahmeneffekt, wie abgebildet. Nun blenden Sie die anderen Ebenen wieder ein; dazu `Alt`-klicken Sie erneut in das Kästchen, in dem sich zuvor das Augensymbol befand.

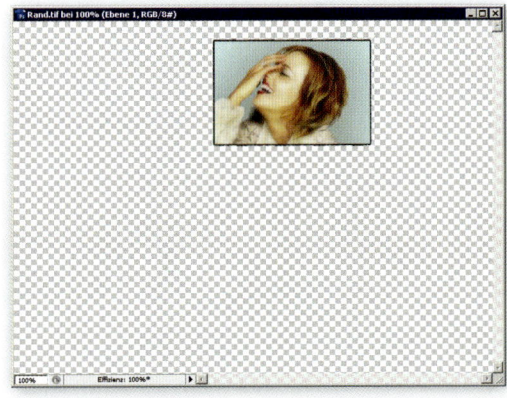

Schritt 18: Verbergen Sie Ebene 1, indem Sie das Augensymbol neben der Miniatur wegklicken. Dann wiederholen Sie Schritt 15: Duplizieren Sie die Vorlageebene, verstecken Sie die ursprüngliche Vorlage und schicken Sie die Kopie per Tastenbefehl ganz nach unten im Ebenenstapel. Diese Schrittfolge nenne ich ab jetzt „die Bewegung" (einverstanden?).

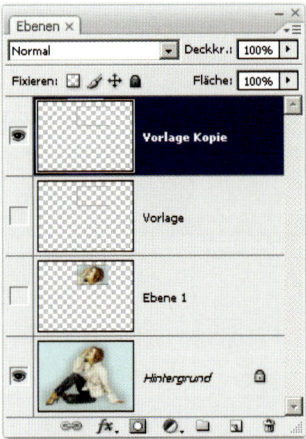

Schritt 19: Jede Kopie der Vorlageebene erscheint an derselben Position, nämlich über Kopf und Schultern der Person. Wir wollen die Kopie etwas drehen und verschieben. Starten Sie also das FREIE TRANS-FORMIEREN per Strg+T (am Mac ⌘+T). Ziehen Sie innerhalb der Rechteckbox, um die Ebene zu bewegen. Ziehen Sie außerhalb zum Drehen. Drücken Sie zum Abschluss die ↵-Taste.

Schritt 20: Nun steht der Rahmen schräg. Sie können ihn also nicht mehr wie zuvor mit dem Auswahlrechteck auswählen. Stattdessen nehmen Sie das Polygon-Lasso, das Sie in der Werkzeugleiste zusammen mit dem normalen Lasso finden. Klicken Sie nur in die vier Ecken, dann lassen Sie die Maustaste los; schon haben Sie die Auswahl.

Schritt 21: Wiederholen Sie den zweiten Teil von Schritt 16 (kopieren Sie den ausgewählten Teil des Hintergrunds auf seine eigene Ebene) und dann Schritt 17 (Sie klicken auf die duplizierte Vorlageebene direkt über dem Hintergrund und verschmelzen es mit dem Fotoausschnitt per Strg+E (am Mac ⌘+E). Das Betrachten der Einzelebene überspringen Sie getrost – da ging es nur ums Verständnis. Nun folgt „die Bewegung" – Sie wissen schon.

Fortsetzung

Tipp:
Der Glasfilter

Haben Sie den Glasfilter ausprobiert, den Sie im Untermenü FILTER, VERZERRUNGSFILTER finden? Er verdient eigentlich eine Bezeichnung wie „So versauen Sie Ihr Bild". In einer bestimmten Situation wirkt der Filter jedoch nützlich – wenn Sie einen Glaseffekt auf Text brauchen. Zunächst legen Sie von dem Text einen Alphakanal an, den Sie mit dem Gaußschen Weichzeichner einen oder zwei Pixel breit soften. Das speichern Sie als PSD-Datei. Im Glasfilter laden Sie diese Datei später als Struktur. Das Ergebnis sieht ganz ok aus. Nicht wie Glas, das nicht, aber ok.

Schritt 22: Wiederholen Sie die bekannte Schrittfolge mehrfach: Sie duplizieren die Rahmenvorlage, schicken sie im Ebenenstapel nach unten, ziehen sie in einen anderen Bildteil, drehen ein bisschen, wählen einen Bildbereich mit dem Polygon-Lasso aus, klicken auf die Hintergrundebene, heben die Auswahl auf eine eigene Ebene, verschmelzen die kopierte Vorlage mit dem Bildausschnitt – bis eine neue Runde der „Bewegung" folgt.

Schritt 23: Hier sehen Sie ein Zwischenergebnis (die Zahl der Rahmen hängt von Ihrem Motiv ab).

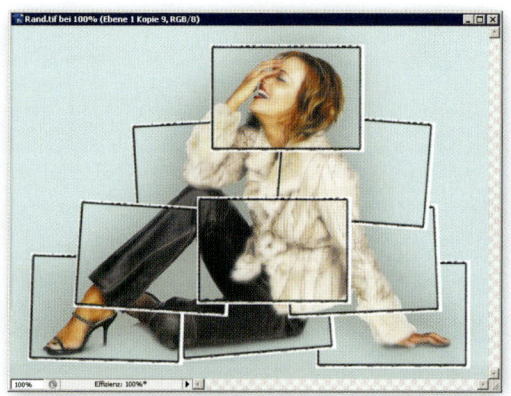

Schritt 24: Jetzt packen wir alle Rahmenebenen in eine einzelne Ebene. Blenden Sie zunächst die Hintergrundebene und die Vorlageebene mit dem Augensymbol aus. Dann nehmen Sie im Menü der Ebenenpalette den Befehl SICHTBARE AUF EINE EBENE REDUZIEREN (siehe Abbildung).

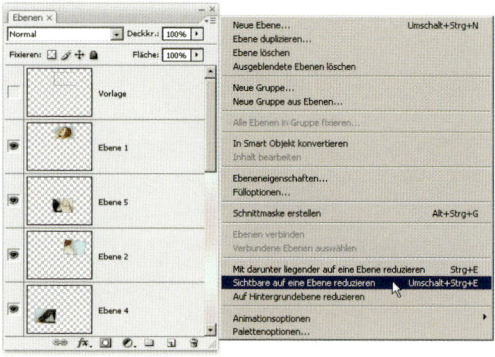

Schritt 25: Alle Rahmen haben Sie nun verschmolzen. Klicken Sie doch einmal auf die Hintergrundebene und auf deren Augensymbol, um diese Ebene anzuzeigen und zu bearbeiten. Per Alt+Entf füllen Sie die Hintergrundebene mit Weiß. So erhalten Sie das Endergebnis, siehe Foto.

Option 1: Mit der Taste D setzen Sie die Vordergrundfarbe auf Schwarz, dann drücken Sie Alt+Entf, um den Hintergrund schwarz zu füllen. Sie sehen den Effekt in der Abbildung.

Option 2: Das „Surfer"-Magazin hatte noch eine andere Möglichkeit gewählt: Klicken Sie auf das Vordergrundfarbfeld unten in der Werkzeugleiste, legen Sie im Farbwähler eine beliebige Farbe fest und füllen Sie damit den Hintergrund. Ein Beispiel sehen Sie hier.

Tipp:
Die Arbeit mit Filtern

• Um die Werte in den Dialogfeldern zu ändern, nehmen Sie die Pfeiltasten aufwärts und abwärts.

• Um die Werte stärker zu verändern, drücken Sie zusätzlich zur Pfeiltaste die ⇧-Taste.

• Sie haben im Dialogfeld Werte verändert und wollen wieder den Zustand, den Sie beim Aufrufen der Funktion hatten? Drücken Sie die Alt-Taste, dann zeigt die ABBRECHEN-Schaltfläche die Beschriftung ZURÜCK-SETZEN. Ein Klick und Sie sind wieder bei den Ausgangswerten.

• Mitt Strg+F (am Mac ⌘+F) läuft der letzte Filter sofort noch einmal ab, ohne dass Sie das Dialogfeld sehen. Der Tastenbefehl Strg+Alt+F (am Mac ⌘+Alt+F) zeigt noch einmal den letzten Filter-Dialog an, Sie können die Einstellungen ändern.

Vom Foto zum Ölgemälde

Mir war zu Ohren gekommen, dass Ted LoCascio (ein Grafiker beim *Photoshop User*-Magazine)
eine verblüffende Technik entwickelt hatte, Fotos in Ölgemälde zu verwandeln. Als ich das
dann selber sah, fragte ich ihn (ok, ich flehte ihn an), ob ich es hier im Buch vorstellen dürfte.
Es ist eindeutig eines der besten und einfachsten Verfahren für Ölgemälde.

Schritt 1: Öffnen Sie das Foto,
das Sie in ein Ölgemälde verwandeln wollen.

Schritt 2: Im Untermenü BILD,
ANPASSUNGEN öffnen Sie den
Dialog FARBTON/SÄTTIGUNG. Heben
Sie die Sättigung auf plus 50
Prozent (siehe Abbildung). Die
Farben im Foto wirken so viel
kräftiger.

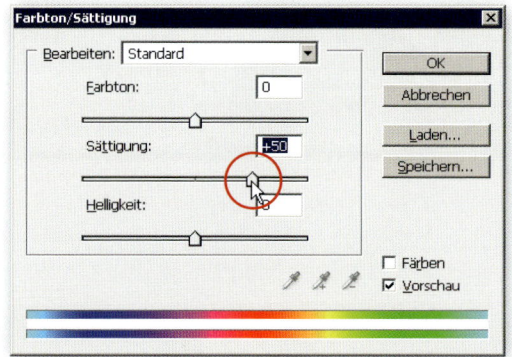

Schritt 3: Der nächste Befehl
heißt FILTER, FILTERGALERIE. Sie öffnen den Ordner VERZERRUNGSFILTER
und klicken auf die Glasminiatur.
Verzerrung und Glättung setzen
Sie jeweils auf 3. Nehmen Sie
im STRUKTUR-Menü die Leinwand,
die Skalierung steht bei 79 (wie
hier zu sehen). Klicken Sie noch
nicht auf OK.

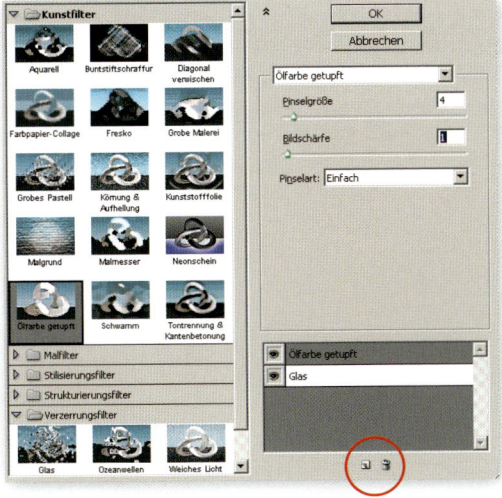

Schritt 4: Unten im Dialogfeld klicken Sie auf die Schaltfläche NEUE EFFEKTEBENE (direkt neben dem Mülleimer). Öffnen Sie den Bereich KUNSTFILTER, dort klicken Sie auf ÖLFARBE GETUPFT. Als Pinselgröße nehmen Sie 4, als BILDSCHÄRFE 1 und das Menü PINSELART stellen Sie auf EINFACH (wie abgebildet).

Tipp:
Wie Sie Auswahlen laden
Immer wieder beschreibe ich, wie Sie eine Auswahl laden, indem Sie bei gedrückter [Strg]-Taste (am Mac [⌘]-Taste) auf eine Ebenenminiatur in der Ebenenpalette klicken. Derselbe Trick funktioniert auch, wenn Sie Alphakanäle als Auswahl laden wollen. Noch besser: Drücken Sie [Alt]+[Strg]+[4] (am Mac [Alt]+[⌘]+[4]). So laden Sie den ersten Alphakanal als Auswahl. Für weitere gespeicherte Auswahlen drücken Sie zum Beispiel die 5 oder 6.

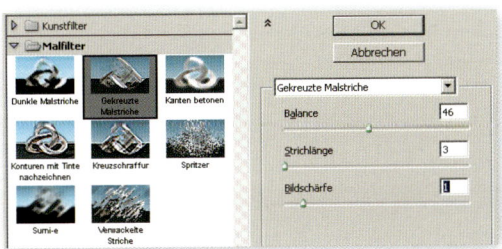

Schritt 5: Jetzt wieder ein Klick auf den Button NEUE EFFEKTEBENE. Im Bereich MALFILTER nehmen Sie die GEKREUZTEN MALSTRICHE. Die BALANCE stellen Sie auf 46, die STRICHLÄNGE auf 3. Als BILDSCHÄRFE nehmen Sie 1.

Schritt 6: Und noch ein Klick auf NEUE BILDEBENE unten in der Filtergalerie. Sie fügen eine Leinwandstruktur hinzu. Dazu brauchen Sie einen Klick auf den Ordner STRUKTURIERUNGSFILTER, dort nehmen Sie MIT STRUKTUR VERSEHEN. Als Struktur geben Sie Leinwand an. Die Skalierung steht bei 65, das Relief bei 2. Als Licht verwenden Sie OBEN LINKS. Klicken Sie auf OK, um alle vier Filter auf Ihr Bild anzuwenden.

Fortsetzung

Tipp:

Pfeile auf die einfache Art

Sie wissen vielleicht schon, dass Sie mit dem Linienzeichnerwerkzeug auch Pfeilspitzen erzeugen können. Dazu klicken Sie oben in den Werkzeugeinstellungen auf das abwärts gerichtete Dreieck. In einer kleinen Dialogbox steuern Sie Breite, Länge und Rundung (was immer das genau sein soll). Das ist Mathematik. Mathematik ist hart. Vielleicht genau aus diesem Grund liefert Adobe einen kompletten Satz hübscher Pfeile in der Formenbibliothek mit. Sie müssen nur das Eigene-Form-Werkzeug einschalten, die Formenbibliothek in der Optionenleiste öffnen und im Menü zu dieser Bibliothek die Pfeile auswählen – so gefällt mir das schon besser.

Schritt 7: Mit ⌨Strg⌨+⌨J⌨ (am Mac ⌨⌘⌨+⌨J⌨) duplizieren Sie die aktuelle Ebene. Der Tastaturbefehl ⌨⇧⌨+⌨Strg⌨+⌨U⌨ (am Mac ⌨⇧⌨+⌨⌘⌨+⌨U⌨) entfärbt die neue Ebene. In der Ebenenpalette setzen Sie die Füllmethode von NORMAL auf INEINANDERKOPIEREN (wie hier zu sehen).

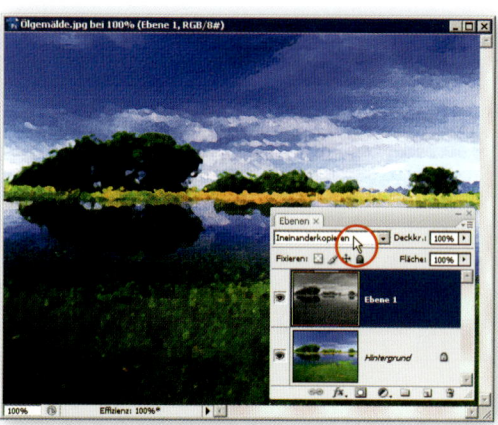

Schritt 8: Der nächste Befehl heißt FILTER, STILISIERUNGSFILTER, RELIEF. Als Winkel geben Sie 135 an, als Höhe 1 und die Stärke setzen Sie auf 500 Prozent (wie hier zu sehen). Nach dem OK-Klick senken Sie noch die Deckkraft in der Ebenenpalette auf 40 Prozent. Nun sieht das Bild so aus wie unten.

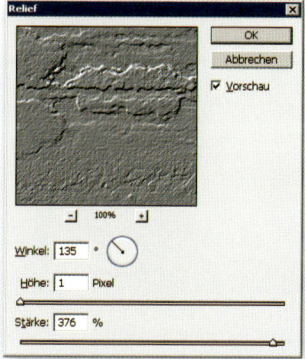

Schneller Effekt für Agenturfotos

Diese grellen Farben sind sehr beliebt. Es gibt ganze Agenturfotosammlungen nur mit solchen Bildern. Auch Anzeigen und Magazine verwenden die Technik. Mit dem Verfahren machen Sie langweilige Aufnahmen (wie das Telefon aus unserem Beispiel) trendy und schick.

Tipp:
Kontur für Pfade
Sie wollen den Umriss eines Pfads mit dem Pinsel nachzeichnen? Wählen Sie zuerst die Pinselspitze aus, dann drücken Sie die ⏎-Taste – schon malt Photoshop den Pfad nach!

© Brand X Pictures

Schritt 1: Öffnen Sie das Bild, das Sie verfremden wollen. Wir nehmen ein normales RGB-Bild, das etwas, nun ja, langweilig wirkt.

Schritt 2: In der Ebenenpalette klicken Sie auf die Schaltfläche NEUE FÜLL- ODER EINSTELLUNGSEBENE ERSTELLEN und dann auf VERLAUFS-UMSETZUNG. Photoshop präsentiert das Dialogfeld zu diesem Befehl (zu sehen im nächsten Bild).

Schritt 3: Am rechten Ende des aktuellen Verlaufs klicken Sie auf das kleine, abwärts gerichtete Dreieck. So sehen Sie die Verlaufsbibliothek. Rechts oben klicken Sie auf das Dreieck, das nach rechts zeigt, nehmen die FARBHARMONIEN 2 und dann ANFÜGEN. In diesem neuen Verläufesatz klicken Sie auf Lila, Grün, Gold (siehe Abbildung).

Fortsetzung

Tipp:

Schneller mit Auswahlen arbeiten

Mit Auswahlen können Sie viele Dinge tun: Sie können sie herumziehen, Sie können eine weiche Kante anlegen, Sie können die Auswahl speichern oder transformieren. Brauchen Sie eine Liste aller Möglichkeiten, die Sie mit Ihrer aktuellen Auswahl haben? Dann klicken Sie mit der rechten Maustaste (am Mac mit gedrückter `Ctrl`-Taste) in die Auswahl. Ein Kontextmenü bietet Ihnen nun viele nützliche Befehle an. Damit sparen Sie viel Zeit, Sie müssen nicht mehr in Untermenüs wühlen.

Schritt 4: Nun erscheint Ihr Bild bereits deutlich verfremdet. Der Effekt wirkt so aber meist zu stark und entstellt das Bild. Darum ändern Sie oben in der Ebenenpalette die Füllmethode von NORMAL auf FARBE. Jetzt fügen sich die neuen Farben besser ein und Sie erhalten die populären grellen Farben.

Schritt 5: Setzen Sie die Vordergrundfarbe auf Schwarz, schalten Sie mit dem `B` zum Pinsel. Oben in den Optionen senken Sie die Deckkraft auf 50 Prozent, dann wählen Sie eine große, weichkantige Pinselspitze aus. Übermalen Sie Bildteile, die mehr Details zeigen sollen. Wir konzentrieren den Effekt so auf den Hintergrund, das Produkt zeigt eher die Originalfarben.

Schritt 6: Drücken Sie `Strg`+`E` (am Mac `⌘`+`E`). So verschmilzt die Einstellungsebene mit der Hintergrundebene. Mit dem `V` schalten Sie das Verschiebenwerkzeug ein. Ziehen Sie die Verfremdung in das geplante Dokument, es landet dort als separate Ebene. Für das hier abgebildete Layout habe ich nur noch eine Veränderung gebraucht: Ich habe einen schwarzen Rand um das Foto gelegt. Dazu nehmen Sie unten in der Ebenenpalette die Schaltfläche EBENENSTIL HINZUFÜGEN und dann KONTUR. Setzen Sie die Größe auf 6, die Position auf INNEN (damit die Ecken nicht abrunden) und geben Sie schwarze Farbe vor. Das war's!

Wirklich aufgeraute Bildränder

Ein altbekannter Trick: Sie filtern eine Auswahl im Maskierungsmodus, um aufgeraute Bildränder zu erhalten. Aber die Profis arbeiten nicht so. Stattdessen kaufen sie teure Zusatzfilter oder sie verwenden Agenturfotos für realistischere Randeffekte. Ich habe jetzt ein Verfahren für professionell aussehende Ränder entdeckt. Es braucht zwar ein bisschen Zeit, sieht aber wirklich gut aus.

© Brand X Pictures

Schritt 1: Laden Sie das Bild, das Sie verwenden möchten. Per ⌨Strg+A (am Mac ⌘+A) wählen Sie das Gesamtmotiv aus, per ⇧+Strg+C (am Mac ⇧+⌘+C) schneiden Sie es aus und heben es auf eine eigene Ebene (wie abgebildet).

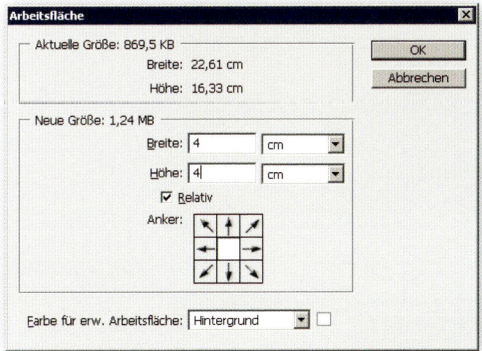

Schritt 2: Für den Rand schaffen Sie etwas Freiraum um das Foto herum. Nehmen Sie also den Befehl BILD, ARBEITSFLÄCHE und schalten Sie die RELATIV-Option ein. Fügen Sie für Höhe und Breite jeweils rund vier Zentimeter hinzu. Nach dem OK-Klick sehen Sie die zusätzliche Weißfläche um die Aufnahme herum.

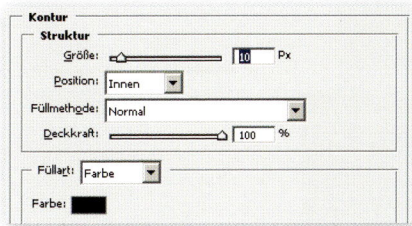

Schritt 3: Jetzt bekommt Ihr Bild noch einen dicken schwarzen Rahmen. In der Ebenenpalette klicken Sie auf EBENENSTIL HINZUFÜGEN und dann auf KONTUR. Die Größe setzen Sie auf 10, die Position auf INNEN (um das Abrunden der Ecken zu vermeiden), als Farbe stellen Sie Schwarz ein.

Fortsetzung

Tipp:
Auch so entfernen Sie den Hintergrund

Mit dem Pinsel können Sie Pfade nachzeichnen. Dazu öffnen Sie das Menü der Pfadepalette und nehmen PFADKONTUR FÜLLEN. Im Dialog geben Sie den Pinsel an. Mit der gleichen Technik lässt sich ein Hauptmotiv aber auch vom Hintergrund trennen. Erzeugen Sie mit dem Zeichenstift einen losen Pfad um Ihr Hauptobjekt herum; das Objekt sollte dabei nicht direkt berührt werden. Diesmal nehmen Sie im Dialogfeld den Hintergrund-Radiergummi. Auf verblüffende Art zeichnet er die Umrisse des Motivs nach. Sogar das Zugucken macht Spaß. Beachten Sie aber eines: Wählen Sie vorab für den Hintergrund-Radiergummi eine Pinselspitze mit harter Kante aus.

Tipp:
Wie Sie die Infopalette laden
Einige Paletten können Sie mit F-Tasten laden. Die Infopalette erscheint zum Beispiel, wenn Sie `F8` drücken. Sie erscheint zudem automatisch, wenn Sie das Farbaufnahmewerkzeug nutzen.

Schritt 4: Klicken Sie auf OK. Sie sehen jetzt den schwarzen Rahmen.

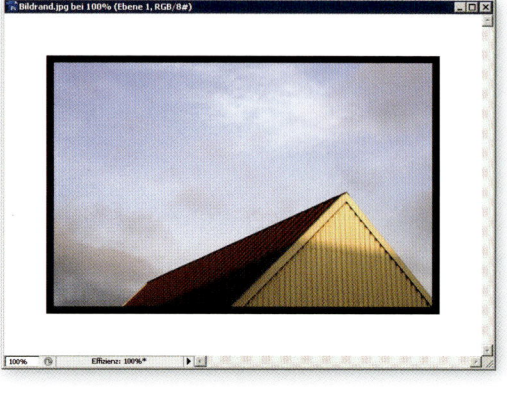

Schritt 5: Öffnen Sie ein Foto, aus dem Sie den aufgerauhten Rand ableiten. Aufnahmen mit einer sichtbaren Kante eignen sich am besten (so wie unser Mauerdetail). Die Kante muss nicht perfekt horizontal oder vertikal verlaufen, denn sie lässt sich jederzeit noch drehen.

Schritt 6: Mit dem Tastaturbefehl `⇧`+`Strg`+`U` (am Mac `⇧`+`⌘`+`U`) ziehen Sie die Farbe aus dem Bild. Der nächste Befehl heißt BILD, ANPASSUNGEN, HELLIGKEIT/KONTRAST. CS3-Anwender schalten hier die Option FRÜHEREN WERT VERWENDEN ein. Mit einer Kontrastvorgabe von plus 92 entsteht ein sehr grafisch-körniges Bild, das sich als Rand eignet.

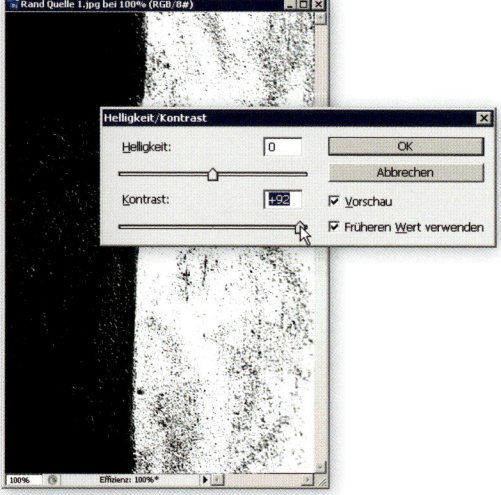

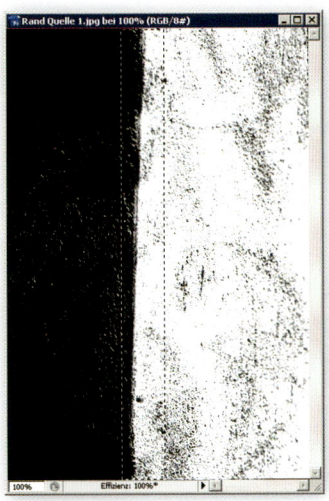

Schritt 7: Der Buchstabe M schaltet das Auswahlrechteck ein. Ziehen Sie eine Auswahl um die Kante herum (wie abgebildet). Wechseln Sie per Taste ⒱ zum Verschiebenwerkzeug und ziehen Sie den ausgewählten Bereich in Ihr ursprüngliches Bild.

Schritt 8: Mit dem Verschiebenwerkzeug ziehen Sie die Mauerkante über den rechten Rand der Aufnahme. In der Ebenenpalette stellen Sie die Füllmethode von NORMAL auf ABDUNKELN um (so lassen sich die Ränder leichter ausrichten und zusammenfügen). Falls der Rand zu groß ist – so wie hier und in vielen anderen Fällen –, starten Sie das FREIE TRANSFORMIEREN mit Strg+Ⓣ (am Mac ⌘+Ⓣ). Bei gedrückter ⇧-Taste ziehen Sie an einem Eckpunkt nach innen, bis der Randstreifen passend verkleinert ist.

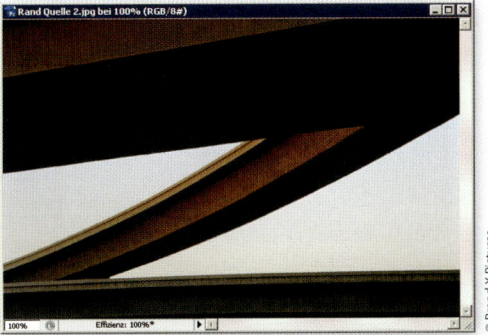

Schritt 9: Öffnen Sie ein weiteres Foto, das Sie für einen anderen Rand verwenden möchten. Das hier sieht ideal aus, denn es gibt die waagerechte Kante unten im Bild. Sie wissen ja, es muss nicht unbedingt waagerecht sein, aber es erleichtert die Arbeit, denn Sie müssen nicht mehr drehen.

Tipp:

Wie eine Ebene den Inhalt der gesamten Montage anzeigt

Es gibt einen kleinen Trick: Zeigen Sie den Inhalt einer komplexen Montage in einer einzigen neuen Ebene. Die anderen Ebenen werden dabei nicht verschmolzen. Die neue Einzelebene zeigt Ihre Montage so, als würden alle Ebenen zu einer zusammengefasst. Sie erzeugen zunächst eine neue Ebene. Dann halten Sie die Alt-Taste gedrückt und wählen SICHTBARE AUF EINE EBENE REDUZIEREN. Die neue Ebene enthält nun eine Gesamtdarstellung Ihrer Montage. Wozu Sie das brauchen? Ich habe keine Ahnung. Aber wer weiß, vielleicht brauchen Sie es ja eines Tages und jetzt kennen Sie den Trick. Allerdings werden Sie sich wohl kaum an die Seite in diesem Buch erinnern und Sie werden Stunden brauchen, um alle Tipps noch mal durchzublättern. Also vergessen Sie den ganzen Tipp vielleicht besser jetzt gleich, bevor Sie zu viel Zeit mit der Suche verschwenden.

Fortsetzung

Tipp:

Tastaturbefehle für die Textausrichtung
Die Ausrichtung einer Textebene (linksbündig, rechtsbündig, zentriert) lässt sich leicht mit Tastaturbefehlen ändern. Dazu markieren Sie den Text zunächst. Dann gilt:

Linksbündig:
⌂+Strg+L
⌂+⌘+L

Rechtsbündig:
⌂+Strg+R
⌂+⌘+R

Zentriert:
⌂+Strg+C
⌂+⌘+C

Schritt 10: Sie drücken wieder ⌂+Strg+U (am Mac ⌂+⌘+U), um das Bild in Graustufen zu zeigen. Der Befehl BILD, ANPASSUNGEN, HELLIGKEIT/KONTRAST sorgt wieder für superharten Kontrast (CS3-Nutzer schalten wieder den FRÜHEREN WERT ein). Bei dieser Datei heben wir die Helligkeit auf plus 35 und den Kontrast auf plus 87. So arbeiten Sie die harte Kante unten im Bild heraus.

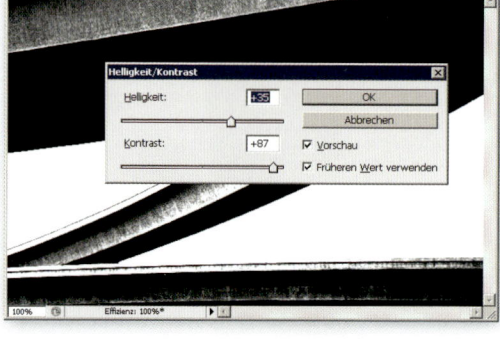

Schritt 11: Sie nehmen das Auswahlrechteck oder das Polygon-Lasso, um die untere Kante auszuwählen (wie abgebildet). Mit dem V schalten Sie das Verschiebenwerkzeug ein und ziehen den Bereich in Ihr ursprüngliches Foto. In der Ebenenpalette setzen Sie die Füllmethode wieder von NORMAL auf ABDUNKELN.

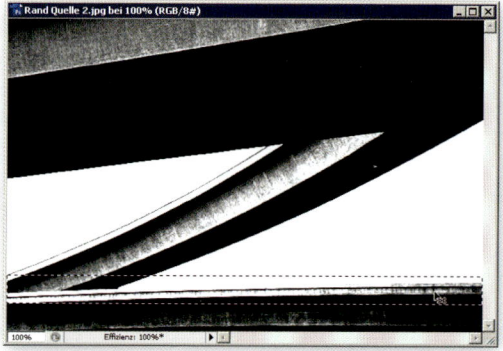

Schritt 12: Diesmal ist die Kante viel länger als der obere Rand des Fotos. Also starten Sie das FREIE TRANSFORMIEREN wieder mit Strg+T (am Mac ⌘+T). So verkleinern Sie den Randstreifen. In der oberen linken Ecke sehen Sie außerdem ein grobes Stück Schwarz. Schalten Sie den Radiergummi mit der Taste E ein und radieren Sie es weg.

© Brand X Pictures

© Brand X Pictures

Schritt 13: Öffnen Sie zwei weitere Fotos mit gut erkennbaren Kanten. Holen Sie sich die Kanten mit der bekannten Technik heraus. Denken Sie aber daran, dass Sie zuerst die Farbe entfernen. Das geht am schnellsten mit ⇧+Strg+U (am Mac ⇧+⌘+U), dem Tastaturbefehl für BILD, ANPASSUNGEN, SÄTTIGUNG VERRINGERN.

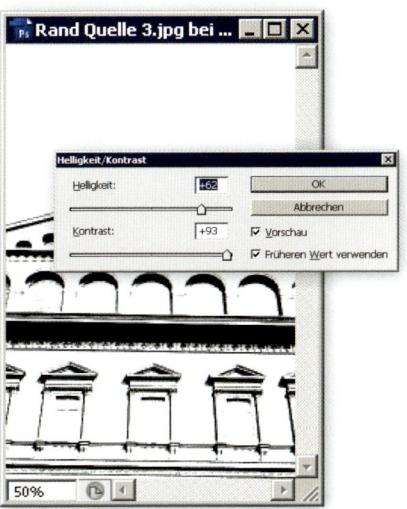

Schritt 14: Mit dem Befehl HELLIGKEIT/KONTRAST arbeiten Sie wieder sinnvolle Randstrukturen heraus. In diesem Fall wirken die Konturen ganz unten im Bild brauchbar. Sie stehen aber leicht schräg, müssen also im Zielbild noch gedreht und verkleinert werden. Unten sehen Sie das Endergebnis. Die Schnipsel der letzten beiden Dateien bilden den linken und den unteren Rand.

Tipp:
Der Winkel in den Ebenenstilen
Viele Ebeneneffekte verwenden einen Winkelregler. Damit steuern Sie die Lichtrichtung. Aber wussten Sie schon Folgendes? Wenn Sie die ⇧-Taste drücken, bewegt sich der Regler in festen 15 Grad-Schritten weiter.

Wissen Sie eigentlich, wie schwer es die Texteffekte hatten, in dieses Buch zu gelangen? Klar, wenn die Technik hier in Glanz und Gloria ins Buch einzieht, sieht alles ganz

Coole Typen
Starke Texteffekte

prima aus. Aber es bedeutet eine Menge harte Arbeit im Vorfeld. Es geht los mit Castings für Texteffekte in Houston, Los Angeles, New York und Atlanta. Eine Jury begutachtet die hoffnungsvollen Texteffekte und wählt 30 Kandidaten für das regionale Halbfinale aus. Dort grenzt die Jury den Kreis dann auf zehn Teilnehmer ein, die um den Titel „Stärkster Amerikanischer Texteffekt" kämpfen. Starke Amerikanische Texteffekte läuft dann an den Mittwochabenden auf FAUX, Moderation Ryan Seabiscuit und ... (Muss ich weiterreden? Ehrlich, ich habe gedacht, Sie hätten schon längst aufgehört zu lesen und weil ich damit so fest gerechnet habe, gibt es keinen Schlusssatz für diese Seite. Ich höre also einfach irgendwie hier auf. Wenn Sie es nicht weitererzählen, dass ich keinen Schlusssatz hatte, sage ich auch niemandem, dass Sie bis hier gelesen haben. Okay? Okay.

Tipp:

So erkennen Sie die Schriftart

Dies ist kein wirklicher Photoshop-Tipp, mehr ein Hinweis zu diesem Buch. Wenn Sie hier Textebenen sehen, nenne ich die Schriftart immer direkt im Text zum jeweiligen Arbeitsschritt. Früher hatten wir dagegen einen Anhang, der alle Schriftarten en bloc auflistete; aber viele Leser haben den Anhang nicht entdeckt. Mein Dank geht also an alle Leser, die mir vorgeschlagen haben, die Schriftarten direkt im jeweiligen Arbeitsschritt zu nennen.

Ein „X" im Jaguar-Kostüm

Apple brachte den „Gel-Look" für Mac OS 10 heraus und er erfreute sich sofort großer Beliebtheit bei Grafikern. Dann folgte Mac OS 10 Jaguar und auch der Jaguar-Look fand viele Freunde. Aber die Anleitungen im Web verwendeten immer den Kachelnfilter und ich fand nichts, was wirklich wie bei Apple aussah. Und darum können Sie den Filter auch nicht verwenden. Ich habe schließlich ein Verfahren entwickelt, das Sie hoffentlich besser finden.

Schritt 1: Legen Sie eine neue leere Datei im RGB-Modus an. Klicken Sie auf das Vordergrundfarbfeld und stellen Sie einen Orange-Braun-Ton ein (ich nahm R 255, G 164, B 59). Mit dem Buchstaben T wechseln Sie zum Textwerkzeug und tippen ein „X" (wie abgebildet). Ich habe hier die Schriftart Garamond Condensed verwendet; sie kommt Apples hauseigener Garamond sehr nah.

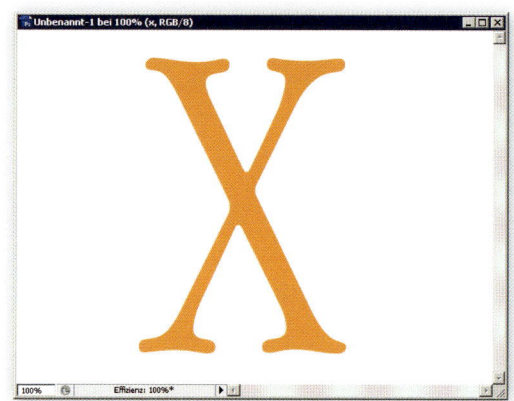

Schritt 2: Klicken Sie unten in der Ebenenpalette auf die Schaltfläche NEUE EBENE, so dass Sie eine neue leere Ebene erhalten. Schalten Sie mit dem L das Lasso ein, dann skizzieren Sie den ersten Jaguar-„Flecken" in der linken oberen Ecke des Buchstabens (wie abgebildet).

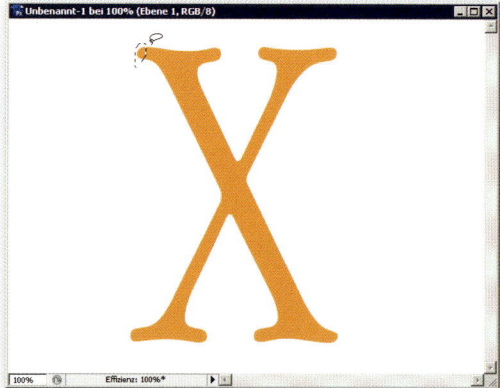

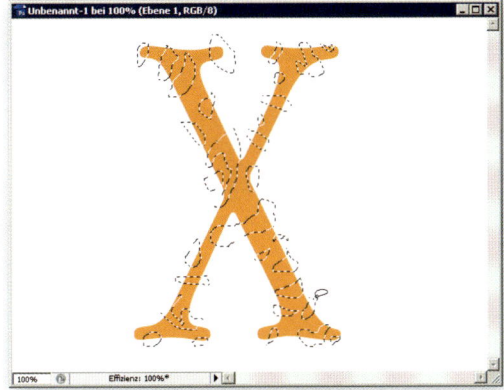

Schritt 3: Sitzt der erste Fleck? Dann halten Sie die ⬧-Taste gedrückt und zeichnen Sie weitere Stellen (dank der ⬧-Taste verschwinden die zuvor gezeichneten Auswahlen nicht wieder). Erzeugen Sie eine Serie freier Umrisse, wie hier zu sehen. Hinweis: Soll das Ganze eindeutig nach Apple aussehen, müssen einige Flecken von einem Schenkel des „X" bis zum anderen hinüberreichen.

Schritt 4: Stellen Sie die Vordergrundfarbe auf Dunkelbraun um (ich nahm R 53, G 32, B 0). Füllen Sie die Flecken mit dieser Farbe; dazu drücken Sie `Alt`+`Entf`. Fertig? Dann heben Sie die Auswahl mit `Strg`+`D` (am Mac `⌘`+`D`) wieder auf.

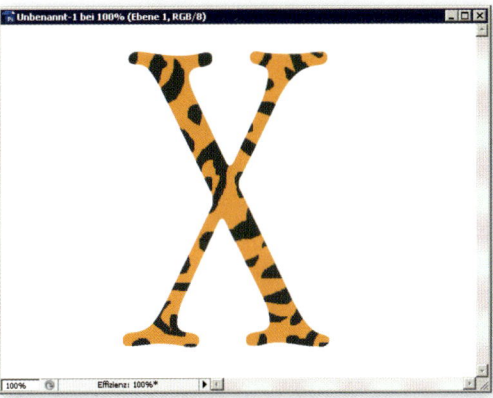

Schritt 5: Sorgen Sie dafür, dass die Flecken nur innerhalb der Buchstabenfläche erscheinen. Drücken Sie `Strg`+`G` (am Mac `⌘`+`G`). So „gruppieren" Sie die Flecken mit der darunterliegenden Ebene; Photoshop verbirgt alle Bereiche der Fleckenebene, die außerhalb der Lettern-Umrisse liegen.

Tipp:
Wie Sie einzelne Buchstaben und nicht das ganze Wort auswählen

Immer wieder klicken wir bei gedrückter `Strg`-Taste (am Mac bei gedrückter `⌘`-Taste) auf die Ebenenminiatur in der Ebenenpalette, auch bei Textebenen. So laden Sie den Textumriss als Auswahl. Manchmal braucht man aber nur ein oder zwei Buchstaben. Dann rastern Sie den Schriftzug zunächst per EBENE, RASTERN, TEXT. Vielleicht wollen Sie die Lettern jetzt flott mit Zauberstab oder Schnellauswahl wählen, doch Vorsicht – dabei bleiben unschöne Randspuren zurück. Machen Sie es so: Ziehen Sie eine lose Auswahl um die gewünschten Buchstaben herum, aber berühren Sie die Textränder nicht. Bei gedrückter `Strg`-Taste (am Mac bei gedrückter `⌘`-Taste) drücken Sie nun eine Pfeiltaste auf Ihrer Tastatur. Schon haben Sie eine perfekte Textauswahl, Sie können kolorieren, montieren, was immer Sie vorhatten.

Fortsetzung

Tipp:
Alles verbergen – und doch das Bildfenster bewegen

Sie können sämtliche Paletten verbergen und das aktive Bild vor schwarzem Hintergrund zentriert anzeigen (dazu drücken Sie ⎡F⎤, ⎡F⎤, dann die ⎡⇥⎤-Taste). Denken Sie aber nicht, dass Ihre Datei nun in der Monitormitte festklebt. In Photoshop CS3 und CS2 drücken Sie einfach die Leertaste, schon lässt sich das Foto auf der Arbeitsfläche verschieben. Ist doch großartig!

Schritt 6: In der Ebenenpalette sehen Sie den kleinen Pfeil; er signalisiert, dass die Fleckenebene mit der Textebene gruppiert ist (wie abgebildet). Die Sache wäre noch leichter, wenn man die zwei Ebenen verschmelzen könnte. Aber das geht mit einer Textebene nicht so ohne Weiteres – es sei denn, Sie kennen diesen Trick: Wählen Sie die beiden Ebenen durch ⎡Strg⎤-Klicks (am Mac ⎡⌘⎤-Klicks) in der Ebenenpalette aus und drücken Sie ⎡Strg⎤+⎡E⎤ (am Mac ⎡⌘⎤+⎡E⎤). So verschmelzen Sie die Flecken mit dem Buchstaben.

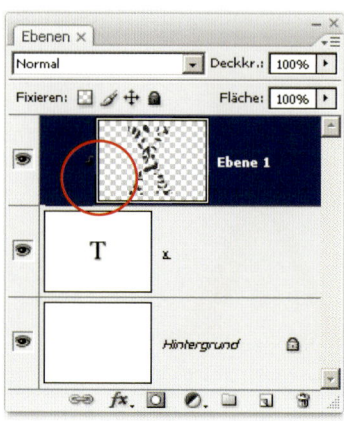

Schritt 7: Per ⎡Strg⎤+⎡J⎤ (am Mac ⎡⌘⎤+⎡J⎤) duplizieren Sie den gefleckten Buchstaben. Sie brauchen diese Duplikatebene später, um die Farbe wiederherzustellen, einstweilen wird sie jedoch verborgen. Dazu klicken Sie in der Ebenenpalette auf das Augensymbol direkt links neben der Ebenenminiatur (siehe Abbildung). Danach klicken Sie einmal auf die ursprüngliche Ebene mit dem gescheckten X, um diese Ebene zu aktivieren.

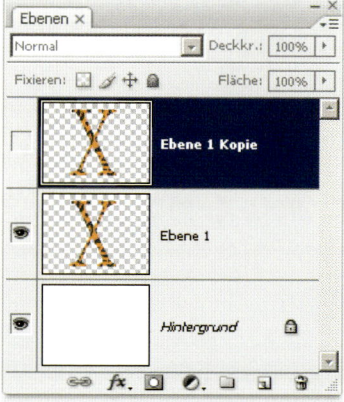

Schritt 8: Sie drücken die ⎡Strg⎤-Taste (am Mac ⎡⌘⎤-Taste) und klicken in der Ebenenpalette auf die Miniatur mit dem X. So entsteht eine Auswahl um den Buchstaben herum, doch Sie entfernen nun ein einzelnes „Bein" des „X" wieder aus der Auswahl; die verschiedenen Partien des Buchstaben behandeln Sie später individuell. Schalten Sie schon mal das Lasso ein.

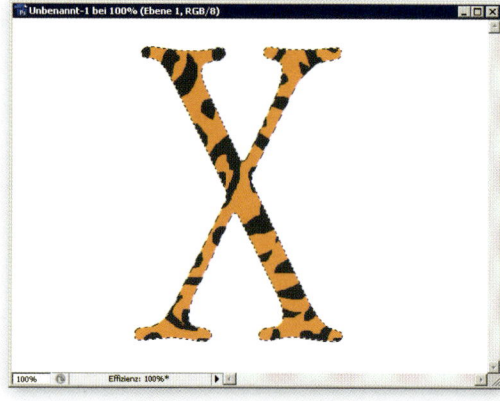

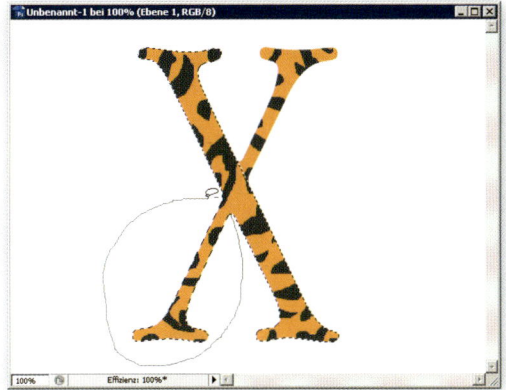

Schritt 9: Bei gedrückter `Alt`-Taste ziehen Sie eine lose Auswahl um den rechten oberen Flügel des „X". Damit ist dieser Bereich aus der Auswahl entfernt. Genauso bearbeiten Sie den linken unteren Teil des Buchstabens (wie hier zu sehen). Ausgewählt ist also nur noch ein „Bein".

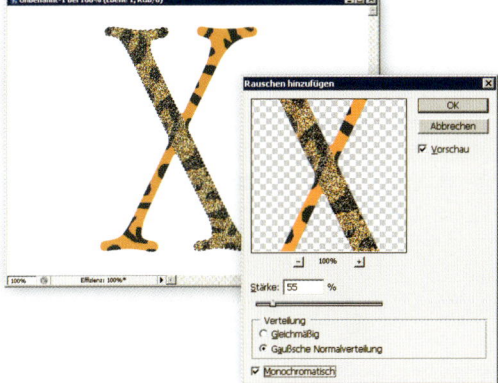

Schritt 10: Sie wählen FILTER, RAUSCHFILTER, RAUSCHEN HINZUFÜGEN. Die Stärke setzen Sie auf 55 Prozent, dazu nehmen Sie die Optionen GAUSSSCHE NORMAL-VERTEILUNG und MONOCHROMATISCH. Nach dem OK-Klick füllt der Filter die gewählte Zone mit Rauschen (wie hier zu sehen). Behalten Sie die Auswahl noch.

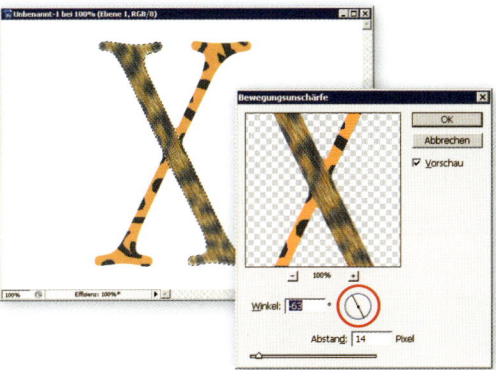

Schritt 11: Jetzt folgt FILTER, WEICHZEICHNUNGSFILTER, BEWEGUNGS-UNSCHÄRFE. Drehen Sie den Winkelregler passend zum Buchstaben (wie hier zu sehen). Den Abstand setzen Sie auf 14 Pixel, dann klicken Sie auf OK. Allmählich zeigt der Buchstabe etwas „Fell".

Tipp:
Nur für Typografie-freaks!
Sie begeistern sich für Typografie? (Ich weiß, dass Sie das tun.) Dann sollten Sie einmal Photoshops Hi-End-Talente auf diesem Gebiet erkunden. Öffnen Sie einfach das Menü der Absatzpalette, schon entdecken Sie Kostbarkeiten wie ADOBE ALLE-ZEILEN-SETZER, HÄNGENDE INTERPUNKTION ROMAN oder auch die Silbentrennung.

Tipp:
Setzen Sie die Textebene schnell auf Normal zurück

Mitunter ändert man die Standardtextvorgaben gewaltig, etwa bei Laufweite, Zeilenabstand, dann kommt noch Faux fett dazu usw. Diese Vorgaben machen Sie in der Zeichenpalette. Wenn Sie dann allerdings neuen Text erzeugen, bleiben die alten Einstellungen zunächst erhalten; womöglich setzen Sie jetzt sämtliche Werte von Hand zurück. Den Aufwand können Sie sich sparen. Öffnen Sie einfach das Menü der Zeichenpalette und nehmen Sie ZEICHEN ZURÜCKSETZEN. Schon haben Sie die Standardwerte zurück – und sparen eine Tonne Zeit.

Schritt 12: Jetzt behandeln wir den anderen Balken genauso. Sie klicken also bei gedrückter Strg-Taste (am Mac ⌘-Taste) auf die Miniatur der sichtbaren Buchstabenebene, um eine Auswahl zu erzeugen. Dann nehmen Sie das Lasso und entfernen bei gedrückter Alt-Taste die Auswahl aus dem Bereich, den Sie bereits mit Rauschfilter und Bewegungsunschärfe bearbeitet haben. Rahmem Sie ebenfalls die „Kreuzung" in der Mitte ein. Nur die bislang nicht verfremdeten Zonen bleiben ausgewählt.

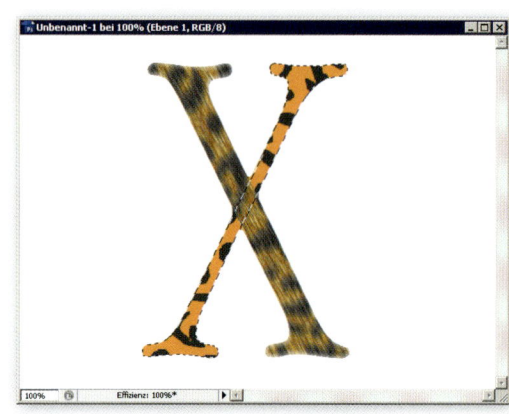

Schritt 13: Wenden Sie Rauschfilter und Bewegungsunschärfe wieder wie zuvor in den Schritten 10 und 11 an. Bei der Bewegungsunschärfe ändern Sie jedoch diesmal den Winkel passend zum anderen „Bein" des X (wie abgebildet). Wir hatten für das erste „Bein" minus 63 verwendet, hier ist es jetzt plus 68. Mit Strg+D (am Mac ⌘+D) heben Sie die Auswahl auf.

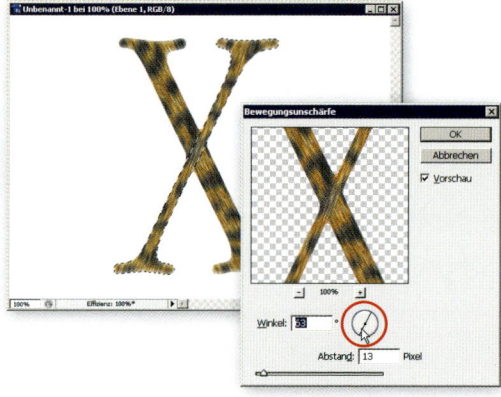

Schritt 14: Klicken Sie noch einmal bei gedrückter Strg-Taste (am Mac ⌘-Taste) auf die Ebenenminiatur, um den Buchstaben vollständig auszuwählen. In der Werkzeugleiste klicken Sie auf den Abwedler (wie gezeigt). Nehmen Sie dazu eine kleine, weichkantige Pinselspitze aus den Einstellungen. Malen Sie in jedem Steg über die linke Hälfte. So hellen Sie diese Bereiche auf, wie Sie sehen. Sie müssen eventuell mehrfach malen, bis Sie die Wirkung erkennen.

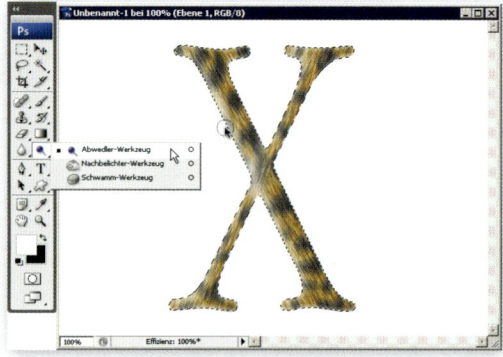

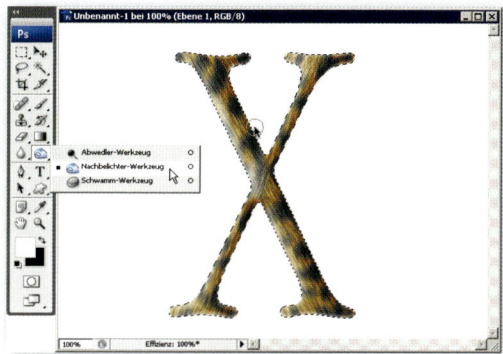

Schritt 15: Nun brauchen Sie den Nachbelichter (Sie finden ihn im selben Untermenü der Werkzeugleiste wie den Abwedler). Malen Sie über die rechte Hälfte jedes Stegs, um die Zone etwas abzudunkeln. Wiederholtes Übermalen bringt den Effekt stärker heraus. Fertig? Dann heben Sie die Auswahl mit Strg+D (am Mac ⌘+D) auf.

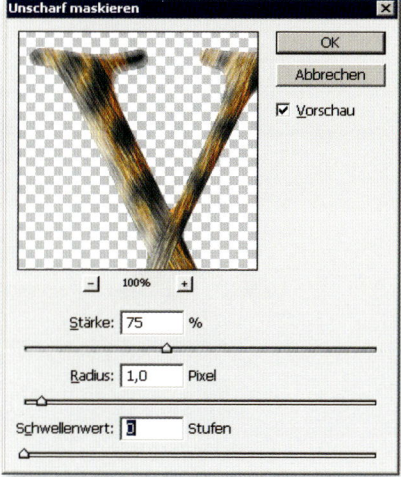

Schritt 16: Durch Scharfzeichnen arbeiten Sie das „Fell" deutlicher heraus. Sie wählen also FILTER, SCHARFZEICHNUNGSFILTER, UNSCHARF MASKIEREN und nehmen diese Werte: STÄRKE 75 Prozent, RADIUS 1, SCHWELLENWERT 0. Klicken Sie auf OK.

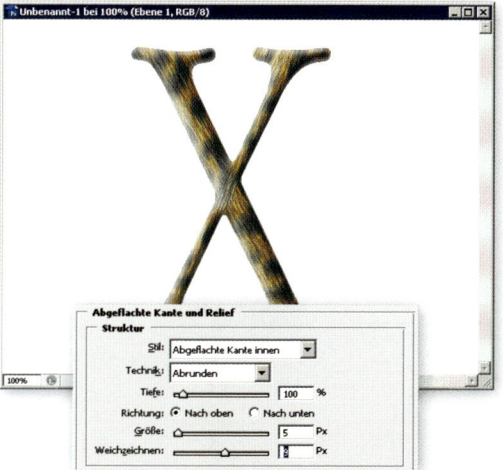

Schritt 17: Unten in der Ebenenpalette klicken Sie auf die Schaltfläche EBENENSTIL HINZU-FÜGEN und dann auf ABGEFLACHTE KANTE UND RELIEF. Ändern Sie im Dialogfeld nur eine Einstellung: Den Wert WEICHZEICHNEN heben Sie auf 9. Nach dem OK-Klick wirkt der Buchstabe besser abgerundet.

Tipp:
So verbraucht Bridge weniger Festplatten- platz
Bridge baut gigantische Datenbanken auf, die jede Menge Festplatten- speicher verbrauchen. Je größer die Datenbank, desto länger dauern Suchabfragen. Setzen Sie dem Festplattenhunger der gefräßigen Bilddaten- bank am besten Grenzen. Sie laden in Bridge mit Strg+K (am Mac ⌘+ K) die Voreinstellungen und gehen dann links in den Bereich CACHE. Den Schieberegler für die Cache-Größe bewegen Sie nach links, so dass Bridge weniger Festplatte verbraucht. Klicken Sie auch auf CACHE KOMPRI- MIEREN, um überflüssige Informationen über längst gelöschte Bilder hinaus- zuwerfen. Sie können hier den Cache auch leeren; dann freilich müssen die Bildminiaturen beim nächsten Aufruf eines Verzeichnisses neu einge- lesen werden.

Fortsetzung

Tipp:
**Ein Foto gerade-
drehen? Das erledigt
Photoshop für Sie!**
Beim Scannen entstehen
schnell schiefe Fotos. Die
müssen Sie aber nicht
von Hand geradedrehen.
Wählen Sie einfach DATEI,
AUTOMATISIEREN, FOTOS FREISTEL-
LEN UND GERADE AUSRICHTEN.

Schritt 18: Wissen Sie noch?
Wir hatten in Schritt 7 eine
Ebene dupliziert und sogleich
versteckt. Die bringen wir jetzt
ins Spiel. Klicken Sie einmal auf
diese Ebene, um sie zu aktivieren (sie sollte sich gleich über
der Ebene mit dem bearbeite-
ten „X" befinden).

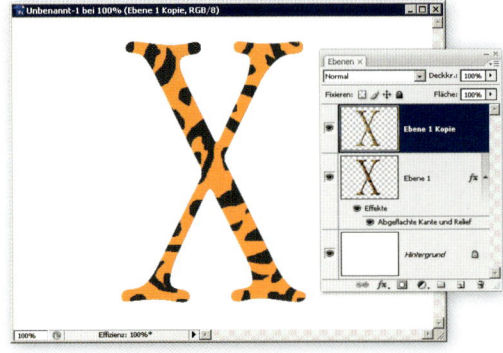

Schritt 19: Oben links in der
Ebenenpalette stellen Sie die
Füllmethode von NORMAL auf
WEICHES LICHT um. So bringen
Sie die Originalfarben zurück,
die durch Rauschfilter und
Bewegungsunschärfe ausge-
bleicht waren.

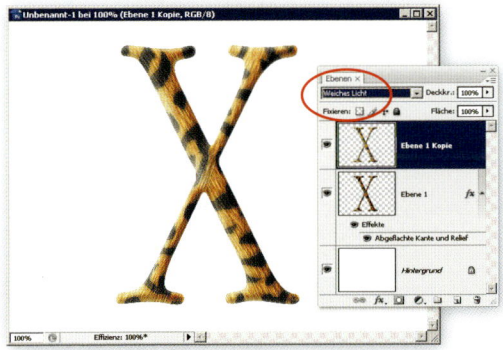

Schritt 20: Diese Ebene ver-
schmelzen Sie jetzt mit der
„Fell"-Ebene darunter. Drücken
Sie Strg+E (am Mac ⌘+
E), den Tastaturbefehl für MIT
DARUNTERLIEGENDER AUF EINE EBENE
REDUZIEREN.

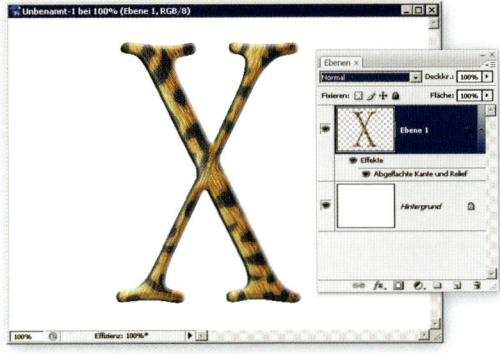

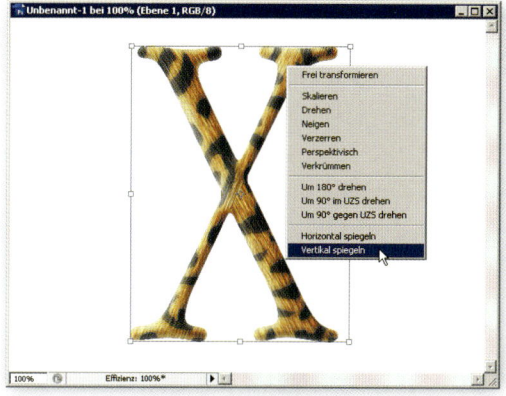

Schritt 21: Die Ebene duplizieren Sie mit `Strg`+`J` (am Mac `⌘`+`J`), dann starten Sie das FREIE TRANSFORMIEREN mit `Strg`+`T` (am Mac `⌘`+`T`). Photohop legt eine Rechteckbox um das „X". Mit einem Rechtsklick in die Box (am Mac `Ctrl`-Klick) öffnen Sie das Kontextmenü und wählen VERTIKAL SPIEGELN. Drücken Sie die `↵`-Taste.

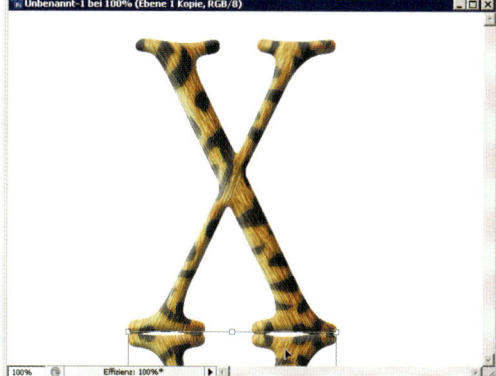

Schritt 22: Mit dem `V` schalten Sie das Verschiebenwerkzeug ein. Sie ziehen das gespiegelte „X" nach unten, bis es genau die Unterkante des ursprünglichen „X" berührt. Jetzt drücken Sie auf das `G`, denn Sie brauchen das Verlaufswerkzeug. Mit dem `D` setzen Sie noch die Vordergrundfarbe auf Schwarz. Die `↵`-Taste zeigt Ihnen die aktuelle Bibliothek mit Verläufen. Nehmen Sie den dritten Verlauf (normalerweise ist das Schwarz, Weiß).

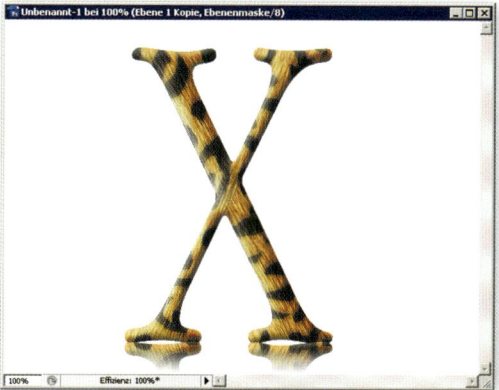

Schritt 23: Unten in der Ebenenpalette klicken Sie auf die Schaltfläche EBENENMASKE HINZUFÜGEN. Dann klicken Sie mit dem Verlaufswerkzeug an den untersten Rand Ihres Bilds und ziehen bis zur Unterkante des ursprünglichen „X" nach oben. So blenden Sie den vertikal gespiegelten Buchstaben aus – von 100 Prozent zu 0 Prozent Deckkraft. Es wirkt, als ob sich das „X" spiegele. Fertig!
PS: Ganz ähnlich funktioniert der Effekt auch mit Tiger-, Leopard- oder meinetwegen Zebrafell.

Tipp:
Wie Sie die Filtervorschau kurz ausschalten
Viele Filter (mit Ausnahme der Funktionen aus der Filtergalerie) zeigen den Effekt in einem Vorschaufenster, so dass Sie die Wirkung bereits beurteilen können. Die meisten dieser Dialoge haben aber auch eine Vorschauoption. Sie sehen den Effekt also nicht nur im Dialogfeld, sondern auch direkt in der Bilddatei, noch bevor Sie auf OK klicken. Vielleicht möchten Sie das Bild auch kurz ohne den Filtereffekt sehen. Dann klicken und halten Sie die Maustaste im Vorschaufenster der Dialogbox. Sie sehen dort die Vorherversion. Sobald Sie die Maustaste loslassen, zeigt Photoshop auch im Dialogfeld wieder die gefilterte Fassung an.

Tipp:

Wie Sie das 01-Feld in der linken oberen Bildecke wieder loswerden

Gehören Sie auch zu den Millionen Photoshop-Anwendern, die in der linken oberen Ecke eine kleine „01" sehen und daneben noch ein kleines Rechteck? Sie haben Glück – es gibt eine einfache Lösung. Aber wie kam das miese kleine Ding überhaupt in die linke Bildecke hinein? Sie haben irgendwann das Slice-Auswahlwerkzeug eingeschaltet, vielleicht nur durch Drücken des Buchstabens K. Wenn Sie das nur einmal tun, erscheint auch schon die kleine 01, denn Photoshop denkt, Sie wollen das Bild in Slices zerlegen, und präsentiert den ersten Standard-Slice. Lästigerweise bleibt die 01 auch auf dem Schirm, wenn Sie zu anderen Werkzeugen wechseln. Abhilfe schafft dieser Menübefehl: ANSICHT, EINBLENDEN, SLICES.

Text im Neo-Grunge-Look

Mit dieser Technik habe ich das Logo für die Band „Big Electric Cat" gestaltet. Dabei nutzen wir den sonst wenig gebräuchlichen Filter „Weiches Licht". Der wirkt meist lahm, bringt aber hier einen Vorteil: Angewendet auf weißen Text, wirkt die Ebene wie mit der Spraydose aufgesprüht. Und das erinnert an Neo-Grunge. So geht's:

Schritt 1: Sie öffnen ein neues leeres Dokument und schalten das Textwerkzeug mit dem T ein. Ich habe hier das Wort „BIG" mit der Schriftart Compacta gesetzt. Auf einer separaten Ebene habe ich „ELECTRIC" getippt und die Punktgröße so weit reduziert, dass es exakt unter „Big" passste. Zum Schluss duplizierte ich die „Big"-Ebene, indem ich sie auf die Schaltfläche NEUE EBENE ERSTELLEN unten in der Ebenenpalette zog. Dann habe ich die Ebene mit dem Textwerkzeug markiert, „CAT" eingetippt und das Ergebnis unter das Wort „Electric" gezogen.

Schritt 2: Sie sehen, dass wir jetzt drei Textebenen haben. Die bleiben am besten als Textebenen erhalten, so dass man sie bei Bedarf umformatieren kann. Verbergen Sie zuerst die Hintergrundebene, indem Sie auf das Augensymbol neben der untersten Miniatur in der Ebenenpalette klicken. Klicken Sie dann unten in der Palette auf NEUE EBENE ERSTELLEN, so dass eine neue leere Ebene entsteht, die Sie in der Palette ganz nach oben ziehen. Halten Sie die Alt-Taste gedrückt und wählen Sie SICHTBARE AUF EINE EBENE REDUZIEREN aus dem Menü der Ebenenpalette (siehe Abbildung).

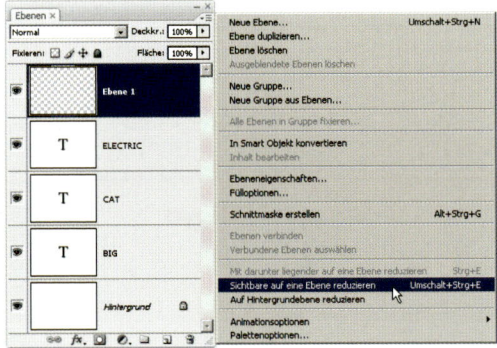

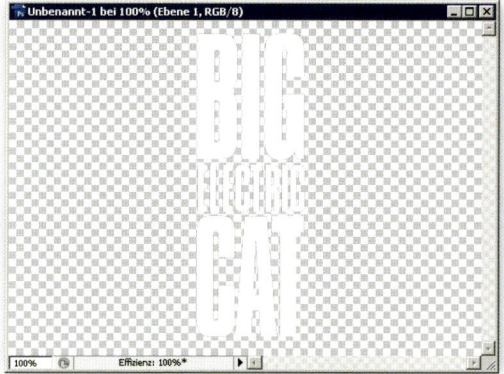

Schritt 3: Weil Sie die Alt-Taste gedrückt halten, entsteht eine verschmolzene Abbildung der Gesamtmontage auf der obersten Ebene, der Hintergrund ist transparent. Drücken Sie hintereinander D und X, so dass Photoshop weiße Vordergrundfarbe einstellt. Jetzt folgt die Tastenkombination ⇧+Alt+Entf; so färben Sie den Schriftzug „Big Electric Cat" weiß (wie abgebildet).

Schritt 4: Wählen Sie FILTER, VERZERRUNGSFILTER, WEICHES LICHT. Dabei landen Sie im großen FILTERGALERIE-Dialog. Setzen Sie die Körnung auf 6, die Lichtmenge auf 10 und den Kontrast auf 15 (wie hier zu sehen), dann klicken Sie auf OK. Ihr Text verfärbt sich jetzt schwarz, doch die Ränder sehen aus wie aufgesprüht. (Anmerkung: Für hochauflösende 300 dpi-Bilder stellen Sie die Körnung auf 9, die Lichtmenge auf 17 und den Kontrast auf 19.)

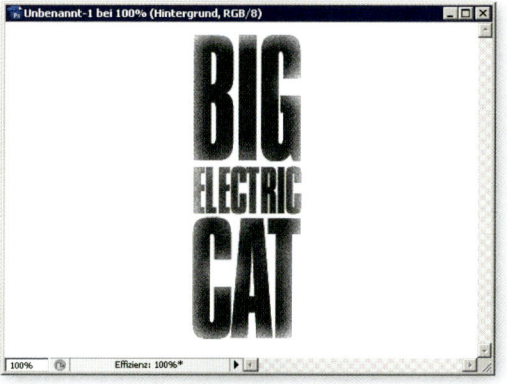

Schritt 5: In der Ebenenpalette aktivieren Sie die Hintergrundebene durch einen Einzelklick, sie wird dabei auch wieder angezeigt. Die Abbildung zeigt die Wirkung. Damit steht der Effekt bereits, doch auf der nächsten Seite zeige ich Ihnen noch eine Variation.

Tipp:
Hat das Bild 8 Bit oder 16 Bit Farbtiefe?
Sie wissen nicht genau, ob ein Bild 8 Bit oder 16 Bit Farbtiefe hat? Sehen Sie einfach in der Titelleiste des Dokuments nach, dort meldet Photoshop die Farbtiefe gleich nach dem Farbmodus, zum Beispiel so: RGB/8 oder RGB/16.

Fortsetzung

Tipp:

**Tastaturbefehle für
die Textformatierung**

Tipp:

**Tastaturbefehle für
die Textformatierung**
Viele spezielle Textforma-
tierungen haben jetzt
Tastaturbefehle, die
an InDesign oder Illus-
trator erinnern, etwa
für Aufgaben wie Hoch-
stellen, Tiefstellen oder
Unterstreichen. Um
etwa eine Ziffer oder
ein Symbol hochzustel-
len, markieren Sie das
Zeichen und drücken
⇧+Strg+⁺-Taste
(am Mac ⇧+⌘+⁺-
Taste). Sie wollen mehr
Tastaturbefehle sehen?
Tippen Sie etwas Text
in eine Bilddatei und
öffnen Sie das Menü der
Zeichenpalette. Dort
erscheinen die Tastengriffe
direkt neben den Befehls-
bezeichnungen.

Schritt 6: Mit dem Buchstaben
D auf Ihrer Tastatur richten Sie
Schwarz als Vordergrundfarbe
ein. Prüfen Sie auch noch einmal, ob die Hintergrundebene
noch aktiv ist. Per Alt+Entf-
Taste füllen Sie die Hintergrundebene mit Schwarz. Dann
klicken Sie in der Palette auf die
oberste Ebene (die Schrift mit
dem Effekt). Mit der Tastatur-
kombination Strg+I (am
Mac ⌘+I) kehren Sie die
Helligkeit um, so dass die Schrift
jetzt weiß erscheint.

Schritt 7: Im Untermenü FILTER,
VERZERRUNGSFILTER klicken Sie auf
DISTORSION. Im Dialog senken
Sie die Stärke auf 35 Prozent.
(Anmerkung: Für hochauflösen-
de 300 dpi-Dateien heben Sie
die Stärke auf 80 Prozent.)

Schritt 8: Nach dem OK-Klick
sorgt der Distorsionsfilter für
eine perspektivische Verzerrung.
Fertig!

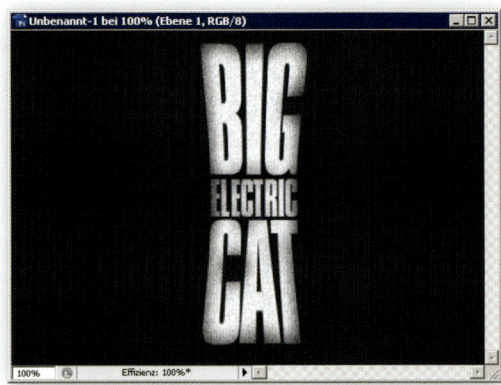

Flotter Effekt für Textkonturen

Schneller geht's kaum noch. Dieses flotte Verfahren produziert attraktive Schriftzüge. Die Lettern bleiben gut lesbar, dennoch gibt es dank Schatteneffekt drei Tiefenebenen – und genau darum wirkt der Effekt so überzeugend.

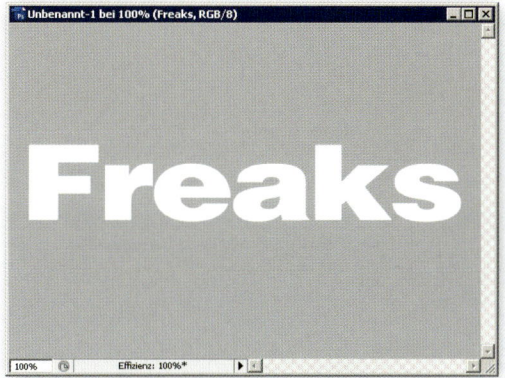

Schritt 1: Legen Sie eine neue RGB-Datei mit 72 dpi an. In der Werkzeugleiste klicken Sie auf das Feld für die Vordergrundfarbe und wählen ein helles Grau als Vordergrundfarbe aus. Jetzt drücken Sie [Alt]+[Entf], um die Hintergrundebene mit dieser Farbe zu füllen. Nun tippen Sie [D] und [X], um die Vordergrundfarbe auf Weiß zu setzen, und mit dem [T] schalten Sie das Textwerkzeug ein. Tippen Sie Ihren Text ein. (Ich habe hier die Schriftart Helvetica Black verwendet und die horizontale Skalierung auf 120 Prozent gestellt.)

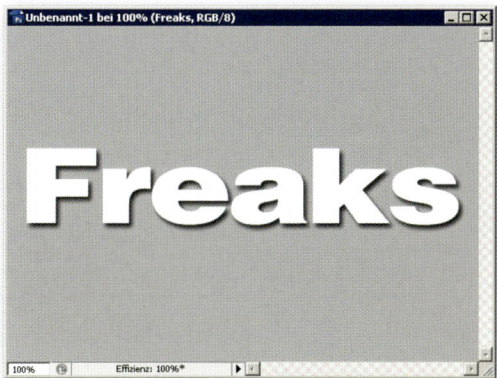

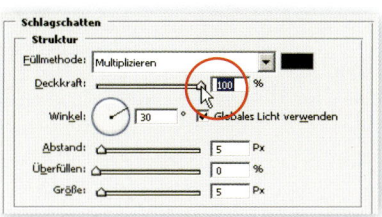

Schritt 2: In der Ebenenpalette klicken Sie auf EBENENSTIL HINZUFÜGEN und dann auf SCHLAGSCHATTEN. Im Dialogfeld erhöhen Sie einfach nur die Deckkraft auf 100 Prozent. (Anmerkung: Für hochauflösende 300 dpi-Bilder heben Sie die Werte ABSTAND und GRÖSSE auf 21 Pixel.) Klicken Sie noch nicht auf OK, denn wir wollen im nächsten Schritt einen weiteren Ebenenstil hinzufügen.

Fortsetzung

Tipp:

**Weg mit dem
Dialogfeld**
Sie haben ein Dialogfeld
geöffnet und wollen
möglichst schnell wieder
raus? Dann drücken Sie
einfach die ␛Esc␛-Taste.
Der Dialog verschwindet,
ohne dass irgendwelche
Änderungen angewendet
werden (wie wenn Sie die
Schaltfläche ABBRECHEN im
Dialog drücken).

Schritt 3: Im EBENENSTIL-Dialog
links klicken Sie direkt auf den
Text SCHATTEN NACH INNEN. Dort
heben Sie die Deckkraft wieder
auf 100 Prozent. (Anmerkung:
Für hochauflösende 300 dpi-
Bilder steigern Sie Abstand und
Größe auf 21.) Jetzt klicken Sie
auf OK, um Schlagschatten und
Schatten nach innen auf den
Text anzuwenden.

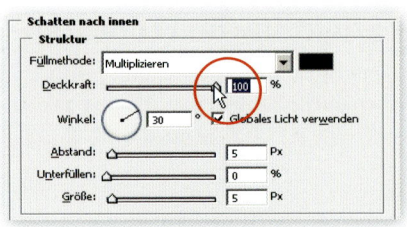

Schritt 4: Um weitere Textzeilen zu erhalten, duplizieren
Sie die aktuelle Ebene einfach mit ␛Strg␛+␛J␛ (am Mac
␛⌘␛+␛J␛). Mit dem Verschiebenwerkzeug positionieren Sie den
kopierten Text neu über dem
Hauptschriftzug. Dann markieren Sie den neuen Text mit
dem Textwerkzeug und tippen
ein neues Wort ein. Markieren
Sie diese zweite Ebene und
senken Sie die Punktgröße
in den Optionen oder in der
Zeichenpalette; das Wort „con-
trol" soll zwischen das „F" und
das „k" von „Freaks" passen.

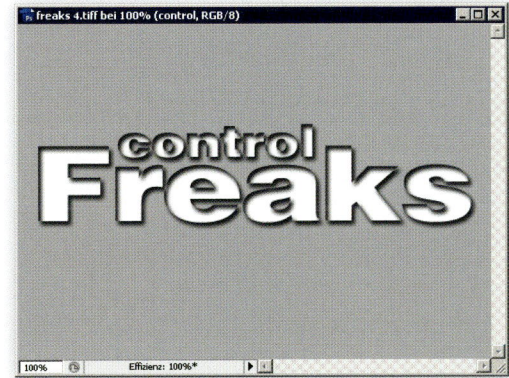

Schritt 5: Wiederholen Sie
Schritt 4 so oft wie nötig,
wenn Sie noch weiteren Text
brauchen. Um den Effekt
zu vervollständigen, klicken
Sie in der Ebenenpalette auf
die Hintergrundebene und
drücken ␛D␛, um Vorder- und
Hintergrundfarbe auf die
Standardwerte zu setzen.
Der nächste Tastengriff heißt
␛Strg␛+␛A␛ (am Mac ␛⌘␛+␛A␛).
So wählen Sie das Gesamtbild
aus. Mit der ␛Entf␛-Taste löschen
Sie das Grau weg, Sie erhalten
den weißen Hintergrund wie
abgebildet.

Abgeschrägter Gothic-Schriftzug

Die Harry-Potter-Filme enthalten tolle Effekte, aber haben Sie schon das wunderschön abgeschrägte Logo bemerkt? Das entstand mit den Ebenenstilen. Am überraschendsten vielleicht: Das gesamte Logo braucht nur einen Durchgang im Dialogfeld EBENENSTIL. Verfolgen Sie mit, wie sich langweiliger grauer Text in pures Gold und in einen Kassenschlager verwandelt.

Schritt 1: Legen Sie ein neues RGB-Dokument mit 300 dpi an. Mit der Taste D setzen Sie die Vordergrundfarbe auf Schwarz. Sie drücken Alt+Entf, um die Hintergrundebene schwarz zu füllen. Nun klicken Sie in der Werkzeugleiste auf das Feld für die Vordergrundfarbe und geben ein mittleres Grau an.

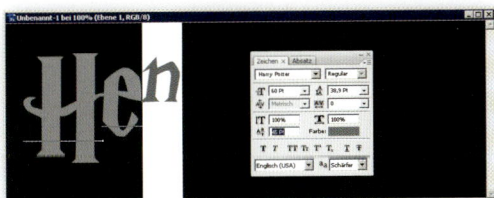

Schritt 2: Schalten Sie mit dem Buchstaben T das Textwerkzeug ein und tippen Sie Ihre Worte ein (die Schriftart hier ist ein Gratisangebot namens Harry Potter; nähere Hinweise zur Schriftart finden Sie auch auf der englischen Seite www.scottkelbybooks.com). Sie müssen einige Buchstaben markieren und mit der Zeichenpalette über die Grundlinie anheben (wie hier mit dem Buchstaben „n" zu sehen).

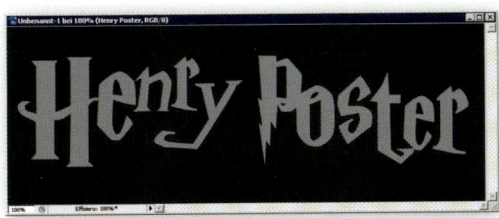

Schritt 3: Einige Buchstaben sollten kleiner erscheinen, so das „n" in „Henry" und das „e" in „Poster". Markieren Sie also diese Buchstaben und senken Sie die Punktgröße in den Werkzeugoptionen oder in der Zeichenpalette. (Die meisten Buchstaben hier haben 90 Punkt, aber das „n" und das „e" habe ich auf 60 Punkt verkleinert.)

Tipp:
Verläufe

• Sie wollen das Dialogfeld VERLÄUFE BEARBEITEN sehen? Schalten Sie das Verlaufswerkzeug ein und klicken Sie einmal auf den Verlauf oben in den Einstellungen.

• Um eine neue Farbunterbrechung in den Verlauf einzusetzen, klicken Sie an beliebiger Stelle unter dem Verlaufsbalken.

• Sie entfernen eine Farbunterbrechung, indem Sie sie nach unten ziehen.

• Ändern Sie die Farbe einer Farbunterbrechung. Klicken Sie doppelt darauf.

• Ändern Sie die Deckkraft für das Verlaufswerkzeug mit der Tastatur. Dazu verwenden Sie die Ziffern 1 bis 9 (2 ergibt 20 Prozent, 3 bringt 30 Prozent Deckkraft usw.).

• Schalten Sie eine Füllmethode nach der anderen ein. Dazu klicken Sie ⇧+⊞-Taste, während das Verlaufswerkzeug aktiviert ist.

• Sie wollen einen Verlauf löschen? Drücken Sie die rechte Maustaste (am Mac halten Sie die Ctrl-Taste), klicken Sie auf den Verlauf in der Verlaufsbibliothek oder im Dialog VERLÄUFE BEARBEITEN und wählen Sie VERLAUF LÖSCHEN.

Fortsetzung

Schritt 4: Unten in der Ebenenpalette klicken Sie auf EBENENSTIL HINZUFÜGEN und dann auf ABGEFLACHTE KANTE UND RELIEF. Als Technik nehmen Sie HART MEISSELN. Heben Sie die Tiefe auf 251 Prozent und die Größe auf 27. (Anmerkung: Für niedrig auflösende 72 dpi-Bilder senken Sie die Größe auf 6.) Im Bereich SCHATTIERUNG brauchen Sie einen Winkel von 0 Grad. Klicken Sie auf das abwärts gerichtete Dreieck neben der Glanzkonturkurve und klicken Sie in der Auswahl einmal auf die Vorgabe DOPPELTER RING (wie hier zu sehen). Verwenden Sie auch die GLÄTTEN-Option. Die Füllmethode für den Lichtermodus ändern Sie von NEGATIV MULTIPLIZIEREN auf FARBIG ABWEDELN; dann klicken Sie auf das Farbfeld für den Lichtermodus und geben im Farbwähler Orange an (ich verwendete die Werte R 224, G 193, B 8).

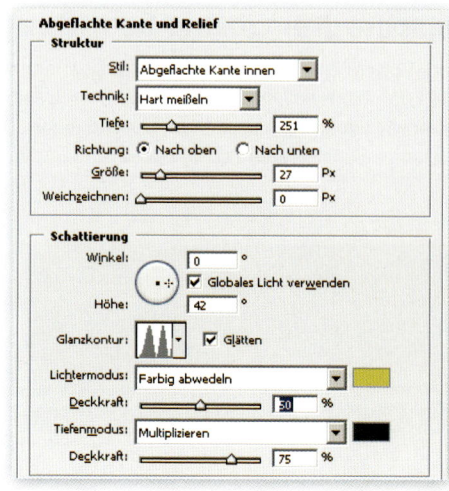

Schritt 5: Links im Ebenenstil-Dialog klicken Sie auf das Wort „Farbüberlagerung". Klicken Sie auf das Farbfeld und stellen Sie Gold ein (R 208, G 119, B 8).

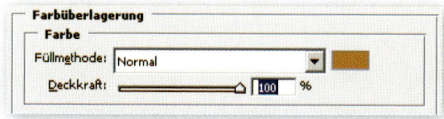

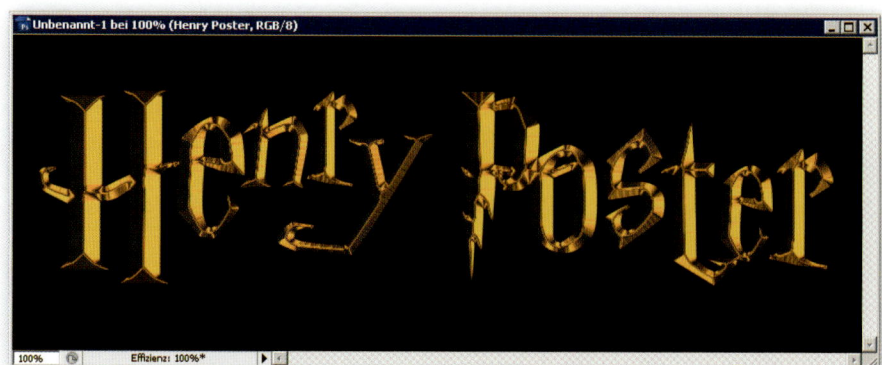

Schritt 6: Nach dem OK-Klick erscheint der Schriftzug als plastisches Goldobjekt wie hier zu sehen.

Kippendes 3D-Logo

Ich hatte zunächst geglaubt, das Logo von UPN-TV sei in einem 3D-Programm entstanden. Es wirkt, als ob es nach hinten kippt. Sie erhalten den Effekt aber auch direkt in Photoshop, dazu nutzen Sie die Verzerrungsmöglichkeiten des Befehls FREI TRANSFORMIEREN.

Schritt 1: Legen Sie eine neue RGB-Datei an. Klicken Sie auf das Vordergrundfarbfeld in der Werkzeugleiste und wählen Sie ein helles Rot aus (wie hier zu sehen). Sie drücken Alt+Entf, um den Bildhintergrund mit dieser Farbe zu füllen. Mit der Tastenfolge D, X setzen Sie die Vordergrundfarbe dann auf Weiß. Wechseln Sie zum Textwerkzeug und legen Sie den Schriftzug an (hier Aurora Condensed von Bitstream).

Schritt 2: Unten in der Ebenenpalette klicken Sie auf NEUE EBENE ERSTELLEN, so dass eine neue leere Ebene entsteht. Dann drücken Sie so oft ⇧+M, bis Photoshop zur Auswahlellipse gewechselt ist. Halten Sie die ⇧-Taste gedrückt, dann ziehen Sie eine Kreisauswahl außen um Ihren Text herum.

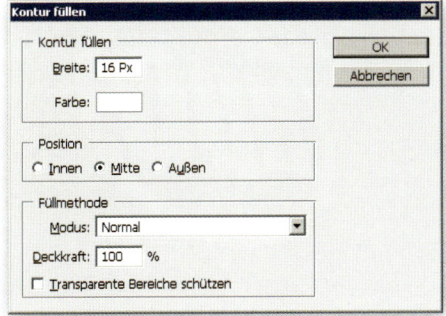

Schritt 3: Der nächste Befehl heißt BEARBEITEN, KONTUR FÜLLEN. Als Breite geben Sie 16 Pixel an, die Position bleibt auf MITTE und Sie brauchen Weiß als Farbe. Nach dem OK-Klick sehen Sie einen weißen Kreis rings um Ihr Logo.

Tipp:
Größere Vorschau in der Filtergalerie
Das Vorschaufenster in der Filtergalerie ist schon recht groß, aber es geht sogar noch größer. Zum einen können Sie den gesamten Dialog ausdehnen. Dazu ziehen Sie an der rechten unteren Ecke des Dialogfelds nach außen. Außerdem gibt es diesen nach oben zeigenden Doppelpfeil links von der OK-Schaltfläche. Mit einem Klick auf diesen Pfeil verschwindet die Effekteliste und macht Platz für einen größeren Vorschaubereich. Praktisch dabei: Sie können immer noch unterschiedliche Effekte auswählen. Jetzt verwenden Sie dafür aber das Menü unterhalb der Schaltfläche ABBRECHEN.

Fortsetzung

Tipp:
Wie Sie Auswahlgrößen ändern

In Photoshop CS3 vergrößern Sie Auswahlen mit dem Dialogfeld KANTE VERBESSERN, doch der Effekt ist mitunter nicht stark genug. Also nimmt man meist das Untermenü AUSWAHL, AUSWAHL VERÄNDERN mit den Befehlen ERWEITERN und VERKLEINERN (bei Photoshop CS2 und Vorgängern haben Sie gar keine Alternative dazu). Achten Sie jedoch auf einen seltsamen Effekt: Wenn Sie die Auswahl um mehr als nur ein paar Pixel verändern, erhalten Sie abgerundete Ecken. Legen Sie einfach mal eine Rechteckauswahl an, dann wählen Sie AUSWAHL, AUSWAHL VERÄNDERN, ERWEITERN und geben eine 15 Pixel-Ausdehnung vor (100 ist das Maximum). Die Auswahlecken erscheinen nun abgerundet. Ich habe noch keine Lösung gefunden; ich vergrößere die Auswahlen nur um drei oder vier Pixel, dann geht es gut.

Schritt 4: Mit dem Tastaturbefehl `Strg`+`D` (am Mac `⌘`+`D`) heben Sie die Auswahl auf. Halten Sie die `⇧`-Taste gedrückt, dann klicken Sie in der Ebenenpalette auf die Fläche rechts neben der Textminiatur. So wählen Sie Text und Kreis gemeinsam aus. Per `Strg`+`E` (am Mac `⌘`+`E`) verschmelzen Sie die zwei Ebenen. Mit `Strg`+`T` (am Mac `⌘`+`T`) starten Sie das FREIE TRANSFORMIEREN, Photoshop legt einen Rechteckrahmen um das Logo.

Schritt 5: Drücken Sie die `Strg`-Taste (am Mac `⌘`-Taste) und klicken Sie auf den oberen linken Eckpunkt der Rechteckbox. Ziehen Sie nach unten und nach rechts (also diagonal nach innen), schon kippt das Logo zurück. Mit der `↵`-Taste bestätigen Sie die Änderung endgültig, der Effekt steht!

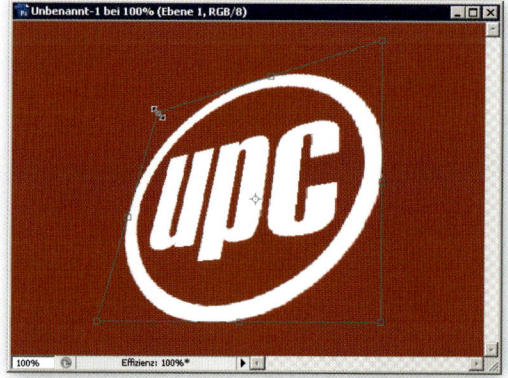

Schritt 6: Mit der `↵`-Taste schließen Sie die Korrektur ab. In der Abbildung sehen Sie das Endergebnis.

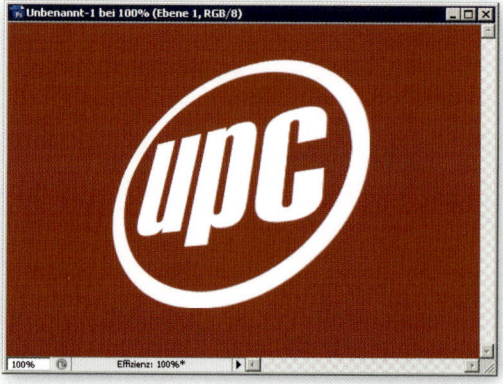

Schwarzes Chrom

Dieses Verfahren wirkt am besten, wenn Sie zunächst mit einer großen, hochauflösenden Datei arbeiten und das Ergebnis dann verkleinern. Sie erhalten attraktive, schwarz schimmernde Buchstaben mit abgeschrägten Kanten.

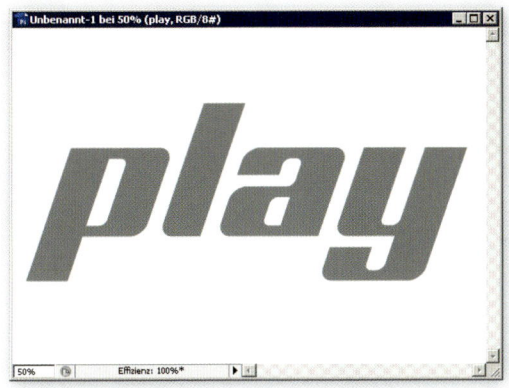

Schritt 1: Öffnen Sie eine neue, leere RGB-Datei (unser Beispiel hat 18 x 13 Zentimeter bei 150 dpi). In der Werkzeugleiste klicken Sie auf das Vordergrundfarbfeld und legen ein mittleres Grau als Vordergrundfarbe fest. Mit dem ⊤ schalten Sie das Textwerkzeug ein und legen eine großflächige Textebene an (ich verwende hier die Schriftart Bullet von House Industries bei 185 Punkt). Nun brauchen Sie eine Auswahl um die Textebene herum.

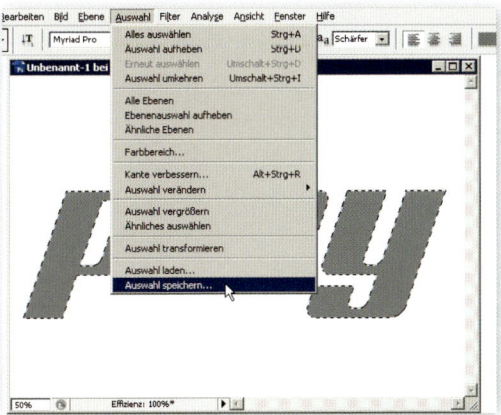

Schritt 2: Bei gedrückter Strg-Taste (am Mac ⌘-Taste) klicken Sie in der Ebenenpalette auf die Miniatur der Textebene. So erzeugen Sie eine textförmige Auswahllinie, wie hier zu sehen. Im AUSWAHL-Menü klicken Sie auf AUSWAHL SPEICHERN, das Dialogfeld bestätigen Sie sofort mit OK.

Tipp:
Wie Sie den Wolkenfilter nutzen
Der Wolkenfilter erzeugt ein zufälliges Wolkenm-Muster auf Basis der aktuellen Vordergrundfarbe. Diese Wolken wirken meist eher hell. Brauchen Sie ein dunkleres Ergebnis, nehmen Sie nicht den WOLKEN-Befehl, sondern DIFFERENZ-WOLKEN.

Fortsetzung

Tipp:

Warum sieht mein Farbwähler anders aus?

Sie klicken auf die Felder für Vorder- oder Hintergrundfarbe unten in der Werkzeugleiste, doch der Farbwähler zeigt nicht die gewohnte Oberfläche? Eventuell haben Sie den Farbwähler ungewollt geändert. Laden Sie Photoshops Voreinstellungen mit [Strg]+[K] (am Mac [⌘]+[K]). Im Klappmenü FARBWÄHLER brauchen Sie die Vorgabe ADOBE. So bekommen Sie den richtigen Farbwähler zurück.

Schritt 3: Mit [Strg]+[D] (am Mac [⌘]+[D]) heben Sie die Auswahl wieder auf. Links neben der Textminiatur in der Ebenenpalette klicken Sie auf das Augensymbol, so dass Sie die Textebene verbergen. Anschließend klicken Sie in der Kanälepalette auf den Kanal ALPHA 1. Sie bearbeiten ihn mit dem Befehl FILTER, WEICHZEICHNUNGSFILTER, GAUSSSCHER WEICHZEICHNER. Stellen Sie den Radius auf 5 Pixel.

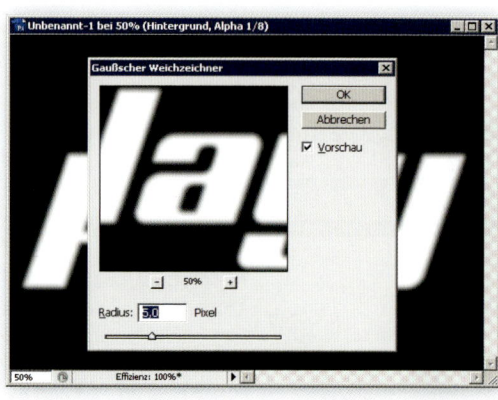

Schritt 4: Aktivieren Sie die Hintergrundebene durch einen Klick auf ihre Miniatur in der Ebenenpalette. Der nächste Befehl heißt FILTER, RENDERFILTER, BELEUCHTUNGSEFFEKTE. Hier ändern Sie nicht viel. Unten rechts im Klappmenü RELIEF-KANAL geben Sie ALPHA 1 an (wie abgebildet), dann klicken Sie auf OK.

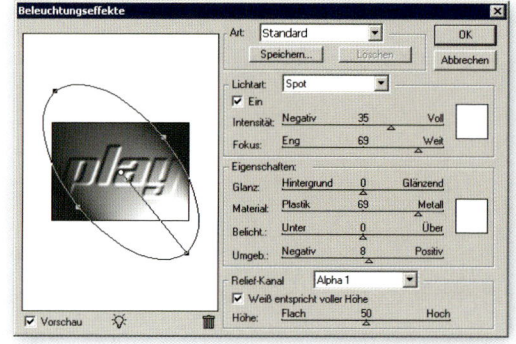

Schritt 5: So entsteht ein Relief Ihres Schriftzugs auf der Hintergrundebene. Rufen Sie mit [Strg]+[M] (am Mac [⌘]+[M]) die Gradationskurven auf. Erzeugen Sie eine Kurve, wie hier zu sehen. Klicken Sie einmal in den linken unteren Bereich der Kurve, um einen Anfasspunkt zu erzeugen; den ziehen Sie dann nach oben. Im oberen rechten Bereich legen Sie noch einen Punkt an, den Sie nach unten ziehen. So entsteht der Chromeffekt. Klicken Sie auf OK.

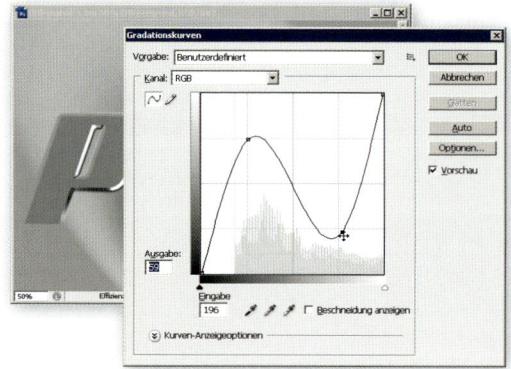

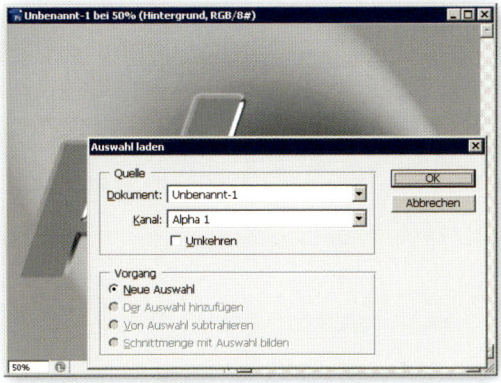

Schritt 6: Im Auswahl-Menü klicken Sie auf Auswahl laden. Der Kanal Alpha 1 sollte bereits angeboten werden – wenn nicht, geben Sie ihn im Kanal-Menü an. Nach dem OK-Klick erscheint die gespeicherte Auswahl wieder im Bild.

Tipp:
Wie Sie die Beleuchtungseffekte optimal einsetzen
Bei der Gestaltung von Benutzeroberflächen setzen Sie immer wieder die Beleuchtungseffekte ein. Mit diesem Tipp geht es noch leichter:

• Das Klappmenü Art ganz stellen Sie sich wie eine Vorgabenliste vor – denn genau das ist es auch.

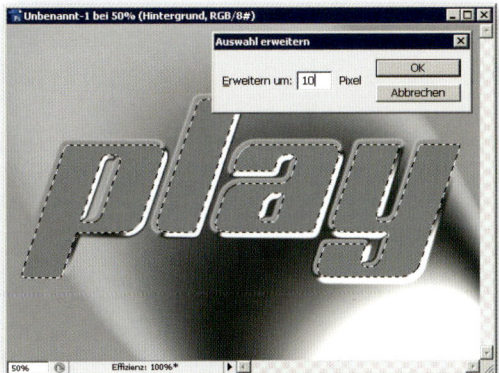

Schritt 7: Sie müssen die Auswahl noch ausdehnen, um die üppige schräge Kante mit hineinzubekommen, die mit den Beleuchtungseffekten entstand. Sie nehmen den Befehl Auswahl, Auswahl verändern, Erweitern. Im Dialogfeld geben Sie 10 Pixel an und klicken auf OK.

• Sie können Ihre eigenen Arten (Vorgaben) erzeugen. Dazu richten Sie alle Regler im Dialogfeld passend ein, dann klicken Sie auf Speichern oben im Dialog, direkt unter dem Art-Menü.

• Sie brauchen eine weitere Lichtquelle? Ziehen Sie das Lichtsymbol in die Vorschau. Oder halten Sie die Alt-Taste gedrückt, um durch Ziehen eine vorhandene Lichtquelle zu duplizieren.

• Mit Alt+⇆-Taste springen Sie von einer Lichtquelle zur nächsten.

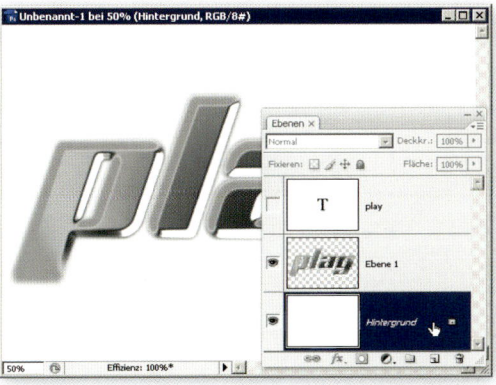

Schritt 8: Mit Strg+J (am Mac ⌘+J) heben Sie den ausgewählten Bereich (Text und Kante) auf eine neue Ebene. Klicken Sie in der Ebenenpalette auf die Hintergrundebene, dann drücken Sie Strg+A (am Mac ⌘+A). So wählen Sie die gesamte Ebene aus. Mit der Entf-Taste löschen Sie die Fläche leer, der Schriftzug erscheint jetzt auf Weiß.

• Klicken Sie ein Licht, das Sie löschen möchten, an und drücken Sie Alt+Entf.

Tipp:
**Laden Sie die letzte
Auswahl noch einmal**
Mitunter braucht man die
letzte Auswahl noch ein-
mal, hat aber vergessen,
sie zu speichern. Sie lässt
sich aber zurückholen.
Dazu nehmen Sie einfach
den Befehl AUSWAHL, ERNEUT
AUSWÄHLEN – Ihre letzte
Auswahl erscheint sofort
wieder.

Schritt 9: Klicken Sie in
der Ebenenpalette auf die
ursprüngliche Textebene. Unten
in der Palette klicken Sie auf
EBENENSTIL HINZUFÜGEN und dann
auf ABGEFLACHTE KANTE UND RELIEF.
Steigern Sie die Tiefe auf 400
Prozent, die Größe auf 21 und
das Glätten auf 16. Im Bereich
SCHATTIERUNG schalten Sie das
Glätten ein, dann klicken Sie
rechts neben GLANZKONTUR auf
das abwärts gerichtete Dreieck.
Sie wählen die Kontur „Ring"
(wie abgebildet). Klicken Sie
noch nicht auf OK.

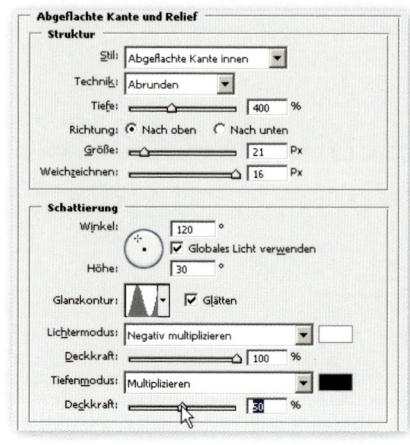

Schritt 10: Die Lichterdeckkraft
heben Sie auf 100 Prozent,
umgekehrt senken Sie die
Schattendeckkraft auf nur 50
Prozent. (Das Zwischenergebnis
sehen Sie hier.)

Schritt 11: In der Ebenenpalette ändern Sie die Füllmethode von NORMAL auf FARBIG
NACHBELICHTEN (siehe Abbildung).
Klicken Sie in der Palette einmal
auf die Ebene mit dem abgeschrägten Chromeffekt, um sie
zu aktivieren. Nach einem Klick
auf EBENENSTIL HINZUFÜGEN nehmen Sie den Schlagschatten.
Heben Sie die Größe auf 16,
dann bestätigen Sie mit der
OK-Schaltfläche.

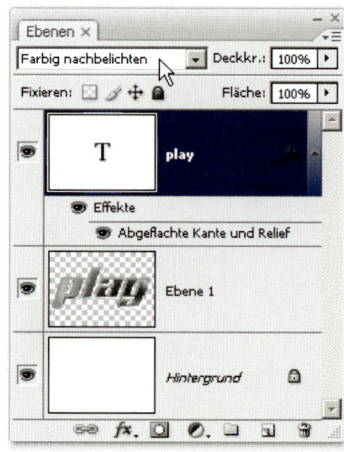

Schritt 12: Nach dem Klick auf OK wird der Schlagschatten hinter dem Schriftzug angewendet, Sie sind fertig. (Im Beispiel hier habe ich noch eine weitere Textzeile in derselben Schriftart hinzugefügt.)

Tipp:
Wie Sie RGB und CMYK gleichzeitig sehen

Manchmal arbeitet man an einem RGB-Bild, das später für den Druck in CMYK umgewandelt wird. Sie können die Datei direkt bei der Arbeit in beiden Farbmodellen gleichzeitig anzeigen. So beurteilen Sie – in Echtzeit –, wie sich eine Änderung im RGB-Bild auf die CMYK-Variante auswirkt. Und so geht's: Ihr Bild ist geöffnet, dann nehmen Sie den Befehl FENSTER, ANORDNEN, NEUES FENSTER FÜR. So entsteht eine weitere Ansicht des aktuellen Bilds. Mit Strg+Y (am Mac ⌘+Y) sorgen Sie dafür, dass diese zweite Darstellung in CMYK erscheint. Nun bearbeiten Sie das ursprüngliche Dokument wieder ganz normal. Das CMYK-Fenster bildet sofort alle Änderungen ab. Ganz schön raffiniert!

Tipp:

**Ebeneneffekte und
das Globale Licht**

Beim Ebeneneffekt SCHLAG-
SCHATTEN berücksichtigt
Photoshop den Winkel.
Jeder Schatten auf jeder
Ebene erhält den gleichen
Winkel. Dieser Effekt heißt
GLOBALES LICHT. Sie verschie-
ben den Schatten nur auf
einer einzigen Ebene, alle
anderen Ebenen folgen
automatisch.

Das ist praktisch, wenn
Sie zahlreiche Ebenen
in einer Montage haben
und Ihr Kunde die Licht-
richtung ändern will.
Sie müssen also nicht in
jeder einzelnen Ebene
den Schlagschatten
anpassen. Wählen Sie
einfach EBENE, EBENENSTIL,
GLOBALER LICHTEINFALL. Mit
diesem Regler ändern Sie
alle Ebenen gleichzeitig.
Oder korrigieren Sie eine
Einzelebene, die anderen
passen sich an. Braucht
jedoch eine Ebene eine
andere Lichtrichtung,
schalten Sie die Option
GLOBALES LICHT im SCHLAG-
SCHATTEN-Dialog aus.

Text auf einem Metall-Button

Diesen Effekt sah ich zuerst in den Titeln der Videospiele von EA Sports. Zum einen sieht man eine schöne abgeschrägte Kante. Aber EA Sports setzt noch einen drauf und bringt einen perspektivischen Dreh mit ins Spiel. Sie lesen hier, wie Sie einen vergleichbaren Effekt erzielen.

Schritt 1: Legen Sie eine neue Datei im RGB-Modus an (18x13 Zentimeter bei 200 dpi). Nach einem Klick auf das Vordergrundfarbfeld geben Sie ein fast graues Blau vor. Füllen Sie den Hintergrund mit dieser Farbe; dazu drücken Sie [Alt]+[Entf]. Erzeugen Sie dann eine neue leere Ebene. Mit der Auswahlellipse ziehen Sie bei gedrückter [⇧]-Taste einen Kreis auf (wie hier zu sehen). Mit der Tastenfolge [D], [X] setzen Sie die Vordergrundfarbe auf Weiß, dann drücken Sie [Alt]+[Entf], um die Auswahl weiß zu füllen.

Schritt 2: Unten in der Ebenenpalette klicken Sie auf EBENENSTIL HINZUFÜGEN und dann auf VERLAUFSÜBERLAGERUNG. Rechts neben dem Verlaufsbalken klicken Sie auf das abwärts gerichtete Dreieck. Aus dem Menü des Verlaufswählers laden Sie die Bibliothek METALL. Im nächsten Dialog klicken Sie auf ANFÜGEN. Dann wählen Sie den hier hervorgehobenen „Silber"-Verlauf. Klicken Sie auf OK.

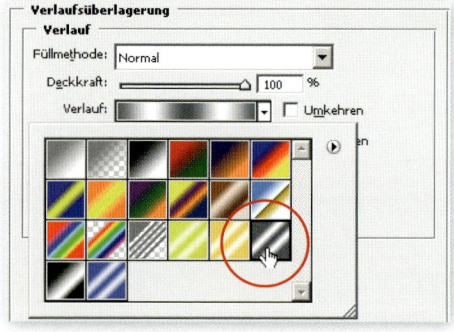

Schritt 3: Die Auswahl um Ihren Kreis herum müsste noch bestehen. Wählen Sie also AUSWAHL, AUSWAHL VERÄNDERN, VERKLEINERN und geben Sie 20 Pixel vor. So schrumpft der Auswahlkreis um 20 Pixel.

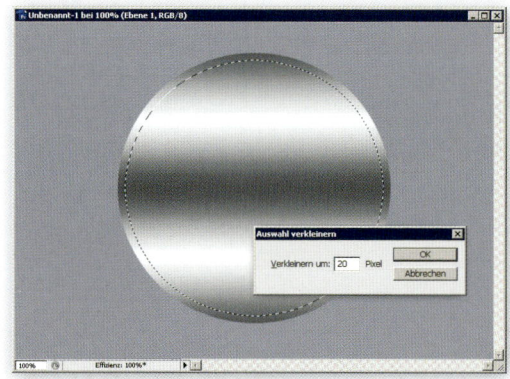

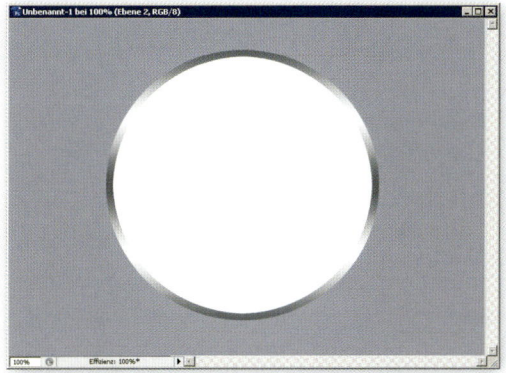

Schritt 4: Unten in der Ebenenpalette klicken Sie auf Neue Ebene erstellen. So entsteht eine neue leere Ebene. Per Alt + Entf -Taste füllen Sie die Auswahl weiß. Dann heben Sie die Auswahl mit Strg + D (am Mac ⌘ + D) auf.

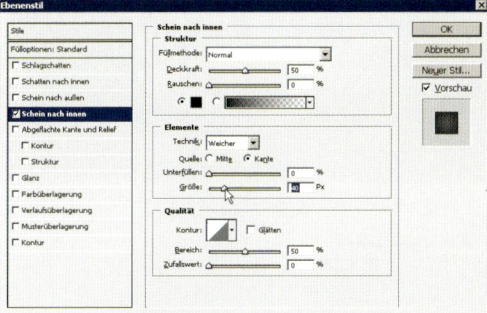

Schritt 5: Sie verwenden Schein nach innen aus dem Ebenenstil-Auswahlmenü unten links in der Ebenenpalette. Setzen Sie die Füllmethode von Negativ multiplizieren auf Normal und senken Sie die Deckkraft auf 50 Prozent. Klicken Sie auf das beige Farbfeld und stellen Sie die Farbe des Lichthofs auf Schwarz um. Die Größe heben Sie bis auf 40 an.

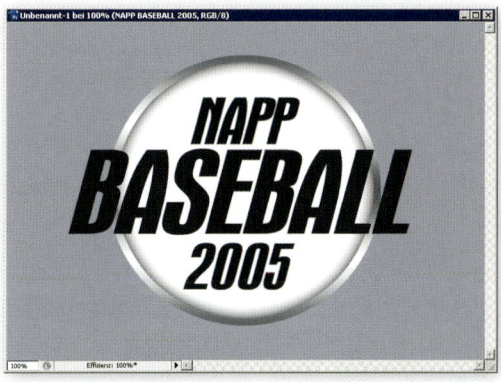

Schritt 6: So entsteht ein Schatten innerhalb des weißen Kreises, wie hier zu sehen. Jetzt schalten Sie mit dem T das Textwerkzeug ein, mit dem D setzen Sie die Vordergrundfarbe auf Schwarz, dann tippen Sie Ihren Text. (Ich habe hier die Schriftart Aurora Condensed von Bitstream verwendet. Die horizontale Skalierung habe ich in der Zeichenpalette auf 150 Prozent angehoben, damit die Buchstaben kräftiger wirken. Und weil ich die kursive Variante der Schriftart nicht hatte, habe ich den Text markiert und im Menü der Zeichenpalette „Faux Kursiv" angeklickt.)

Tipp:
Tastaturbefehl für den Extrahieren-Befehl
Manche Motive lassen sich sehr schwer auswählen, etwa Haare im Wind oder Blütenblätter. Dann nehmen Sie den starken Extrahieren-Befehl oben im Filter-Hauptmenü. Der Tastaturbefehl heißt Alt + Strg + X (am Mac Alt + ⌘ + X). Ihr Bild erscheint dann in einem neuen Fenster mit eigenen Werkzeugen. Mit dem Kantenmarker ziehen Sie einen Umriss um Ihr Motiv. Innerhalb dieses Bereichs klicken Sie einmal mit dem Füllwerkzeug, so dass Photoshop erkennt, welche Bildteile Sie behalten wollen. Damit der Befehl optimal arbeitet, nehmen Sie dünne Pinselspitzen für gut abgegrenzte Motivpartien und weit größere Pinsel für schlechter definierte Zonen (wie etwa Haare im Wind). Und jetzt mein Tipp: Mit der B -Taste verkleinern Sie die Pinselgröße schrittweise, mit der ^ -Taste steigt der Durchmesser.

Fortsetzung

Tipp:
Farbfüllungen

Wenn wir ein Objekt kolorieren möchten, nehmen wir meist den Befehl FARBTON/SÄTTIGUNG. Es gibt aber einen anderen Weg: Legen Sie zuerst die gewünschte Vordergrundfarbe fest, dann nehmen Sie BEARBEITEN, FLÄCHE FÜLLEN. Im Dialogfeld ändern Sie die Füllmethode von NORMAL auf FARBE und klicken auf OK. Die Farbe wird angewendet, doch Sie erkennen weiter alle Bilddetails.

Der Ebenenstil FARBÜBERLAGERUNG eignet sich ebenfalls für diesen Effekt. Klicken Sie ihn im Menü EBENENSTIL unten in der Ebenenpalette an. Die Farbüberlagerung deckt das Bild zunächst vollständig zu, Sie sollten also vermutlich die Füllmethoden MULTIPLIZIEREN, NEGATIV MULTIPLIZIEREN oder INEINANDERKOPIEREN verwenden. Eventuell müssen Sie auch die Deckkraft senken.

Schritt 7: Der Text erhält einen Verlauf, also wählen Sie VERLAUFSÜBERLAGERUNG aus dem Menü EBENENSTIL HINZUFÜGEN unten in der Ebenenpalette. Nehmen Sie wieder denselben Metallic-Verlauf, den Sie schon in Schritt 2 für den Kreis verwendet haben.

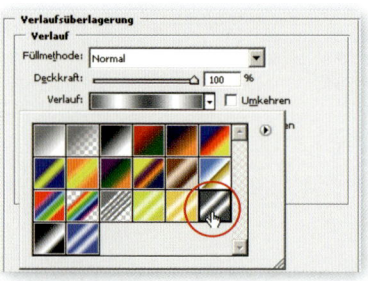

Schritt 8: Nach dem OK-Klick wendet Photoshop den Metallic-Verlauf auf den Text an.

Schritt 9: Jetzt brauchen Sie die abgeschrägte Kante. Klicken Sie also auf EBENENSTIL HINZUFÜGEN und dann auf ABGEFLACHTE KANTE UND RELIEF. Steigern Sie die Tiefe auf 1000 und die Größe auf 10. Im Bereich SCHATTIERUNG erhöhen Sie die Lichterdeckkraft auf 100 Prozent; die Schattendeckkraft reduzieren Sie auf 50 Prozent.

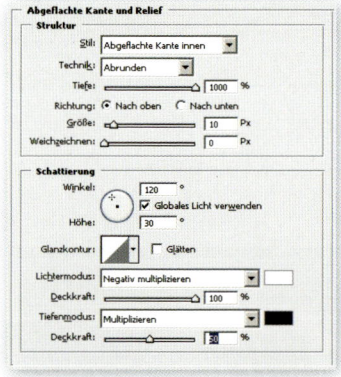

Schritt 10: Nach dem OK-Klick erhält Ihr Text die plastische Kante. Bei gedrückter ⌃Strg-Taste (am Mac ⌘-Taste) klicken Sie auf die Textminiatur in der Ebenenpalette. So legen Sie eine Auswahl um die Buchstaben herum. Nun wählen Sie AUSWAHL, AUSWAHL VERÄNDERN, VERKLEINERN und geben sechs Pixel vor.

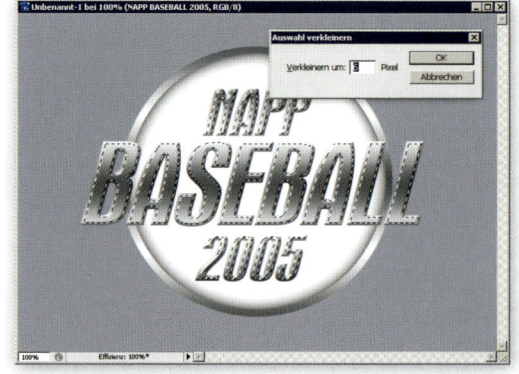

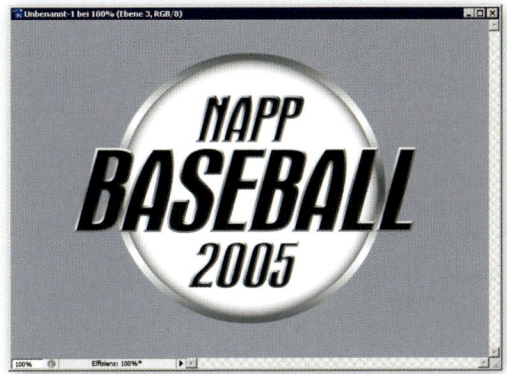

Schritt 11: Legen Sie eine neue Ebene an; dazu klicken Sie unten in der Ebenenpalette auf NEUE EBENE ERSTELLEN. Mit dem `D` richten Sie Schwarz als Vordergrundfarbe ein, dann füllen Sie die verkleinerte Auswahl mit dieser Farbe – drücken Sie einfach `Alt`+`Entf`. Mit `Strg`+`D` (am Mac `⌘`+`D`) heben Sie die Auswahl wieder auf. Damit steht der Effekt. Wollen Sie jedoch noch eine 3D-Wirkung hinzufügen, machen Sie mit dem nächsten Schritt weiter.

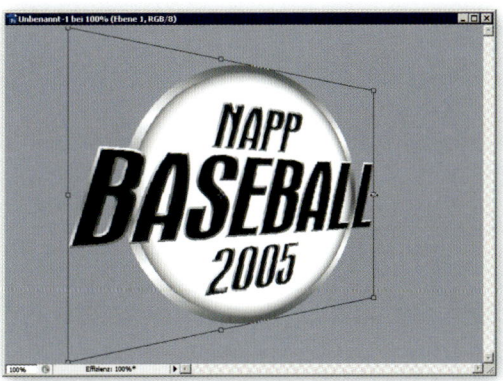

Schritt 12: Verbergen Sie die Hintergrundebene. Dazu klicken Sie in der Ebenenpalette auf das Augensymbol links von der Hintergrundebene. Mit der Schaltfläche rechts oben öffnen Sie das Menü zur Ebenenpalette und wählen SICHTBARE AUF EINE EBENE REDUZIEREN. So verschmelzen die verschiedenen Ebenen Ihres Logos zu einer Ebene. Sie starten das FREIE TRANSFORMIEREN mit `Strg`+`T` (am Mac `⌘`+`T`). Halten Sie `⇧`+`Alt`+`Strg`-Taste gedrückt (am Mac `⇧`+`Alt`+`⌘`), dann ziehen Sie am unteren rechten Anfasspunkt nach oben; so entsteht die perspektivische Wirkung.

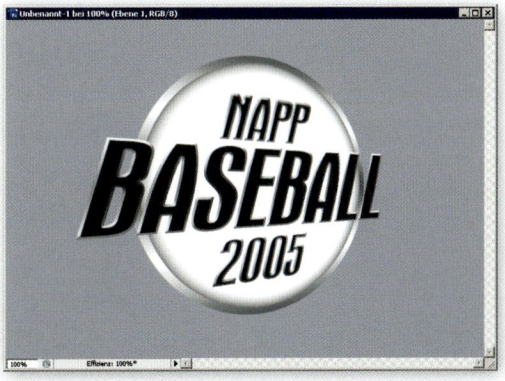

Schritt 13: Die Tasten bleiben noch gedrückt. Ziehen Sie den unteren linken Anfasspunkt weiter nach unten, um den Effekt zu verstärken. Oft wirkt das Ergebnis jedoch etwas zu gedehnt. Lassen Sie darum die Tasten los, klicken Sie auf den mittleren Anfasspunkt rechts und ziehen Sie nach links, bis das Logo nicht mehr zu gedehnt aussieht. Drücken Sie die `↵`-Taste – fertig!

Tipp:

Der Vergrößerungsfaktor in der Filtergalerie

Sie wollen die Vorschau ruckzuck mit 100, 200 oder gar 1600 Prozent sehen? Dazu brauchen Sie nur einen Rechtsklick (am Mac `Ctrl`-Klick) innerhalb des Vorschaubereichs. Im Kontextmenü bietet Photoshop Ihnen jetzt zahlreiche Zoomstufen an.

Tipp:
**Was sind Vorgaben
und Bibliotheken**

Vorgaben und Bibliothe-
ken gehören schon seit
ein paar Jahren zum
Photoshop-Vokabular,
doch so ganz hat sich
das noch nicht herum-
gesprochen. Gemeint ist
Folgendes, ein Beispiel:
Für das Eigene-Form-
Werkzeug gibt es ver-
schiedene Vorgaben, in
diesem Fall verschiedene
Umrisse, die sich zeichnen
lassen – etwa das Jin-Jang-
Symbol, ein Kleeblatt,
Puzzleteile und so weiter.
Mehrere Vorgaben las-
sen sich zu Bibliotheken
zusammenfassen. Der
Formwähler für das
Eigene-Form-Werkzeug
bietet also bereits mehrere
Vorgaben in einer aktuel-
len Bibliothek an; weitere
Bibliotheken können
Sie über das Menü des
Wählers unkompliziert
nachladen. Vorgaben und
Bibliotheken gibt es auch
für Verlaufswerkzeug,
alle Werkzeuge mit
Pinselspitzen und für
Stile. Besonders bequem
sichten Sie diese Schätze
mit dem Befehl BEARBEITEN,
VORGABEN-MANAGER.

Text auf Pfad und geschwungene Bänder

Text auf Pfaden gehört zu den interessantesten gestalterischen Techniken in Photoshop und
in diesem Workshop lassen wir Text an einem kreisförmigen Pfad entlanglaufen. Noch attrak-
tiver wird es gleich danach: Sie entwerfen ein geschwungenes Band direkt innerhalb von
Photoshop (normalerweise erledigen Sie das mit dem Zeichenwerkzeug in Illustrator). Das
geht so leicht, dass Sie vielleicht nie mehr zu Illustrator zurückkehren.

Schritt 1: Öffnen Sie eine neue
RGB-Datei und klicken Sie unten
in der Ebenenpalette auf NEUE
EBENE ERSTELLEN. Mit der Taste D
setzen Sie die Vordergrundfarbe
auf Schwarz. Nun brauchen Sie
das Eigene-Form-Werkzeug.
Oben in den Einstellungen klicken Sie auf das dritte Symbol
von links (so dass ein Pixelobjekt
entsteht). Nach einem Klick
auf die aktuelle Formminiatur
sehen Sie die Formbibliothek.
Aus dem Menü wählen Sie die
Bibliothek SYMBOLE, dann klicken
Sie auf ANFÜGEN. Wählen Sie das
Jin-Jang-Symbol und ziehen Sie
die Form bei gedrückter ⇧-
Taste auf.

Schritt 2: Halten Sie die Strg-
Taste (am Mac ⌘) gedrückt
und klicken Sie unten in der
Ebenenpalette auf NEUE EBENE
ERSTELLEN; damit entsteht die
Ebene unter der Jin-Jang-
Ebene. Mit der Auswahlellipse
ziehen Sie einen Kreis außen
um das Jin-Jang-Symbol
herum; dabei halten Sie die
⇧-Taste gedrückt. Stellen Sie
die Vordergrundfarbe mit der
X-Taste auf Weiß um, dann
drücken Sie ⇧+Entf; so füllen
Sie die Auswahl weiß. Nachdem
Sie mit der Taste D Schwarz als
Vordergrundfarbe eingerichtet
haben, wählen Sie BEARBEITEN,
KONTUR FÜLLEN. Im Dialog setzen
Sie die BREITE auf 1 Pixel, die
POSITION auf MITTE, dann klicken
Sie auf OK. Mit Strg+D (am
Mac ⇧+D) heben Sie die
Auswahl auf.

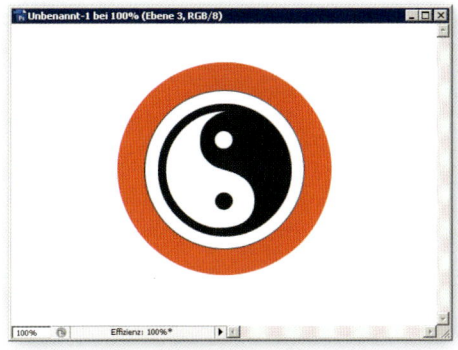

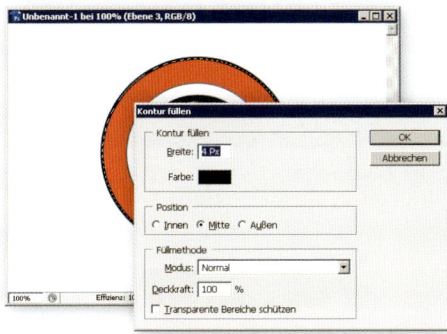

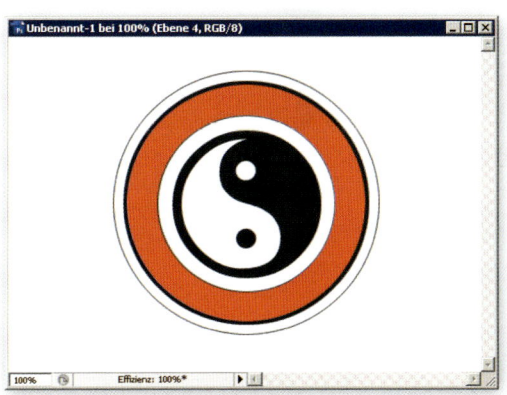

Schritt 3: Klicken Sie erneut bei gedrückter `Strg`-Taste (am Mac `⌘`) auf das Symbol NEUE EBENE ERSTELLEN. Nach einem Klick auf das Vordergrundfarbfeld stellen Sie Rot ein, dann ziehen Sie mit der Auswahlellipse bei gedrückter `⇧`-Taste eine deutlich größere, kreisförmige Auswahl auf. Sie wird mit dem Tastenbefehl `Alt`+`Entf` rot gefärbt.

Schritt 4: Die Taste `D` bringt Schwarz als Vordergrundfarbe zurück. Die Auswahl um den roten Kreis herum besteht ja noch, wählen Sie also wieder BEARBEITEN, KONTUR FÜLLEN. Die Breite steht auf 4 Pixel, die Position auf Mitte. Mit dem OK-Klick erzeugen Sie einen schwarzen Umriss um den roten Kreis herum (wie abgebildet).

Schritt 5: Während die Auswahl weiter aktiv ist, öffnen Sie das AUSWAHL-Menü und gehen auf AUSWAHL TRANSFORMIEREN. Oben in den Einstellungen setzen Sie Breite (B) und Höhe (H) auf 110 Prozent, dann drücken Sie die `↵`-Taste. So dehnen Sie die Auswahl um zehn Prozent aus (siehe Abbildung).

Schritt 6: Klicken Sie bei gedrückter `Strg`-Taste (am Mac `⌘`) auf NEUE EBENE ERSTELLEN unten in der Ebenenpalette. So entsteht eine neue Ebene unter der Ebene mit dem roten Kreis. Jetzt folgt wieder BEARBEITEN, KONTUR FÜLLEN. Dieses Mal nehmen Sie 1 Pixel Breite und die Mitte-Position. Nach dem Klick auf OK entsteht ein dünner schwarzer Umriss entlang der Auswahl (wie hier zu sehen). Heben Sie die Auswahl mit `Strg`+`D` (am Mac `⌘`+`D`) auf.

Tipp:
Schrumpfen Sie Ihr Bild klein
Sie wissen ja: Wenn Sie Ebenen in andere Dateien ziehen, wird nichts gelöscht – auch nicht der Teil der Ebene, der in der neuen Datei hinter dem Bildrand verschwindet. Ein Beispiel: Sie ziehen eine Ebene mit einem Auto in ein neues Dokument. Dort sieht man nur noch die vordere Hälfte des Fahrzeugs. Der hintere Bereich ist unsichtbar, aber er ist nicht verloren. Sie können ihn später immer noch zurück ins Bild ziehen. Gute Sache, oder? Allerdings nur manchmal. In der Tat ist es nur gut, wenn Sie die verdeckten Bildbereiche irgendwann noch verwenden möchten. Wenn nicht, verbrauchen diese Ebenenteile nur sinnlos Speicherplatz. Befreien Sie sich also von überflüssigen Bilddaten. Drücken Sie `Strg`+`A` (am Mac `⌘`+`A`), um die gesamte Arbeitsfläche auszuwählen, dann klicken Sie auf BILD, FREISTELLEN. Photoshop kappt alles jenseits der Dateiränder weg, dabei sinkt auch die Dateigröße.

Fortsetzung

Tipp:
Ersparen Sie sich das Ziehen auf den Mülleimer in der Filtergalerie

Sie wollen einen Filter aus dem Filterstapel löschen. Dann müssen Sie ihn nicht erst auf das Mülleimersymbol ziehen. Haben Sie den Filter bereits aktiviert, klicken Sie nur auf den Mülleimer, weg ist der Filter! Gut auch: Wenn Sie aus Versehen den falschen Filter löschen, lässt sich dieses Manöver mit Strg+Z (am Mac ⌘+Z) sofort widerrufen.

Schritt 7: Jetzt entsteht das Fahnenband für das Logo. Zunächst legen Sie eine neue RGB-Datei an. Drücken Sie so oft ⇧+L, bis das Polygon-Lasso aktiv ist, dann ziehen Sie eine Auswahl, wie hier zu sehen. Dabei drücken Sie stets die ⇧-Taste und Sie klicken nur von Eckpunkt zu Eckpunkt, das Polygon-Lasso verbindet die Punkte für Sie.

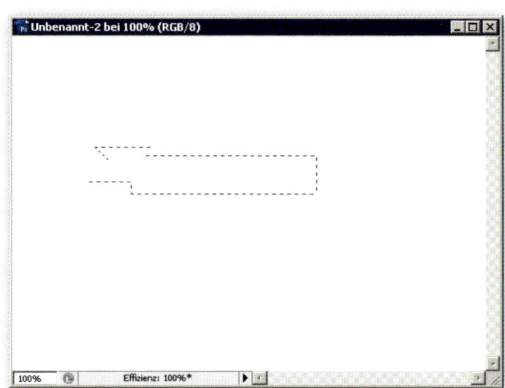

Schritt 8: Mit der Schaltfläche NEUE EBENE ERSTELLEN unten in der Ebenenpalette erzeugen Sie eine weitere neue Ebene. Der Tastenbefehl Alt+Entf füllt die Auswahl schwarz (wie hier zu sehen). Per Strg+D (am Mac ⌘+D) heben Sie die Auswahl auf.

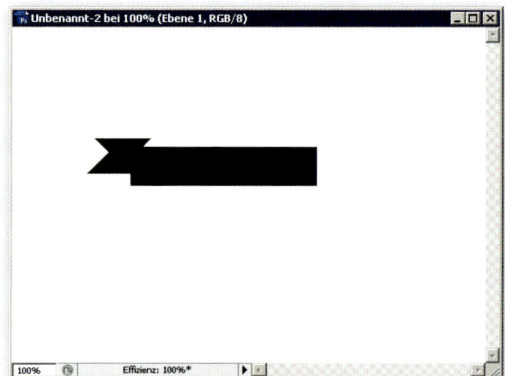

Schritt 9: Sie verbiegen das Band gleich per Filter, doch dafür müssen Sie es zunächst drehen (wie hier zu sehen). Wählen Sie also BEARBEITEN, TRANSFORMIEREN, UM 90° GEGEN UZS DREHEN. Mit dem Auswahlrechteck ziehen Sie ein Viereck wie abgebildet um die schwarze Figur.

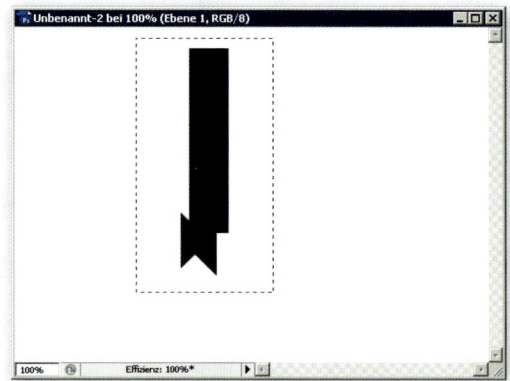

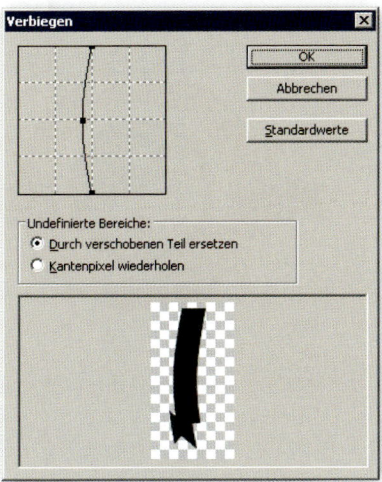

Schritt 10: Im Filter-Menü nehmen Sie Verzerrungsfilter und dann Verbiegen. Ein Klick in die Mitte der Linie erzeugt einen Anfasspunkt. Diesen Punkt ziehen Sie nach links, um die Figur zu verbiegen – unten im Dialogfeld sehen Sie eine Vorschau. Wenn Sie zufrieden sind, klicken Sie auf OK und heben die Auswahl mit Strg+D (am Mac ⌘+D) auf.

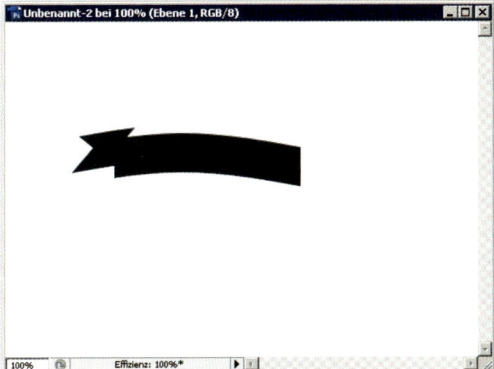

Schritt 11: Drehen Sie das Band zurück in die ursprüngliche Position. Das erledigen Sie wieder per Bearbeiten, Transformieren, diesmal mit dem Befehl Um 90° im UZS drehen.

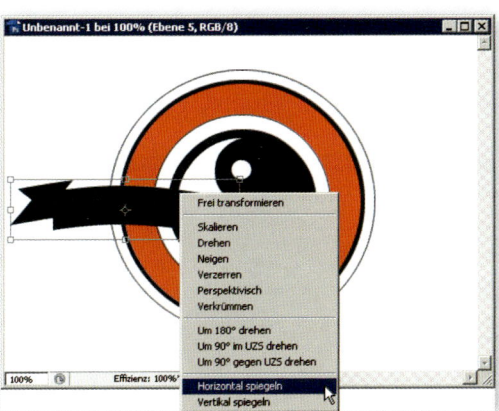

Schritt 12: Mit der Taste V schalten Sie das Verschiebenwerkzeug ein, dann ziehen Sie das Fahnenband in die Datei mit dem roten Kreis. Bringen Sie es auf der linken Seite in Position, wie hier zu sehen. So entsteht die linke Hälfte des Bands. Für die rechte Hälfte drücken Sie zunächst Alt+Strg+T (am Mac Alt+⌘+T); mit diesem Tastenbefehl wendet Photoshop die Veränderung auf ein Duplikat an. Nach einem Rechtsklick in die Rahmenbox (am Mac Ctrl-Klick) wählen Sie Horizontal spiegeln aus dem Kontextmenü.

Tipp:
So bringen Sie zwei Bilder auf die gleiche Größe
Sie wollen zwei geöffnete Bilder auf identische Größe bringen. Es gibt einen Trick, wie Photoshop sämtliche Arbeit für Sie übernimmt. Aktivieren Sie die Datei, die Sie ändern wollen, und wählen Sie Bild, Bildgrösse. Bei geöffnetem Bildgrösse-Dialog gehen Sie nun ins Fenster-Hauptmenü und geben unten den Namen des Bilds an, dessen Daten Sie auf das aktive Foto übertragen wollen. Das Dialogfeld zeigt sofort sämtliche Werte dieser Aufnahme. Die Option Bild neu berechnen mit muss eingeschaltet sein, dann klicken Sie auf OK und Ihr Foto erscheint in den neuen Maßen. Sie sollten Ihr Foto aber nur verkleinern, nicht vergrößern, sonst leidet die Bildqualität.

Fortsetzung

Tipp:
Platzieren Sie Ihre Hilfslinien exakt an der gewünschten Stelle
Sie wissen bereits genau, wo Sie Ihre Hilfslinie platzieren wollen? Dann soll Photoshop die Feinarbeit erledigen. Dazu dient der Befehl ANSICHT, NEUE HILFSLINIE. Im Dialogfeld tippen Sie die Position ein, klicken auf OK und schon sind Sie fertig.

Schritt 13: Bestätigen Sie die Umwandlung mit der Eingabetaste, dann ziehen Sie die gespiegelte Ebene mit dem Verschiebenwerkzeug in die richtige Position, wie hier zu sehen. Die schwarzen Bänder sollten hinter dem weißen Kreis in der Mitte liegen. Bei Bedarf ziehen Sie die Ebenen noch in der Ebenenpalette unter die Ebene mit dem weißen Kreis.

Schritt 14: Drücken Sie mehrmals ⇧+U, bis Photoshop in der Werkzeugleiste das Ellipsewerkzeug anbietet. Oben in den Optionen nehmen Sie das mittlere der drei Symbole (wie hier gezeigt). So setzt Photoshop die Figur in einen Pfad um, als ob Sie mit dem Zeichenwerkzeug arbeiten. Ziehen Sie bei gedrückter ⇧-Taste einen Kreis wie hier zu sehen auf.

Schritt 15: Mit dem X stellen Sie auf weiße Vordergrundfarbe um, dann schalten Sie das Textwerkzeug ein. Oben in der Leiste brauchen Sie die Option TEXT ZENTRIEREN. Halten Sie den Mauszeiger auf den höchsten Punkt des Kreispfads. Am veränderten Cursor erkennen Sie, dass Sie jetzt Text auf einen Pfad setzen können.

Schritt 16: Nach einem Klick auf den Pfad tippen Sie Ihren Text. (Hier verwenden wir die Schriftart Mata Bold von T-26.) Sie haben TEXT ZENTRIEREN gewählt, darum arrangiert sich der Text zentriert um den höchsten Punkt des Kreises herum (wie zu sehen).

Schritt 17: Die Ebene mit dem Pfadtext duplizieren Sie per `Strg`+`J` (am Mac `⌘`+`J`). Mit dem `A` wechseln Sie zum Pfadauswahlwerkzeug (das ist der schwarz gefüllte Pfeil). Klicken Sie auf den ersten Buchstaben und ziehen Sie ihn am Pfad entlang nach unten. Zunächst steht die Schrift auf dem Kopf, doch ziehen Sie kurz nach oben, schon erscheint sie richtig. Klicken Sie in der Ebenenpalette doppelt auf die Textminiatur. Jetzt markiert Photoshop den Text, tippen Sie das Wort „taekwondo" ein.

Schritt 18: Eventuell erscheint der Text zu hoch oder zu niedrig (anders gesagt, er sitzt nicht mittig in dem roten Kreis). Dann markieren Sie den Text per Doppelklick auf die Miniatur in der Ebenenpalette und ändern den Grundlinienversatz in der Zeichenpalette. So justieren Sie die Höhe.

Fortsetzung

Schritt 19: Jetzt setzen wir leicht gebogenen Text auf die Fahnenbänder. Mit dem P schalten Sie das Zeichenwerkzeug ein, dann klicken Sie auf die linke untere Ecke des linken Bands. Bewegen Sie den Cursor nach rechts, dorthin, wo das schwarze Band unter dem weißen Kreis verschwindet. Klicken und ziehen Sie, um ein Pfadsegment zu erzeugen, das sich passend zum Fahnenband wölbt.

Schritt 20: Unten in der Ebenenpalette klicken Sie auf NEUE EBENE ERSTELLEN, so dass Sie eine neue Ebene erhalten. Schalten Sie das Textwerkzeug ein und klicken Sie oben in den Optionen auf TEXT LINKS AUSRICHTEN. Klicken Sie auf das linke Ende des Pfads und tippen Sie Ihre Zeile ein – sie folgt dem Pfad. Die Schriftart hier heißt Papyrus. Steht der Text, ziehen Sie ihn mit dem Verschiebenwerkzeug in die Mitte des Bands. Auf der rechten Seite machen Sie es genauso.

Schritt 21: Hier sehen Sie die Jahreszahl „1993" auf der rechten Seite des Bands. Warum richten wir den Pfad aber zunächst an der Unterseite des Bands aus? Weil die Biegung im Pfad sich dann perfekt an der Biegung im Band ausrichten lässt. Damit ist das Logo praktisch fertig. Aber wir müssen die Dinge ja immer noch ein bisschen weiter treiben. Und darum ...

Schritt 22: Klicken Sie in der Ebenenpalette auf die ursprüngliche Jin-Jang-Ebene. Unten in der Ebenenpalette klicken Sie auf EBENENSTIL HINZUFÜGEN und dann auf ABGEFLACHTE KANTE UND RELIEF. Im Dialogfeld klicken Sie sofort auf OK; so erhält das Jin-Jang-Symbol eine plastische Kante.

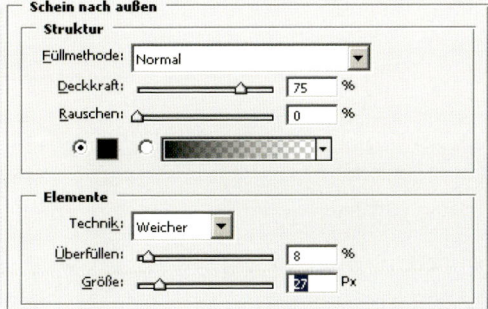

Schritt 23: Jetzt klicken Sie in der Palette die Ebene mit dem schwarzen äußeren Ring an. Schalten Sie in der Werkzeugleiste den Zauberstab ein und wählen Sie die weiße Fläche mit einem Klick aus. Die Tastenfolge ⬚D⬚, ⬚X⬚ legt dann Weiß als Vordergrundfarbe fest. Per ⬚Alt⬚+⬚Entf⬚ füllen Sie die Auswahl mit Weiß. Aus dem Menü EBENENSTIL HINZUFÜGEN nehmen Sie nun SCHEIN NACH AUSSEN. Im Dialog stellen Sie die Füllmethode von NEGATIV MULTIPLIZIEREN auf NORMAL um, heben Sie das Überfüllen auf 8 und die Größe auf 27. Nach einem Klick auf das beige Farbfeld stellen Sie schwarze Farbe ein. Klicken Sie auf OK.

Schritt 24: Hier sehen Sie das fertige Logo samt schwarzem Schatten und einem Jin-Jang-Symbol mit plastischer Kante. Ich sag's noch mal, man braucht diese Extraeffekte eigentlich nicht, ich konnte mich nur einfach nicht bremsen. Es ist chronisch.

Tipp:
Präzise scharf-zeichnen

Beim Scharfzeichnen mit den Befehlen UNSCHARF MASKIEREN oder SELEKTIVER SCHARFZEICHNER sollten Sie das Foto unbedingt in der Zoomstufe 100 Prozent darstellen. Ansonsten wirkt das Foto am Schirm womöglich ganz anders als der spätere Ausdruck. In verkleinerten Zoomstufen erkennen Sie eventuell manche Bildstörungen und Verfremdungen nicht, die durch das Scharfzeichnen entstehen. Darum gehen Sie immer auf die 100 Prozent-Zoomstufe, um Ihr Bild nicht ungewollt zu entstellen.

Tipp:

Neue Ebenen erstellen

Neue Ebenen erzeugen
Sie auf unterschiedlichen
Wegen. Der schnellste:
Klicken Sie unten in der
Ebenenpalette auf das
Symbol NEUE EBENE ERSTELLEN.
Kein Dialogfeld bremst Sie
hier – Sie erhalten sofort
eine neue leere Ebene.

Oder nehmen Sie
den Tastaturbefehl
⇧+Strg+N (am Mac
⇧+⌘+N). So erhal-
ten Sie eine neue Ebene,
sehen aber vorher den
Dialog NEUE EBENE (Sie können den Ebenennamen
ändern). Das kostet etwas
mehr Zeit.

Suchen Sie den absolut
langsamsten Weg zu einer
neuen Ebene (Sie rechnen
auf Stundenlohnbasis ab)?
Dann wählen Sie EBENE,
NEU, EBENE.

Sie rechnen auf Stun-
denbasis ab, müssen
aber einen Termin ein-
halten. Dann wählen Sie
NEUE EBENE im Menü der
Ebenenpalette.

Grunge-Effekt im Hollywoodstil

Zuerst fand ich eine Anleitung für diesen Effekt auf der englischen Seite dreaminfinity.com.
Ich habe völlig neue Wege gesehen, wie man Grunge-Effekte erzeugt, die in Kinotiteln, CD-
Hüllen und Anzeigen für junge Leute so populär sind. Hier ist jetzt mein Vorschlag, wie Sie an
Grunge-Text kommen.

Schritt 1: Öffnen Sie ein neues
Dokument im RGB-Modus.
Mit dem T schalten Sie das
Textwerkzeug ein und tippen
Ihren Schriftzug. (Ich habe hier
die Schriftart Trajan von Adobe
verwendet.)

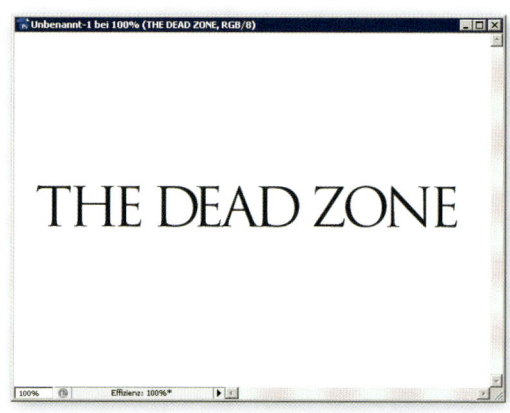

Schritt 2: Der Grunge-Effekt
basiert hier auf einem Foto.
Jedes Foto mit klar definierten
Kanten eignet sich, zum Beispiel
Bilder von Gebäuden, Städten,
Wänden oder Treppen. Suchen
Sie also ein Foto mit vielen gera-
den oder schrägen Linien (und
wenig Kurven).

Schritt 3: Schalten Sie das
Verschiebenwerkzeug mit der
Taste V ein, halten Sie die ⇧-
Taste gedrückt und ziehen Sie
das Foto über Ihr Textdokument.
(Das Bild erscheint in der
Ebenenpalette über dem Text,
und zwar zentriert, weil Sie die
⇧-Taste gedrückt hatten.)
Mit ⇧+Strg+U (am Mac
⇧+⌘+U) entfernen Sie die
Farbe aus dem Bild (wie hier zu
sehen).

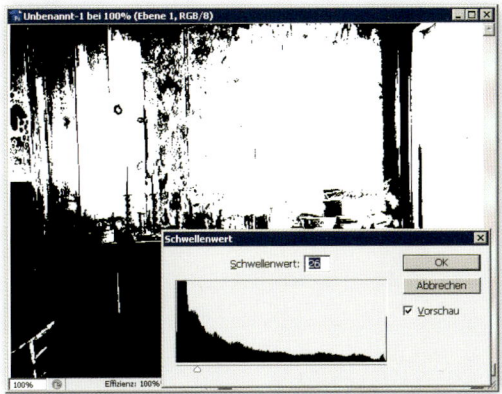

Schritt 4: Jetzt folgt der Befehl BILD, ANPASSUNGEN, SCHWELLENWERT. Im Dialogfeld ziehen Sie den Regler nach links bis auf 26 (siehe Abbildung). So verstärken Sie den Kontrast, das Bild wirkt beschädigt und rauh. Klicken Sie auf OK.

Tipp:
Wie Sie die Fließmarkierung verstecken
Die Fließmarkierung eines Auswahlbereichs stört manchmal bei der Bildbeurteilung. Verbergen Sie diese „laufenden Ameisen", ohne die Auswahl unwirksam zu machen. Dazu drücken Sie Strg+H (am Mac ⌘+H). Das ist der Tastaturbefehl für den Menübefehl ANSICHT, EXTRAS.

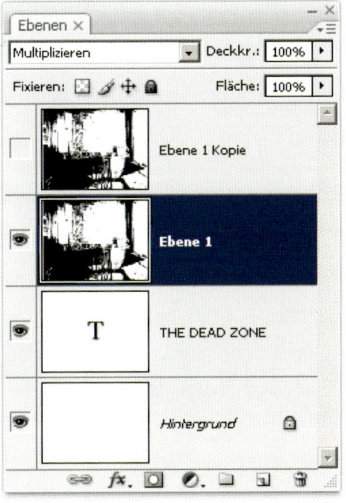

Schritt 5: Per Strg+J (am Mac ⌘+J) duplizieren Sie diese Ebene. Das Duplikat verbergen Sie; dazu klicken Sie in der Ebenenpalette auf das Augensymbol links neben der Miniatur der Duplikatebene. Danach klicken Sie auf die ursprüngliche Fotoebene (wie abgebildet). Die Füllmethode stellen Sie in der Ebenenpalette von NORMAL auf MULTIPLIZIEREN um. Jetzt erkennen Sie wieder den Text im Gesamtbild.

Schritt 6: Schalten Sie mit dem M das Auswahlrechteck ein. Ziehen Sie einen Rahmen um den Schriftzug, so wie hier zu sehen. Sie arbeiten ja noch auf der Fotoebene – Sie sehen den Text lediglich durch das Foto hindurch.

Fortsetzung

Tipp:
**Filter zügig
wiederholen**
Einen Filter, den Sie bereits
einmal angewendet
haben, können Sie sehr
bequem wiederholen.
Drücken Sie einfach
Strg+F (am Mac ⌘+
F). Eventuell wollen
Sie den Filter wieder-
holen, möchten aber
die Einstellungen etwas
verändern? Dann gibt es
einen Tastaturbefehl, der
den letzten FILTER-Dialog
wieder herholt, und er
bietet die zuletzt verwendeten Reglerstellungen
an. Drücken Sie Alt+
Strg+F (am Mac
Alt+⌘+F).

Schritt 7: Klicken Sie auf den
Befehl AUSWAHL, AUSWAHL UMKEHREN
(so wählen Sie alles aus, was
zuvor nicht ausgewählt war).
Mit der Entf-Taste löschen
Sie den oberen und unteren
Bildteil, per Strg+D (am Mac
⌘+D) heben Sie die Auswahl
wieder auf.

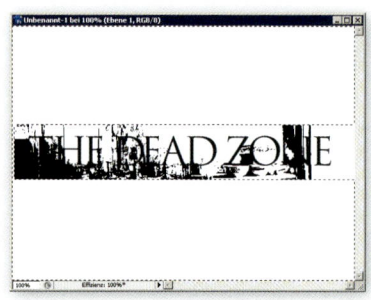

Schritt 8: Wechseln Sie mit
dem E zum Radiergummi.
Oben in den Einstellungen
klicken Sie auf das abwärts
zeigende Dreieck neben
der Pinselminiatur. Wählen
Sie eine der Spitzen mit der
Bezeichnung Spritzer, egal ob
Größe 24, 27 oder 39. Mit dem
Regler HAUPTDURCHMESSER heben
Sie die Größe auf 65.

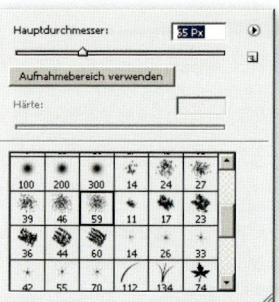

Schritt 9: Nun malen Sie mit
dem Radiergummi (der die
Spritzer-Pinselspitze verwendet)
um die Buchstaben herum. Sie
löschen den Schmutz, der die
Buchstaben noch entstellt. Sie
brauchen viele einzelne Klicks,
aber es dauert dennoch nur
rund eine Minute. Löschen Sie
weitere Bereiche (und denken
Sie daran – keine langen Striche,
nur Klicks).

Schritt 10: Investieren Sie noch
eine oder zwei weitere Minuten
ins Radieren, bis Sie ein Chaos
haben, wie hier zu sehen. Ihre
Variante sieht vermutlich etwas
anders aus, kein Problem –
radieren Sie einfach störende
Zonen weg und lassen Sie etwas
„Grunge" um die Buchstaben
stehen. Wie viel Schmutz wirkt
passend? Das entscheiden Sie.

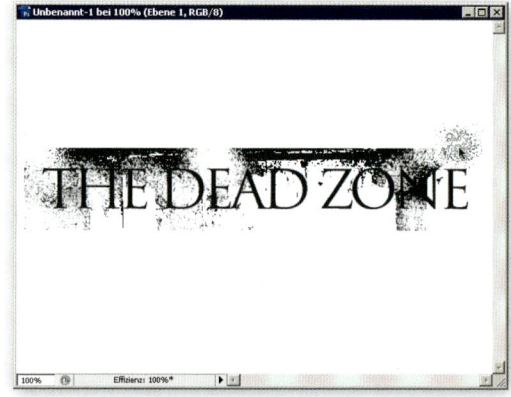

Schritt 11: Klicken Sie in der Ebenenpalette einmal auf die Duplikatebene. So wird sie aktiv und sichtbar. Abermals in der Ebenenpalette stellen Sie die Füllmethode von NORMAL auf MULTIPLIZIEREN um, so dass Sie durch die Ebene hindurchsehen. Wechseln Sie zum Verschiebenwerkzeug und ziehen Sie die Ebene durchs Bild, bis sie zu dem vorhandenen Arrangement aus Text und Schmutz passt. In diesem Beispiel habe ich die Ebene etwas nach links und unten bewegt.

Schritt 12: Haben Sie die Duplikatebene gut positioniert? Dann brauchen Sie das Auswahlrechteck. Ziehen Sie einen Rahmen um die obere Bildhälfte und drücken Sie die [Entf]-Taste. Nun folgt ein Auswahlrahmen im unteren Bildteil, vielleicht eineinhalb Zentimeter unter dem Text beginnend (so wie hier). Sie drücken wieder die [Entf]-Taste, um auch diesen Bereich leerzulöschen. Mit dem Radiergummi radieren Sie noch einmal Flecken weg, die zu sehr ablenken oder Text verdecken.

Schritt 13: Hier sehen Sie das Endergebnis mit einer zusätzlichen Textzeile unterhalb (mit der Standardschriftart Helvetica). Experimente mit diesem Verfahren machen Spaß. Testen Sie unterschiedliche Fotos. Oder bleiben Sie bei einem Bild, variieren Sie aber die Füllmethode (also andere Vorgaben als Multiplizieren) und radieren Sie in wechselnden Bildzonen.

Tipp:
Schnelle Sprünge in der Ebenenpalette
Springen Sie in der Ebenenpalette direkt zur Ebene, die unter der aktiven Ebene liegt. Dazu drücken Sie [Alt]+[,]. Oder gehen Sie eine Ebene nach oben, per [Alt]+[.]. Mit diesen Tastenbefehlen bewegen Sie sich sehr flott in der Ebenenpalette.

Diamantschmuck

Den Diamanteneffekt sah ich zuerst in einem Buch aus Japan. Aber so ganz einfach kam ich nicht hinter die Sache, denn erstens nutzte das Buch die japanische Photoshop-Version und zweitens kann ich kein Japanisch. Seit damals habe ich den Effekt immer wieder in Anzeigen und auf CD-Covers gesehen. Hier nutzen wir das Verfahren für das Logo eines fiktiven Hiphop-Radiosenders.

Schritt 1: Sie müssen das Originalbild sehr groß erstellen (mindestens 28 x 20 cm bei 72 dpi). Schalten Sie mit dem [T] zum Textwerkzeug und tippen Sie Ihre Zeile (die Schriftart hier ist Serpentine Bold Oblique von Adobe).

Schritt 2: Wählen Sie Filter, Verzerrungsfilter, Glas. Photoshop zeigt zunächst die Meldung, dass die Ebene gerastert werden muss – klicken Sie auf OK.

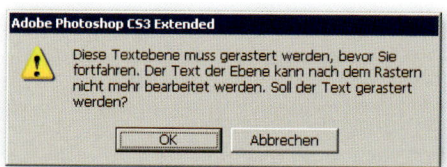

Schritt 3: Stellen Sie die Verzerrung auf 20 und die Glättung auf 1. Als Struktur geben Sie Kleine Linsen vor, die Skalierung liegt bei 85 Prozent (wie abgebildet). Mit dem OK-Klick erhält der Text ein Diamantenmuster, das Sie bereits in der Vorschau erkennen. Nun folgt ein Schatten im Text.

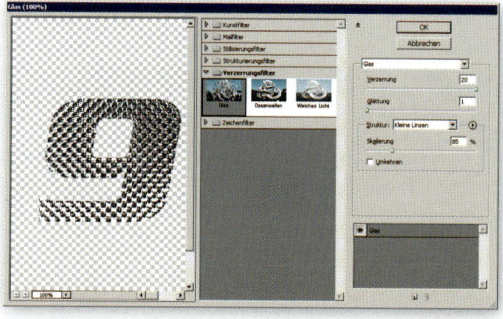

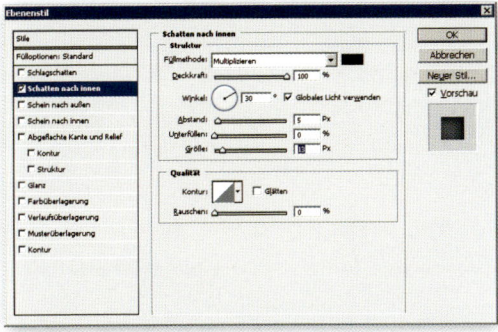

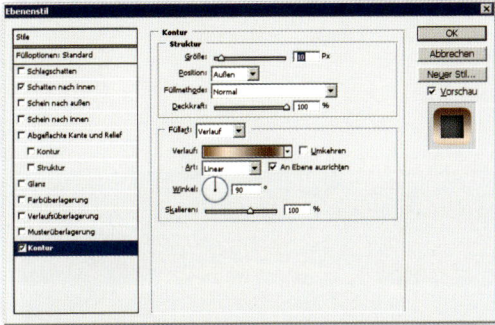

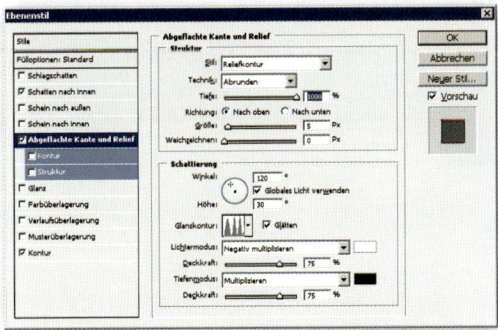

Schritt 4: Sie klicken unten in der Ebenenpalette auf das Symbol SCHATTEN NACH INNEN. Heben Sie die Deckkraft auf 100 Prozent und die Größe auf 13, aber klicken Sie noch nicht auf OK.

Schritt 5: In der Effektliste links klicken Sie direkt auf das Wort „Kontur". Hier setzen Sie die Größe auf 10, die Position auf Mitte. Als Füllart nehmen Sie VERLAUF. Klicken Sie auf das nach unten zeigende Dreieck rechts neben dem Verlauf, dann nehmen Sie aus dem Verlaufswähler den Kupferverlauf (wie abgebildet).

Schritt 6: Diesmal klicken Sie in der Effektliste auf den Begriff ABGEFLACHTE KANTE UND RELIEF. Als Stil brauchen Sie Reliefkontur, die Tiefe heben Sie auf 1000 Prozent. Im Bereich SCHATTIERUNG schalten Sie das Glätten ein und setzen die Höhe auf 30 Grad. Klicken Sie auf das gekippte Dreieck neben Glanzkontur. Öffnen Sie das Menü des Konturwählers und laden Sie die Bibliothek „Konturen" (danach klicken Sie auf ANFÜGEN). Sie brauchen jetzt die Kontur DREIFACHER RING wie abgebildet.

Schritt 7: Klicken Sie auf OK. Photoshop wendet den Schatten nach innen, den Kupferverlauf und die abgeschrägte Kante an. Sie könnten hier schon aufhören (oder Sie würden vielleicht noch einen Schlagschatten hinzufügen, aber mehr braucht es nicht). Wir setzen den Effekt aber noch in ein Logo ein.

Tipp:
Mehr Übersicht in Bridge
Sie wollen mehrere Verzeichnisse oder Verzeichnisse und Suchergebnisse in Bridge vergleichen? Dann zeigen Sie einfach mehrere Bridge-Fenster an, dazu wählen Sie DATEI, NEUES FENSTER oder drücken `Strg`+`N` (am Mac `⌘`+`N`).

Fortsetzung

Tipp:
Richtige Darstellung mit dem Befehl Kante verbessern

Seit Photoshop CS3 gibt es den Befehl KANTE VERBESSERN, mit dem Sie vorhandene Auswahlen entscheidend verbessern. Nutzen Sie dabei die verschiedenen Vorschaumöglichkeiten. So zeigt das Dialogfeld den Auswahlbereich nach Wunsch vor schwarzem oder weißem Hintergrund. Ein Beispiel: Sie haben ein Produkt vor hellem Studiohintergrund fotografiert und stellen es in Photoshop frei. Dann soll der Dialog KANTE VERBESSERN das Hauptmotiv vor schwarzer Umgebung anzeigen. So erkennen Sie besonders schnell, ob noch unerwünschte helle Ränder existieren und können die Auswahl bei Bedarf enger ziehen.

Schritt 8: Legen Sie eine neue RGB-Datei an (diesmal kleiner, etwa 18x13 Zentimeter). Mit der Taste `D` stellen Sie die Vordergrundfarbe auf Schwarz, dann drücken Sie `Alt`+`Entf`. So füllen Sie die Hintergrundebene schwarz. Erstellen Sie eine neue Ebene und ziehen Sie mit der Auswahlellipse ein Oval auf (so wie hier zu sehen). Nach einem Klick auf das Vordergrundfarbfeld stellen Sie Rot ein, dann füllen Sie die Auswahl rot; dazu drücken Sie wieder `Alt`+`Entf`.

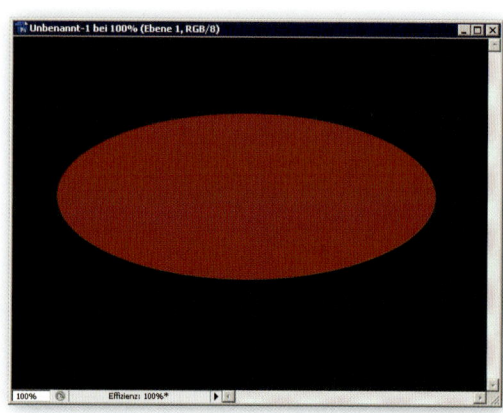

Schritt 9: Mit `Strg`+`D` (am Mac `⌘`+`D`) heben Sie die Auswahl auf. Unten in der Ebenenpalette klicken Sie auf EBENENSTIL HINZUFÜGEN und dann auf KONTUR. Die Größe steht bei 10, die Position auf INNEN. Nach einem Klick auf das Farbfeld wählen Sie ein helles Gelb aus. In der Effektliste links klicken Sie auf SCHATTEN NACH INNEN. Dort heben Sie den Abstand auf 15 und die Größe auf 13. So entstehen ein Schatten innerhalb des roten Ovals und eine gelbe Kontur um das Oval herum.

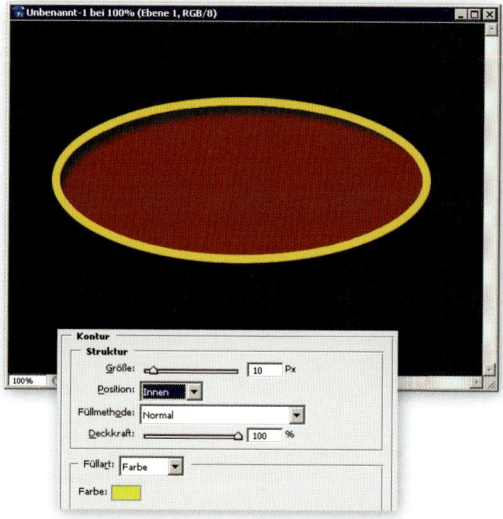

Schritt 10: Bei gedrückter `Strg`-Taste (am Mac `⌘`) klicken Sie auf die Miniatur des Ovals in der Ebenenpalette. So entsteht eine Auswahl um die Figur herum. Im Auswahl-Menü klicken Sie auf AUSWAHL TRANSFORMIEREN, dann geben Sie oben in den Einstellungen 90 Prozent als Breite und 80 Prozent als Höhe an. Nach einem Hieb auf die `↵`-Taste verkleinert sich die Auswahl.

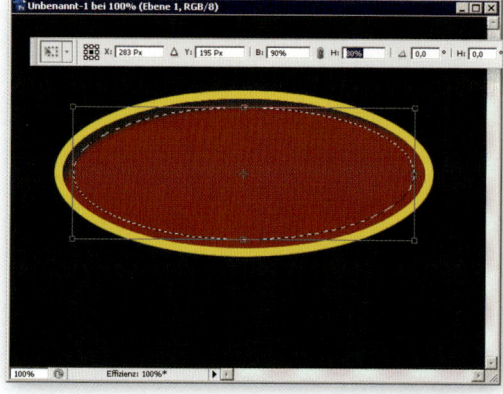

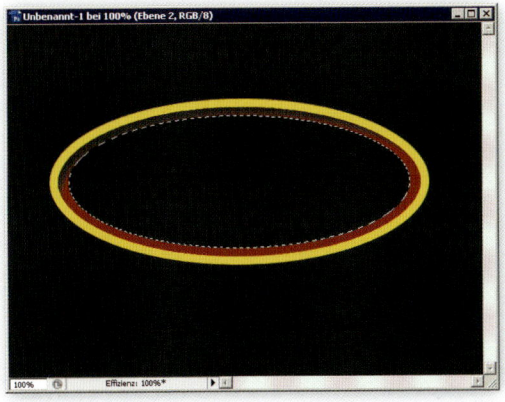

Schritt 11: Legen Sie eine neue Ebene an, schalten Sie mit dem D zur Vordergrundfarbe Schwarz und füllen Sie die verkleinerte Oval-Auswahl mit Schwarz. Dazu drücken Sie ⎇Alt+⌦Entf.

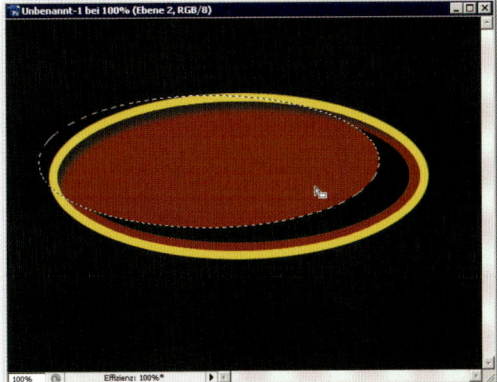

Schritt 12: Klicken Sie mit der Auswahlellipse in den ovalen, schwarzen Auswahlbereich und ziehen Sie die Auswahl schräg nach links oben (wie hier zu sehen). Mit der ⌦Entf-Taste erzeugen Sie ein Loch in Ihrem schwarzen Oval, das rote Oval von der Ebene darunter wird wieder sichtbar. Sie erkennen eine Figur, die an das Logo der Firma Nike erinnert. Mit Strg+D (am Mac ⌘+D) heben Sie die Auswahl auf.

Schritt 13: Holen Sie wieder die Datei mit dem Diamanten-text nach vorn. Mit dem V schalten Sie das Verschieben-werkzeug ein, dann ziehen Sie den Schriftzug über das Bild mit dem schwarz-rot-gelben Oval. Die Lettern sind erst einmal zu groß, darum starten Sie mit Strg+T (am Mac ⌘+T) das FREIE TRANSFORMIEREN. Bei gedrückter ⇧-Taste ziehen Sie einen Eckpunkt nach innen, um den Text zu verkleinern (wie hier zu sehen). Bestätigen Sie das Manöver mit der ↵-Taste.

Fortsetzung

Tipp:
Der Befehl Kante verbessern kann noch mehr

Der Befehl KANTE VERBESSERN steht für alle Auswahlwerkzeuge zur Verfügung, also zum Beispiel Schnellauswahl, Lasso, Polygon-Lasso, Zauberstab und so weiter. Oben in den Optionen zu diesen Werkzeugen prangt groß und deutlich die Schaltfläche KANTE VERBESSERN.

Nun sagen Sie vielleicht: „Schön und gut, aber manch ein Photoshopper verfeinert seine Auswahlen lieber in einer Ebenenmaske, da nützt mir der Befehl KANTE VERBESSERN auch nichts mehr." Dann antworte ich Ihnen sogleich: „Hey, der Befehl KANTE VERBESSERN steht auch für Ebenenmasken zur Verfügung! Auch Ebenenmasken können Sie mit dieser Funktion zum Beispiel ausdehnen oder glätten. Weiß nur kaum einer."

Vielleicht fragen Sie ja zurück: „Wirklich? Aber wenn ich eine Ebenenmaske aktiviere, sehe ich die Schaltfläche KANTE VERBESSERN nicht." Dann wieder ich: „Müssen Sie auch nicht. Öffnen Sie einfach das Auswahl-Menü und gehen Sie dort auf KANTE VERBESSERN." Einfach, oder?

Tipp:
Der Camera-Raw-Dialog als Fließbandarbeiter

Wussten Sie, dass Sie ganze Bildserien im Raw-Dialog bearbeiten können? Markieren Sie zunächst mehrere Fotos in Bridge und laden Sie sie per ⌷Strg⌷+⌷R⌷ (am Mac ⌘+⌷R⌷) in den Raw-Dialog. Nun zeigt der Raw-Dialog links eine Leiste aller Bilder. Klicken Sie eine Datei an, die Sie einzeln nach allen Regeln der Kunst auskorrigieren. Markieren Sie bei gedrückter ⌷Strg⌷-Taste (am Mac bei gedrückter ⌘-Taste) weitere Bilder in der Leiste links und klicken Sie oben links auf SYNCHRONISIEREN. Jetzt entscheiden Sie, ob Sie alle oder nur einen der Korrekturwerte auf die weiteren Motive übertragen.

Alternativ können Sie auch gleich zu Anfang mehrere Dateien gemeinsam markieren, so dass jede Regleränderung sofort auf alle gewählten Aufnahmen angewendet wird.

Schritt 14: Aus dem Menü zur Schaltfläche EBENENSTIL HINZUFÜGEN nehmen Sie den Schlagschatten. Sie verzichten auf die Option GLOBALES LICHT VERWENDEN, dann setzen Sie den Winkel auf 138 Grad und den Abstand auf 12. Nach dem OK-Klick erhält der Text einen weichen Schatten (siehe Abbildung). Legen Sie noch eine Unterzeile mit derselben Schriftart an, dann nehmen Sie die Schaltfläche EBENENSTIL HINZUFÜGEN mit der Vorgabe KONTUR. Stellen Sie Gelb ein und klicken Sie auf OK.

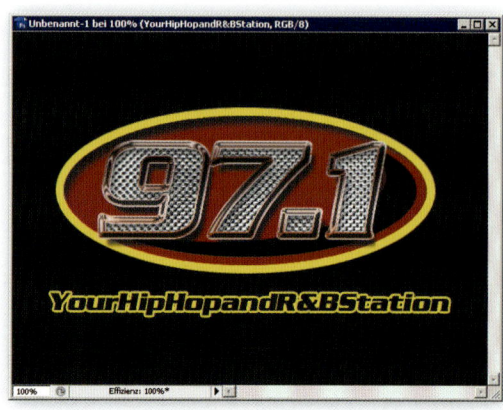

Schritt 15: Jetzt folgt der Sendername. Direkt über der „9" tippen Sie „KJAM". Dann stellen Sie Gelb als Vordergrundfarbe und Rot als Hintergrundfarbe ein und nehmen die Verlaufsüberlagerung aus dem Menü EBENENSTIL HINZUFÜGEN. Im Verlaufswähler muss der erste Verlauf gewählt sein (Vordergrund-Hintergrund). Den Winkel setzen Sie auf minus 90 Grad. In der Liste links klicken Sie dann auf KONTUR; Sie setzen die Farbe auf Schwarz und klicken auf OK.

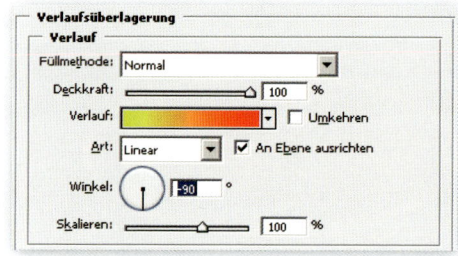

Schritt 16: Klicken Sie in der Ebenenpalette auf die Miniatur mit dem Diamantentext. Der Kupferverlauf hatte ja über Weiß zunächst gut ausgesehen, doch hier über dem schwarz-rot-gelben Logo passt er nicht mehr. Klicken Sie auf EBENENSTIL HINZUFÜGEN und dann auf KONTUR. Klicken Sie auf das Dreieck neben der Verlaufsminiatur, dann wählen Sie aus dem Menü der Verlaufsbibliothek die Sammlung METALL. Klicken Sie auf den Verlauf SILBER.

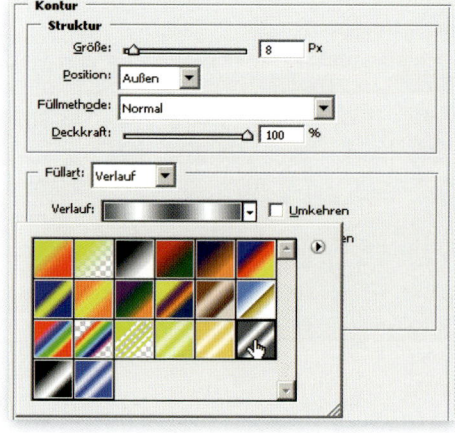

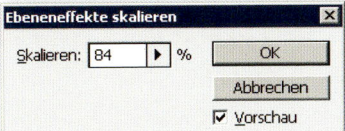

Schritt 17: Nach dem OK-Klick erscheint die Textkontur in Silber-Metallic. Falls sich der Sendername nicht genug abhebt, klicken Sie die entsprechende Miniatur in der Ebenenpalette an und nehmen SCHEIN NACH AUSSEN aus dem Menü EBENENSTIL HINZUFÜGEN. Die Farbe setzen Sie auf Weiß, die Füllmethode auf NORMAL; heben Sie den Überfüllenwert auf 38 und die Größe auf 15, dann klicken Sie auf OK.

Schritt 18: Zuletzt verkleinern Sie die Ebeneneffekte auf der Textebene. Sie haben den Text zwar vorhin verkleinert, doch die Effekte behalten ihre ursprüngliche Größe. Darum wählen Sie nun EBENE, EBENENSTIL, EFFEKTE SKALIEREN. Gehen Sie auf 84 Prozent herunter und klicken Sie auf OK. Unten sehen Sie das Endergebnis.

Tipp:
Raw-Umwandlung – eine Alternative zum Camera-Raw-Dialog
Sie wollen eine ganze Serie von Raw-Dateien als JPEG oder TIFF speichern? Das erledigen Sie natürlich mit dem Camera-Raw-Dialog. Aber es gibt eine Alternative: den Befehl DATEI, SKRIPTEN, BILDPROZESSOR. Hier können Sie auch Aktionen (Befehlsfolgen) auf die Dateien anwenden und die Pixelzahl flexibel herunterrechnen.

Tipp:
Text auf Pfaden

Das Geheimnis bei Text auf Pfaden lautet (sind Sie bereit?): Es gibt kein Werkzeug für Text auf Pfaden. Ja, es gibt kein Werkzeug für Text auf Pfaden – Photoshop verwendet das normale Textwerkzeug. Zeichnen Sie einfach einen Pfad mit Zeichenwerkzeug oder Eigene-Form-Werkzeug, dann schalten Sie das Textwerkzeug ein. Halten Sie den Cursor über den Pfad, verändert er sich. So erkennen Sie, dass Sie jetzt klicken und tippen können – der Text läuft am Pfad entlang. Ganz schön raffiniert.

Schrift für ein Kinoplakat

Das ist vielleicht der beliebteste Effekt für Titel auf Kinoplakaten, und nicht nur dort (ich habe den Effekt auch in einer Levi's-Anzeige gesehen). Sie „verschmutzen" ein Foto, aber nicht so wie in einem ähnlichen Workshop weiter vorn. Wenn Sie mit dem Effekt fertig sind, bauen Sie die Lettern noch ein Poster ein (das bedeutet ein bisschen Arbeit, aber hauptsächlich Textformatierung, kein Problem).

Schritt 1: Legen Sie ein neues RGB-Dokument an. Nach einem Klick auf das Vordergrundfarbfeld setzen Sie die Vordergrundfarbe auf Rot. Mit dem ⊤ schalten Sie das Textwerkzeug ein, dann tippen Sie Ihren Text (hier mit der Schriftart Compacat Bold von Bitstream, die horizontale Skalierung wurde in der Zeichenpalette auf 85 Prozent gesetzt).

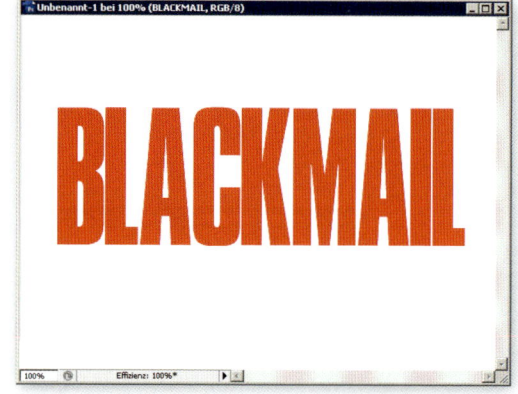

Schritt 2: Öffnen Sie das Foto, das zum Entstellen dient. Es sollte viele vertikale Linien enthalten. Abgerundete Linien wie etwa bei Palmen eignen sich weniger. Ich habe mit ungefähr acht Bildern experimentiert, bis ich ein passendes fand.

Schritt 3: Klicken Sie auf BILD, ANPASSUNGEN, SCHWELLENWERT. Ziehen Sie den Regler weit nach links, um Farbe und Details zu entfernen. Sie sehen nur noch unterbrochene Linien, Punkte und Flecken (wie abgebildet). Diesen Schritt müssen Sie eventuell mit mehreren Fotos wiederholen, bis Sie ein geeignetes finden. Klicken Sie auf OK.

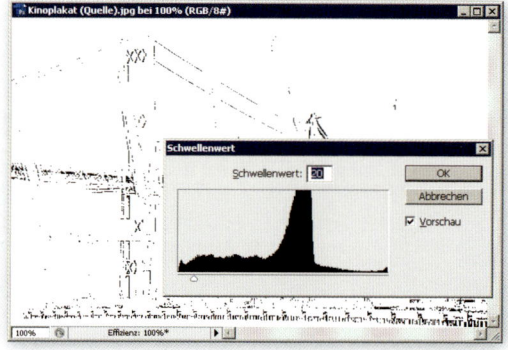

Schritt 4: Mit dem Zauberstab klicken Sie direkt in eine schwarze Stelle Ihres Bilds (vielleicht wird nur ein kleiner Bereich ausgewählt). Danach nehmen Sie AUSWAHL, ÄHNLICHES AUSWÄHLEN; so werden alle vergleichbaren schwarzen Bildstellen erfasst.

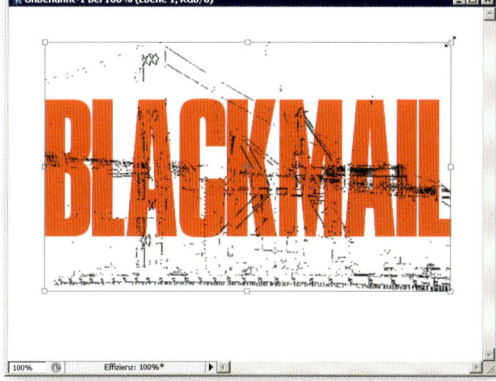

Schritt 5: Ziehen Sie diese schwarzen Stellen mit dem Verschiebenwerkzeug in die Datei mit dem Text hinüber. Starten Sie das FREIE TRANSFOR-MIEREN per [Strg]+[T] (am Mac [⌘]+[T]). Bei gedrückter [⇧]-Taste ziehen Sie einen Eckpunkt nach innen, bis das Foto kaum größer als der Text erscheint. Per [↵]-Taste bestätigen Sie das.

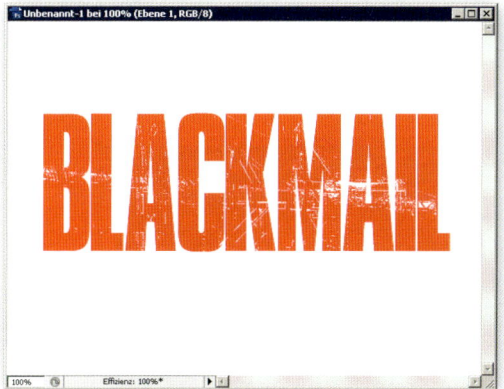

Schritt 6: Sie drücken [D], dann [X], um die Vordergrundfarbe auf Weiß zu setzen. Dann füllen Sie die „Schmutzpartikel" mit weiß (wie abgebildet). Der Tastenbefehl [Strg]+[G] (am Mac [⌘]+[G]) gruppiert die Schmutzebene mit dem Text, er ist nur innerhalb der Buchstaben sichtbar. Mit dem Verschiebenwerkzeug positionieren Sie die Sprenkel nach Bedarf neu. Der Texteffekt steht nun bereits.

Beispiel: Links sehen Sie ein Beispiel, wie der Effekt für die US-Komödie American Wedding genutzt wurde. Aber im nächsten Schritt arbeiten wir wieder am „Blackmail"-Schriftzug und setzen ihn in ein Kinoplakat ein.

Tipp:
Wie Sie Text auf Pfaden bearbeiten
Bearbeiten Sie Text auf Pfaden wie normale Textebenen auch. Ändern Sie Wortlaut, Laufweite, Größe, Schriftart und so weiter. Der einfachste Weg: Klicken Sie doppelt auf die Textminiatur in der Ebenenpalette. So wählt Photoshop den gesamten Text aus. Dann wählen Sie FENSTER, ZEICHEN und ändern die Texteigenschaften per Zeichenpalette.

Fortsetzung

Tipp:

**Abschneiden ohne
Verlustängste (1)**

Sie können Bildrand
abschneiden, ohne
ihn dauerhaft zu ver-
lieren. Er verschwindet
einfach hinter den
Dokumentgrenzen, lässt
sich aber jederzeit wie-
der anzeigen. Die erste
Möglichkeit: Sie klicken
bei gedrückter Alt-
Taste doppelt auf die
Hintergrundebene in der
Ebenenpalette, so dass
sie sich in eine Ebene 0
verwandelt. Dann schalten
Sie das Freistellwerkzeug
ein und ziehen den
Auswahlrahmen auf. Wenn
Sie mit dem Rahmen
zufrieden sind, klicken Sie
oben in den Einstellungen
auf die Option AUSBLENDEN.
Anschließend bestäti-
gen Sie die Freistellung
mit der ⏎-Taste. Die
Außenbereiche verschwin-
den, lassen sich aber
mit dem Verschieben-
werkzeug oder mit dem
Befehl BILD, ALLES ANZEIGEN
wieder hervorbringen.

Schritt 7: Mit der Taste D
setzen Sie die Vordergrundfarbe
auf Schwarz. In der Ebenenpalette klicken Sie einmal auf
die Ebene mit dem Schmutz.
Per ⇧+Alt+Entf füllen Sie
Kratzer schwarz (vorher waren
sie weiß).

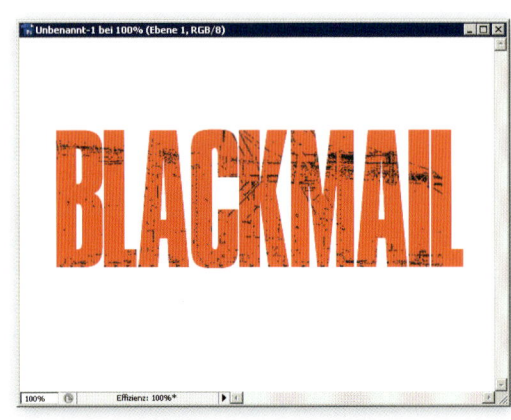

Schritt 8: Öffnen Sie das Bild
für Ihr Kinoplakat. Wir verwenden hier das Foto eines gestres-
sten Büromenschen, es muss
aber noch etwas verändert
werden.

Schritt 9: Öffnen Sie eine
weitere neue Datei im Hochformat (zum Beispiel 9x13
Zentimeter) und füllen Sie die
Hintergrundebene schwarz.
Mit dem Verschiebenwerkzeug
ziehen Sie den Büromenschen
über diese schwarze Fläche.
Schieben Sie den Computer aus
dem Bild heraus. Schalten Sie
das Pinselwerkzeug mit einer
großen, weichen Pinselspitze
ein und übermalen Sie den
Schreibtisch schwarz (wie abgebildet).

Schritt 10: Jetzt aktivieren Sie wieder das Bild mit dem leicht entstellten Text. Sie müssen Schmutz und Text verschmelzen. Weil eine Textebene im Spiel ist, geht das nicht sofort mit `Strg`+`E` (am Mac `⌘`+`E`). Klicken Sie zunächst bei gedrückter `Strg`-Taste (am Mac `⌘`-Taste) in die Fläche rechts neben den Miniaturen für Schmutz und Text, so dass beide Ebenen ausgewählt sind. Jetzt erst drücken Sie `Strg`+`E` (am Mac `⌘`+`E`). Mit dem Verschiebenwerkzeug ziehen Sie den Schriftzug in die Plakatdatei. Verkleinern Sie die Schrift durch FREIES TRANSFORMIEREN.

Schritt 11: Jetzt brauchen Sie noch die weiteren Plakattexte. Der Text oben (in Versalien) verwendet die Schriftart Trajan von Adobe. Der Untertitel unter dem roten Text nutzt Futura Extra Bold (von Adobe) mit 220 Prozent horizontaler Skalierung. Die kleineren Zeilen unten zeigen die Schriftart Helvetica Bold Condensed, das „Coming Soon" ganz unten erscheint mit der Schriftart Impact.

Tipp:
Abschneiden ohne Verlustängste (2)
Wenn Sie die Freistellfunktion im Raw-Dialog verwenden, lassen sich die entfernten Ränder jederzeit wieder hervorholen. Voraussetzung: Sie speichern im Dateiformat DNG oder im ursprünglichen Raw-Format der Kamera.

Wollen Sie die Freistellung widerrufen, laden Sie das zugeschnittene Bild wieder in den Raw-Dialog. Schalten Sie das Freistellwerkzeug ein, klicken Sie mit der rechten Maustaste (am Mac bei gedrückter `Ctrl`-Taste) in den Freistellrahmen und nehmen Sie den Befehl FREISTELLUNG LÖSCHEN.

Ich geb's ja zu. Dieses Kapitel enthält nicht wirklich zwölf Effekte. Die richtige Kapitelüberschrift heißt „Noch mehr Down & Dirty Tricks" (denn darum geht es

Zwölf sexy Tipps
Noch mehr Down & Dirty Tricks

hier). Allerdings hat mein Lektor gemeint, wenn ich das Wort „sexy" irgendwo in einer Kapitelüberschrift unterbringe, steigt der Buchabsatz laut Marktforschung um bis zu 16 Prozent (18 Prozent in manchen Teilen New Jerseys). Da sage ich nichts mehr, denn ins letzte Buch habe ich auf seinen Rat hin das Wort „erotisch" geschmuggelt und der Verkauf stieg um 19 Prozent. Obwohl das Kapitel genau genommen nur „Erotische CMYK-Voreinstellungen" hieß. Mein Lektor hat noch mehr erzählt: Ich solle beiläufig meine Bekanntschaft mit Britney Spears erwähnen (ich kenne sie nicht) und so den Teenagermarkt für meine Bücher erobern. Und wenn wir noch „Tom Clancy" in Großbuchstaben aufs Cover schreiben – so mein Lektor –, dann gehen die Absatzzahlen durch die Decke. Und das funktioniert auch. Jetzt muss ich aber Schluss machen, denn mein nächstes Harry-Potter-Buch schreibt sich nicht von allein; Sie verstehen.

Tipp:
**Schnell den
Buchstabenabstand
korrigieren**

Mit Photoshop können
Sie den Abstand zwi-
schen zwei einzelnen
Buchstaben präzise steu-
ern. Man redet dabei auch
von „Kerning". Sie ändern
diesen Abstand wahlwei-
se über Zahleneingabe
oder mit Tastaturbefehlen
(Letzteres ist besser,
denn bei dieser Aufgabe
braucht man eine visuelle
Kontrolle). Sie wollen zwei
Lettern enger zusammen-
rücken? Klicken Sie mit
dem Textcursor zwischen
die zwei Buchstaben,
ohne sie zu markieren,
dann drücken Sie die
`Alt`- und die `←`-Taste.
Mit `Alt`- und `→` ent-
steht mehr Luft zwischen
zwei Buchstaben.

Spiegelungen auf Glas

Lustig, wie manche Verfahren in Mode kommen. Dieses hier sieht man überall, etwa auf den
Logos von Ford, Land Rover und Philadelphia Brand Cream Cheese. Es erzeugt unkompliziert
Spitzlichter und Schatten. Bauen wir es nach.

Schritt 1: Öffnen Sie eine neue
RGB-Datei. Mit der Taste `D`
setzen Sie die Vordergrundfarbe auf Schwarz. Dann
folgt `Alt`+`Entf`, um den
Hintergrund schwarz zu färben. Klicken Sie unten in der
Ebenenpalette auf das Symbol
NEUE EBENE ERSTELLEN. Danach setzen Sie die Vordergrundfarbe
auf Dunkelrot. Mit der Auswahlellipse ziehen Sie ein Oval auf.
Per `Alt`+`Entf` füllen Sie die
Auswahl dunkelrot.

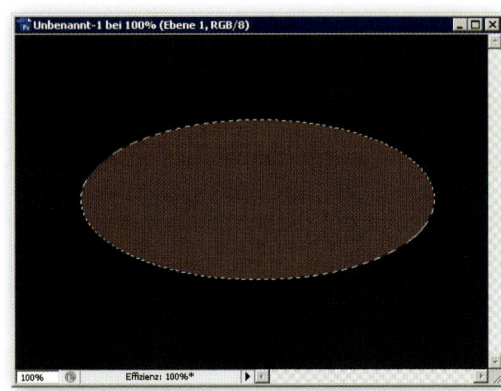

Schritt 2: Mit `Strg`+`D` (am
Mac `⌘`+`D`) heben Sie die
Auswahl wieder auf. Jetzt legen
Sie eine Kontur um das rote
Oval. Dazu klicken Sie unten in
der Ebenenpalette auf EBENENSTIL
HINZUFÜGEN und dann auf KONTUR.
Im Dialog (siehe Abbildung)
nehmen Sie Größe 6, nach
einem Klick auf das Farbfeld
stellen Sie Senfgelb ein.

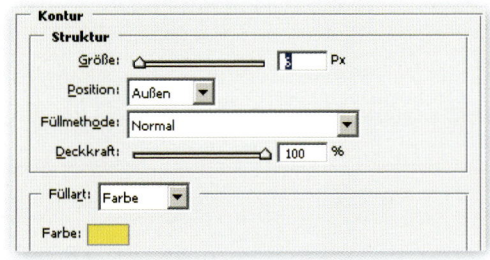

Schritt 3: Nach dem OK-Klick
legt Photoshop eine gelbe
Kontur rund um das rote Oval
(wie hier zu sehen).

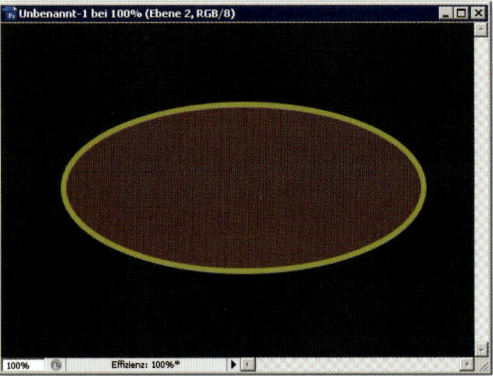

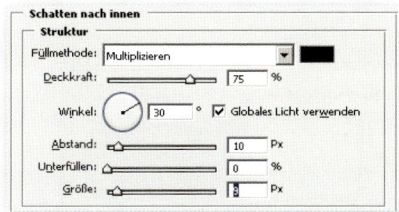

Schritt 4: Geben Sie etwas Tiefenwirkung dazu. Aus dem Menü EBENENSTIL HINZUFÜGEN unten in der Ebenenpalette nehmen Sie dazu SCHATTEN NACH INNEN. Setzen Sie den Abstand auf 10 und die Größe auf 10.

Schritt 5: Nach dem Klick auf OK erhält das rote Oval einen Schatten auf der linken und oberen Seite, nur innerhalb des gefärbten Bereichs (wie hier zu sehen).

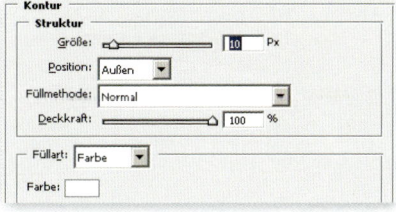

Schritt 6: Der Tastenbefehl ⌨Strg+J (am Mac ⌘+J) dupliziert die Ebene mit dem roten Oval. Klicken Sie unten im Menü EBENENSTIL HINZUFÜGEN noch einmal auf KONTUR, dann ändern Sie das Farbfeld im KONTUR-Dialog auf Weiß. Heben Sie die Größe auf 10 an.

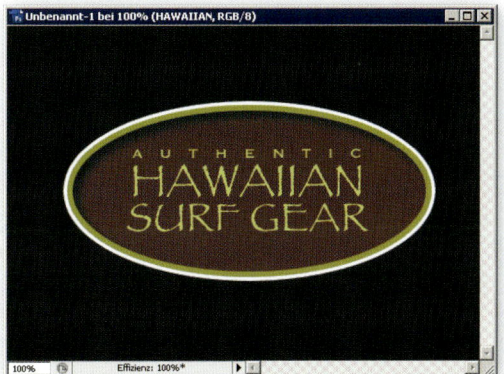

Schritt 7: Klicken Sie auf OK, so dass die gelbe Kontur außen von einer weißen Kontur eingerahmt wird (siehe Abbildung). Klicken Sie auf die Duplikatebene mit dem roten Oval, um sie zu aktivieren. Mit dem T schalten Sie das Textwerkzeug ein, die Vordergrundfarbe stellen Sie auf Gold, dann tippen Sie Ihren Text. Ich nehme hier die Schriftart Copperplate Gothic (von Adobe) für das Wort „Authentic" und die Schriftart Papyrus (auch von Adobe) für die Wörter „Hawaiin Surf Gear".

Tipp:
Der Radiale Weich-zeichner im Modus „Sehr gut"? Zeit für eine Kaffeepause
Wenn Sie den Radialen Weichzeichner mit der Vorgabe „Sehr gut" auf ein niedrig aufgelöstes Bild anwenden, etwa eine 72 dpi-Vorlage, braucht er vielleicht eine Minute. Bearbeiten Sie allerdings eine hochaufgelöste 300 dpi-Datei, haben Sie locker Zeit für eine Tasse Kaffee. Dieser Filter arbeitet soooooo laaaaaangsam. Alle diese Berechnungen im Hintergrund dauern eine Ewigkeit. (In der PC-Sprache ist alles über zwei Minuten eine Ewig-keit. Ein Leben lang steht für 30 Minuten.) Dieser Filter braucht manchmal ein Leben lang. Tut mir leid.

Fortsetzung

Tipp:
Alles klar mit dem Textwerkzeug

Ich empfehle ja immer wieder, Werkzeuge per Tastaturbefehl einzuschalten, statt mit der Maus in der Werkzeugleiste zu klicken. Das spart einfach viel Zeit. Allerdings, beim Textwerkzeug wird es kompliziert. Wenn dieses Werkzeug aktiv ist und Sie drücken eine Taste, denkt Photoshop, dass Sie etwas tippen wollen und nicht, dass Sie einen Tastaturbefehl eingeben. Darum bitte ich Sie nach einer Texteingabe zum Beispiel, das Verschiebenwerkzeug auf der Werkzeugleiste anzuklicken (anstatt das Werkzeug mit dem [V] einzuschalten); dann können Sie Befehle wie das FREIE TRANSFORMIEREN nutzen. Angenommen ich verzichte darauf und Sie tippen ein „V", hätten Sie einfach den Buchstaben „v" im Bild. Ist klar, oder? Oder nicht? Also bitte, das ist klar.

Schritt 8: Unser Logo besteht aus mehreren Ebenen, doch für den Effekt müssten Sie die Ebenen eigentlich verschmelzen. Ich zeige Ihnen einen Trick, wie Sie das Verschmelzen vermeiden: Klicken Sie in der Palette auf die oberste Ebene und legen Sie darüber eine neue Ebene an. Die Hintergrundebene verbergen Sie; dazu klicken Sie auf das Augensymbol gleich links von der Hintergrundminiatur. Nun halten Sie die [Alt]-Taste gedrückt, öffnen das Palettenmenü mit der Schaltfläche rechts oben in der Palette und nehmen SICHTBARE AUF EINE EBENE REDUZIEREN.

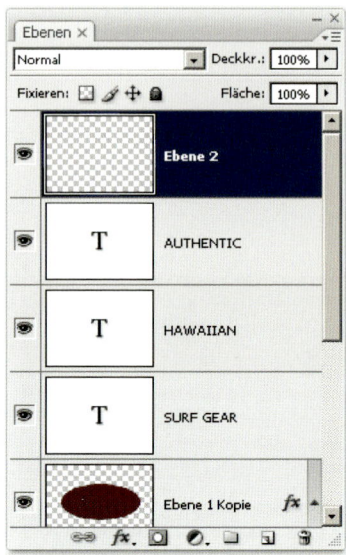

Schritt 9: Jetzt haben Sie das komplette Logo auf einer einzigen, separaten Ebene. Zeigen Sie den schwarzen Hintergrund wieder an, indem Sie in das nun leere Kästchen neben der Hintergrundminiatur klicken. Schalten Sie die Auswahlellipse ein und ziehen Sie eine Auswahl wie hier zu sehen. Sie ist ein bisschen größer als das Logo, darf aber nicht über die Bildgrenzen hinausgehen.

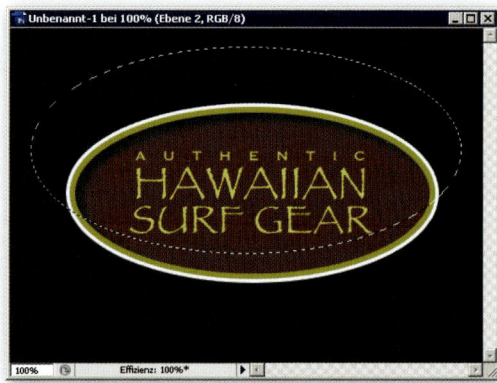

Schritt 10: Wählen Sie AUSWAHL, AUSWAHL VERÄNDERN, WEICHE AUSWAHLKANTE. Geben Sie 30 Pixel vor (bei hochauflösenden 300 dpi-Bildern 60). Per OK-Klick soften Sie die Auswahlkanten ab.

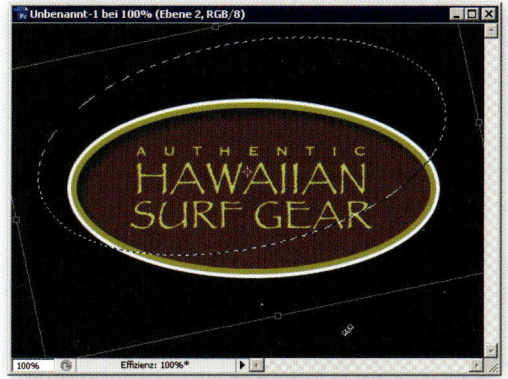

Schritt 11: Jetzt drehen Sie das Oval noch etwas. Der Befehl heißt AUSWAHL, AUSWAHL TRANSFORMIEREN. Halten Sie den Mauszeiger unter den Rechteckrahmen und ziehen Sie nach rechts; so drehen Sie die Auswahl gegen den Uhrzeigersinn (wie abgebildet). Mit der ⏎-Taste bestätigen Sie die Änderung.

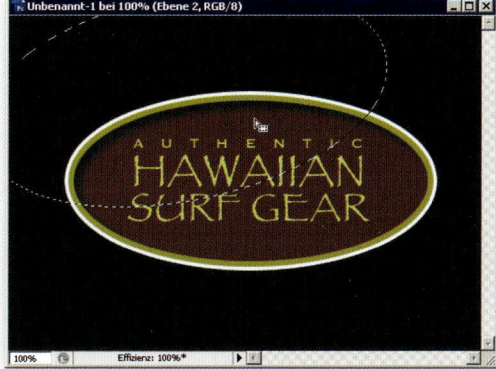

Schritt 12: Die Auswahl sollte den oberen linken Teil des Logos erfassen. Sie haben ja noch die Auswahlellipse eingeschaltet, also können Sie die Auswahlkontur bewegen; dabei verschieben Sie keine Bildpixel. Ziehen Sie die Auswahl wie hier zu sehen nach links oben.

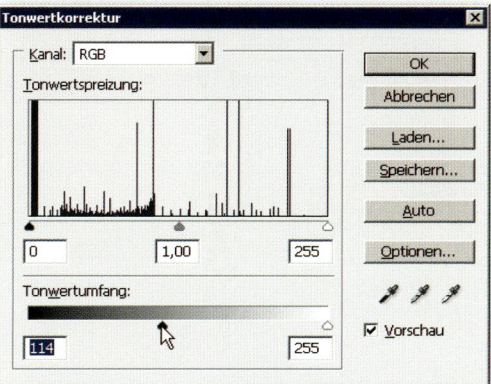

Schritt 13: Die Spitzlichter der Spiegelung entstehen mit der Tonwertkorrektur, die Sie mit Strg+L (am Mac ⌘+L) aufrufen. Den Tonwertumfangregler ganz unten links ziehen Sie nach rechts; so hellen Sie den Auswahlbereich auf.

Tipp:
Schneller duplizieren
Um ein komplettes Foto in Photoshop zu duplizieren, wählen Sie BILD, DUPLIZIEREN (klingt einleuchtend). Sie können dabei den lästigen Dialog überspringen, der Sie nach einem neuen Dateinamen fragt. Drücken Sie einfach die Alt-Taste, während Sie auf DUPLIZIEREN klicken. So erhalten Sie Ihr Duplikat unmittelbar und müssen nicht erst den Dialog wegklicken.

Fortsetzung

Tipp:

Alternativen zum Textmaskierungswerkzeug

Das Textmaskierungswerkzeug produziert keine Textebenen (so wie das normale Textwerkzeug), sondern nur textförmige Auswahlbereiche. Sie sollten aber auch für diese Textauswahlen das normale Textwerkzeug benutzen, denn Sie bekommen eine gute Vorschau auf den Text.

Legen Sie den Text ganz normal an. Dann klicken Sie bei gedrückter `Strg`-Taste (am Mac `⌘`-Taste) auf die Textminiatur in der Ebenenpalette. So entsteht eine Auswahl um den Text herum. Ziehen Sie die Textebene in den Mülleimer unten in der Ebenenpalette. Was bleibt übrig? Genau, eine Auswahl in Textform – genau das, was Sie auch mit dem Textmaskierungswerkzeug erhalten.

Schritt 14: Noch während Sie am Schieberegler ziehen, sehen Sie schon die Lichtspiegelung. Sobald sie Ihnen gefällt, klicken Sie in der Tonwertkorrektur auf OK. Heben Sie die Auswahl aber noch nicht auf.

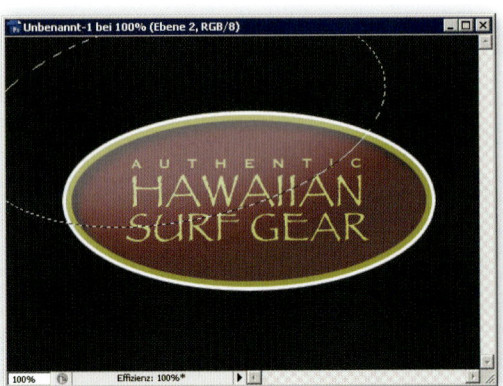

Schritt 15: Diesmal ziehen Sie die Auswahl nach rechts unten, wie hier zu sehen. Die Auswahlellipse muss dabei noch eingeschaltet sein.

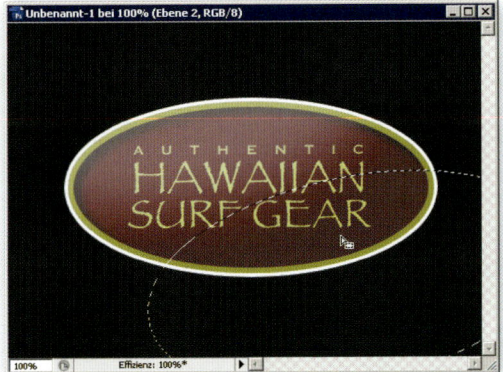

Schritt 16: Sie holen sich wieder die Tonwertkorrektur mit `Strg`+`L` (am Mac `⌘`+`L`). Diesmal nehmen Sie den Tonwertumfangregler ganz unten rechts. Sie ziehen ihn nach innen, so dass der ausgewählte Bildteil abdunkelt. So entsteht der abgeschattete Teil des Logos.

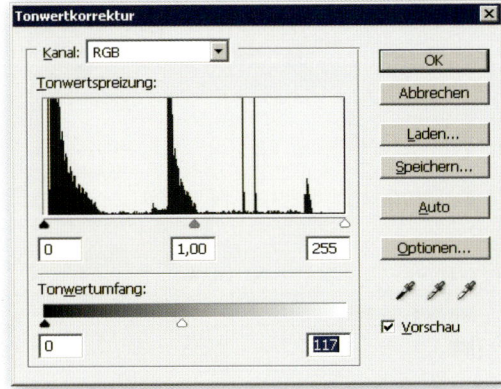

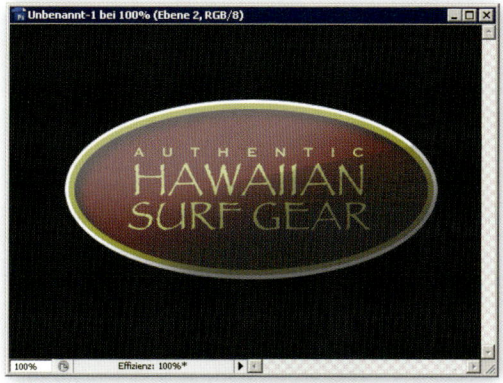

Schritt 17: Klicken Sie in der Tonwertkorrektur auf OK, dann heben Sie die Auswahl mit `Strg`+`D` (am Mac `⌘`+`D`) auf. Sie sehen bereits den fertigen Effekt.

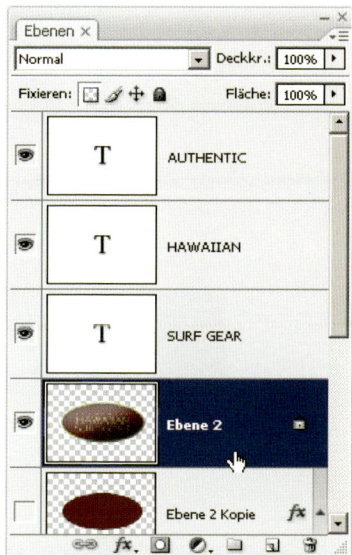

Schritt 18: Sie haben es sicher gemerkt: Die Lichter und Schatten wirken sich auch auf den Schriftzug aus, so dass er weniger auffällig erscheint. Sie können den Text aber auch ganz einfach stärker herausheben. Ziehen Sie die Ebene mit dem verschmolzenen Logo in der Palette nach unten, unter sämtliche Textebenen. So wirken sich die Lichter und Schatten nicht mehr auf den Text aus.

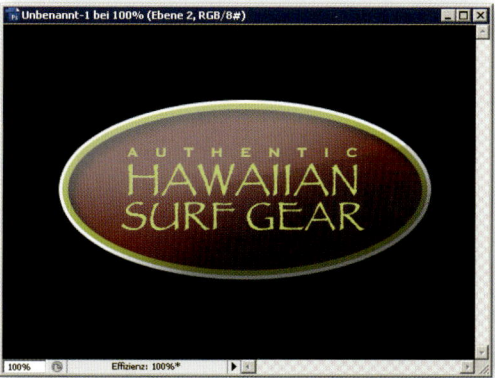

Schritt 19: Hier ist das fertige Logo, der Text liegt vor Lichtern und Schatten und wirkt damit klarer. Die Lichtspiegel trifft nur noch das Oval selbst.

Tipp:
Wie Sie Textebenen schneller rastern
Sie wollen eine Textebene rastern und haben keine Lust mehr auf das Gewühle im EBENE-Menü? So geht's schneller: Klicken Sie mit der rechten Maustaste (am Mac bei gedrückter `Ctrl`-Taste) rechts neben die Textminiatur in der Ebenenpalette. Im Kontextmenü nehmen Sie TEXT RASTERN. Das Menügewühle hat ein Ende!

Tipp:
Ein Trick für die Hilfslinien

Wenn Sie die Hilfslinien aus dem Lineal herausziehen, können Sie noch beim Ziehen die Ausrichtung ändern. (Sie wollten zum Beispiel eine horizontale Hilfslinie anlegen, haben aber aus Versehen eine Linie aus dem vertikalen Lineal gezogen. Hey, das kann passieren.) Um von vertikal auf horizontal (oder umgekehrt) umzustellen, drücken Sie einfach die [Alt]-Taste direkt beim Ziehen. Schon wechselt die Hilfslinie ihre Ausrichtung. Sobald Sie die Taste loslassen, zeigt die Hilfslinie die ursprüngliche Richtung. So platzieren Sie die Hilfslinie exakt nach Ihren Wünschen, bevor Sie die Maustaste loslassen.

3D-Videowand mit Wölbung

Anleitungen für Videowände habe ich schon viele geschrieben. Aber diese Videowand aus der Entertainment Weekly ist die beste, die ich bisher sah. Die Technik braucht eine ganze Reihe von Arbeitsschritten, aber schwierig ist sie nicht und das Ergebnis sieht echt cool aus.

Schritt 1: Sie öffnen eine neue Datei, die ungefähr 2,5 Zentimeter größer als das geplante Ergebnis ist. Ein Klick auf die Schaltfläche Neue Ebene erstellen unten in der Ebenenpalette erzeugt eine neue Ebene. Mit dem [M] wechseln Sie zum Auswahlrechteck, damit ziehen Sie eine Rechteckauswahl im Querformat. Die Taste [D] setzt die Vordergrundfarbe auf Schwarz und per [Alt]+[Entf] füllen Sie die Auswahl schwarz (wie hier zu sehen).

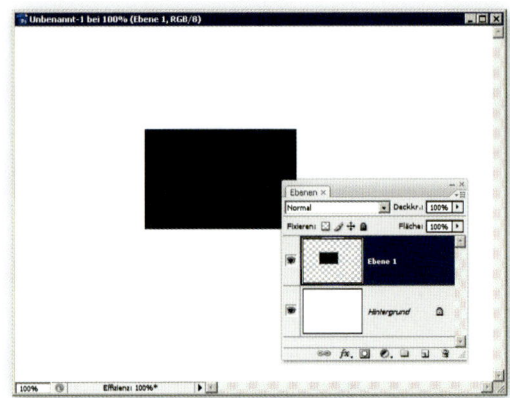

Schritt 2: Mit [⇧]+[M] schalten Sie zur Auswahlellipse um ([⇧]+[M] wechselt zwischen Auswahlellipse und Auswahlrechteck hin und her). Ziehen Sie eine große ovale Auswahl wie hier in der Abbildung auf. Klicken Sie in die Auswahl, um sie am oberen Ende des schwarzen Rechtecks zu platzieren.

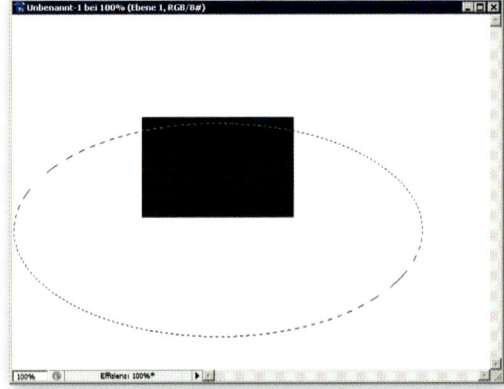

Schritt 3: Mit der [Entf]-Taste löschen Sie den größten Teil des Rechtecks, dann heben Sie die Auswahl mit [Strg]+[D] (am Mac [⌘]+[D]) auf. So entsteht eine Figur wie hier zu sehen (gerade Linien oben und an den Seiten, die Unterseite nach innen gebogen).

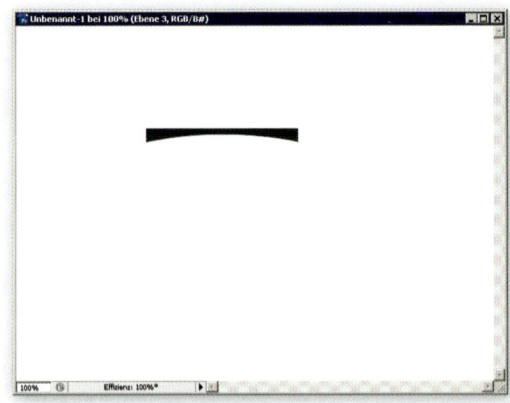

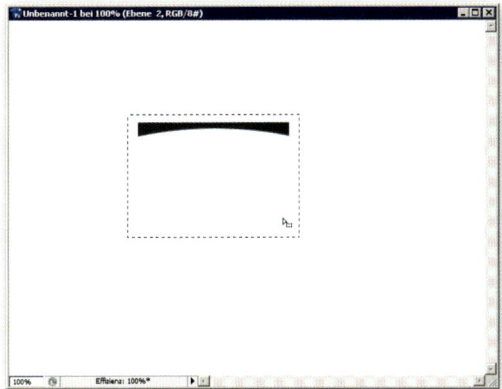

Schritt 4: Legen Sie eine neue leere Ebene an; dazu klicken Sie auf das Symbol NEUE EBENE ERSTELLEN unten in der Ebenenpalette. Mit ⇧+M wechseln Sie wieder zum Auswahlrechteck und ziehen eine Auswahl außen um die Figur aus Schritt 3 herum – sie ist ein bisschen breiter und deutlich höher als die Figur (wie hier zu sehen). Dies wird der Rahmen Ihres Videomonitors.

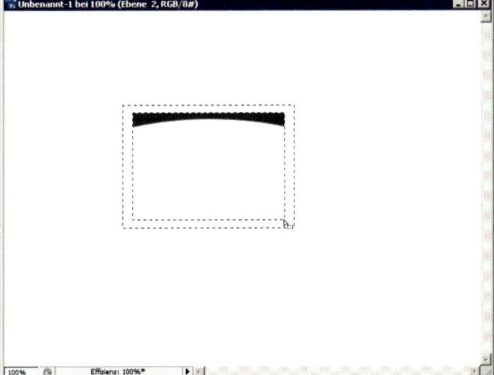

Schritt 5: Halten Sie die Alt-Taste gedrückt. Jetzt können Sie die aktuelle Auswahl mit den Auswahlwerkzeugen verkleinern. Ziehen Sie eine kleinere Auswahl auf; sie beginnt an der linken oberen Ecke der schwarzen Figur, geht bis zu deren rechten Ecke und erstreckt sich weit nach unten, so dass ein etwas kleineres Rechteck entsteht (wie hier zu sehen). Dieses innere Rechteck wird nun von der Auswahl abgezogen, ein schmaler Rand bleibt zurück.

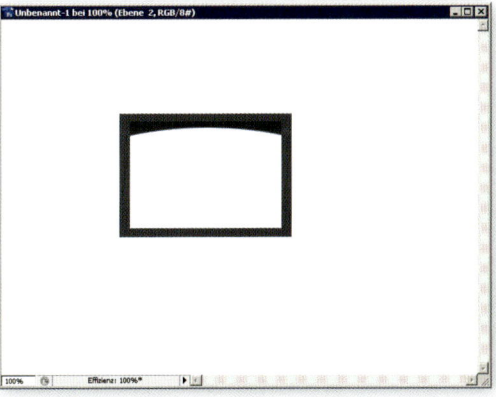

Schritt 6: Klicken Sie in der Werkzeugleiste auf das Feld für die Vordergrundfarbe, nehmen Sie Dunkelgrau und klicken Sie auf OK. Sie drücken wieder Alt- und Entf-Taste, um den Rahmen mit dem Dunkelgrau zu füllen. Per Strg+D (am Mac ⌘+D) heben Sie die Auswahl auf.

Tipp:
Wie Sie alle Ebenen in separate Dateien verwandeln – automatisch
Photoshop enthält nützliche eingebaute Skripten. Besonders gern mag ich ein Skript, das sich für Dateien mit mehreren Ebenen eignet. Jede Ebene wird in eine eigene Datei umgerechnet und das vollautomatisch. Das Originalbild bleibt natürlich erhalten. Wählen Sie einfach DATEI, SKRIPTEN, EBENEN IN DATEIEN EXPORTIEREN.

Fortsetzung

Tipp:
Freies Transformieren: Gehirnjogging mit Tastenkürzeln

Beim FREIEN TRANSFORMIEREN klickt man meist mit der rechten Maustaste (am Mac bei gedrückter Ctrl-Taste) in die Rechteckbox. Ein praktisches Kontextmenü bietet dann alle Transformationsarten an. Es gibt jedoch Tastaturbefehle für fast alle Transformationen (außer für das Drehen – dazu halten Sie den Mauszeiger einfach außen neben den Transformationsrahmen und ziehen). Vielleicht möchten Sie die Tastenbefehle ja lernen; hier ist die Liste:

• Bei gedrückter Strg-Taste (am Mac ⌘-Taste) ziehen Sie an einem Eckanfasser, um die Ebene zu verzerren.

• Ziehen Sie bei gedrückter ⇧-Taste an einem Eckanfasser, wenn Sie das Objekt gleichmäßig vergrößern oder verkleinern möchten.

• Mit ⇧+Alt+Strg (am Mac ⇧+Alt+⌘) ziehen Sie Eckanfasser nach außen, wenn Sie einen perspektivischen Effekt brauchen.

• ⇧+Strg (am Mac ⇧+⌘) heißt die Tastenkombination, wenn Sie das Objekt neigen möchten; ziehen Sie den mittleren Anfasser am oberen oder unteren Rahmen.

Schritt 7: Unten in der Ebenenpalette klicken Sie auf EBENENSTIL HINZUFÜGEN und dann auf ABGEFLACHTE KANTE UND RELIEF. Im Dialog heben Sie die Tiefe auf 400 Prozent und senken die Größe auf 1. Klicken Sie auf OK, so dass der graue Bereich einen abgeschrägten Rand erhält.

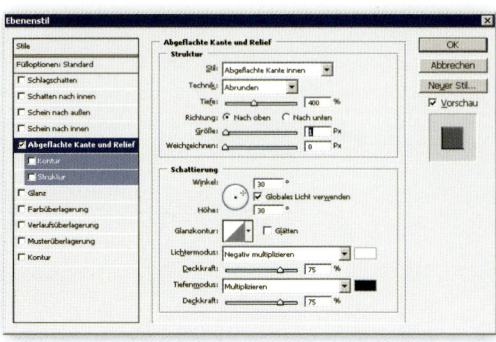

Schritt 8: Nun verschmelzen Sie die Rechteckebene mit der dünnen schwarzen Figur direkt unterhalb. Dazu drücken Sie Strg+E (am Mac ⌘+E). Es wirkt noch nicht so, aber der erste Videomonitor ist tatsächlich fertig. Er ist nur zu groß; mit der Funktion FREI TRANSFORMIEREN werden Sie ihn im nächsten Schritt verkleinern.

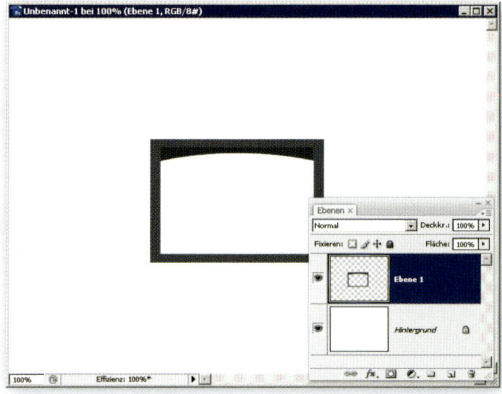

Schritt 9: Starten Sie die Funktion mit Strg+T (am Mac ⌘+T). Bei gedrückter ⇧-Taste ziehen Sie einen Eckpunkt nach innen. So verkleinern Sie den Monitor auf eine Größe, wie hier zu sehen. Wenn die Größe passt, klicken Sie ins Innere der Figur und ziehen sie bei gedrückter Maustaste nach unten an den Rand der Arbeitsfläche (wie hier zu sehen). Mit der ↵-Taste schließen Sie diese Korrektur ab.

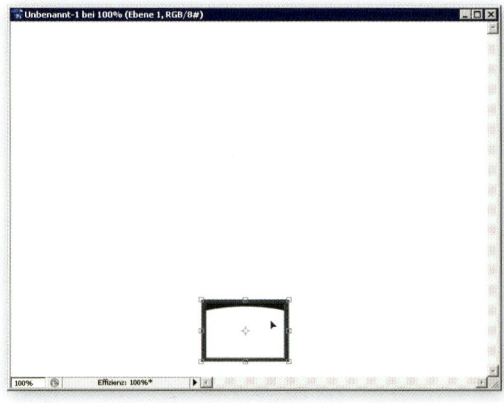

Schritt 10: Jetzt erzeugen Sie eine Kopie des Video-monitors, ohne ihn erst zu duplizieren. Schalten Sie das Verschiebenwerkzeug ein und ziehen Sie den Monitor bei gedrückter `Alt`- und `⇧`-Taste nach oben. So entsteht eine Kopie per Ziehen.

Schritt 11: Klappt es? Dann ziehen Sie noch ein paar Exemplare weiter nach oben, vergessen Sie aber nie die `Alt`- und die `⇧`-Taste. Die `⇧`-Taste sorgt übrigens für exakt senkrechte Bewegungen, so dass die Monitore perfekt übereinandersitzen.

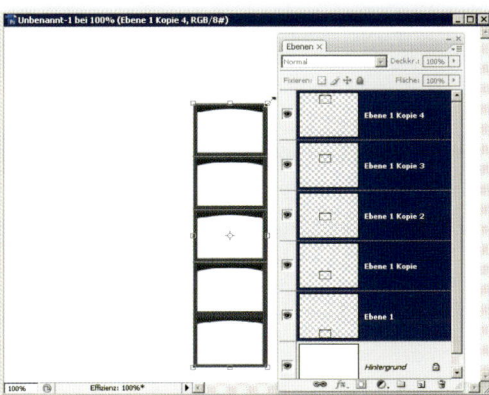

Schritt 12: Fünf Monitore nutzen die Arbeitsfläche bereits von oben bis unten aus. Wir brauchen aber sieben Geräte, müssen also noch einmal verkleinern. Klicken Sie in der Palette einmal auf die Miniatur des obersten Monitors, sofern er noch nicht ausgewählt ist; bei gedrückter `⇧`-Taste klicken Sie gleich rechts neben die Miniatur des untersten Monitors. So wählen Sie alle gemeinsam aus. Sie drücken `Strg`+`T` (am Mac `⌘`+`T`) und ziehen bei gedrückter `⇧`-Taste einen oberen Eckpunkt nach innen; Sie verkleinern so sämtliche Ebenen gleichzeitig. Bestätigen Sie die Änderung per `↵`-Taste.

Tipp:
Wie Sie wieder aus der Transformation herauskommen

Im Modus FREI TRANSFORMIEREN merken Sie vielleicht plötzlich, dass Sie gar nicht transformieren wollen. Dann brechen Sie mit der `Esc`-Taste ab. Wollen Sie die letzte Veränderung eines Anfasspunkts annullieren, widerrufen Sie mit `Strg`+`Z` (am Mac `⌘`+`Z`).

Während Sie noch transformieren, können Sie die Ebene auch bewegen. Klicken Sie in den Rechteckrahmen und ziehen Sie bei gedrückter Maustaste. Um die Änderung endgültig zu fixieren, drücken Sie die `↵`-Taste, klicken doppelt in die Rechteckbox oder Sie klicken oben in den Werkzeugoptionen auf die Schaltfläche TRANSFORMIEREN BESTÄTIGEN.

COOLER TIPP: Sie wollen die Verzerrung auf ein Duplikat der Ebene anwenden, beginnen Sie das Transformieren nicht wie sonst mit `Strg`+`T` (am Mac `⌘`+`T`), sondern mit `Strg`+`Alt`+`T` (am Mac `⌘`+`Alt`+`T`).

Fortsetzung

Tipp:

Heben Sie Auswahlen auf eine eigene Ebene

In diesem Buch legen wir oft Auswahlen an, die wir dann mit `Strg`+`⇧`+`J` (am Mac `⌘`+`⇧`+`J`) auf eine eigene, neue Ebene heben. Das entspricht dem Menübefehl EBENE, NEU, EBENE DURCH AUSSCHNEIDEN.

Der Befehl trennt Ihre Auswahl aus der aktiven Ebene heraus und hebt sie auf eine separate Ebene; dabei entsteht in der ursprünglichen Ebene ein weißer Bereich. Vielleicht wollen Sie die Auswahl in eine Ebene verwandeln, ohne auszuschneiden und ein weißes Loch zu hinterlassen. Dann lassen Sie die `⇧`-Taste weg und drücken einfach `Strg`+`J` (am Mac `⌘`+`J`). Das ist das Tastenkürzel für den Menübefehl EBENE, NEU, EBENE DURCH KOPIE. Die ursprüngliche Ebene bleibt dabei völlig intakt, der ausgewählte Bereich wird auf eine neue Ebene dupliziert.

Schritt 13: Klicken Sie in der Palette einmal auf die Miniatur des obersten Monitors, dann praktizieren Sie das Kopieren per Ziehen noch zweimal. Haben Sie alle Monitore arrangiert, wählen Sie sie wieder mit einem `⇧`-Klick in der Palette gemeinsam aus. Platzieren Sie die Figuren so, dass sie über die untere und obere Bildkante hinausragen (bei Bedarf verwenden Sie noch einmal das FREIE TRANSFORMIEREN). Mit `Strg`+`E` verschmelzen Sie nun alle sieben gemeinsam ausgewählten Monitorebenen zu einer einzigen Ebene.

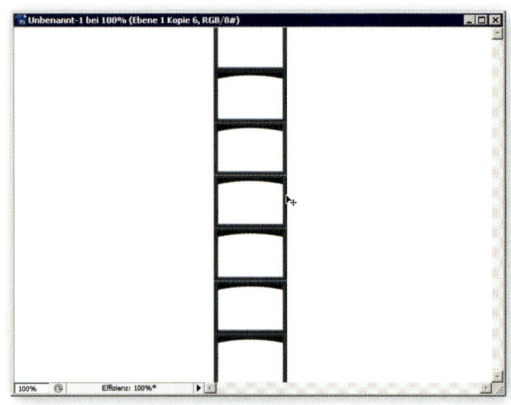

Schritt 14: Die Ebene mit den sieben Monitoren duplizieren Sie per `Strg`+`J` (am Mac `⌘`+`J`). Ziehen Sie die neue Ebene mit dem Verschiebenwerkzeug bei gedrückter `⇧`-Taste nach rechts. So entsteht der zweite Videoturm; er schließt direkt an der rechten Seite des ersten Turms an.

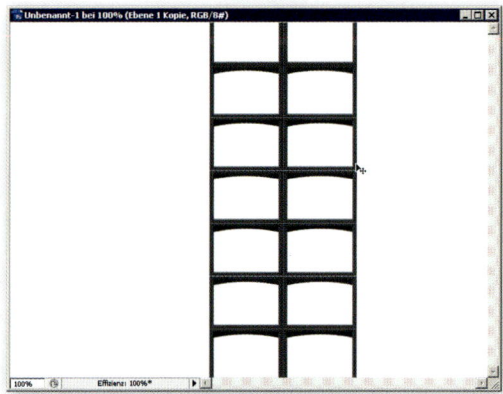

Schritt 15: Mit `Strg`+`T` (am Mac `⌘`+`T`) starten Sie das FREIE TRANSFORMIEREN. Zunächst sehen Sie die Eckanfasser oben und unten nicht, darum drücken Sie `Strg`+`0` (am Mac `⌘`+`0`); damit stellt Photoshop eine Zoomstufe ein, die Ihnen auch die Eckanfasser außerhalb der Arbeitsfläche zeigt. Sie drücken `⇧`+`Strg`+`Alt` (am Mac `⇧`+`⌘`+`Alt`) und ziehen den rechten oberen Eckanfasser weiter nach oben; so erhält der rechte Monitorstapel einen perspektivischen Effekt (siehe Bild).

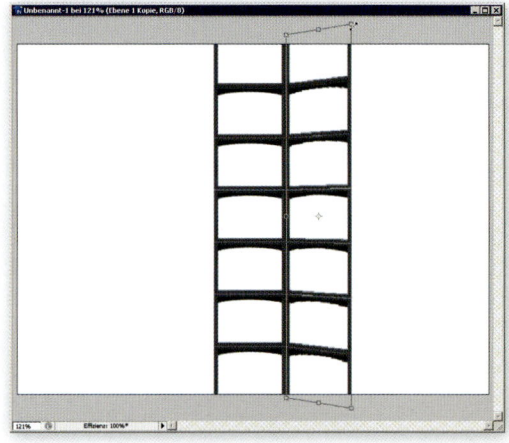

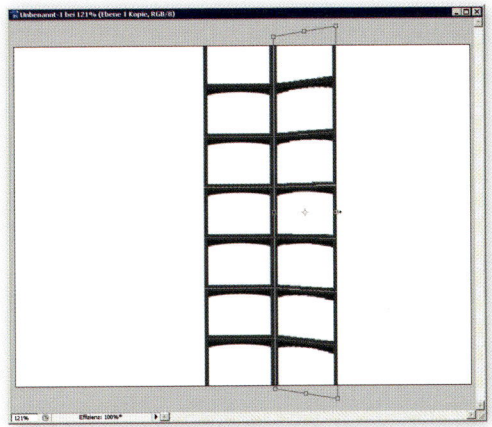

Schritt 16: Der Perspektiveneffekt aus Schritt 15 dehnt die Monitore etwas in die Breite. Sie sehen noch die Anfasspunkte? Dann lassen Sie die Tasten alle los, klicken Sie auf den mittleren Anfasspunkt der rechten Seite (wie hier zu sehen) und ziehen Sie etwas nach innen (also nach links), bis die Monitore nicht mehr so gedehnt wirken. Wenn Sie zufrieden sind, drücken Sie die ↵-Taste.

Schritt 17: Sie drücken wieder ◊+Alt-Taste und ziehen nach rechts. So entsteht ein dritter Videoturm. Die Gerätekonturen schließen aber zunächst nicht bündig an den zweiten Turm an. Starten Sie also wieder das FREIE TRANSFORMIEREN mit Strg+T (am Mac ⌘+T) und sorgen Sie mit Strg+0 (am Mac ⌘+0) für eine sinnvolle Zoomstufe. Ziehen Sie den mittleren Anfasspunkt der Unterseite nach unten, bis die Konturen der unteren Monitore glatt aneinander anschließen.

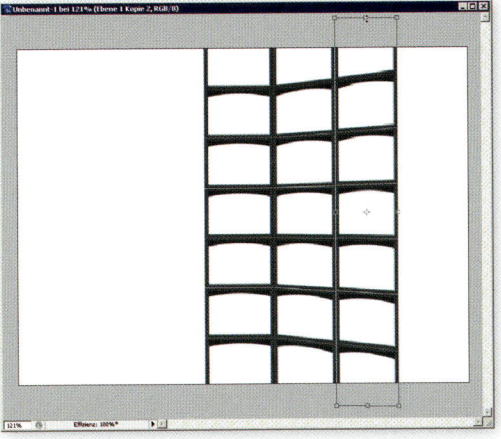

Schritt 18: Ziehen Sie den mittleren Anfasser der Oberseite nach oben (wie abgebildet), bis auch die oberen Monitore glatt mit dem benachbarten Turm ausgerichtet sind. Drücken Sie noch nicht die ↵-Taste, denn dieser Turm bekommt noch seinen eigenen perspektivischen Effekt.

Tipp:
Räumen Sie die Aktionenpalette auf
Haben Sie erst eine Reihe von Aktionen erstellt, wirkt die Aktionenpalette oft etwas überladen und verwirrend. Darum hat Adobe den Schaltflächenmodus programmiert; er versteckt alle Einzelbefehle einer Aktion und bietet pro Aktion nur noch eine einzige Schaltfläche an. Sie erreichen den Schaltflächenmodus im Menü der Aktionenpalette.
  Sie können Ihre Aktionen auch über Farben organisieren. Klicken Sie bei gedrückter Alt-Taste doppelt auf den Namen einer Aktion; nun stellen Sie in den Aktionsoptionen eine Farbe für die Aktion ein. Im Schaltflächenmodus erscheint diese Aktion dann in der gewünschten Farbe. Zeigen Sie zum Beispiel alle Aktionen für die Druckvorstufe in einer Farbe, die Aktionen für Schlagschatten in einer anderen Farbe. So haben Sie immer schnellen Zugriff.

Fortsetzung

Tipp:
Wie Sie am besten Ebenen kopieren

Wir kopieren Ebenen oft, indem wir sie unten in der Ebenenpalette auf die Schaltfläche Neue Ebene erstellen ziehen. Aber es gibt noch andere Wege zu Ebenenkopien. Am schnellsten ist vermutlich der Tastendruck Strg+J (am Mac ⌘+J). Damit entsteht sofort eine Duplikatebene.

Eine Alternative: Sie ziehen die Ebene mit dem Verschiebenwerkzeug bei gedrückter Alt-Taste. Sobald Sie die Maustaste loslassen, sehen Sie in der Ebenenpalette, dass eine neue Ebene entstanden ist.

Oder aber Sie öffnen das Ebene-Menü und wählen Ebene duplizieren. Dann präsentiert Photoshop ein Dialogfeld, in dem Sie Ihre neue Ebene benennen; außerdem geben Sie an, ob Sie die neue Ebene im aktuellen Dokument, in einem anderen geöffneten Dokument oder in einer ganz neuen Datei sehen wollen.

Diese Funktion erhalten Sie schneller, wenn Sie mit der rechten Maustaste (am Mac bei gedrückter Ctrl-Taste) rechts neben eine Ebenenminiatur in der Ebenenpalette klicken.

Schritt 19: Falls Sie die oberen Anfasspunkte nicht mehr sehen, drücken Sie erneut Strg+0 (am Mac ⌘+0), so dass sie eingeblendet werden. Mit ⇧+Alt+Strg (am Mac ⇧+Alt+⌘) ziehen Sie am rechten oberen Eckanfasser nach oben; diesmal ziehen Sie etwas weiter als für den zweiten Turm, so dass die perspektivische Verzerrung deutlicher ausfällt. Danach lassen Sie die Tasten los und ziehen den mittleren Anfasser auf der rechten Seite nach innen, damit die Monitore weniger gedehnt aussehen.

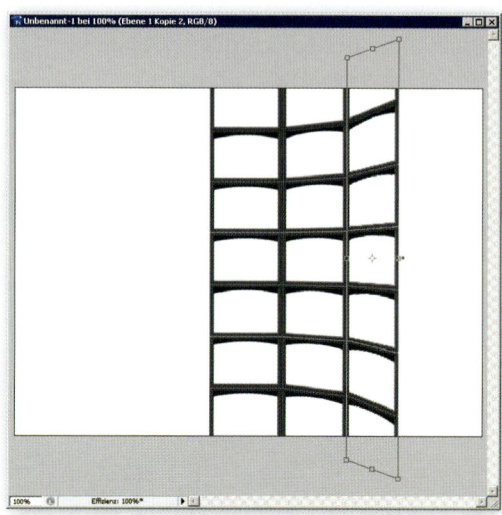

Schritt 20: Bestätigen Sie die Verzerrung mit der ↵-Taste. Jetzt wiederholen Sie das Ganze, um einen weiteren Stapel anzulegen. Sie ziehen und kopieren die Ebene, richten sie mit Freiem transformieren an den anderen Monitoren aus und verzerren die Perspektive (diesmal ziehen Sie sogar weiter nach oben als vorher). Dann lassen Sie die Tasten los und drücken Sie die rechte Seite nach innen (wie abgebildet).

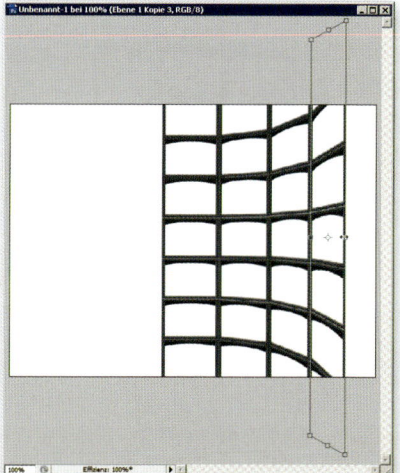

Schritt 21: Die rechte Seite steht damit. Jetzt produzieren Sie die linke Hälfte sehr zeitsparend. Klicken Sie in der Ebenenpalette einmal auf die oberste Ebene, dann drücken Sie dreimal Strg+E (am Mac ⌘+E). So verschmelzen alle Monitorebenen zu einer (wie abgebildet).

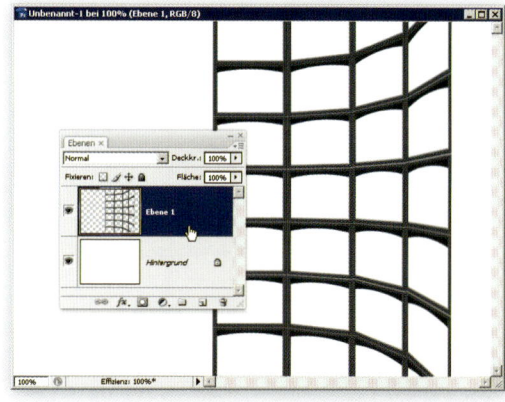

Schritt 22: Die rechte Hälfte der Videowand duplizieren Sie mit `Strg`+`J` (am Mac `⌘`+`J`). Starten Sie das Transformieren mit `Strg`+`T` (am Mac `⌘`+`T`) und klicken Sie mit der rechten Maustaste (am Mac `Ctrl`-Klick) in den Auswahlbereich. Im Kontextmenü nehmen Sie HORIZONTAL SPIEGELN. So entsteht die gespiegelte linke Seite der Videowand.

Schritt 23: Danach halten Sie die `⬦`-Taste gedrückt und ziehen die Ebene nach links, bis die beiden mittleren Monitorstapel der beiden Ebenen perfekt übereinanderliegen (wie hier zu sehen). So entsteht ein mittlerer Videoturm mit je drei weiteren Monitorstapeln links und rechts. Schließen Sie die Änderung mit der `↵`-Taste ab.

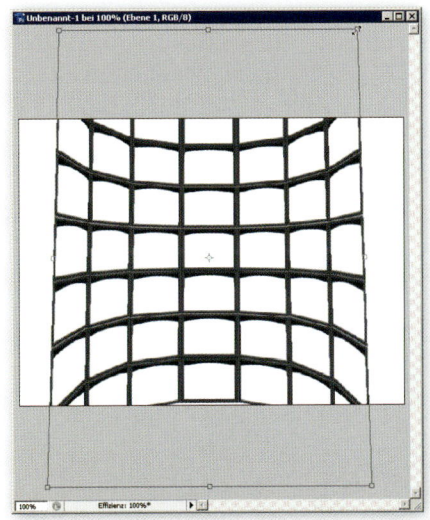

Schritt 24: Die beiden Ebenen verschmelzen Sie mit `Strg`+`E` (am Mac `⌘`+`E`). Per `Strg`+`T` (am Mac `⌘`+`T`) starten Sie ein weiteres Mal das FREIE TRANSFORMIEREN, der Tastenbefehl `Strg`+`0` (am Mac `⌘`+`0`) stellt eine passende Zoomstufe her. Halten Sie `⬦`+`Alt`+`Strg` (am Mac `⬦`+`Alt`+`⌘`) gedrückt und ziehen Sie den oberen rechten Anfasspunkt nach links innen. So verstärken Sie die perspektivische Wirkung, die Monitore scheinen leicht nach hinten zu kippen. Mit der `↵`-Taste beenden Sie die Korrektur.

Tipp:
Auswahlen mit geraden Linien
Manchmal braucht man Auswahlen mit geraden Linien, aber nicht in Verbindung mit Quadraten oder Rechtecken. Dann nutzen Sie das Polygon-Lasso. Sie klicken Punkte ins Bild, das Polygon-Lasso verbindet sie mit Geraden. Während Sie das normale Lasso nutzen, können Sie leicht zum Polygon-Lasso wechseln: Zunächst klicken und ziehen Sie, dann wechseln Sie mit der `Alt`-Taste vorübergehend zum Polygon-Lasso. Klicken Sie die gewünschten Eckpunkte ins Bild. Solange Sie die `Alt`-Taste halten, bleibt das Polygon-Lasso aktiv. Geben Sie die Taste frei, sehen Sie die übliche Auswahlfließmarkierung. Vielleicht möchten Sie jetzt noch mit dem normalen Lasso weiterarbeiten; dann halten Sie die Maustaste gedrückt, bevor Sie die `Alt`-Taste loslassen.

Fortsetzung

Tipp:

Beliebige Seitenverhältnisse im Raw-Dialog freistellen

Mit dem Freistellwerkzeug innerhalb des CAMERA-RAW-Dialogs können Sie gezielt bestimmte Seitenverhältnisse aus dem Bild heraustrennen. Schalten Sie das Werkzeug ein und klicken Sie mit der rechten Maustaste (am Mac bei gedrückter Ctrl-Taste) in die Bildvorschau; das Kontextmenü bietet Seitenverhältnisse wie „1 zu 2", „2 zu 3" oder „3 zu 4", die Sie anwählen können. Nun ziehen Sie einen Rahmen auf. Je nachdem, ob Sie mehr waagerecht oder senkrecht ziehen, entsteht ein Quer- oder Hochformat.

Ach so, Sie brauchen Seitenverhältnisse, die Photoshop nicht im Menü hat, 16:9 oder so etwas? Geht auch: Klicken Sie im Kontextmenü auf den Punkt BENUTZERDEFINIERT. Dann stellen Sie Seitenverhältnisse nach Belieben ein.

Schritt 25: Jetzt schneiden wir die Videowand auf die endgültige Größe zu (ich hatte ja in Schritt 1 erwähnt, dass Sie die neue Datei zunächst ein bisschen größer als benötigt anlegen sollten). Schalten Sie mit dem C zum Freistellwerkzeug und ziehen Sie einen Freistellrahmen auf (es soll aussehen, als ob die Videowand auf allen Seiten über die Bildgrenzen hinausragt). Mit der ↵-Taste schneiden Sie den Rand endgültig weg.

Schritt 26: Öffnen Sie das Foto, das innerhalb der Videowand erscheinen soll. Mit dem Verschiebenwerkzeug ziehen Sie herüber zur Datei mit der Videowand.

Schritt 27: Dieses Bild liegt vermutlich zunächst über dem Monitorturm. Ziehen Sie es dann in der Ebenenpalette unter die Ebene mit den Monitoren (wie hier zu sehen). Das Foto liegt also hinter den Monitorgestellen.

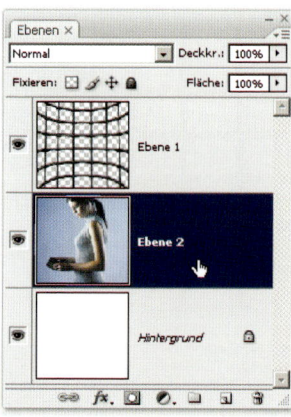

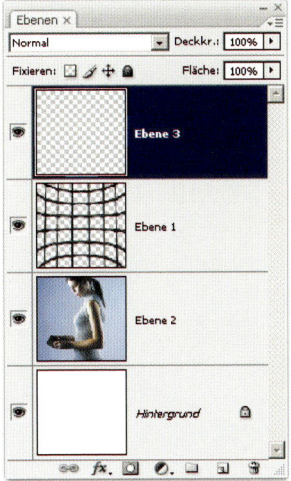

Schritt 28: Klicken Sie einmal auf die Videoebene in der Palette. Dann fügen Sie eine neue leere Ebene hinzu; dazu klicken Sie unten in der Ebenenpalette auf das Symbol NEUE EBENE ERSTELLEN. Auf dieser Ebene bringen wir Schattierungen an, die die Wirkung der Videowand verbessern: Aufhellung in der Mitte und Schatten auf beiden Seiten. Sie aktivieren den Pinsel mit dem `B` und rufen die Pinselbibliothek per Rechtsklick (am Mac `Ctrl`-Klick) ins Bild auf. Wählen Sie einen sehr großen, weichkantigen Pinsel aus (ich nahm 300 Pixel Durchmesser).

Schritt 29: Oben in den Einstellungen senken Sie die Deckkraft auf 45 Prozent. Mit dem `X` stellen Sie auf weiße Vordergrundfarbe um. Ziehen Sie eine Linie von unten nach oben durch die vertikale Mitte des Bilds (wie hier zu sehen). Ob Sie oben oder unten anfangen, spielt keine Rolle. Hauptsache, die Linie führt durch die vertikale Mitte.

Schritt 30: Jetzt wechseln Sie mit der Taste `D` zu schwarzer Vordergrundfarbe. Malen Sie einmal vertikal über die linke und rechte Seite (siehe Abbildung). Die Hell-Dunkel-Schattierungen steigern die dreidimensionale Wirkung.

Tipp:
Verwechseln Sie die Schnittmaske nicht mit dem Beschneidungspfad
Die Schnittmaske aus der Ebenentechnik wird oft mit dem Beschneidungspfad aus der Pfadtechnik verwechselt, aber das sind zwei völlig unterschiedliche Dinge. Na gut, ganz unterschiedlich in ihrer Wirkung sind sie nicht: Eine Schnittmaske zeigt Ihre Ebene nur innerhalb der Grenzen einer anderen Ebene, zum Beispiel nur innerhalb eines Schriftzugs; man könnte also sagen, dass alles außerhalb der unteren Ebene weggeschnitten wird. Ein Beschneidungspfad entsteht dagegen mit Pfadfunktionen, Sie können ihn mit der Datei speichern. Laden Sie diese Datei in ein Programm wie QuarkXPress, InDesign oder Illustrator, werden Bereiche außerhalb des Beschneidungspfads unterdrückt. Oft unterdrückt man so den weißen Hintergrund bei Sachaufnahmen.

Kurz gesagt: Merken Sie sich, dass Schnittmasken zur Ebenentechnik gehören. Dagegen entstehen Beschneidungspfade mit Pfadfunktionen und werden meist für Druckprojekte genutzt, wenn man Objekte vom Hintergrund trennen will.

Fortsetzung

Tipp:
Tastaturbefehle, die man sich leicht merken kann

Auf dieser Seite erstellen Sie eine Schnittmaske (man sprach früher auch von Gruppieren), um die Lichter und Schatten nur auf den Fernsehern und nicht auf der Ebene darunter zu zeigen. Der Tastaturbefehl lässt sich leicht merken, denn er kommt auch in anderen Adobe-Programmen vor, wenn Objekte „gruppiert" werden sollen. Der Befehl heißt Strg+G (am Mac ⌘+G). Und so funktionieren auch andere Tastaturbefehle aus Photoshop oft in weiteren Adobe-Programmen. Das gilt besonders für Illustrator. Wenn Sie einen Tastaturbefehl in Photoshop nicht kennen, dann fragen Sie sich einfach, wie es in Illustrator geht. Nutzen Sie allerdings CorelDraw ... dann haben Sie Pech gehabt.

Schritt 31: Die Pinselstriche sollen sich besser mit dem Gesamtbild mischen. Darum stellen Sie in der Ebenenpalette die Füllmethode von NORMAL auf FARBIG NACHBELICHTEN um (wie hier zu sehen). Außerdem soll das Schattenspiel nur auf die Monitore, aber nicht auf das Fotomotiv wirken. Darum drücken Sie Strg+G (am Mac ⌘+G). So entsteht eine Schnittmaske, die Pinselstriche bleiben nur innerhalb des Monitorgerüsts sichtbar.

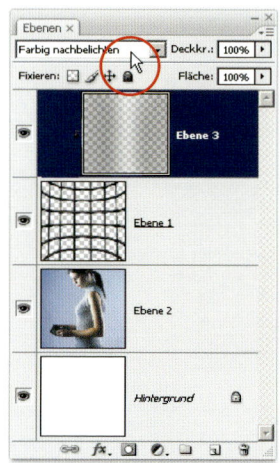

Schritt 32: Wenn Sie die Schnittmaske angewendet haben, sehen Sie die Spitzlichter in der Mitte der Videowand (wie in der Abbildung). Wenn diese Lichter zu stark wirken, senken Sie die Deckkraft der Pinselebene in der Ebenenpalette.

Schritt 33: Um die Größenverhältnisse zu verdeutlichen, kann man noch etwas vor die Videowand montieren (in diesem Fall eine Person). In diesem Beispiel habe ich die Frau in einem anderen Bild mit dem Lasso ausgewählt und in die Videowandmontage gezogen. So wirkt die Videowand sehr groß und beeindruckend.

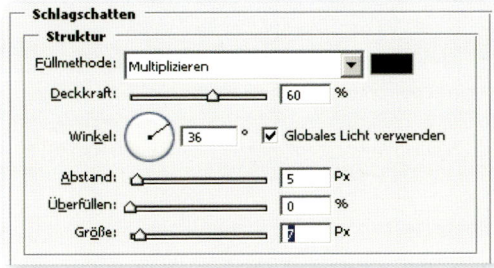

Schritt 34: Sie brauchen noch einen Schlagschatten. Die Funktion finden Sie unten in der Ebenenpalette nach einem Klick auf das Symbol EBENENSTIL HINZU-FÜGEN. Senken Sie die Deckkraft auf 60 Prozent und heben Sie die Größe auf 7. Fertig!

Tipp:

Wie Sie weiße Rand-pixel aus Montagen entfernen

Als ich die Frau auf dieser Seite ausgewählt und vor den neuen Hintergrund gezogen habe, hatte sie zunächst eine dünne weiße Kontur um den Arm herum. Dieser Rand stammt aus dem Original-bild, das einen weißen Hintergrund verwendet. Beim Auswählen habe ich auch weißen Rand mit erfasst.

Der weiße Rand ließ sich jedoch schnell entfernen. Der Befehl heißt EBENE, BASIS, RAND ENTFERNEN. Ich habe 1 Pixel vorgegeben und auf OK geklickt, schon war die weiße Linie weg. Dabei erzeugt Photoshop neue Randpixel, die aus dem Hintergrund und aus der Farbe des Objekts selbst angemischt werden. Reicht die 1 Pixel-Stärke nicht aus, widerrufen Sie den Befehl und probieren Sie es mit zwei Pixeln.

Tipp:
Wie Sie Maßeinheiten direkt bei der Daten-eingabe ändern
Sie wissen vielleicht schon, dass Sie Maßeinheiten direkt bei der Dateneingabe wählen können. Brauchen Sie den Wert 1 Zentimeter, tippen Sie „1 cm" ein. Sollen es 80 Pixel sein, tippen Sie „80 px". Aber was passiert, wenn Sie den genauen Zwei-Buchstaben-Code für die verschiedenen Maßeinheiten vergessen? Dann habe ich diesen Tipp für Sie. Geben Sie die Zahl ein und klicken Sie mit rechts (am Mac mit gedrückter `Ctrl`-Taste) ins Datenfeld. Photoshop produziert ein kleines Menü, in dem Sie eine Maßeinheit nach Bedarf angeben.

Eine DVD-Scheibe

Hier simulieren wir auf leichte Art eine DVD. Ich habe das Verfahren mit verschiedenen Farbverläufen gesehen, aber der Regenbogen scheint am beliebtesten zu sein. Zum Schluss zeige ich noch, wie Sie die DVD aus einer Hülle herausgucken lassen; so machen Sie klar, dass das Produkt eine DVD enthält. Wie die DVD-Hülle entsteht, besprechen wir in Kapitel 6, „Präsentationseffekte".

Schritt 1: Sie öffnen ein neues Dokument. Es braucht die Auflösung und den Farbmodus vom Bild mit der DVD-Packung, das Sie zum Schluss noch verwenden. Unten in der Ebenenpalette klicken Sie auf das Symbol NEUE EBENE ERSTELLEN; so entsteht eine neue leere Ebene. Drücken Sie `⇧`+`M`, bis Photoshop die Auswahlellipse anbietet. Bei gedrückter `⇧`-Taste ziehen Sie eine kreisför-mige Auswahl wie in unserer Abbildung auf.

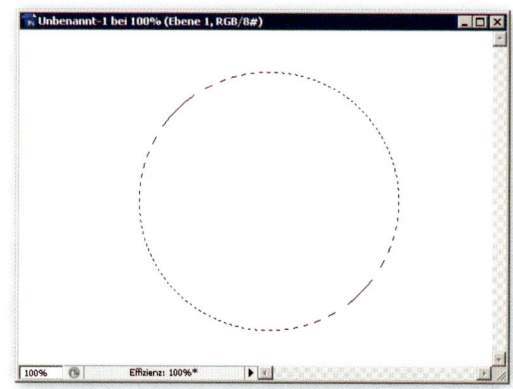

Schritt 2: Mit dem `G` schalten Sie das Verlaufswerkzeug ein. Oben in den Einstellungen klicken Sie direkt auf die Verlaufsminiatur, so dass Sie im Dialog VERLÄUFE BEARBEITEN landen. Erzeugen Sie einen Verlauf, der von Mittelgrau zu Weiß und wieder zu Grau geht. (Anmerkung: Klicken Sie dop-pelt auf die Farbmarken, die kleinen, hausartigen Symbole unter dem Verlauf; dann können Sie die Farbe ändern. Per Klick direkt unter den Verlauf legen Sie weitere Farbmarken an.)

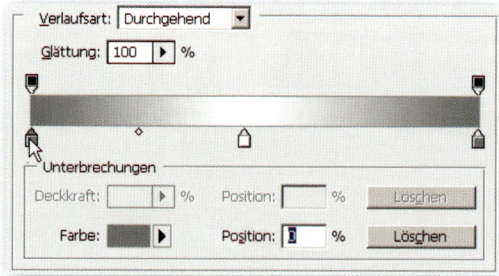

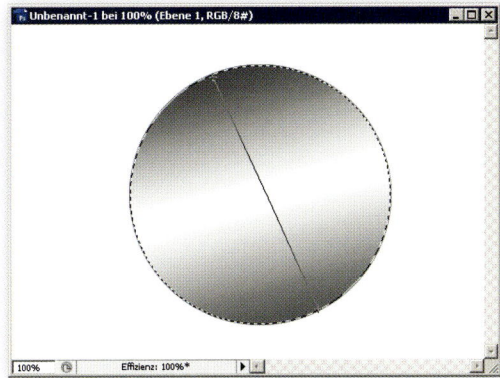

Schritt 3: Ziehen Sie den Verlauf quer durch die Kreisauswahl. Sie fangen oben knapp neben dem höchsten Punkt an und ziehen leicht diagonal nach unten, wie hier zu sehen. Heben Sie die Auswahl aber noch nicht auf. Erzeugen Sie zunächst eine neue Ebene, dann nehmen Sie AUSWAHL, AUSWAHL VERÄNDERN, VERKLEINERN. Im Dialogfeld geben Sie vier Pixel an. Nach dem OK-Klick schrumpft Ihre Auswahl um vier Pixel Durchmesser.

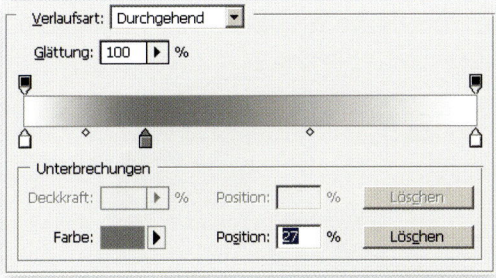

Schritt 4: Schalten Sie wieder das Verlaufswerkzeug ein und klicken Sie oben in den Einstellungen auf die Verlaufsminiatur. Im Dialog VERLÄUFE BEARBEITEN ändern Sie einfach den vorhandenen Verlauf: Sie setzen die Farbmarke ganz links auf Weiß, die mittlere Marke auf Dunkelgrau und die rechte Marke auf Weiß. Ziehen Sie die mittlere Farbmarke außerdem weiter nach links (wie hier zu sehen) und klicken Sie auf OK.

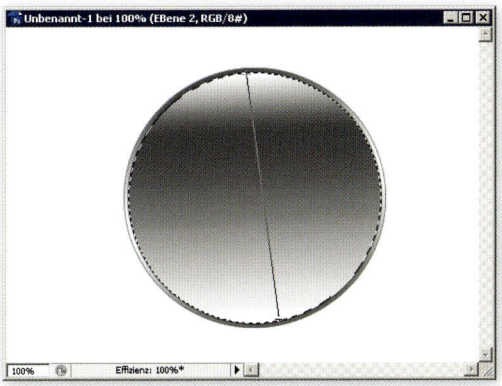

Schritt 5: Ziehen Sie von oben leicht schräg nach unten, wie hier zu sehen. Sie haben die Auswahl ja geringfügig verkleinert, also bleiben außen Reste des ersten Verlaufs sichtbar.

Tipp:
Schneller Tastaturbefehl für den Modus Ineinanderkopieren
Häufig brauchen Sie die Füllmethode INEINANDERKOPIEREN. Meist schreibe ich dann, dass Sie dazu das FÜLLMETHODEN-Menü aus der Ebenenpalette verwenden. Aber Sie müssen gar nicht erst die Ebenenpalette bemühen. Nehmen Sie einfach den Tastaturbefehl ⇧+Alt+O. Allerdings sollte dabei das Verschiebenwerkzeug aktiviert sein, das erledigen Sie mit der Taste V. Denn wenn eines der Malwerkzeuge aktiv ist, ändert der Tastaturbefehl nur die Füllmethode in den Werkzeugoptionen, er wirkt sich nicht auf die Ebenenpalette aus. Die Malwerkzeuge haben ja auch Füllmethoden und sie verwenden die gleichen Tastenbefehle wie die Ebenenpalette.

Fortsetzung

Tipp:
Gucken Sie ganz genau hin mit der Bridge-Lupe

Fotos, die Sie im Inhalt-Fenster von Bridge markieren, erscheinen auch in der Vorschaupalette – bis zu neun Stück bei Photoshop CS3. Wussten Sie schon, dass Sie in der Vorschau die 100 Prozent-Lupe nutzen können? Klicken Sie einfach in ein Bild in der Vorschau, schon sehen Sie einen Ausschnitt in der 100 Prozent-Zoomstufe. Das ist ideal, um Schärfe und Bildrauschen zu beurteilen. Sie können die Lupen auch in mehreren Bildern innerhalb der Vorschaupalette öffnen und bei gedrückter Strg-Taste (am Mac bei gedrückter ⌘-Taste) parallel bewegen.

Schritt 6: Unten in der Ebenenpalette klicken Sie auf EBENENSTIL HINZUFÜGEN und dann auf KONTUR. Die Größe senken Sie auf 1, als Position bleibt es bei AUSSEN. Nach einem Klick auf das Farbfeld stellen Sie Schwarz ein, dann senken Sie die Deckkraft noch auf 50 Prozent. Mit dem OK-Klick erhält der innere Kreisverlauf eine feine schwarze Kontur.

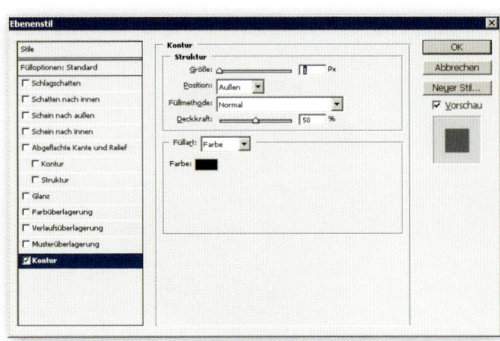

Schritt 7: Diese Kontur übertragen Sie auf die andere Ebene. Klicken Sie mit der rechten Maustaste (am Mac bei gedrückter Ctrl-Taste) neben die Miniatur der Ebene 2 (nicht direkt auf die Miniatur) und wählen Sie EBENENSTIL KOPIEREN. Dann klicken Sie mit rechts (am Mac bei gedrückter Ctrl-Taste) neben die Miniatur der Ebene 1 – sie enthält den äußeren Kreis – und gehen auf EBENENSTIL EINFÜGEN. So erhält die untere Ebene die gleiche dünne schwarze Kontur.

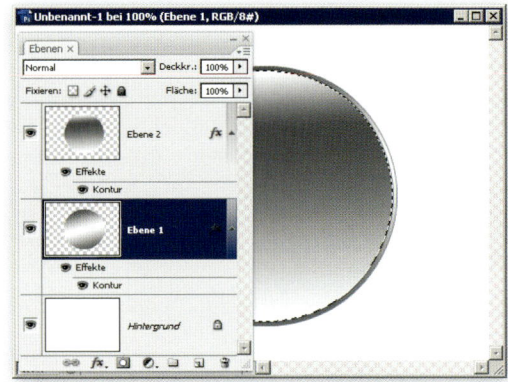

Schritt 8: Die Auswahl rings um die kleinere Kreisebene existiert ja noch. Legen Sie also eine neue leere Ebene an, die Sie in der Ebenenpalette ganz nach oben ziehen. Schalten Sie das Verlaufswerkzeug ein und öffnen Sie den Verlaufswähler mit der ↵-Taste. Nehmen Sie die Vorgabe TRANSPARENTER REGENBOGEN (wie hier zu sehen).

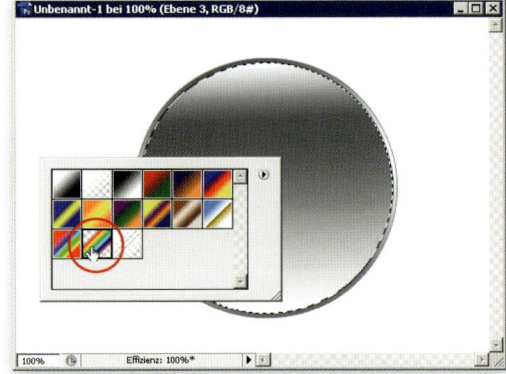

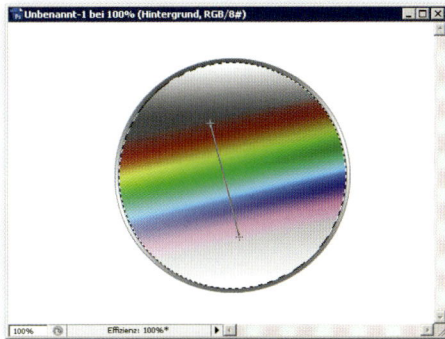

Schritt 9: Ziehen Sie das Verlaufswerkzeug durch das Zentrum der Auswahl, wie hier zu sehen. Ziehen Sie nicht durch die komplette Auswahl, sondern nur durch die Mitte.

Schritt 10: Nun folgt der Befehl FILTER, VERZERRUNGSFILTER, DISTORSION. Geben Sie 100 Prozent STÄRKE vor und klicken Sie auf OK. Dann gehen Sie auf FILTER, WEICH-ZEICHNUNGSFILTER, RADIALER WEICH-ZEICHNER. Sie brauchen die Stärke 40, die Methode KREISFÖRMIG und die Qualitätsstufe GUT. Klicken Sie auf OK.

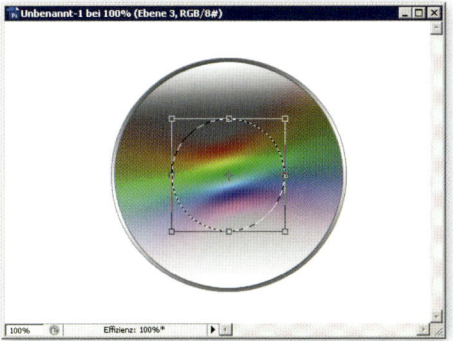

Schritt 11: Im AUSWAHL-Menü klicken Sie auf AUSWAHL TRANS-FORMIEREN. Oben in den Einstellungen nennen Sie 50 Prozent für Breite und Höhe. Drücken Sie zweimal hintereinander die ⏎-Taste, dann ist die Veränderung dauerhaft angewendet.

Tipp:
Abgerundete Ecken
Beim Abgerundetes-Rechteck-Werkzeug finden Sie die Ecken vielleicht noch nicht abgerundet genug. Die Rundung lässt sich aber oben in den Werkzeugoptionen steuern. Heben Sie für abgerundetere Ecken den Radiuswert an, für härtere Ecken senken Sie den Radius. Übrigens gab es auch mal ein nützliches Auswahlrechteck mit abgerundeten Ecken – aber nur im separaten Programm ImageReady – und das wurde mit Photoshop CS3 nicht mehr ausgeliefert.

Tipp:
Sortieren Sie Ihre Bilder ganz individuell

Für eine Bildschirmpräsentation oder zum Umbenennen soll Bridge Ihre Bilder in einer ganz bestimmten, individuellen Reihenfolge zeigen? Nicht alphabetisch, nicht nach Größe oder Datum sortiert, sondern genau so, wie es für Ihre Zwecke ideal ist? Das geht: Ziehen Sie die Motive einfach in die gewünschte Reihenfolge. Sie können sogar später wieder alphabetisch oder nach Datum sortieren; wählen Sie dann in der Filterpalette die Zeile SORTIEREN und anschließend MANUELL, erhalten Sie Ihre Handsortierung wieder zurück.

Schritt 12: Klicken Sie auf AUSWAHL, AUSWAHL VERÄNDERN, WEICHE AUSWAHLKANTE. Sie geben den Wert 20 vor und klicken auf OK. Drücken Sie die `Entf`-Taste, um den Regenbogen in der Mitte der DVD abzusoften. Mit `Strg`+`D` (am Mac `⌘`+`D`) heben Sie die Auswahl auf.

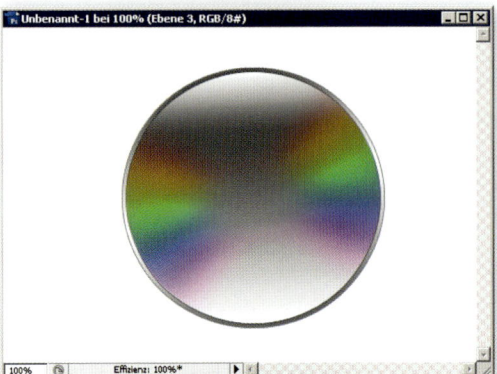

Schritt 13: In der Werkzeugleiste schalten Sie die Auswahlellipse ein. Dann halten Sie die `⇧`-Taste gedrückt und ziehen einen kleinen Kreis in der Mitte der DVD. Mit der `Entf`-Taste schlagen Sie ein Loch in den Regenbogenverlauf.

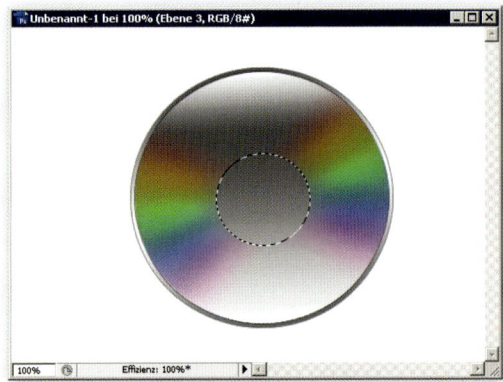

Schritt 14: Im AUSWAHL-Menü wählen Sie wieder AUSWAHL TRANSFORMIEREN. Oben in den Optionen geben Sie 90 Prozent für Höhe und Breite an. Das bestätigen Sie mit zweimaligem Drücken der `↵`-Taste. Jetzt klicken Sie in der Palette auf die Ebene 2 (mit dem kleineren Kreis) und drücken die `Entf`-Taste. Danach klicken Sie die Ebene 1 an und drücken die `Entf`-Taste erneut. So entsteht ein Loch bis zur Hintergrundebene Ihrer Montage. Heben Sie die Auswahl mit `Strg`+`D` (am Mac `⌘`+`D`) auf. In der Ebenenpalette klicken Sie einmal auf die oberste Ebene; dann drücken Sie zweimal `Strg`+`E` (am Mac `⌘`+`E`), so dass die drei Ebenen zu einer verschmelzen.

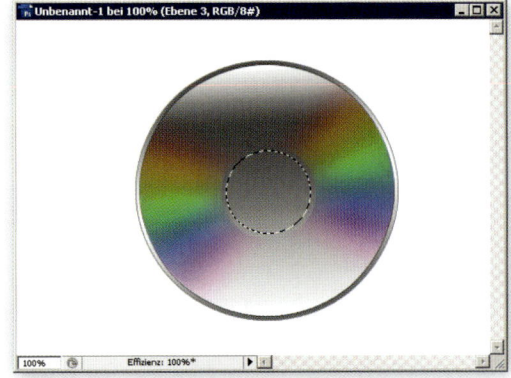

© Brand X Pictures

Schritt 15: Mit dem Verschiebenwerkzeug ziehen Sie die DVD-Ebene in die Datei mit der DVD-Hülle (in Kapitel 6 steht, wie Sie Ihre eigenen DVD-Hüllen produzieren). Ziehen Sie die DVD in der Ebenenpalette hinter die Hülle. Sie starten das FREIE TRANSFORMIEREN mit [Strg]+[T] (am Mac [⌘]+[T]). Klicken Sie mit rechts (am Mac bei gedrückter [Ctrl]-Taste) in die Rechteckbox und nehmen Sie die Vorgabe PERSPEKTIVISCH. Ziehen Sie den linken unteren Anfasspunkt nach unten (wie abgebildet), um die DVD der Perspektive der Hülle anzupassen.

Schritt 16: Erzeugen Sie in der Ebenenpalette eine neue leere Ebene. Ziehen Sie diese Ebene in der Palette unmittelbar unter die DVD-Hülle. Klicken Sie in der Werkzeugleiste länger auf das Lasso, so dass Sie im Ausklappmenü das Polygon-Lasso wählen können. Dann skizzieren Sie die Auswahl für den Schatten der Box (orientieren Sie sich an der Auswahl aus unserer Abbildung).

Schritt 17: Stellen Sie die Vordergrundfarbe mit der Taste [D] auf Schwarz, dann drücken Sie [Alt]+[Entf]. So füllen Sie die Auswahl schwarz. Um die Kanten aufzuweichen, gehen Sie auf FILTER, WEICHZEICHNUNGSFILTER, GAUSSSCHER WEICHZEICHNER. Im Dialog ziehen Sie den Radiusregler so weit nach rechts, bis der Schatten gut aussieht. Testen Sie den Wert 5 für niedrig aufgelöste Motive und 20 für hochauflösende Vorlagen.

Tipp:
Wie Webbrowser den Hintergrund anzeigen
Jeder verwendet andere Monitorgrößen und eigene Fenstergrößen für den Webbrowser. Sie wollen nun für Ihre Webseite sicherstellen, dass die komplette Browser-Fläche mit einem Hintergrundbild gefüllt wird, ohne weiße Lücken. Sie müssen deswegen aber nicht gleich ein riesengroßes Hintergrundbild hochladen. Arbeiten Sie stattdessen mit sogenannten Kacheln – kleinen Bilddateien, die der Browser ad infinitum neben- und übereinandersetzt, bis das Browser-Fenster komplett gefüllt ist. Im Prinzip wie die Kacheln in Ihrer Küche. (Sie haben Kacheln, oder? Ein Teppich in der Küche wird schnell schmuddelig.)

Die kleinen Hintergrunddateien reduzieren die Datenmenge, die Seite lädt schneller.

Fortsetzung

Tipp:

Warum es beim Transformieren grobpixelig aussieht

Die Vorschau im Modus FREI TRANSFORMIEREN wirkt reichlich grobpixelig. Lassen Sie sich davon nicht irritieren – das ist nur eine grobe Vorschau, damit Photoshop schneller arbeiten kann. Erst wenn Sie die ⏎-Taste drücken, berechnet Photoshop das Bild in der endgültigen Größe und der grobe Eindruck sollte verschwinden (es sei denn, Sie erhöhen tatsächlich die Pixelzahl, zum Beispiel bei einer Vergrößerung um 300 Prozent, aber ich weiß ja, dass Sie so etwas nicht machen).

Schritt 18: Dämpfen Sie den Schatten. Dazu senken Sie die Deckkraft in der Ebenenpalette auf rund 20 Prozent. Die Wirkung sehen Sie in der Abbildung.

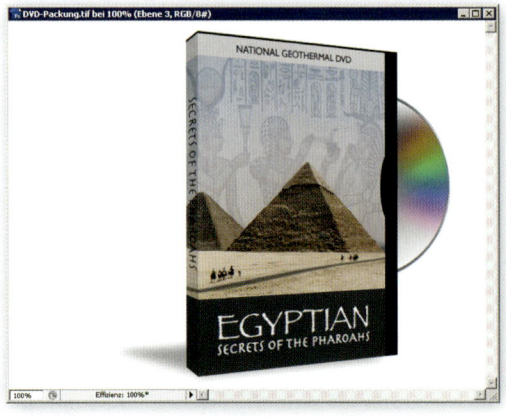

Schritt 19: Hier ist das Endergebnis: die DVD aus dieser Übung und die DVD-Verpackung aus dem sechsten Kapitel.

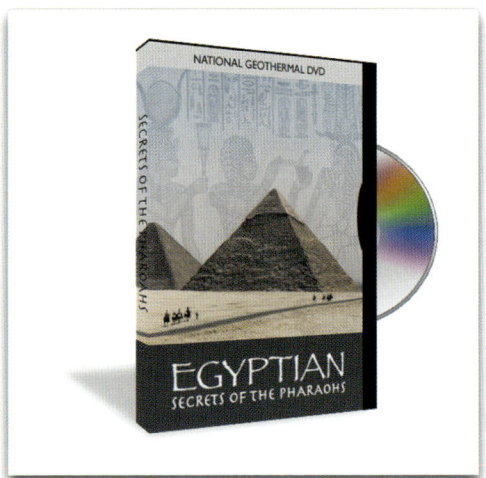

Haftnotiz für Fotos

Sie wollen Bildtext in ein Foto einsetzen? Dann hellen Sie nicht einfach einen Bildteil auf, montieren Sie den Schriftzug nicht nur in Kontrastfarben. Dieser Effekt hier erzeugt viel mehr Interesse und lenkt den Blick ganz gezielt auf den Bildteil, der Ihnen wichtig ist.

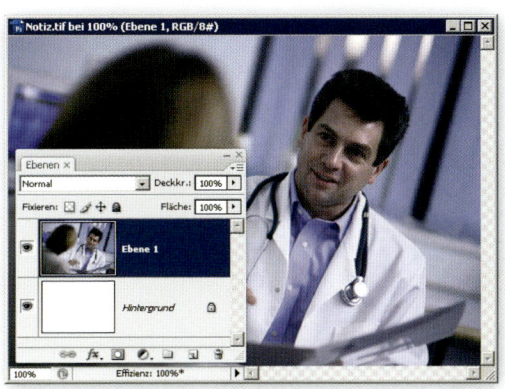

Schritt 1: Sie öffnen das Foto, das # Haftzettel erhält. Mit ⌃Strg+A (am Mac ⌘+A) wählen Sie das Gesamtbild aus. Der Tastenbefehl ⌃Strg+⇧+J (am Mac ⌘+⇧+J) schneidet das Foto aus der Hintergrundebene aus und hebt es auf eine eigene Ebene (wie hier zu sehen).

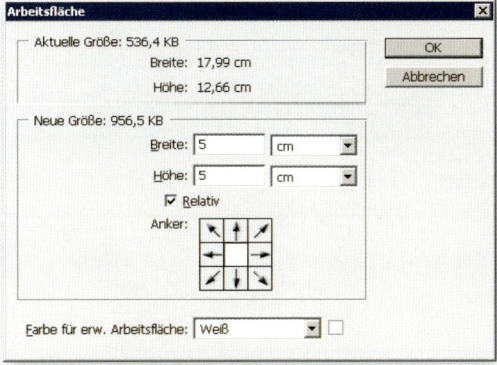

Schritt 2: Wählen Sie BILD, ARBEITSFLÄCHE. Schalten Sie die Relativ-Option ein und geben Sie für Höhe und Breite je fünf Zentimeter hinzu. Nach dem OK-Klick erhält das Motiv zusätzliche weiße Arbeitsfläche.

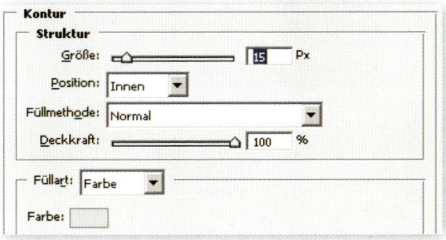

Schritt 3: Unten in der Ebenenpalette klicken Sie auf die Schaltfläche EBENENSTIL HINZUFÜGEN und dann auf KONTUR. Heben Sie die Größe auf 15 (30 bei hochauflösenden 300 dpi-Bildern) und setzen Sie die Position auf INNEN, um abgerundete Ecken zu vermeiden. Als Farbe nehmen Sie Hellgrau (wie hier zu sehen). Klicken Sie noch nicht auf OK.

Fortsetzung

Tipp:
Schnell zum gewünschten Seitenverhältnis
Für eine Bildschirmpräsentation brauchen Sie Bilder im Seitenverhältnis 4:3. Das bekommen Sie so: Schalten Sie das Freistellwerkzeug ein und tippen Sie oben in den Einstellungen den Breitewert „4 cm" und den Höhewert „3 cm" ein. Vergessen Sie die Maßeinheit „cm" nicht und achten Sie darauf, dass das Feld AUFLÖSUNG ganz und gar leer bleibt. Wenn Sie nun freistellen, erlaubt Photoshop nur das Seitenverhältnis 4:3. Qualitätsverlust entsteht nicht: Das Programm kappt lediglich den Bildrand weg, die verbleibenden Pixel entsprechen exakt der Bildinformation vor dem Freistellen und werden nicht neu berechnet.

Tipp:
**Verschachtelte
Ebenengruppen**
Arbeiten Sie an Montagen
mit vielen Ebenen? Dann
wissen Sie vielleicht
schon, dass man mehrere
Ebenen zu einer Gruppe
zusammenfassen kann.
Sie erscheint in der
Ebenenpalette fasst wie
ein Ordner. Klappt man
ihn zusammen, beanspru-
chen die Einzelebenen in
der Palette keinen Platz
mehr – sehr übersichtlich.
Und das Besondere: Sie
können auch Ebenen-
gruppen innerhalb von
anderen Ebenengruppen
verschachteln. Hinreißend!

Schritt 4: Links in der Stilliste klicken Sie auf den Namen SCHLAGSCHATTEN. In den Optionen zu diesem Effekt senken Sie die Deckkraft auf 50 Prozent, schalten Sie das GLOBALE LICHT aus, Abstand und Größe heben Sie auf 10. Klicken Sie auf OK. Ihr Bild zeigt jetzt einen grauen Rahmen mit leichtem Schatten (wie abgebildet). Legen Sie nun eine neue Ebene an; dazu klicken Sie unten in der Ebenenpalette auf NEUE EBENE ERSTELLEN.

Schritt 5: Mit dem M wechseln Sie zum Auswahlrechteck und erzeugen eine Auswahl, wie hier zu sehen. Unten in der Werkzeugleiste klicken Sie auf das Feld für die Vordergrundfarbe. Stellen Sie ein Gelb ein, das an die Post-It-Haftnotizen erinnert (ich habe R 255, G 255 und B 161 verwendet). Sie füllen die Auswahl mit dieser Farbe; dazu drücken Sie Alt + Entf. Mit Strg + D (am Mac ⌘ + D) heben Sie die Auswahl dann auf.

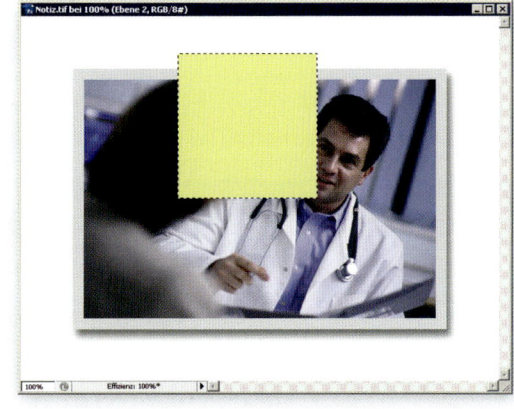

Schritt 6: Drücken Sie ⇧ + U, bis Photoshop das Eigene-Form-Werkzeug in der Werkzeugleiste anbietet. Oben in den Optionen klicken Sie auf das dritte Symbol von links namens PIXEL FÜLLEN. Mit der ↵-Taste zeigen Sie die Form-Bibliothek an (wie hier zu sehen). Im Menü dieses Dialogfelds klicken Sie auf OBJEKTE, so dass Sie diese Form-Bibliothek nachladen (im nächsten Dialog klicken Sie auf ANFÜGEN). Weit unten in der Auswahl klicken Sie auf die BÜROKLAMMER.

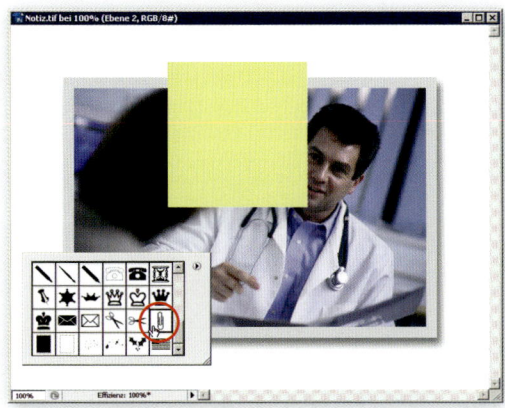

Schritt 7: Legen Sie eine neue leeere Ebene an und setzen Sie die Vordergrundfarbe auf Grau. Bei gedrückter ⇧-Taste ziehen Sie die Büroklammerform im Bild auf. Ziehen Sie das Objekt an die Oberkante des gelben Notizzettels (siehe Abbildung).

Schritt 8: Sie stellen die Vordergrundfarbe auf Dunkelblau um, schalten mit dem T zum Textwerkzeug und tippen Ihre Nachricht ein. (Ich verwende hier die Schriftart ITC Bradley Hand.)

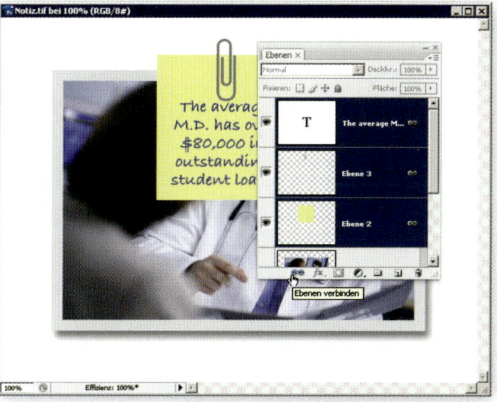

Schritt 9: Halten Sie die Strg-Taste (am Mac ⌘-Taste) gedrückt, dann klicken Sie in der Ebenenpalette rechts neben die Miniaturen von Haftzettel und Büroklammer. So wählen Sie diese Objekte gemeinsam mit dem Text aus. Sie lassen sich nun schon gemeinsam bewegen und umformen; zur Sicherheit klicken Sie aber noch unten in der Palette auf die Gliederkette mit dem Text EBENEN VERBINDEN.

Tipp:
Verwandeln Sie Ebenenkompositionen in eigene Dateien
Kennen Sie schon die Ebenenkompositionen? Damit speichern Sie verschiedene Anordnungen einer Montage innerhalb einer einzigen Datei, die Varianten rufen Sie bequem über die Palette EBENENKOMP. wieder ab. Photoshop merkt sich nicht nur die Position der Ebenen, sondern auch Deckkraft, Füllmethode, Ebeneneffekte und so weiter. Besonders cool: Ein mitgeliefertes Skript schreibt alle Ebenenkompositionen in eine mehrseitige PDF-Datei (ideal für den Austausch mit Kunden). Der Befehl heißt DATEI, SKRIPTEN, EBENENKOMP. IN PDF.

Fortsetzung

Tipp:

Farbe ersetzen mit genauen Werten

Der Befehl BILD, ANPASSUN-GEN, FARBE ERSETZEN wählt Farbbereiche aus und ersetzt sie gegen eine andere Farbe. Dazu klicken Sie in der Regel in die gewünschte Farbfläche Ihres Bilds. Sie können die auszutauschenden Farbwerte aber auch präzise numerisch angeben. Oben rechts im Dialogfeld sehen Sie ja das Farbfeld. Klicken Sie hier und Photoshop tischt den bekannten Farbwähler auf. Tippen Sie die gesuchten RGB- oder CMYK-Werte ein, Sie können sogar auf die Farbbibliotheken der Farbenhersteller zugreifen. Diese Werte werden nun ersetzt. Gar nicht so übel!

Schritt 10: Mit [Strg]+[T] (am Mac [⌘]+[T]) starten Sie das FREIE TRANSFORMIEREN. Ziehen Sie außerhalb des Rechteck-rahmens nach oben, um die Notiz zu drehen (wie hier zu sehen). Ziehen Sie im Rahmen, wenn Sie den Zettel noch ver-schieben wollen. Sind Sie zufrie-den? Dann drücken Sie die [↵]-Taste.

Schritt 11: Klicken Sie in der Ebenenpalette einmal auf die Büroklammerebene. Sie bekommt jetzt noch einen metallischen Effekt. Unten in der Ebenenpalette klicken Sie auf EBENENSTIL HINZUFÜGEN und dann auf ABGEFLACHTE KANTE UND RELIEF. Heben Sie die Tiefe auf rund 300, die Größe setzen Sie auf 2 herunter. Im Bereich SCHATTIERUNG schalten Sie das Glätten ein und klicken auf das gekippte Dreieck neben GLANZKONTUR. Im Konturwähler klicken Sie auf die Vorgabe RING (wie abgebildet). Die TIEFENMODUS-Deckkraft senken Sie noch auf 50 Prozent, dann klicken Sie auf OK.

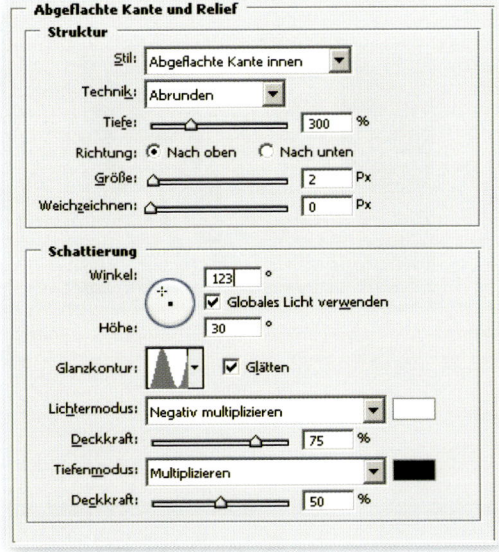

Schritt 12: Wechseln Sie mit dem E zum Radiergummi und nehmen Sie eine kleine Pinselspitze mit harter Kante. Radieren Sie das Innere der Büroklammer weg, so dass sie scheinbar teilweise hinter Notiz und Foto steckt. Zum Schluss klicken Sie in der Palette noch auf die Notizzettelebene und gehen im Menü EBENENSTIL HINZUFÜGEN auf SCHLAGSCHATTEN. Senken Sie die Größe auf 4. So erhält das Papier einen leichten Schatten.

Worin unterscheidet sich dieses iCandy-Kapitel vom Kapitel 7, „Special Effects"? Verwenden wir in diesem Kapitel das Eye-Candy-Plug-in von Alien Skin? Aber nein. Es

Ich mag Süßes
Photoshop iCandy

heißt schließlich „iCandy", nicht „EyeCandy". Der Unterschied ist, dass iCandy nur sechs Buchstaben hat; Special Effects hat 14 Buchstaben in zwei Wörtern. Was ich eigentlich sagen will: Es gibt keinen richtigen Unterschied zwischen den Effekten hier und im Kapitel „Special Effects", nicht mal zu den Tricks im Kapitel „Noch mehr Down & Dirty Tricks". Es ist ganz einfach so. Will man so ein Buch genießbar machen, muss man es in Kapitel unterteilen. Ohne Kapitelgliederung haben Sie einfach nur ein einziges Riesenkapitel (die Verleger haben mit Millionenaufwand überzeugend nachgewiesen, dass niemand Bücher mit nur einem einzigen Riesenkapitel kauft). Schließlich behandelt das ganze Buch hier Spezialeffekte. Ich hatte ja schon Dusel, dass sich ein paar Kapitel für Werbung, Text und fotografische Effekte anboten. Sie sehen also jetzt einen Effekt im iCandy-Kapitel und denken sich, „Müsste der nicht im Kapitel Special Effects erscheinen?" Seien Sie versichert, niemand wird Ihnen das Gegenteil nachweisen.

Die meisten Photoshop-
Werkzeug können Sie
schnell über die Tastatur
einschalten – ein einziger
Buchstabe genügt. Wenn
Sie Englisch verstehen,
lassen sich die Tastatur-
befehle leicht merken,
denn sie leiten sich oft vom
Anfangsbuchstaben der
Werkzeuge ab. So steht das
„L" für „Lassowerkzeug", das
„P" für „Pen Tool" (Zeichen-
werkzeug) und das „E" für
„Eraser" (Radiergummi). Mit
dem „T" wechseln Sie zum
„Type Tool" (Textwerkzeug),
mit dem „D" zum „Gradient
Tool", das „H" schaltet die
„Hand" ein und das „B"
steht für „Brush".
 Besteht der Werkzeug-
name jedoch aus zwei
Wörtern, leitet sich der
Tastenbefehl oft vom
Anfangsbuchstaben des
zweiten Worts ab wie etwa
bei „W" für „Magic Wand"
(Zauberstab), „S" für „Clone
Stamp" (Kopierstempel)
oder „M" für „Rectangular
Marquee Tool" (Auswahl-
rechteck). Bei ein paar
Werkzeugen kommt man
ins Grübeln, etwa beim „V"
für „Move Tool" (Verschiebenwerkzeug), aber das „M"
war schon vergeben, oder
auch beim „K" für das „Slice
Tool" (Slice-Werkzeug;
denken Sie an „knife" für
Messer).
 Wenn Sie die ⇧-Taste
zusätzlich zum Buchstaben
drücken, wechseln Sie
zwischen Werkzeugen hin
und her, die einen gemein-
samen Buchstaben ver-
wenden. Drücken Sie etwa
mehrfach ⇧+M, um
zwischem Auswahlrecht-
eck und Auswahlellipse
umzuschalten.

Foto-Anstecker

Ich sah diesen Foto-Anstecker in einer Zeitschrift und musste das Verfahren einfach aus-
tüfteln. Besonders gut gefällt mir, wie die Köpfe montiert sind. Hier kommen zwar einige
Arbeitsschritte zusammen, doch wenn Sie das erste Ergebnis haben, tauschen Sie noch die
Köpfe und Schriftzüge aus.

Schritt 1: Legen Sie eine neue RGB-Datei an. Klicken Sie auf das Vordergrundfarbfeld in der Werkzeugleiste und geben Sie im Farbwähler ein Rot an, wie hier zu sehen. Der Tastendruck Alt+Entf füllt die Hintergrundebene rot. Danach drücken Sie mehrmals ⇧+M, bis Photoshop die Auswahlellipse anbietet. Bei gedrückter ⇧-Taste ziehen Sie einen Kreis auf.

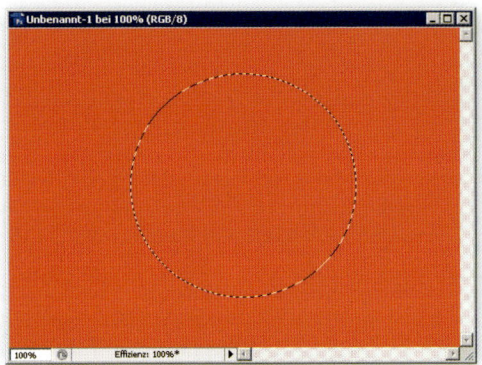

Schritt 2: Öffnen Sie das Foto, das oben im Anstecker erschei-nen soll. Mit Strg+A (am Mac ⌘+A) wählen Sie das Gesamtbild aus, mit Strg+C (am Mac ⌘+C) kopieren Sie es in die Zwischenablage. Jetzt wechseln Sie wieder zur Datei mit dem roten Kreis.

© Brand X Pictures

Schritt 3: Sie wählen BEARBEITEN, IN DIE AUSWAHL EINFÜGEN. Photoshop setzt die Aufnahme in den Kreis ein. Um Größe und Position des Bilds kümmern wir uns später noch.

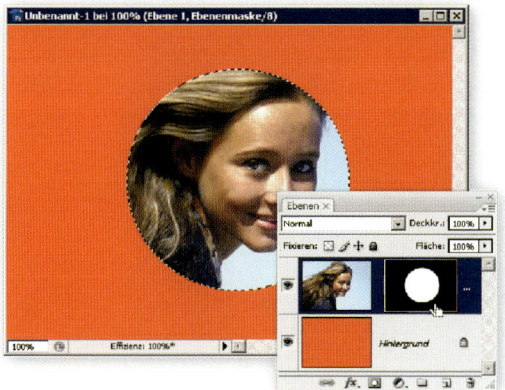

Schritt 4: Halten Sie die `Strg`-/`⌘`-Taste gedrückt, dann klicken Sie in der Ebenenpalette auf die Miniatur der schwarz-weißen Ebenenmaske. So entsteht wieder eine Kreisauswahl um die Fotografie herum.

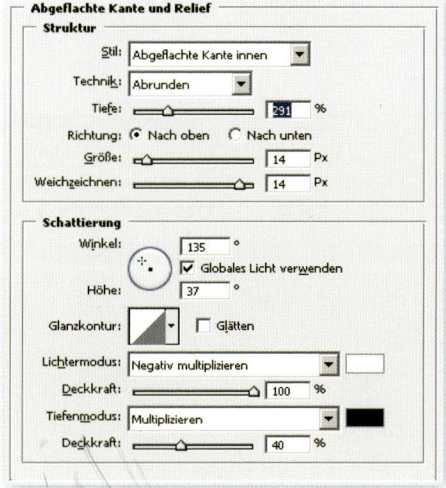

Schritt 5: Unten in der Ebenenpalette klicken Sie auf die Schaltfläche NEUE EBENE ERSTELLEN. Per `Alt`+`Entf` füllen Sie die Kreisauswahl rot. Diesen Kreis duplizieren Sie mit `Strg`+`J` (am Mac `⌘`+`J`), so dass Sie insgesamt zwei rote Kreise haben, die exakt übereinander sitzen (wie hier zu sehen).

Schritt 6: Im Menü EBENENSTIL HINZUFÜGEN unten in der Ebenenpalette wählen Sie ABGEFLACHTE KANTE UND RELIEF. Heben Sie die Tiefe auf 291 an, die Werte für Größe und Weichzeichnen setzen Sie auf je 14. Jetzt zum Bereich SCHATTIERUNG weiter unten im Dialog: Sie brauchen einen Winkel von 135° und 30° Höhe. Die Deckkraft für den Lichtermodus heben Sie auf 100 Prozent, den Schattenmodus stellen Sie auf 40 Prozent.

Tipp:
Wie Sie Ebenenstile auf mehrere Ebenen gleichzeitig übertragen
Sie können Ebenenstile von einer Ebene auf mehrere weitere Ebenen gleichzeitig übertragen. So erhalten die weiteren Ebenen den Stil der ersten Ebene. Zunächst klicken Sie mit der rechten Maustaste (am Mac bei gedrückter `Ctrl`-Taste) in der Ebenenpalette gleich rechts neben die Miniatur, die den gewünschten Ebenenstil enthält. Im Kontextmenü nehmen Sie EBENENSTIL KOPIEREN. Klicken Sie danach in der Palette einmal auf eine Ebene, die den Stil erhalten soll. Bei gedrückter `Strg`-Taste (am Mac `⌘`-Taste) klicken Sie weitere Ebenen an – klicken Sie jeweils direkt rechts neben der Miniatur, nicht auf die Miniatur selbst. So wählen Sie mehrere Ebenen gemeinsam aus. Schließlich klicken Sie mit rechts (am Mac bei gedrückter `Ctrl`-Taste) eine der ausgewählten Ebenen an und nehmen EBENENSTIL EINFÜGEN. Das war's schon!

Fortsetzung

Tipp:

Lassen Sie Photoshop die genaue Bildgröße bestimmen

Die meisten Leute ignorieren die Auto-Schaltfläche bei Photoshops Bildgröße-Dialog. Ich erkläre Ihnen die Funktion: Sie nennen Photoshop die Rasterweite, mit der Sie drucken; dazu geben Sie noch eine Qualitätsstufe an (ENTWURF, GUT, SEHR GUT). Dann übernimmt Photoshop und erzeugt die exakt erforderliche Auflösung für Ihr Projekt.

Und das passiert in der Praxis: Sie nennen zum Beispiel ein Druckraster von 133 dpi (Linien/Zoll) und wählen Qualitätsstufe SEHR GUT. Dann erzeugt Photoshop eine Datei mit 266 dpi, also doppelter Auflösung. Mit der Vorgabe GUT bekommen Sie die anderthalbfache Druckauflösung und die Option ENTWURF erzeugt stets 72 dpi-Dateien.

Wichtig hier: Ihre ursprüngliche Datei sollte mindestens 300 dpi haben. Legen Sie etwa mit 72 dpi los und nehmen dann ein 133er-Druckraster mit Qualität SEHR GUT, wird die Datei auf 266 dpi aufgeblasen. Photoshop warnt sie nicht, dass es Ihr Bild durch die Pixelvermehrung völlig entstellt. Sie können eine Auflösung nicht nachträglich hochrechnen.

Schritt 7: Sie erhalten weiche Glanzlichter und Schatten auf dem Kreis, die Kante des Ansteckers wirkt abgerundet. Jetzt bitte ein [Strg]+Klick (am Mac [⌘]+Klick) auf die oberste rote Kreisminiatur in der Ebenenpalette. So entsteht eine Auswahl um den Kreis herum.

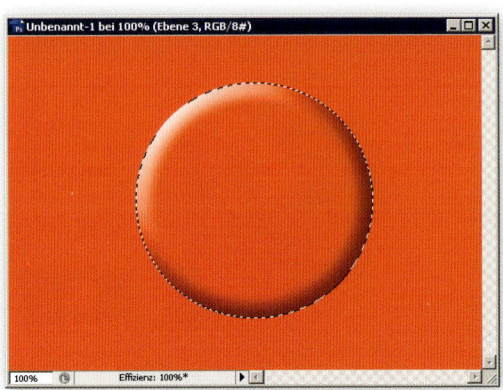

Schritt 8: Nun brauchen Sie den Befehl AUSWAHL, AUSWAHL VERÄNDERN, VERKLEINERN. Schrumpfen Sie die Auswahl mit einem Radius von zwölf Pixel (bei hochauflösenden 300 dpi-Fotos nehmen Sie 44 Pixel).

Schritt 9: Mit [⇧]+[M] schalten Sie das Auswahlrechteck ein. Bei gedrückter [Alt]-Taste wählen Sie drei Viertel der Kreisauswahl aus. Sobald Sie die Maustaste loslassen, verschwindet dieser eingerahmte Teil aus der Auswahl. Nur das oberste Viertel des Kreises ist noch markiert (wie hier zu sehen).

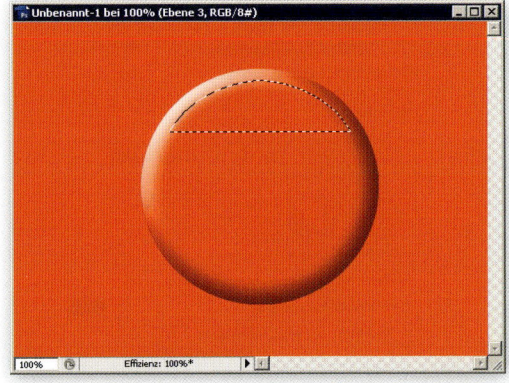

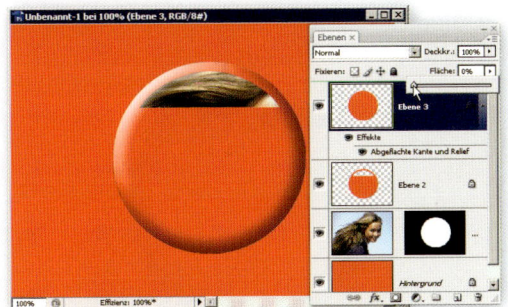

Schritt 10: In der Ebenen-palette klicken Sie auf den unteren der zwei roten Kreise. Drücken Sie die `Entf`-Taste, dann heben Sie die Auswahl mit `Strg`+`D` (am Mac `⌘`+`D`) auf. Noch sehen Sie Ihr Foto nicht. Klicken Sie in der Palette auf den obersten roten Kreis und senken Sie den Flächewert auf 0. Jetzt erscheint das Foto in der Montage. (Ein reduzier-ter Flächewert verbirgt die Farbfüllung, lässt aber den Kanteneffekt sichtbar.)

Tipp:

Vorsicht bei riesen-großen Montagen
Sie wollen einen kurzen Blick auf eine 200- oder 300 Megabyte-Datei mit Ebenen werfen. Aber das Öffnen kann bei diesen Datenmengen lange dau-ern. Es sei denn, Sie ken-nen diesen kleinen Trick, der die ganze Montage als „flache" Version ohne Einzelebenen lädt. Das lädt natürlich viel schneller. Drücken Sie `⇧`+`Alt`, bevor Sie im Öffnen-Dialog doppelt auf den Dateinamen klicken. Photoshop zeigt jetzt die eigentümliche Frage „Sollen stattdessen die Bilddaten gelesen werden?". Nach dem OK-Klick sehen Sie eine Gesamtansicht der Montage, auf eine Ebene zusammengeschmolzen. Das Original mit seinen vielen Ebenen ändert sich dadurch natürlich nicht.

Schritt 11: Die oberste Ebene ist noch aktiviert? Dann klicken Sie unten in der Ebenenpalette auf EBENENSTIL HINZUFÜGEN und danach auf SCHLAGSCHATTEN. Sie heben die Deckkraft auf 100 Prozent, schalten das GLOBALE LICHT ab und nehmen einen 90°-Winkel. Den Abstand setzen Sie auf 14, die Größe auf 18.

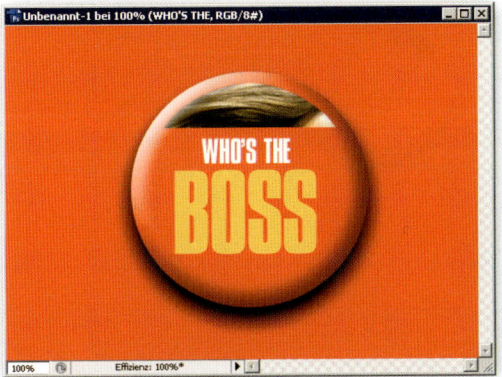

Schritt 12: Mit dem OK-Klick wenden Sie einen sanften Schatten auf die Schaltfläche an. Jetzt fügen Sie Text hinzu. (In diesem Beispiel habe ich die Schriftart Compacta mit einer Laufweite von minus 25 ver-wendet.)

Fortsetzung

Tipp:
Wie Sie noch widerrufen, wenn Sie die Datei schon vor drei Tagen geschlossen haben

Mit Photoshop können Sie zwar Arbeitsschritte widerrufen. Wenn Sie jedoch Photoshop schließen, gehen die Rücknahmeschritte verloren. Es gibt aber eine Möglichkeit, Farb- oder Kontrastkorrekturen auch dann zurückzunehmen, wenn die Bearbeitung schon Monate zurückliegt. Und zwar so: Wenn Sie wieder eine Tonwertbearbeitung planen (zum Beispiel mit Befehlen wie TONWERT-KORREKTUR, HELLIGKEIT/KONTRAST, GRADATIONSKURVEN, FARBTON/SÄTTIGUNG oder FARBBALANCE), klicken Sie nicht einfach auf den Menübefehl. Stattdessen klicken Sie unten in der Ebenenpalette auf das schwarzweiße Symbol NEUE FÜLL- ODER NEUE EINSTELLUNGSEBENE ERSTELLEN. Das Menü bietet verschiedene Tonwertkorrekturen an. In der Ebenenpalette sehen Sie dann eine spezielle Ebene mit dem Namen des Befehls (zum Beispiel FARBBALANCE). Speichern Sie in einem Dateiformat mit Ebenen, wie etwa PSD oder TIFF mit Ebenen, bleibt diese sogenannte Einstellungsebene dauerhaft erhalten. Zum Bearbeiten klicken Sie einfach doppelt auf diese Ebene. Oder ziehen Sie diese Ebene in den Mülleimer unten in der Palette, um die Korrektur aufzuheben.

Schritt 13: Klicken Sie in der Ebenenpalette auf die Fotoebene. Bewegen Sie das Foto nach Bedarf mit dem Verschiebenwerkzeug. Für eine Größenänderung drücken Sie `Strg`+`T` (am Mac `⌘`+`T`). Ziehen Sie bei gedrückter `⇧`-Taste an einem Eckpunkt. Speichern Sie die Datei mit allen Ebenen, zum Beispiel im Photoshop-Dateiformat – dies ist Ihre Vorlage für weitere Buttons.

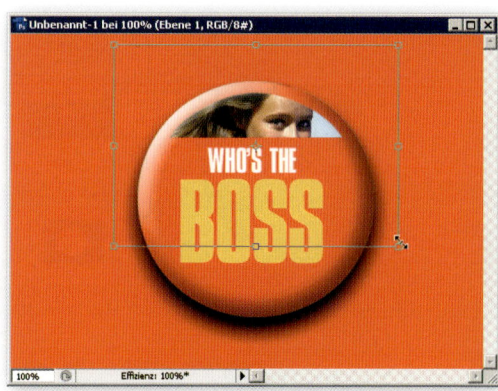

Schritt 14: Klicken Sie in der Palette auf das Augensymbol neben der Hintergrundebene, um den Hintergrund auszublenden. Sie klicken einmal auf die oberste Ebene und dann auf die Schaltfläche NEUE EBENE ERSTELLEN unten in der Palette. Jetzt folgt der Tastengriff `⇧`+`Strg`+`Alt`+`E` (am Mac `⇧`+`⌘`+`Alt`+`E`). Die neue Ebene zeigt nun eine Zusammen-fassung aller sichtbaren Ebenen, also genau Ihren Button. Klicken Sie wieder mit rechts neben die neue Miniatur und wählen Sie IN SMART OBJEKT KONVERTIEREN.

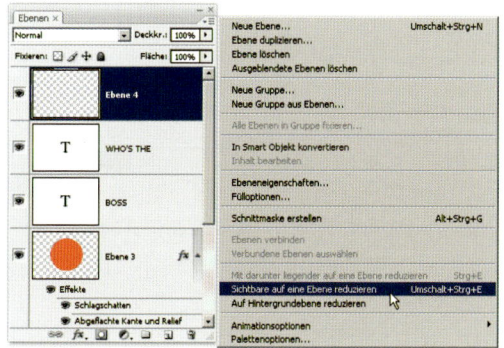

Schritt 15: Legen Sie das endgültige Dokument für die Buttons an. Schalten Sie das Verschiebenwerkzeug mit dem `V` ein und ziehen Sie die oberste Ebene der vorherigen Datei (also den kompletten Anstecker auf einer Ebene) in das Zieldokument. Per `Strg`+`T` (am Mac `⌘`+`T`) verkleinern und drehen Sie die Figur nach Bedarf.

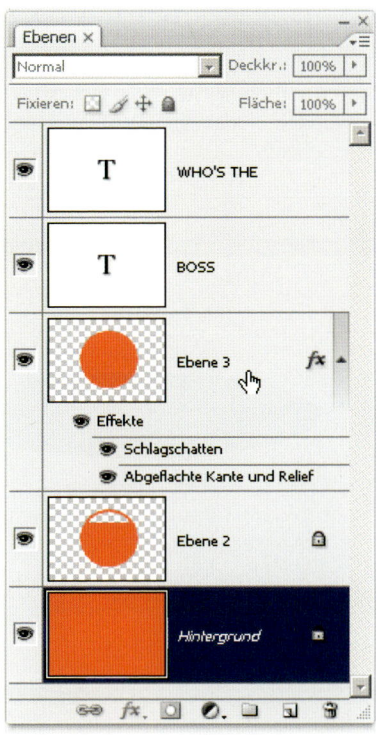

Schritt 16: Jetzt wieder zur Datei mit dem Anstecker. Ziehen Sie die oberste Ebene (mit dem Gesamt-Button) in den Mülleimer unten in der Ebenenpalette. Auch die Fotoebene ziehen Sie in den Mülleimer. Klicken Sie auf die Hintergrundebene, um sie aktiv und sichtbar zu machen. Klicken Sie bei gedrückter `Strg`-Taste (am Mac bei gedrückter `⌘`-Taste) auf die Miniatur der oberen Kreisebene, so dass Sie eine Kreisauswahl erhalten. Öffnen Sie dann das nächste Foto für den Button, wählen Sie es mit `Strg`+`A` (am Mac `⌘`+`A`) komplett aus und kopieren Sie es mit `Strg`+`C` (am Mac `⌘`+`C`) in den Arbeitsspeicher. Zurück in der Anstecker-Datei wählen Sie BEARBEITEN, IN DIE AUSWAHL EINFÜGEN.

Schritt 17: So landet das Foto innerhalb der Kreisauswahl auf einer eigenen Ebene. Mit Verschiebenwerkzeug und Frei-Transformieren-Modus passen Sie es ein. Ändern Sie bei Bedarf den Text, dann wiederholen Sie Schritt 14 – Sie erzeugen einen vollständigen Button auf einer Einzelebene. Dieses Zwischenergebnis ziehen Sie ins Endbild, wo Sie es per `Strg`+`T` (am Mac `⌘`+`T`) skalieren, drehen und verschieben. Legen Sie weitere Kreisobjekte nach Bedarf an. Die Abbildung zeigt das Ergebnis.

Tipp:
Exakt die gewünschte Zoomstufe
Sie möchten Ihre Datei in einer ganz bestimmten Zoomstufe betrachten? Dann tippen Sie den gewünschten Prozentwert unten links im Rahmen des Dateifensters ein. Danach drücken Sie die `↵`-Taste, schon stellt Photoshop die Zoomstufe her.

Rasanter Logo-Job

Hier kommt noch ein beliebtes Verfahren für plastische, spiegelnde Logos. Sie brauchen keine 60 Sekunden dafür (wenn Sie bei Schritt 6 aufhören). Gehen Sie jedoch bis Schritt 9, sind es auch nicht mehr als fulminante 90 Sekunden. Nur eineinhalb Minuten und Sie können acht Arbeitsstunden dafür berechnen (kleiner Scherz).

Schritt 1: Öffnen Sie eine neue RGB-Datei und klicken Sie unten in der Ebenenpalette auf das Symbol NEUE EBENE ERSTELLEN, so dass eine neue leere Ebene entsteht. Mit der Auswahlellipse ziehen Sie eine ovale Form in der Mitte der Datei auf (wie abgebildet). Nach einem Klick auf das Vordergrundfarbfeld geben Sie Mittelblau als Vordergrundfarbe an. Füllen Sie das Oval mit dieser Farbe; dazu drücken Sie Alt+Entf.

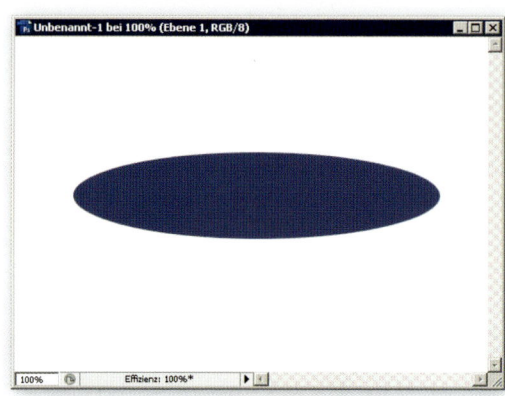

Schritt 2: Heben Sie die Auswahl mit Strg+D (am Mac ⌘+D) auf und drücken Sie das T, um das Textwerkzeug einzuschalten. Tippen Sie Ihre Worte ein. (In diesem Beispiel nehme ich die Schriftart Helvetica Black Oblique, in der Zeichenpalette habe ich horizontal auf 120 Prozent skaliert.)

Schritt 3: In der Ebenenpalette klicken Sie bei gedrückter Strg-Taste (am Mac ⌘-Taste) auf die Miniatur des Ovals. So entsteht eine Auswahl um die Figur herum (wie hier gezeigt). Jetzt brauchen Sie den Befehl AUSWAHL, AUSWAHL VERÄNDERN, VERKLEINERN. Im Dialogfeld nehmen Sie den Wert 10. (Anmerkung: Für hochauflösende 300 dpi-Bilder brauchen Sie den Wert 40.)

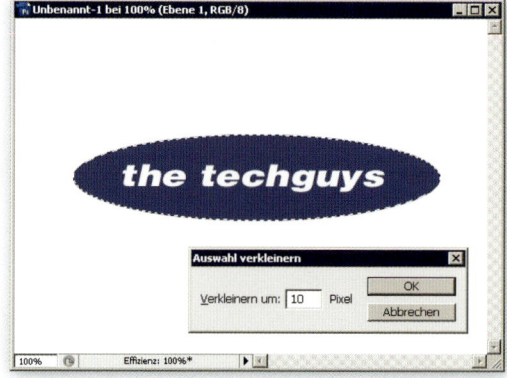

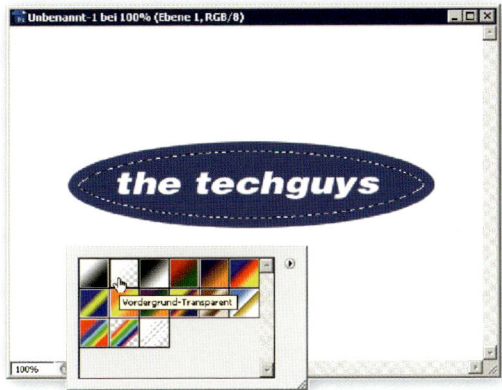

Schritt 4: Mit der Tastenfolge `D`, `X` stellen Sie weiße Vordergrundfarbe her, dann schalten Sie mit dem `G` zum Verlaufswerkzeug. Halten Sie den Mauszeiger über das Bild und drücken Sie die `↵`-Taste; so sehen Sie den Verlaufswähler (abgebildet). Sie nehmen wie gezeigt den zweiten Verlauf, Vordergrund-Transparent.

Schritt 5: Unten in der Ebenen-palette klicken Sie auf NEUE EBENE ERSTELLEN, so dass Sie eine neue leere Ebene erhalten. Ziehen Sie den Verlauf von der Oberkante der Auswahl ungefähr bis zur Mitte (wie hier zu sehen).

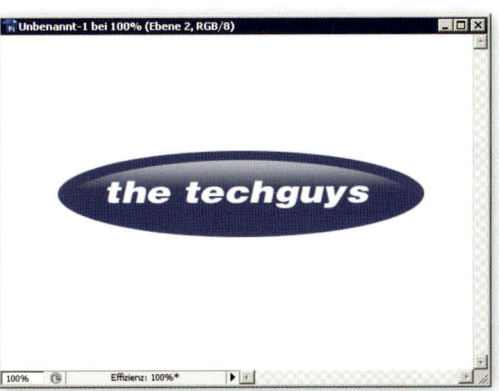

Schritt 6: Mit `Strg`+`D` (am Mac `⌘`+`D`) heben Sie die Auswahl auf. In der Ebenen-palette senken Sie die Deckkraft der Ebene auf 70 Prozent. Sie könnten hier bereits aufhören; ich habe den Effekt oft in dieser Form gesehen. Wollen Sie das Ergebnis jedoch noch mit einer Abschattung verfeinern, gehen Sie zum nächsten Schritt.

Tipp:
Welchen Verlauf sollte man bearbeiten?
Wenn Sie eigene Verläufe speichern, müssen Sie immer mit einem vorhandenen Verlauf anfangen. Man denkt, man klickt auf die Schaltfläche NEU und bekommt irgendeinen Basisverlauf, den man weiterentwickelt, aber so läuft es nicht. Stattdessen bietet Photoshop zunächst den zuletzt verwendeten Verlauf an. Den bearbeiten Sie, dann tippen Sie einen Namen ein und erst dann klicken Sie auf NEU. (Das klingt seltsam, aber so läuft es.) Die Frage ist also: Von welchem vorhandenen Verlauf sollten Sie ausgehen, wenn Sie einen eigenen Verlauf entwickeln möchten. Ich jedenfalls klicke zunächst immer auf die dritte Vorgabe in der obersten Reihe, sie heißt Schwarz, Weiß. Sie lässt sich leichter bearbeiten als etwa die Variante Vordergrund-Hintergrund, die ganz oben links erscheint. Ich habe hier nicht genug Platz, die Gründe darzulegen, aber glauben Sie mir einfach, dass Sie neue Verläufe am besten mit der Vorgabe Schwarz, Weiß anfangen.

Tipp:

Was Sie mit dem Filter Konturen finden anfangen können

Den Befehl FILTER, STILISIE-RUNGSFILTER, KONTUREN FINDEN nutze ich oft, wenn ich ein Foto in eine Strich-zeichnung verwandle. Die Konturen Ihres Motivs werden ganz gut nachge-zeichnet. Allerdings ent-stehen dabei oft alle mög-lichen seltsamen Farben. Kein Problem. Wählen Sie einfach BILD, ANPASSUNGEN, SÄTTIGUNG VERRINGERN, schon haben Sie wieder eine Schwarzweißzeichnung.

Schritt 7: Sie klicken wieder unten in der Palette auf NEUE EBENE ERSTELLEN, so dass Sie eine weitere neue leere Ebene erhal-ten. Dann klicken Sie in der Palette bei gedrückter Strg-Taste (am Mac ⌘-Taste) auf die Miniatur der Ebene mit dem Oval. So entsteht wieder eine Auswahl (siehe Abbildung).

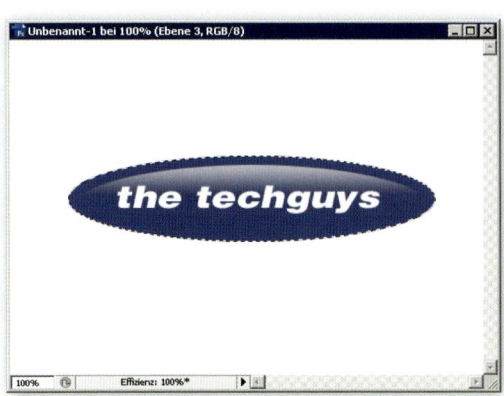

Schritt 8: Schalten Sie mit dem B den Pinsel ein und wählen Sie eine weichkanti-ge Spitze mit 70 oder mehr Pixel Hauptdurchmesser. Sie richten mit dem D schwarze Vordergrundfarbe ein, dann malen Sie an der rechten und unteren Seite des Ovals ent-lang (so wie hier zu sehen). Mit Strg+D (am Mac ⌘+D) heben Sie die Auswahl wieder auf.

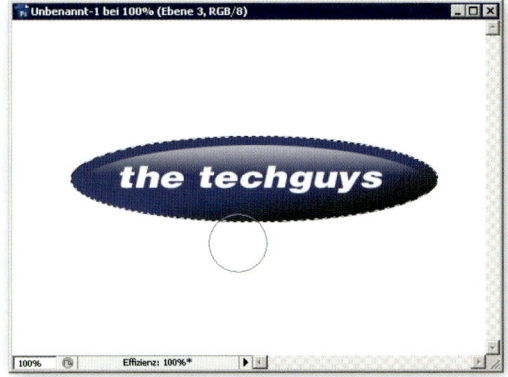

Schritt 9: Senken Sie die Deckkraft dieser Ebene in der Palette auf 70 Prozent. Damit sind Sie fertig. (Anmerkung: In diesem speziellen Fall würde ich keinen Schlagschatten hinzufü-gen, denn das Objekt selbst hat schon genug Tiefenwirkung.)

Der Star-Trek-Look

Der futuristische Look der TV-Serie Star Trek sieht selbst heute noch gut aus. Wir ahmen hier das typische Grafikdesign aus Star Trek nach. Es eignet sich hervorragend als Grundbild für Präsentationen, für Schilder und Videoeinblendungen. Fans werden schmunzeln, denn der typische Star-Trek-Stil ist unverkennbar.

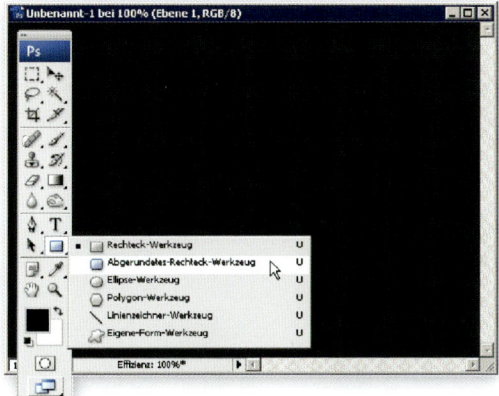

Schritt 1: Legen Sie eine neue RGB-Datei an. Mit der Taste ⒹÏ stellen Sie schwarze Vordergrundfarbe ein, dann drücken Sie ⒶltÏ+⒠ntfÏ; so füllen Sie die Hintergrundebene schwarz. Dann schalten Sie in der Werkzeugleiste das Abgerundetes-Rechteck-Werkzeug ein. Mit dem Schalter NEUE EBENE ERSTELLEN unten in der Werkzeugleiste erzeugen Sie eine neue Ebene.

Schritt 2: Oben in den Optionen klicken Sie auf das dritte Symbol von links, es heißt PIXEL FÜLLEN. Den Radius, also die Abrundung der Ecken, setzen Sie auf 20. Klicken Sie auf das Vordergrundfarbfeld und nehmen Sie ein kräftiges Blau im Farbwähler (ich verwende hier R 87, B 145 und G 255). Ziehen Sie ein abgerundetes Rechteck auf, das ungefähr so aussieht wie hier.

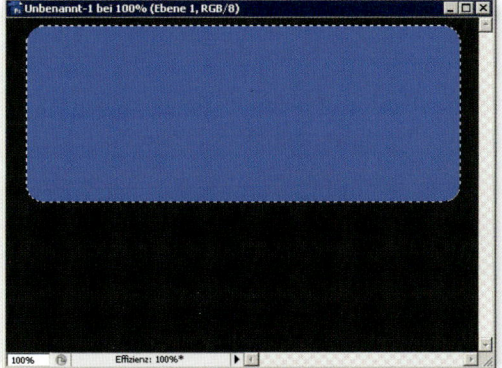

Schritt 3: Klicken Sie bei gedrückter ⒮trgÏ-Taste (am Mac bei gedrückter ⌘Ï-Taste) auf die Miniatur der Rechteckebene in der Ebenenpalette. So entsteht eine Auswahl um das Rechteck herum.

Tipp:
Warum das Rauschen monochromatisch sein sollte

Den Befehl FILTER, RAUSCH-FILTER, RAUSCHEN HINZUFÜGEN verwenden wir generell mit der Option MONO-CHROMATISCH. Sie ist ganz unten im Dialogfeld zu finden. Der Grund: Ohne diese Vorgabe besteht das Rauschen aus kleinen roten, grünen und blauen Punkten. Das Bild lässt sich dann nicht mehr gut umfärben oder kolorieren.

Fortsetzung

Tipp:

Nutzen Sie die Vignettierung einmal kreativ

Wir alle mühen uns nach Kräften, die Vignettierung – also dunkle Bildränder – zu vermeiden: Wir blenden ab, vermeiden kritische Brennweiten und Objektivvorsätze, noch vorhandene Vignettierung wird möglichst in Photoshop oder schon von der Kamerasoftware eliminiert.

Aber setzen Sie die Vignettierung doch einmal gezielt ein: Ein unauffälliger, weicher, dunkler Rand lenkt den Blick auf das Hauptmotiv und gibt manchen Aufnahmen das ganz besondere Etwas. Nun haben Sie extra 100 Testberichte gelesen und dann ein Objektiv gekauft, das keine messbare Vignettierung an den Sensor liefert? Ist nicht so tragisch: Stellen Sie die gefürchtete Randabschattung einfach in Photoshop her. Dazu wählen Sie FILTER, VERZERRUNGSFILTER, OBJEKTIV-KORREKTUR und ziehen den Regler STÄRKE nach links.

Schritt 4: Schalten Sie das Auswahlrechteck mit der Taste M ein, dann ziehen Sie die Auswahl nach rechts oben, wie hier zu sehen. Wir verwenden hier das Auswahlrechteck, denn damit können Sie die Fließmarkierung unabhängig von den Bildpunkten verschieben.

Schritt 5: Mit der Entf-Taste löschen Sie den jetzt noch ausgewählten Teil des blauen Rechtecks (siehe Abbildung). Heben Sie die Auswahl mit Strg+D (am Mac ⌘+D) auf.

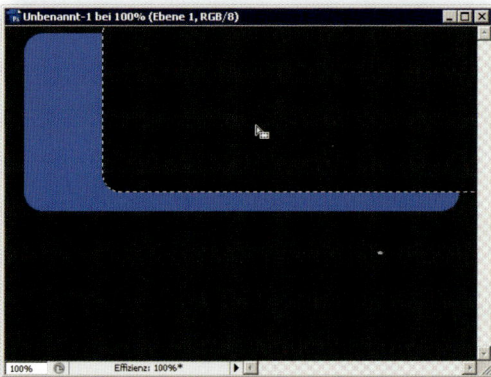

Schritt 6: Über der abgerundeten Spitze des linken Pfeilers ziehen Sie mit dem Auswahlrechteck eine rechteckige Markierung auf (wie hier zu sehen). Drücken Sie die Entf-Taste, um diesen obersten Teil der Figur auch noch wegzulöschen. Die Spitze erscheint also jetzt flach mit harten Ecken. Genauso verfahren Sie mit dem abgerundeten Ende rechts unten: Sie wählen den Bereich aus und löschen ihn weg.

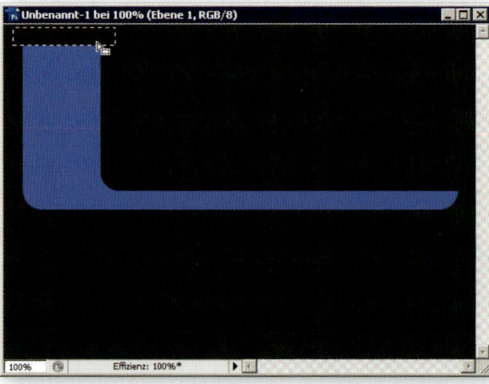

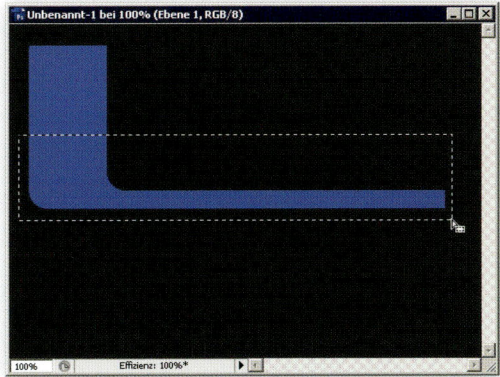

Schritt 7: Mit demselben Werkzeug ziehen Sie eine große Auswahl über der unteren Hälfte der verbleibenden Figur auf (wie abgebildet).

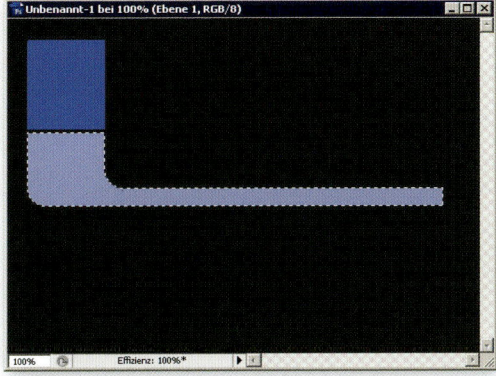

Schritt 8: Halten Sie die Strg-Taste (am Mac ⌘-Taste) gedrückt, dann drücken Sie dreimal auf die Taste ↓. So bewegen Sie den unteren Teil der Figur exakt um drei Pixel nach unten, zwischen den zwei Segmenten entsteht eine dünne Kante. Behalten Sie die Auswahl noch bei und geben Sie ein helleres Blau als Vordergrundfarbe vor (ich nahm R 173, B 196 und G 255). Mit dieser Farbe füllen Sie den unteren Teil, drücken Sie also Alt + Entf. Mit Strg + D (am Mac ⌘ + D) heben Sie die Auswahl auf.

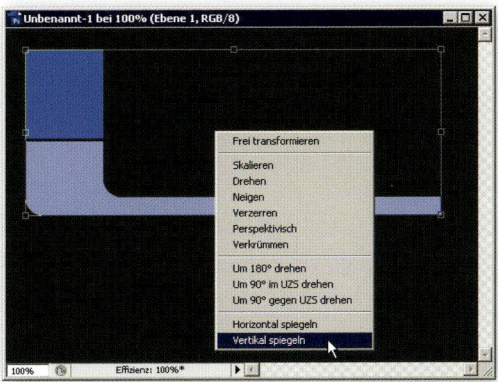

Schritt 9: Drücken Sie Alt + Strg + T (am Mac Alt + ⌘ + T). So starten Sie das FREIE TRANSFORMIEREN und duplizieren Ihr Objekt dabei. Klicken Sie mit rechts (am Mac bei gedrückter Ctrl-Taste) in den Rechteckrahmen und nehmen Sie VERTIKAL SPIEGELN. Photoshop produziert jetzt ein nach unten gespiegeltes Duplikat der Ebene. Ziehen Sie dieses Duplikat bei gedrückter ⇧-Taste bis unter die ursprüngliche Figur, bis eine schmale Grenze zwischen beiden besteht.

Tipp:
Farbverläufe mit Transparenz
Wir verwenden oft den Farbverlauf Vordergrund-Hintergrund, nehmen eine der anderen Vorgaben oder konstruieren unsere eigenen Verläufe. Besonders cool ist aber die Vorgabe Vordergrund-Transparent. Wenn Sie diese Vorgabe anklicken und mit dem Verlaufswerkzeug im Bild ziehen, geht der Verlauf von der Vordergrundfarbe in Transparenz über (also genau das, was man dem Namen nach vermutet).

Fortsetzung

Tipp:
Wie Sie den richtigen Verlauf finden

Wenn das Verlaufswerkzeug eingeschaltet ist, erhalten Sie die mitgelieferten Verlaufsvorgaben wie auch Ihre selbst entwickelten Verläufe im Verlaufswähler. Den bietet Photoshop oben in der Optionenleiste an. Klicken Sie auf das abwärts gerichtete Dreieck neben der Verlaufsminiatur mit dem aktiven Verlauf. Wenn Sie auf dieses Dreieck klicken, sehen Sie den Verlaufswähler. Normalerweise erscheint zuerst die Vorgabe Vordergrund-Hintergrund. Diese Miniatur verändert sich je nach Situation: Sie verwendet immer die gerade in der Werkzeugleiste aktuellen Vorder- und Hintergrundfarben.

Schritt 10: Sie bestätigen dieses Manöver mit der ↵-Taste. Dann wechseln Sie mit dem W zum Zauberstab. Klicken Sie auf die obere Hälfte des Duplikats, um diesen Bereich auszuwählen. Als Vordergrundfarbe richten Sie jetzt ein mittleres Rosa ein (ich nahm R 206, B 156 und G 206), dann füllen Sie die ausgewählte obere Hälfte per Alt+Entf mit diesem Rosa. Wählen Sie das untere Rechteck aus und füllen Sie es mit dunklem Lila (R 126, B 122 und G 201). Mit Strg+D (am Mac ⌘+D) heben Sie die Auswahl auf.

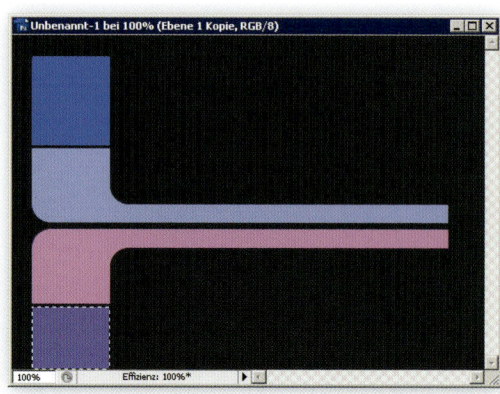

Schritt 11: Klicken Sie in der Ebenenpalette einmal auf die ursprüngliche, hellblaue Ebene. Um das Ende der Figur abzurunden, stellen Sie wieder die gleiche hellblaue Vordergrundfarbe ein. Dann schalten Sie wieder das Abgerundetes-Rechteck-Werkzeug ein und ziehen eine längliche Auswahl über dem rechten Ende der größeren Figur (wie hier zu sehen). Das rechte Ende der neuen Figur bildet gleichzeitig das Ende der größeren Figur.

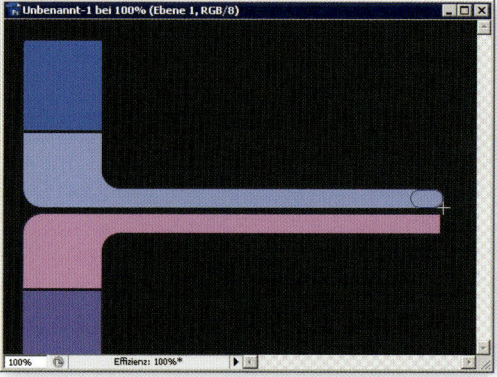

Schritt 12: Mit dem T schalten Sie zum Textwerkzeug, mit D und dann X sorgen Sie für weiße Vordergrundfarbe. Tippen Sie den Text für den Balken rechts. (Hier wird die Schriftart Compacta von Bitstream verwendet.) Machen Sie den Text genauso groß wie den Balken.

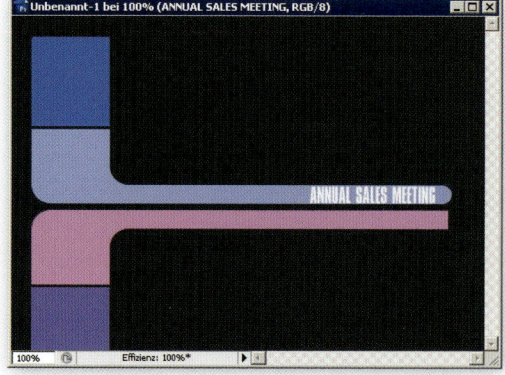

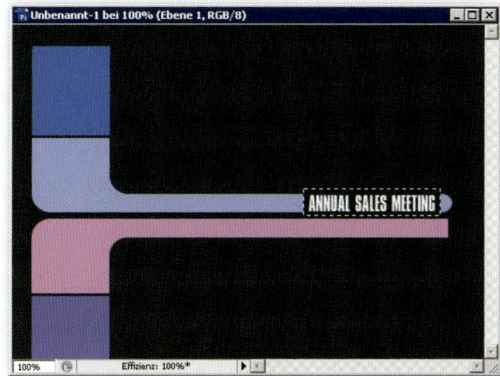

Schritt 13: Mit dem [M] kehren Sie zum Auswahlrechteck zurück. Ziehen Sie eine Auswahl um den Text herum, wie hier zu sehen. Klicken Sie in der Ebenenpalette wieder auf die ursprüngliche, blaue Ebene und drücken Sie dann die Entf-Taste. So durchbrechen Sie den Balken, die Schrift dort steht auf Schwarz. Per [Strg]+[D] (am Mac [⌘]+[D]) heben Sie die Auswahl auf.

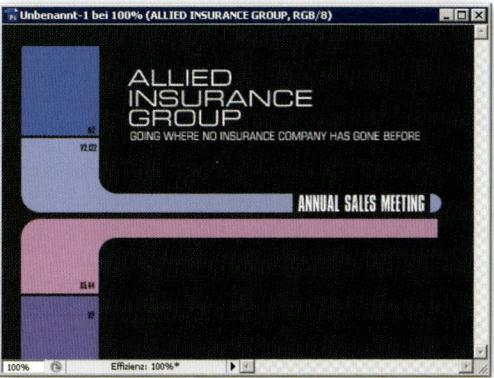

Schritt 14: Jetzt gestalten Sie den Rest der Präsentationsfolie. Innerhalb der Farbbalken habe ich einige Buchstaben und Ziffern mit der Schriftart Compacta eingesetzt. Für den Firmennamen habe ich Eurostile Extended von Adobe gewählt. Auch die restlichen Textblöcke sind in Eurostile Extended oder in normalem Eurostile. Unten sehen Sie das Ergebnis.

Tipp:
Horizontal ziehen in Dialogfeldern
Sie müssen in Dialogfeldern nicht an Schiebereglern ziehen oder in Felder tippen, um Werte zu ändern. Es gibt noch eine weitere, sehr bequeme Methode: Halten Sie den Mauszeiger über den Namen eines Felds, dann erscheint der Mauszeiger als Hand mit Doppelpfeil. Ziehen Sie nach rechts oder links, um Werte zu verändern. Öffnen Sie zum Beispiel den Dialog GAUSSSCHER WEICHZEICHNER und halten Sie den Mauszeiger direkt über das Wort „Radius"; er erscheint dann als Hand mit Doppelpfeil. Eine praktische Sache! Probieren Sie einmal aus, ob Ihnen diese Art der Bedienung zusagt.

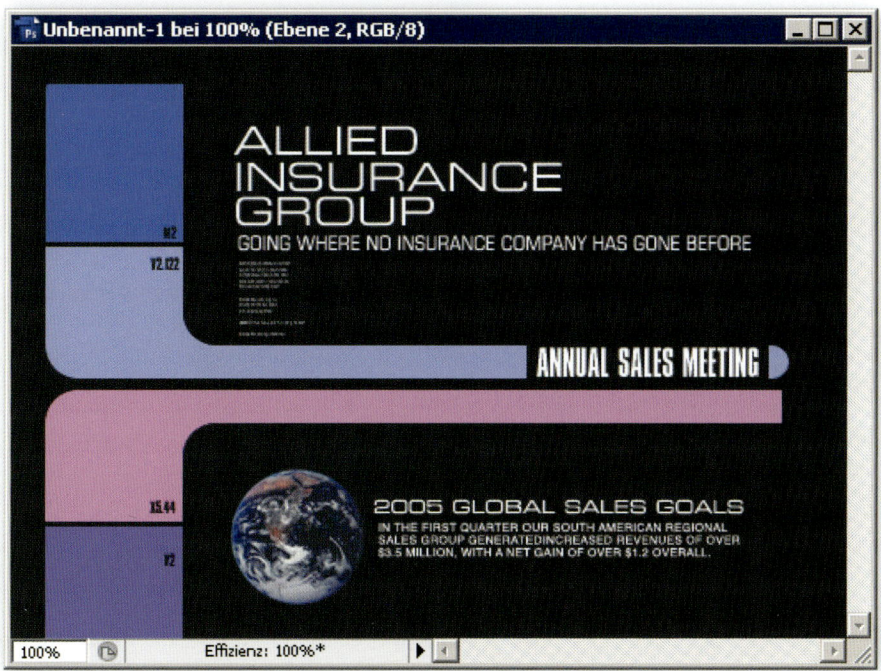

Transparente Hi-Tech-Infoboxen

Hier kommt ein Effekt, der die transparenten Infoboxen aus dem Fernsehen nachbaut. Die Sender legen diese Elemente über das Bild und zeigen darin Textzeilen, Fußballergebnisse und Ähnliches. Sie können diese transparenten Boxen aber auch im Web, auf Multimedia-DVDs oder sogar im Druck einsetzen.

Schritt 1: Öffnen Sie die Datei, die als DVD-Hintergrund dient. Dann öffnen Sie noch eine neue Datei in der exakten Größe für Ihre DVD-Oberfläche. Unten in der Ebenenpalette klicken Sie auf die Schaltfläche NEUE EBENE ERSTELLEN. So entsteht eine neue leere Ebene.

© Brand X Pictures

Schritt 2: Schalten Sie das Polygon-Lasso ein und zeichnen Sie eine Fläche, die später als Navigationsbereich dient (siehe Bild). Halten Sie die ⇧-Taste gedrückt, dann sind nur noch Verbindungen in perfekten 45 Grad-Winkeln möglich. Erzeugen Sie eine Figur wie hier.

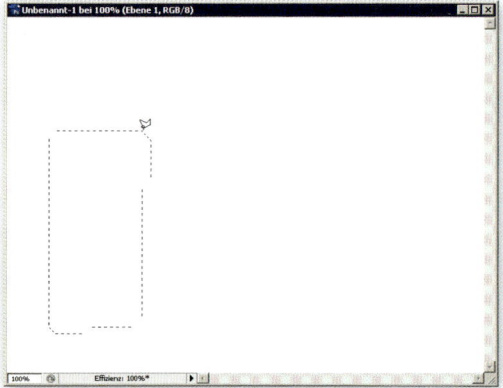

Schritt 3: Mit dem D richten Sie schwarze Vordergrundfarbe ein, mit Alt+Entf füllen Sie die Auswahl schwarz. Der nächs-te Tastengriff heißt Strg+D (am Mac ⌘+D) – Sie heben die Auswahl auf.

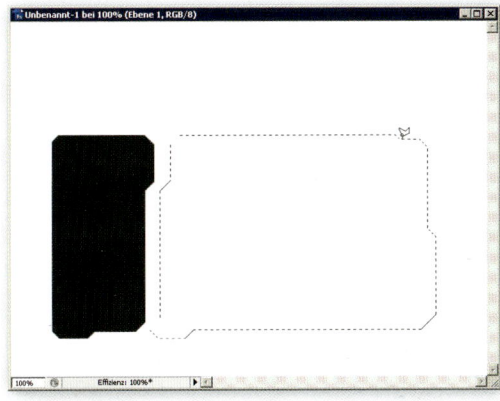

Schritt 4: Zeichnen Sie auf derselben Ebene eine weitere Form mit dem Polygon-Lasso (so wie hier zu sehen). Nutzen Sie wieder die ⇧-Taste für exakte Horizontalen, Vertikalen und 45 Grad-Winkel.

Schritt 5: Stimmt die Auswahl, drücken Sie ⟨Alt⟩+⟨Entf⟩, um sie schwarz zu füllen. Mit ⟨Strg⟩+⟨D⟩ (am Mac ⌘+⟨D⟩) heben Sie die Auswahl wieder auf.

Schritt 6: Noch einmal nehmen Sie das Polygon-Lasso und zeichnen eine dritte Figur, so wie hier. Sie wird abermals schwarz gefüllt.

Tipp:
Ersparen Sie sich den Trip zum Verlaufswähler
Sie arbeiten mit dem Verlaufswerkzeug und wollen eine andere Verlaufsvorgabe einschalten. Dann müssen Sie nicht erst auf den Verlaufswähler oben in der Optionenleiste klicken. Viel leichter: Drücken Sie einfach die ⟵-Taste, schon erscheint der Verlaufswähler direkt über dem Bild, neben dem Mauszeiger. Klicken Sie doppelt auf den gewünschten Verlauf und schon verschwindet der Verlaufswähler wieder.

Fortsetzung

Tipp:
Fangen Sie groß an

Viele Designer entwerfen Internetgrafiken zunächst weit größer als benötigt, zum Beispiel 200 oder 300 Prozent größer. Das ist besonders nützlich, wenn die Endgröße sehr gering ist, etwa bei Schaltflächen. Man könnte sie kaum direkt in der Originalgröße entwerfen. Wenn Sie diesen Weg auch nutzen, verkleinern Sie die Objekte im Modus FREI TRANSFORMIEREN; dazu drücken Sie Strg+T (am Mac ⌘+T).

Schritt 7: Entfernen Sie die Auswahlmarkierung mit Strg+D (am Mac ⌘+D). Wechseln Sie mit dem V zum Verschiebenwerkzeug, halten Sie die ⇧-Taste gedrückt und ziehen Sie die Figur in das Bild, das Sie in Schritt 1 geöffnet haben. (Die ⇧-Taste platziert die Figur exakt in der Mitte des Zielbilds.) Ihre DVD-Oberfläche steht im Prinzip, jetzt verfeinern Sie das Ganze noch.

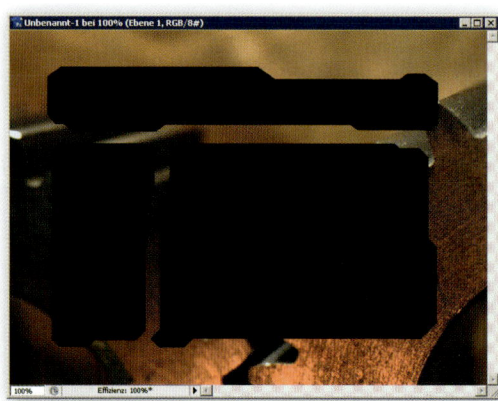

Schritt 8: Senken Sie die Deckkraft in der Ebenenpalette auf 60 Prozent, so dass man den Hintergrund durch die Formen hindurch erkennt. Unten in der Palette klicken Sie auf die Schaltfläche NEUE EBENE ERSTELLEN, so dass Sie eine neue leere Ebene erhalten.

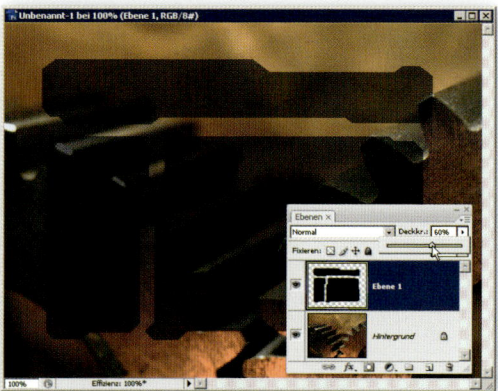

Schritt 9: Halten Sie die Strg-Taste (am Mac die ⌘-Taste) gedrückt und klicken Sie auf die Miniatur der Formenebene. So entsteht eine Auswahl um die Formen herum (im Bild zu sehen). Dann folgt der Befehl BEARBEITEN, KONTUR FÜLLEN. Als Breite nehmen Sie 1 Pixel, nach einem Klick auf das Farbfeld stellen Sie weiße Konturfarbe ein, für die Position wählen Sie MITTE. Nach dem OK-Klick entsteht eine weiße Konturlinie entlang der Auswahl.

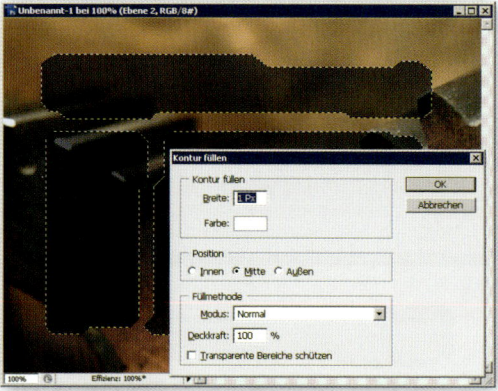

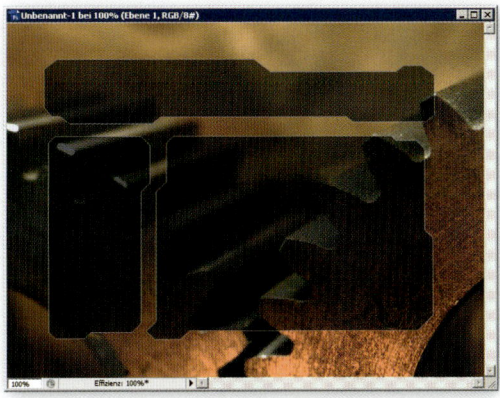

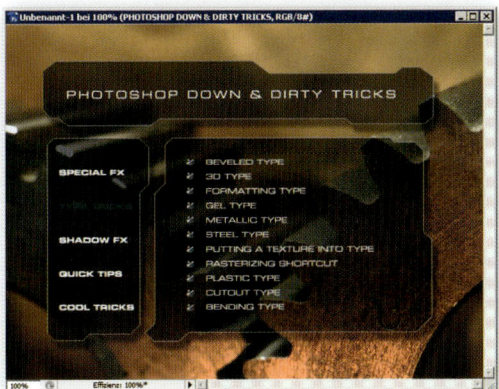

Schritt 10: Mit [Strg]+[D] (am Mac [⌘]+[D]) heben Sie die Auswahl auf. In der Ebenenpalette senken Sie die Deckkraft der Kontur auf 50 Prozent, so erscheint sie noch dünner. Dann klicken Sie in der Ebenenpalette wieder auf die Ebene mit den Formen.

Schritt 11: Unten in der Ebenenpalette klicken Sie auf EBENENSTIL HINZUFÜGEN und dann auf SCHLAGSCHATTEN. Heben Sie den Abstand auf 13 und schalten Sie das GLOBALE LICHT ab, dann klicken Sie auf OK. So erhalten die Figuren einen leichten Schatten (wie hier zu sehen). Wecheln Sie nun mit dem [T] zum Textwerkzeug und tippen Sie Ihre Worte ein. (Der Text hier entstand mit den Schriftarten Eurostile Extended oder Eurostile Bold von Adobe.)

Schritt 12: Ich habe noch eine Leiste von Chrom-Schaltflächen hinzugefügt. Dazu habe ich eine neue Ebene erstellt, kleine Kreisauswahlen angelegt und diese mit dem üblichen Schwarzweißverlauf gefüllt. Dann folgte noch der Ebenenstil ABGEFLACHTE KANTE UND RELIEF mit den Einstellungen von unten.

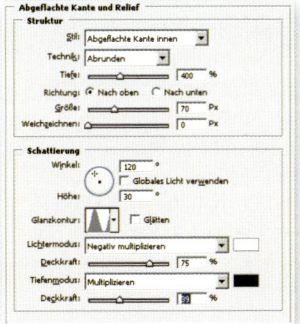

Tipp:

Auswahlen laden

Wir schlagen hier immer den Befehl AUSWAHL, AUSWAHL LADEN vor, wenn Sie eine zuvor gesicherte Auswahl wieder nutzen möchten. Es geht jedoch auch anders, dann nehmen Sie die Kanälepalette. Ziehen Sie dort den gewünschten Kanal auf das Symbol KANAL ALS AUSWAHL LADEN. (Es ist das erste von links.) Dann klicken Sie auf den RGB-Kanal, um das Gesamtbild mit Auswahl zu sehen.

Textfläche mit Weichzeichnung

Dieser Effekt ist wirklich beliebt, ich sehe ihn überall. Er leitet sich von der klassischen Textfläche ab (auch Backscreen genannt; Sie zeigen einen Bildbereich heller oder dunkler, so dass sich der Text gut davon abhebt). Bei diesem Effekt hier kommt noch eine Weichzeichnung hinzu. So lässt sich die Schrift noch besser lesen.

Schritt 1: Öffnen Sie das Bild für den Effekt. Mit der Schaltfläche NEUE EBENE ERSTELLEN unten in der Ebenenpalette legen Sie eine neue Blankoebene an.

© Brand X Pictures

Schritt 2: Schalten Sie das Polygon-Lasso ein (es erzeugt Auswahlen mit geraden Linien). Bei gedrückter ⌨-Taste erzeugen Sie eine Auswahl, wie hier zu sehen. Sie setzen nur Einzelklicks, Photoshop verbindet die Punkte mit Geraden. Nur wenn Sie die Richtung ändern, müssen Sie klicken (aber halten Sie die ⌨-Taste wirklich dauerhaft gedrückt, denn nur so bekommen Sie perfekte horizontale und vertikale Linien sowie 45 Grad-Winkel).

Schritt 3: Mit dem ⌨D sorgen Sie für schwarze Vordergrundfarbe, dann füllen Sie den Auswahlbereich per ⌨Alt + ⌨Entf mit Schwarz. Senken Sie die Deckkraft auf 60 Prozent, so dass man durch die Ebene hindurchsehen kann (wie abgebildet). So entsteht eine dunkle Textfläche. Verwerfen Sie die Auswahl noch nicht.

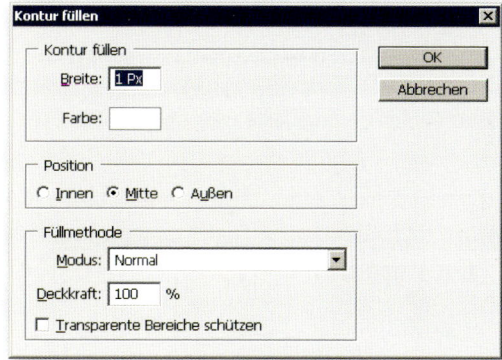

Schritt 4: Legen Sie noch eine neue leere Ebene an (klicken Sie auf die Schaltfläche NEUE EBENE ERSTELLEN unten in der Ebenenpalette). Mit dem [X] erhalten Sie weiße Vordergrundfarbe, dann wählen Sie BEARBEITEN, KONTUR FÜLLEN. Im Dialog nehmen Sie ein Pixel Breite und die Position Mitte. Mit dem OK-Klick entsteht eine ein Pixel breite Kontur um die Auswahl herum. Senken Sie die Deckkraft auf 50 Prozent, so dass die Linie noch dünner wirkt.

Schritt 5: Heben Sie die Auswahl noch nicht auf. Klicken Sie in der Ebenenpalette auf die Hintergrundebene (die Auswahl existiert noch?), dann nehmen Sie den Befehl FILTER, WEICHZEICHNUNGSFILTER, GAUSSSCHER WEICHZEICHNER. Tragen Sie 10 Pixel Radius ein (testen Sie einen 40er-Radius für hochaufgelöste 300 dpi-Fotos) und klicken Sie OK. So soften Sie das Foto im Bereich des Texthintergrunds ab. Jetzt heben Sie die Auswahl mit [Strg]+[D] (am Mac [⌘]+[D]) auf.

Schritt 6: In der Ebenenpalette klicken Sie noch einmal auf die Ebene mit dem schwarzen Balken. Senken Sie die Deckkraft bis auf 40 Prozent, so dass der weichgezeichnete Bildbereich deutlicher erkennbar wird. Dann fügen Sie Text hinzu. (Anmerkung: Für den oberen und unteren Text nahm ich die Schriftart Eurostile Extended 2, die mittlere Zeile verwendet Serpentine Oblique, beide von Adobe.)

Tipp:
Wie man einen Einzelkanal bearbeitet, aber das Gesamtfarbbild sieht
Sie können eine einzelne Grundfarbe wie Rot oder Grün bearbeiten, aber gleichzeitig das Farbbild in seinem Drei- oder Vier-Farben-Aufbau sehen. Zuerst klicken Sie in der Kanälepalette auf einen Einzelkanal wie Rot oder Grün. Jetzt sehen Sie im Bildfenster nur noch diesen einen Kanal, meist in Graustufen. Der Trick kommt nun: Ganz oben in der Kanälepalette klicken Sie in das leere Kästchen links neben dem RGB- oder CMYK-Gesamtkanal, so dass dort wieder ein Augensymbol zu sehen ist. Jetzt zeigt Photoshop wieder das Gesamtbild in normalen Farben. Aber achten Sie auf die Kanälepalette: Dort ist weiterhin nur der Einzelkanal markiert und nur diesen einen Kanal verändern Sie.

Tipp:

Sauber extrahieren, auch wenn der Hintergrund sich nicht gut abhebt

Der EXTRAHIEREN-Befehl trennt Personen sauber vom Hintergrund. Jedenfalls meistens. Steht allerdings eine Person im dunklen Mantel vor einem dunklen Hintergrund, dann versagt die Funktion mitunter: Der Kontrastunterschied ist zu gering. Nutzen Sie in diesen Fällen auch die Option STRUKTURIERTES BILD. Jetzt achtet Photoshop nicht nur auf Farbe und Helligkeit, sondern berücksichtigt auch Texturänderungen. So gelingen Freisteller noch besser.

Fotorealistische Chromspiegelungen

Dieser Effekt bedeutete früher viel Arbeit. Als ich mir ein paar Firmenlogos noch einmal genauer angesehen hatte, wollte ich unbedingt ein einfacheres Verfahren entwickeln. Und das ist auch gelungen. Sie lesen hier, wie Sie die edlen Chromeffekte ganz unkompliziert hinbekommen.

Schritt 1: Öffnen Sie ein neues 72 dpi-Dokument im RGB-Modus. Mit der Schaltfläche NEUE EBENE ERSTELLEN unten in der Ebenenpalette erzeugen Sie eine neue leere Ebene. Schalten Sie die Auswahlellipse ein und ziehen Sie bei gedrückter ⇧-Taste einen großen Kreis in der Mitte der Datei auf. Mit dem G schalten Sie zum Verlaufswerkzeug, dann zeigen Sie per ↵-Taste die Verlaufsbibliothek an. Aus dem Menü dieses Dialogfelds laden Sie die weitere Bibliothek METALL, dann klicken Sie auf ANFÜGEN. So stehen die Metallverläufe zur Verfügung.

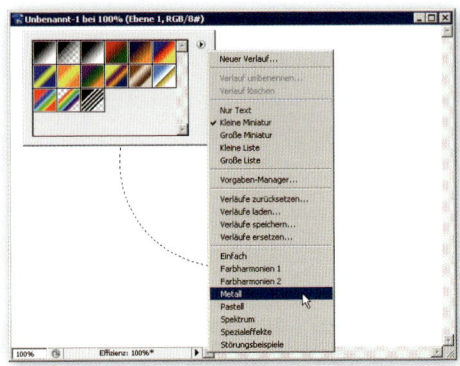

Schritt 2: Klicken Sie auf den Silberverlauf (er ist grau mit zwei diagonalen weißen Streifen, wie in der Abbildung). Mit dem Verlaufwerkzeug klicken Sie an die oberste Stelle des Kreises und ziehen bis ganz nach unten. Behalten Sie die Auswahl noch.

Schritt 3: Gehen Sie ins Untermenü AUSWAHL, AUSWAHL VERÄNDERN und dann auf VERKLEINERN. Schrumpfen Sie die Auswahl um 6 Pixel. Dann klicken Sie mit dem Verlaufswerkzeug auf die unterste Stelle der verkleinerten Auswahl und ziehen nach oben bis zur Oberkante des Auswahlbereichs (also genau andersherum als in Schritt 2).

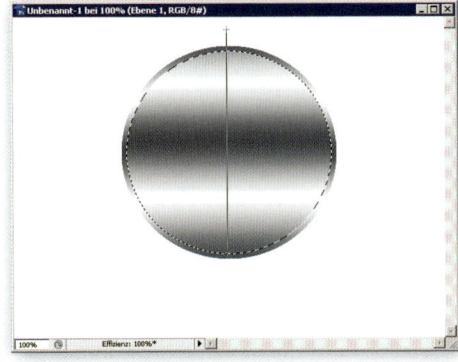

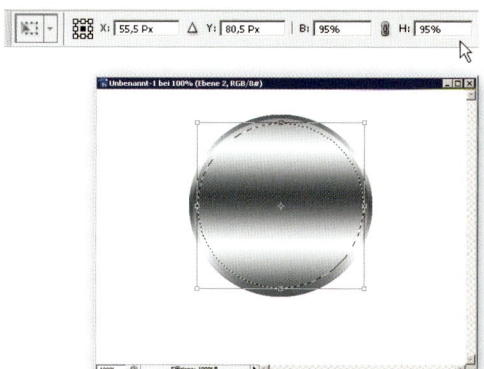

© Brand X Pictures

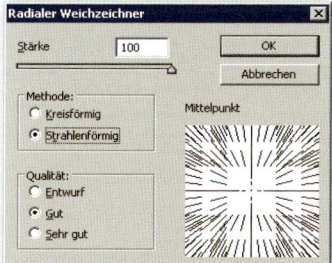

Schritt 4: In der Ebenenpalette erzeugen Sie eine neue leere Ebene, dann wählen Sie AUSWAHL, AUSWAHL TRANSFORMIEREN. In den Einstellungen geben Sie je 95 Prozent Breite und Höhe vor (wie oben zu sehen). Per ⏎-Taste verkleinern Sie die Auswahl. Ich gehe diesen Weg, weil dann der Kreis wirklich rund bleibt. Weiterholte Anwendung des Verkleinern-Befehls kann den Kreis dagegen entstellen.

Schritt 5: Nach einem Klick auf das Vordergrundfarbfeld stellen Sie ein mittleres Rot ein (ich nahm R 97, G 11, B 11). Per AlL+Entf füllen Sie die Auswahl mit diesem Rot. Jetzt heben Sie die Auswahl mit Strg+D (am Mac ⌘+D) auf.

Schritt 6: Öffnen Sie das Bild für die Spiegelung im Chrom. Am besten eignen sich Landschaften mit starken Farbunterschieden (Sie können auch unser Bild unter www.scottkelbybooks.com/ csphotos.html herunterladen). Mit dem M wechseln Sie zum Auswahlrechteck, damit rahmen Sie das Hauptmotiv des Fotos ein (wie hier zu sehen).

Schritt 7: Sie brauchen den Befehl FILTER, WEICHZEICHNUNGSFILTER, RADIALER WEICHZEICHNER und zwar gleich zweimal. Heben Sie die Stärke auf 100 Prozent, als Methode nehmen Sie Strahlenförmig, die Qualitätsstufe bleibt bei Gut. Klicken Sie auf OK und dann wiederholen Sie den Effekt mit Strg+F (am Mac ⌘+F). Behalten Sie die Auswahl noch.

Tipp:

Wie Sie die Anfasser beim Transformieren wieder anzeigen

Vielleicht haben Sie auch schon mal das FREIE TRANSFORMIEREN gestartet, konnten dann aber die äußeren Anfasspunkte nicht sehen (ach, nur zwölfmal am Tag?). Probieren Sie einmal das: Drücken Sie Strg+0 (null) (am Mac ⌘+0). Photoshop verkleinert jetzt die Zoomstufe so, dass Sie sämtliche Eckanfasser zu Gesicht bekommen, auch solche, die außerhalb der Dokumentgrenzen liegen. Funktioniert super.

Fortsetzung

Tipp:
Photoshops versteckte Automatik

Sie wollen eine Ebene mehrfach kopieren und jedes Mal ein Stück weiterdrehen oder weiterbewegen, so dass eine gleichmäßige Anordnung entsteht. Verwenden Sie diesen Ablauf: Zuerst drücken Sie `Alt`+`Strg`+`T` (am Mac `Alt`+`⌘`+`T`). So starten Sie das FREIE TRANSFORMIEREN, aber die Transformation wird auf ein automatisch erstelltes Duplikat angewendet. Das sehen Sie, wenn Sie die Veränderung mit der `↵`-Taste bestätigen. Jetzt folgt `⇧`+`Alt`+`Strg`+`T` (am Mac `⇧`+`Alt`+`⌘`+`T`). Damit wiederholen Sie die letzte Umformung, wiederum auf ein Duplikat angewendet. Jedes Mal, wenn Sie diese Tastenkombination drücken, entsteht eine neue Ebene, immer mit dem gleichen Abstand, Drehwinkel und so weiter.

Schritt 8: Die Taste `V` schaltet das Verschiebenwerkzeug ein. Damit klicken Sie in den ausgewählten Teil des Fotos und ziehen ihn über die andere Datei mit dem Kreis und den Verläufen. Ziehen Sie es in der Ebenenpalette so, dass es unter dem roten Kreis und über dem Kreis mit dem Silberverlauf liegt.

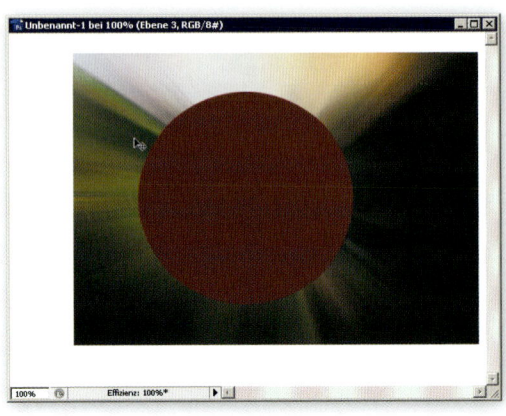

Schritt 9: Mit `Strg`+`G` (am Mac `⌘`+`G`) sorgen Sie dafür, dass das Foto nur noch innerhalb der darunterliegenden Verlaufsebene sichtbar wird (wie hier zu sehen). Stellen Sie die Füllmethode von NORMAL auf FARBIG NACHBELICHTEN um (siehe Abbildung), so dass sich das Foto besser mit dem Verlauf mischt. Klicken Sie in der Ebenenpalette einmal auf den Kreis mit Verlauf (Ebene 1).

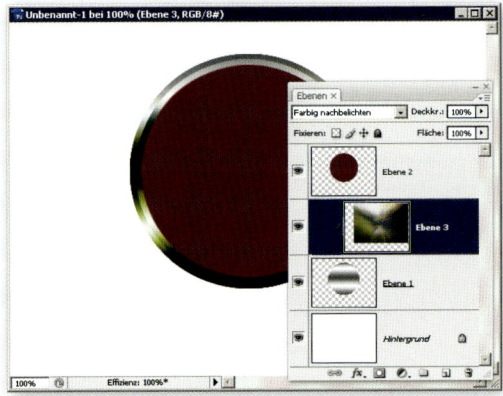

Schritt 10: Unten in der Ebenenpalette klicken Sie auf EBENENSTIL HINZUFÜGEN und dann auf ABGEFLACHTE KANTE UND RELIEF. Ändern Sie die Technik auf HART MEISSELN. Die Tiefe stellen Sie auf 341, das Weichzeichnen auf 3. Im Bereich SCHATTIERUNG schalten Sie das Glätten ein, dann klicken Sie auf das gekippte Dreieck neben GLANZKONTUR. Sie öffnen das Menü der Glanzkonturbibliothek und laden die weitere Bibliothek KONTUREN dazu. Wählen Sie die Kontur mit den drei Spitzen aus, sie heißt DREIFACHER RING (siehe Abbildung). Senken Sie die Deckkraft im Lichtermodus auf 55 Prozent, aber klicken Sie noch nicht auf OK.

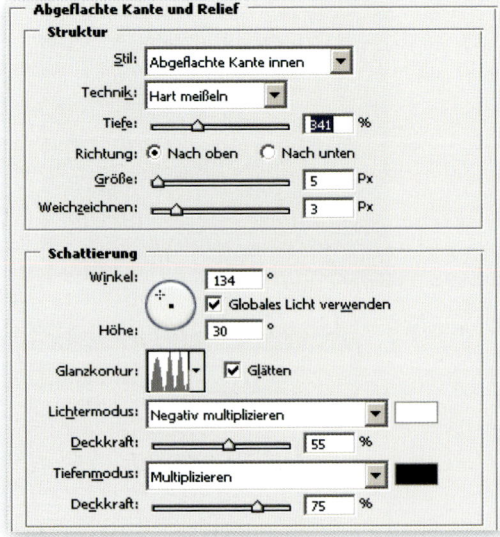

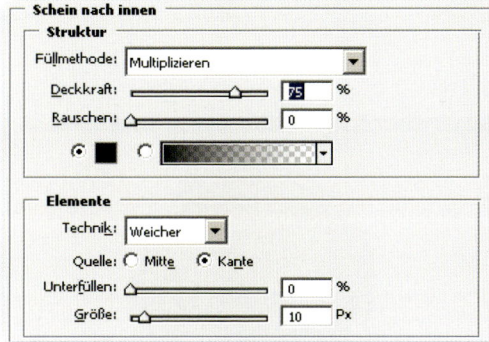

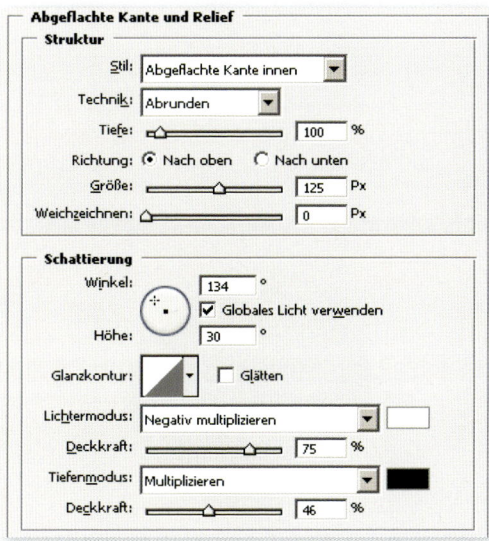

Schritt 11: Links im Dialogfeld klicken Sie direkt auf SCHLAG-SCHATTEN innerhalb der STILE-Liste. In den Einstellungen für diesen Effekt heben Sie den Abstand auf 13 und die Größe auf 16, dann klicken Sie auf OK. So entsteht ein weicher Schatten unter der Verlaufsebene.

Schritt 12: Klicken Sie in der Ebenenpalette doppelt auf die leere Fläche neben der roten Kreisminiatur und dann in der Liste links auf SCHEIN NACH INNEN. Setzen Sie die Größe auf 13, so entsteht ein leichtes Leuchten innerhalb des roten Kreises. Klicken Sie noch nicht auf OK.

Schritt 13: In der Liste links klicken Sie direkt auf ABGEFLACHTE KANTE UND RELIEF, so dass die entsprechenden Einstellmöglichkeiten erscheinen. Heben Sie die Größe auf 125. Im Bereich SCHATTIERUNG ganz unten senken Sie die Deckkraft im Tiefenmodus auf 46 Prozent.

Tipp:
Mit einem Klick in den Vollschirmmodus
Sie wollen alle Dateien im Vollbildmodus sehen (ohne Paletten und Menüleiste). Halten Sie die ⇧-Taste gedrückt und klicken Sie ganz unten in der Werkzeugleiste auf die Schaltfläche BILDMODUS ÄNDERN. Mit der ⇥-Taste verschwinden die Paletten. Mit Strg+⇥ (am Mac ⌘+⇥) zeigen Sie jetzt alle Bilder nacheinander als Diaschau.

Fortsetzung

Tipp:

**Eine größere Arbeits-
fläche – mit dem
Freistellwerkzeug!**

Doch, das ist so, Sie brau-
chen den Arbeitsfläche-
Dialog nicht. Ziehen
Sie unten rechts am
Dateifenster, so dass
graue Freifläche um das
Bild herum erscheint.
Dann ziehen Sie mit dem
Freistellwerkzeug einen
Rahmen auf, der zunächst
das gesamte Foto umfasst.
Im nächsten Schritt ziehen
Sie eine der Rahmenseiten
in die graue Fläche
jenseits der Dokument-
grenzen. Sobald Sie die
⏎-Taste drücken, baut
Photoshop hier weiße
Arbeitsfläche ans Bild
an. Das ist ein sehr über-
sichtliches Verfahren, Sie
müssen beim Ausbau der
Arbeitsfläche nicht über
Prozent- oder Zentimeter-
werte nachdenken.

Schritt 14: Klicken Sie auf OK.
Sie sehen eine großflächige
Erhebung und den Lichteffekt
in dem roten Kreis, man
denkt an eine abgerundete
Glasoberfläche.

Schritt 15: Bei gedrückter
Strg-Taste (am Mac bei
gedrückter ⌘-Taste) klicken
Sie in der Ebenenpalette auf
die Miniatur des roten Kreises,
so dass Sie diesen Bildbereich
auswählen (wie hier zu sehen).
Dann schalten Sie die Auswahlellipse ein.

Schritt 16: Halten Sie die Alt-
Taste gedrückt und ziehen Sie
eine große ovale Auswahl auf.
Erfassen Sie den größten Teil
des roten Kreises mit Ausnahme
einer Zone links oben (so wie
hier zu sehen). Wegen der Alt-
Taste ziehen Sie den Bereich
innerhalb des Ovals von der
existierenden Kreisauswahl ab.
Übrig bleibt nur eine sichelförmige Auswahl oben links.

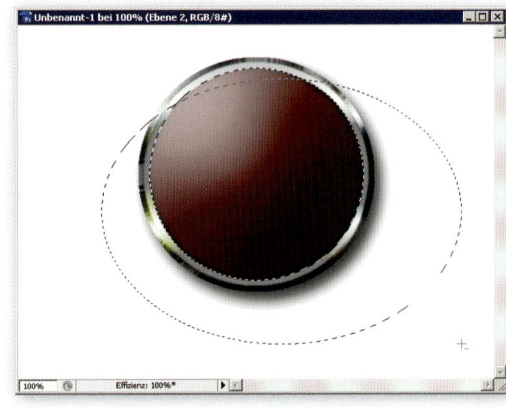

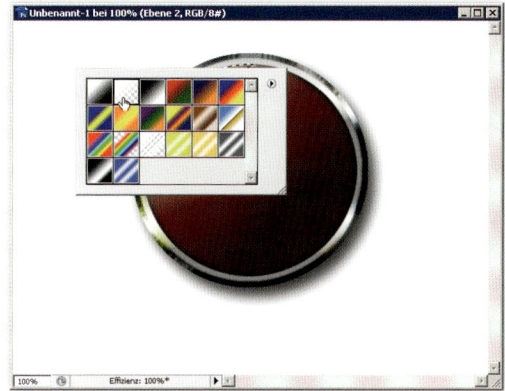

Schritt 17: Mit einem weiteren Lichteffekt wirkt das Logo noch plastischer. Mit dem ⌧ richten Sie weiße Vordergrundfarbe ein, dann erstellen Sie mit der Ebenenpalette eine neue Ebene und schalten das Verlaufswerkzeug ein. Rufen Sie mit der Eingabetaste den Verlaufswähler auf und nehmen Sie den zweiten Verlauf von links in der obersten Reihe (Vordergrund-Transparent). Klicken Sie oben in die sichelförmige Auswahl und ziehen Sie bis zur untersten Stelle dieser Auswahl.

Schritt 18: Mit Strg + D (am Mac ⌘ + D) heben Sie die Auswahl auf, dann wechseln Sie mit dem V zum Verschiebenwerkzeug. Ziehen Sie den Verlauf etwas nach unten, so dass er nicht mehr ganz am Rand des Kreises sitzt. Dann senken Sie die Deckkraft in der Ebenenpalette auf 72 Prozent. So setzen Sie eine weitere Lichtspiegelung.

Schritt 19: Jetzt fügen Sie nur noch den Text hinzu. Als Schriftart diente hier durchgehend Mata von House Industries. Um das große „M" besser mit dem Logo zu verschmelzen, können Sie die Deckraft auf 65 Prozent senken. Das war's!

Tipp:
Nutzen Sie die praktische Filterpalette in Bridge
Ich glaube, es hat sich noch nicht überall herumgesprochen, wie praktisch die Filterpalette in Bridge ist. Diese Neuheit aus Photoshop CS3 zeigt blitzschnell nur Querformate oder nur Bilder mit bestimmten Stichwörtern, Sternewertungen oder Kameraeigenschaften an. Besonders interessant sind ein paar Schaltflächen ganz oben und unten in der Filterpalette:

• Klicken Sie auf das Ordner-Symbol oben links in der Filterpalette, wenn Bridge auch Unterordner mit anzeigen soll.

• Unten links sehen Sie eine Pinnwandnadel. Wenn Sie die anklicken, bleibt die Vorgabe aus der Filterpalette auch bei Ordnerwechseln gültig. Zum Beispiel wechseln Sie zu einem anderen Ordner und sehen auch dort von vornherein nur Bilder mit dem Seitenverhältnis 3:2.

• Sie wollen wieder alle Bilder des Verzeichnisses sehen? Klicken Sie rechts unten in der Filterpalette auf das Symbol FILTER LÖSCHEN.

Tipp:
**Schnelle Pinsel-
vorschau**
Sie suchen in der Pinsel-
palette nach der richtigen
Pinselspitze? Sie müssen
die Spitzen nicht erst
einzeln anklicken, damit
Photoshop unten in der
Palette eine Vorschau
präsentiert. Halten Sie den
Mauszeiger nur für einen
etwas längeren Moment
über eine Pinselspitze,
schon erscheint ein ent-
sprechender Strich unten
im Vorschaubereich. Das
spart richtig Zeit!

Realistisches Neon

Manche Neontechniken sehen nicht echt aus. Diese hier ist anders, sie produziert überzeugende Neonschriften. Entwickelt hat sie Felix Nelson. Dieser Felix wird es noch mal zu was
bringen, wenn er sich anstrengt!

Schritt 1: Öffnen Sie eine neue
RGB-Datei mit 72 dpi. Klicken
Sie auf das Vordergrundfarbfeld
und stellen Sie Hellrosa als
Vordergrundfarbe ein, dann
klicken Sie auf OK. In der
Werkzeugleiste schalten Sie das
Textwerkzeug ein und tippen
Ihren Text (wir verwendeten
Helvetica in 130 Punkt Größe).

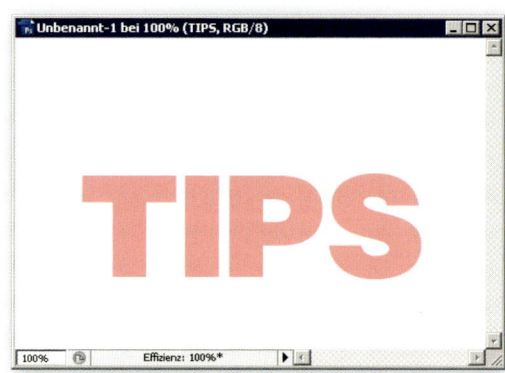

Schritt 2: Duplizieren Sie die
Textebene mit `Strg`+`J` (am
Mac `⌘`+`J`). Klicken Sie mit
dem Textwerkzeug in den Text
und drücken Sie `Strg`+`A`
(am Mac `⌘`+`A`), um den
kompletten Schriftzug auszu-
wählen. In der Zeichenpalette
stellen Sie die Schriftart auf
VAG Rounded Thin um, bei 112
Punkt Größe, als Farbe nehmen
Sie Rot. Jetzt passen Sie die
Buchstabenabstände so an,
dass die dünnen roten Lettern
jeweils in den breiteren rosa
Buchstaben erscheinen: Klicken
Sie jeweils zwischen zwei
Buchstaben und ändern Sie in
der Zeichenpalette den Wert im
Feld ABSTAND ZWISCHEN ZWEI ZEICHEN.

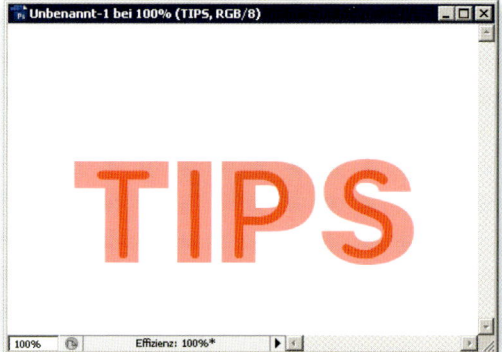

Schritt 3: Klicken Sie mit der
rechten Maustaste (am Mac bei
gedrückter `Ctrl`-Taste) auf die
obere, duplizierte Textebene
und dann auf TEXT RASTERN. In
der Werkzeugleiste wechseln
Sie zum Auswahlrechteck,
damit ziehen Sie einen Rahmen
um den Buchstaben „i". Mit
`Strg`+`T` (am Mac `⌘`+`T`)
starten Sie das FREIE TRANSFOR-
MIEREN. Drehen Sie das „i" leicht
nach links, dann schließen Sie
den Schritt mit der `↵`-Taste ab.

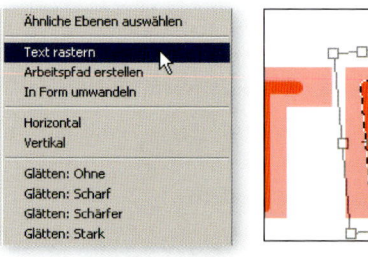

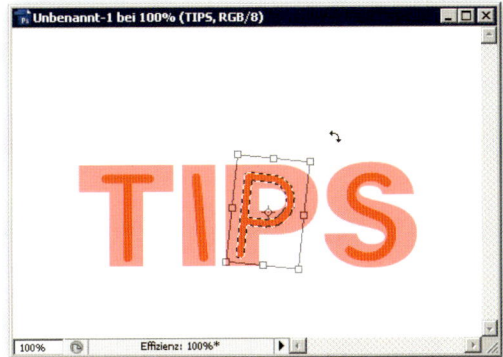

Schritt 4: Jetzt markieren Sie das „p" mit dem Auswahlrechteck, dann folgt wieder `Strg`+`T` (am Mac `⌘`+`T`) für das FREIE TRANSFORMIEREN. Ziehen Sie außerhalb des Rechteckrahmens, um das „p" leicht nach links zu drehen. Mit der `↵`-Taste bestätigen Sie die Änderung.

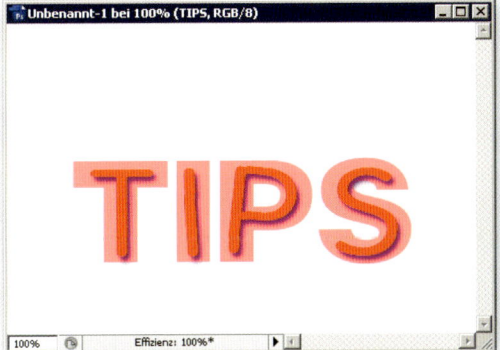

Schritt 5: Unten in der Ebenenpalette klicken Sie auf EBENENSTIL HINZUFÜGEN und dann auf SCHLAGSCHATTEN. Sie klicken auf das Farbfeld neben der Füllmethode und stellen Purpur im Farbwähler ein. Den Farbwähler bestätigen Sie dann mit OK, aber bleiben Sie noch im Dialog EBENENSTIL.

Schritt 6: Links in der Liste mit den Effekten klicken Sie direkt auf das Wort SCHEIN NACH AUSSEN. In den Einstellungen zu diesem Effekt klicken Sie auf das Farbfeld und stellen Rot ein. Als Füllmethode nehmen Sie HARTES LICHT, dazu 65 Prozent Deckkraft und 15 Pixel Größe. Wir arbeiten gleich in diesem Dialog noch weiter.

Tipp:
Schneller zu verschiedenen Vergrößerungsfaktoren
Sie tippen Ihre gewünschten Zoomstufen unten links im Dateifenster ein? Dann habe ich einen guten Tipp für Sie. Drücken Sie nicht einfach die `↵`-Taste, wenn Sie den Vergrößerungsfaktor getippt haben. Stattdessen drücken Sie `⇧`+`↵`. So bleibt das Datenfeld für die Zoomstufe markiert. Wollen Sie also einen neuen Wert eintippen, müssen Sie die aktuelle Zoomstufe in diesem Feld nicht erst neu auswählen. Probieren Sie es einmal aus, dann wissen Sie schon, was ich meine.

Fortsetzung

Tipp:

So suchen Sie in Bridge nach Bildern mit mehreren Eigenschaften

Die Filterpalette, die Bridge in Photoshop CS3 erhalten hat, erspart in vielen Fällen die Arbeit mit dem Suchdialog. Ein Beispiel: Sie fahnden nach Fotos mit dem Stichwort „Baum", die Sie zuvor mit mindestens drei Sternen bewertet haben. Klicken Sie also in der Kategorie STICHWÖRTER auf „Baum" – jetzt zeigt Bridge alle Bilder, die das Stichwort „Baum" enthalten. Halten Sie die ⇧-Taste gedrückt und klicken Sie in der Kategorie WERTUNGEN auf die Zeile mit drei Sternen; nun zeigt Bridge nur noch Bilder, die das „Baum"-Stichwort sowie drei oder mehr Sterne haben.

Schritt 7: Klicken Sie links auf SCHEIN NACH INNEN. Nach einem Klick auf das Farbfeld stellen Sie Rosa ein. Klicken Sie weiterhin nicht auf OK.

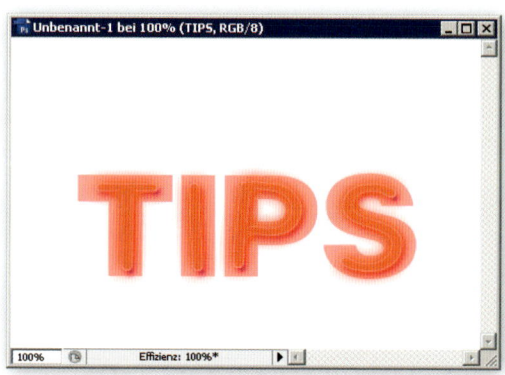

Schritt 8: Jetzt klicken Sie links auf ABGEFLACHTE KANTE UND RELIEF. Als Größe geben Sie 0 vor. Schalten Sie das GLOBALE LICHT ab, danach stellen Sie den Winkel auf 22 und die Höhe auf 30. Klicken Sie auf das gekippte Dreieck rechts neben der Glanzkontur und wählen Sie die Vorgabe RING (mit dem steilen Berg). Schalten Sie das Glätten ein und senken Sie die Deckkraft im Lichtermodus auf 45 Prozent. Nach einem Klick auf das Farbfeld für den Tiefenmodus stellen Sie Dunkelrot ein und klicken OK. Die Deckkraft für den Tiefenmodus reduzieren Sie auf 60 Prozent.

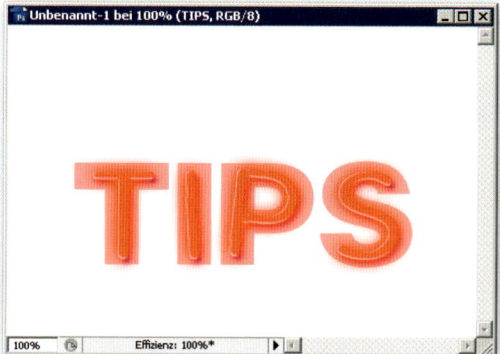

Schritt 9: In der Effektliste links klicken Sie nun unmittelbar unter ABGEFLACHTE KANTE UND RELIEF auf das eingerückte Wort KONTUR. Schalten Sie das Glätten ein, dann klicken Sie auf OK.

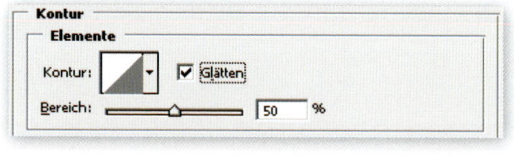

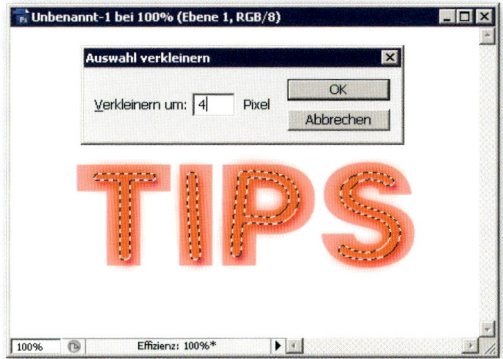

Schritt 10: Unten in der Ebenenpalette klicken Sie auf die Schaltfläche NEUE EBENE ERSTELLEN, so dass eine neue leere Ebene entsteht. Bei gedrückter ⌈Strg⌉-Taste (am Mac bei gedrückter ⌈⌘⌉-Taste) klicken Sie auf die Miniatur der roten, gerasterten Textebene. So erzeugt Photoshop eine Auswahl um den Text herum. Jetzt folgt der Befehl AUSWAHL, AUSWAHL VERÄNDERN, VERKLEINERN. Geben Sie vier Pixel Radius vor und klicken Sie auf OK.

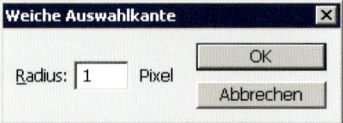

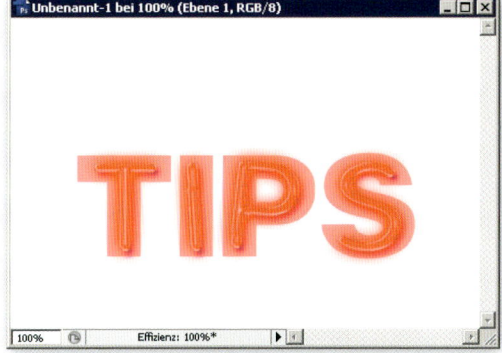

Schritt 11: Der nächste Befehl heißt AUSWAHL, WEICHE AUSWAHL-KANTE. Sie nutzen hier einen Pixel Radius. Mit ⌈D⌉, ⌈X⌉ stellen Sie weiße Vordergrundfarbe ein. Per ⌈Alt⌉+⌈Entf⌉ kippen Sie weiße Farbe in die Auswahl. Die Füllmethode ändern Sie von NORMAL zu HARTEM LICHT. Mit ⌈Strg⌉+⌈D⌉ (am Mac ⌈⌘⌉+⌈D⌉) heben Sie die Auswahl wieder auf.

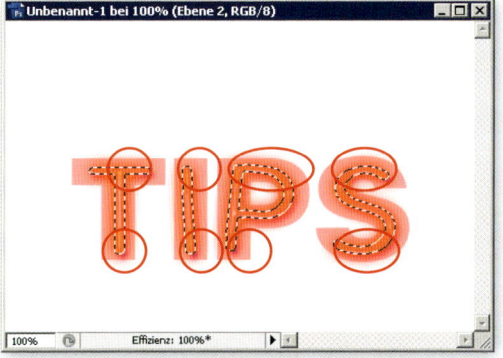

Schritt 12: Legen Sie noch eine neue Ebene an (Ebene 2), dann folgt ein ⌈Strg⌉-Klick (am Mac ⌈⌘⌉+Klick) auf die rote Textebene. Als Vordergrund-farbe richten Sie ein leucht-endes Orange ein. In der Werkzeugleiste wechseln Sie zum Pinsel. Mit einem großen, weichkantigen Pinsel (etwa 17 Pixel Durchmesser) malen Sie in den Bereichen, die hier her-vorgehoben sind (also vor allem die obersten und untersten Buchstabenpartien). Stellen Sie die Füllmethode auf ABDUNKELN und senken Sie die Deckkraft auf 75 Prozent.

Tipp:
Wie Sie Ärger mit der Rechtschreibprüfung vermeiden
Sie verwenden Photo-shops Rechtschreib-prüfung? Dann muss ich Ihnen etwas sagen. Geprüft werden nur echte Textebenen (also korrigierbarer Text, den Sie noch nicht gerastert haben). Wenn Sie eine Textebene rastern, haben Sie nur noch ein Foto mit Text darauf. Irgendwelche Rechtschreibfehler wird Photoshop hier nicht mehr entdecken. Nun, jetzt wissen Sie es.

Fortsetzung

Tipp:
Sie erinnern sich nicht an Ihre Arbeitsschritte? Photoshop schreibt mit!

Sie müssen kein Gedächtnisweltmeister sein, um sich an all die Arbeitsschritte zu erinnern, die zu einem prima Effekt geführt haben. Photoshop notiert alle Ihre Manöver und Sie können die Liste sogar ausdrucken. Sie rufen mit Strg+K (am Mac ⌘+K) die allgemeinen Voreinstellungen auf und gehen unten in den Bereich VERLAUFSPROTOKOLL. Dann legen Sie nur noch fest, wo und wie Photoshop Ihre Eingaben festhält. Ganz schön raffiniert!

Schritt 13: Erzeugen Sie noch eine neue Ebene (Ebene 13). Mit der Tastenfolge D, X stellen Sie weiße Vordergrundfarbe ein, dann folgt AUSWAHL, AUSWAHL VERÄNDERN, VERKLEINERN. Geben Sie ein Pixel an und klicken Sie auf OK. Mit einem weichkantigen, etwa acht Pixel breiten Pinsel malen Sie in den Bereichen, die Sie im Bild erkennen.

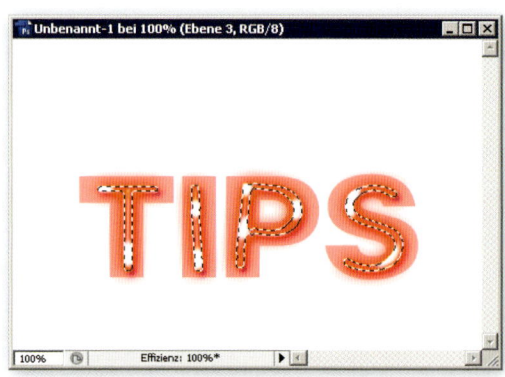

Schritt 14: Jetzt brauchen Sie den Befehl FILTER, WEICHZEICHNUNGSFILTER, GAUSSSCHER WEICHZEICHNER. Sie geben zwei Pixel vor und klicken auf OK. Die Füllmethode stellen Sie von NORMAL auf INEINANDERKOPIEREN um. Mit Strg+D (am Mac ⌘+D) heben Sie die Auswahl auf.

Schritt 15: Erstellen Sie eine weitere Ebene (Ebene 4), die Sie in der Palette unter die rote gerasterte Ebene ziehen. Die neue Ebene liegt damit auch über der ursprünglichen Textebene.

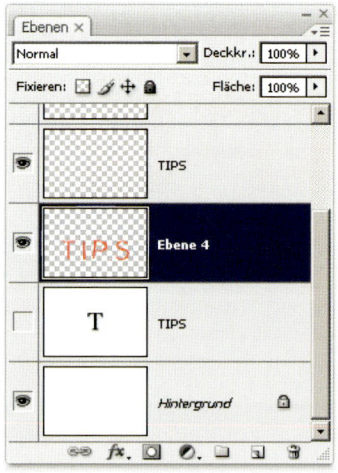

Schritt 16: In der Werkzeugleiste klicken Sie auf die Auswahlellipse. Bei gedrückter ⇧-Taste ziehen Sie eine Kreisauswahl über dem linken oberen Ende des Buchstaben T auf. Gehen Sie mit der Auswahl nicht über die rosa Farbe der Hintergrundbuchstaben hinaus.

Schritt 17: Halten Sie die ⇧-Taste gedrückt, um am rechten Ende des Neontextes noch eine kreisförmige Auswahl anzulegen (hier das untere Ende des „S"). Achten Sie wieder darauf, dass die Auswahl nicht über den rosa Hintergrund hinausgeht.

Tipp:

Genervt von abweichenden Farbprofilen? Photoshop soll das ignorieren.
Ihr Photoshop stört sich immer wieder am sRGB-Farbprofil aus Ihrer Digitalkamera und nervt mit lästigen Meldungen? Öffnen Sie das BEARBEITEN-Menü (am Mac das Photoshop-Menü) und wählen Sie VOREINSTELLLUNGEN, DATEIHANDHABUNG. Schalten Sie die Option EXIF-PROFILKENNUNG IGNORIEREN ein. Damit ignoriert Photoshop Farbprofile aus Ihrer Digitalkamera. Das spart viel Klickerei.

Schritt 18: Mit dem D stellen Sie die Vordergrundfarbe auf Schwarz zurück. Der Tastendruck Alt + Entf füllt die Auswahl schwarz.

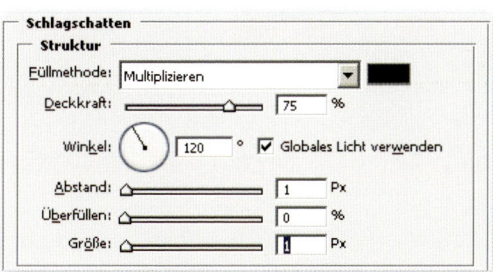

Schritt 19: Klicken Sie auf das Symbol EBENENSTIL HINZUFÜGEN und gehen Sie auf SCHLAGSCHATTEN. Nehmen Sie den Wert 1 für den Abstand und abermals 1 für die Größe. Klicken Sie noch nicht auf OK.

Schritt 20: Links, in der Liste der Effekte, klicken Sie auf ABGEFLACHTE KANTE UND RELIEF. Hier geben Sie 570 Prozent Tiefe und eine Größe von 3 vor, dann klicken Sie auf OK. Mit Strg + D (am Mac ⌘ + D) heben Sie die Auswahl auf.

Schritt 21: Mit gedrückter ⇧-Taste erzeugen Sie eine kleine Kreisauswahl auf der linken Seite des T, nahe der Mitte. Per Alt+Entf füllen Sie die Auswahl mit Schwarz. Danach drücken Sie Alt+Strg-Taste (am Mac Alt+⌘-Taste); nun können Sie ein Duplikat dieser Auswahl auf die andere Seite des „T" ziehen.

Duplizieren Sie weitere „schwarze Punkte", so dass jeder Buchstabe ein Paar davon bekommt (siehe Beispiel).

Schritt 22: Legen Sie noch eine Ebene an (Ebene 5). Mit dem Auswahlrechteck verbinden Sie die ersten zwei Neonbuchstaben oben. Bei gedrückter ⇧-Taste erzeugen Sie weitere Auswahlen, wie hier zu sehen. Drücken Sie Alt+Entf, um die Auswahlen schwarz zu färben.

Schritt 23: Sie klicken auf Ebenenstil hinzufügen und dann auf Abgeflachte Kante und Relief. Setzen Sie die Größe auf 1. Nach einem Klick auf das abwärts gerichtete Dreieck neben der Glanzkontur geben Sie den „Ring" an. Schalten Sie das Glätten ein und klicken Sie auf OK. In der Ebenenpalette senken Sie die Deckkraft dieser Ebene auf 65 Prozent, den Flächewert auf 50 Prozent. Mit Strg+D (am Mac ⌘+D) heben Sie die Auswahl auf.

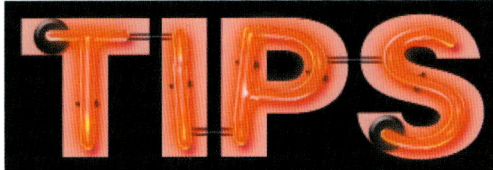

Schritt 24: Klicken Sie auf die Hintergrundebene und füllen Sie diese Ebene mit Schwarz.

Weitere Möglichkeit: Öffnen Sie ein Bild, in dem Sie die Neonschrift einbauen möchten (zum Beispiel ein Restaurant-schild). Ziehen Sie dieses Motiv mit dem Verschiebenwerkzeug in die Neontext-Datei. Wir haben hier noch ein Chromlogo und die Worte „100 Photoshop" hinzugefügt (Schriftart: Brush Script MT).

Tipp:
Wie Sie Dateien in Bridge verstecken, ohne sie löschen oder verschieben zu müssen
Diese Situation kommt öfter vor: Bridge zeigt die Fotominiaturen eines Ordners, doch manche Exemplare möchten Sie gar nicht dauerhaft sehen. Und genau für diesen Wunsch gibt es die Funktion ZURÜCKWEISEN. Markieren Sie also Bilder, die Sie vom Schirm verbannen wollen, dann wählen Sie in Bridge BESCHRIFTUNG, ZURÜCKWEISEN. Nun erscheint das Wort „Zurückweisen" in Rotschrift unter den gewählten Fotos. Jetzt folgt der Befehl ANSICHT, ZURÜCKGEWIESENE DATEIEN ANZEIGEN. Damit verschwin-det das Häkchen neben dem Befehl und die zurückgewiesene Datei aus dem Bridge-Fenster.

Tipp:
**Eine Schriftgröße
nach Maß für die
Metadaten**
Die Schrift in der Meta-
datenpalette von Bridge
erscheint mitunter reich-
lich klein. IPTC-Stichwörter
oder Exif-Daten wie
Kameramodell und Blende
lassen sich dann nur
schwer entziffern. Stellen
Sie einfach einen grö-
ßeren Schriftschnitt ein!
Dazu klicken Sie auf das
Menüsymbol rechts oben
in der Metadatenpalette.
Im Palettenmenü nehmen
Sie Schrift vergrößern
und plötzlich lässt sich
alles auch ohne Blinzeln
entziffern.

Ein Objekt unter die Lupe nehmen

Diesen beliebten Effekt sah ich neulich in einer Zeitungsanzeige. Bei näherem Hinsehen
merkte ich, dass nicht nur der Vergrößerungseffekt auf Photoshop-Kunst beruhte – die
komplette Lupe war digital konstruiert. Und das ist auch gar nicht schwer, wenn man die
tollen Verläufe von Felix Nelson hat (unser Fotorealismusgenie). Selbst wenn Sie die Lupe
nicht brauchen, behalten Sie die exzellenten Metallverläufe für spätere Projekte.

Schritt 1: Öffnen Sie eine
neue RGB-Datei. Unten in der
Ebenenpalette klicken Sie auf
die Schaltfläche Neue Ebene
erstellen, so dass eine neue leere
Ebene entsteht. Schalten Sie
das Abgerundetes-Rechteck-
Werkzeug ein (es ist bei den
Formwerkzeugen in der Werkzeugleiste). Oben in den Optionen klicken Sie auf das dritte
Symbol namens Pixel füllen,
dann setzen Sie den Radius
(also die Eckenabrundung) auf
5. Ziehen Sie einen horizontalen
Balken, wie hier zu sehen, auf.

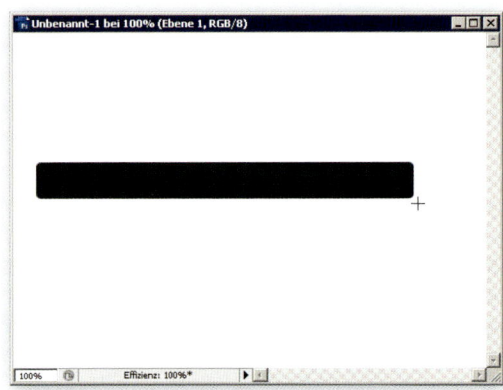

Schritt 2: Mit dem [G] schalten Sie zum Verlaufswerkzeug.
Nach einem Klick auf die
Verlaufsvorschau oben in den
Optionen erstellen Sie einen
Verlauf, wie hier zu sehen. Um
eine Farbe zu ändern, klicken
Sie doppelt auf eine Farbunterbrechung unter dem
Verlaufsbalken. Wollen Sie
eine neue Farbmarke setzen,
klicken Sie an eine freie Stelle
unter dem Balken. Für harte
Übergänge klicken Sie auf
eine Farbmarke, so dass Sie
zwei Rauten sehen. Ziehen Sie
eine dieser Rauten auf eine
Farbmarke zu, so entstehen
härtere Farbgrenzen.

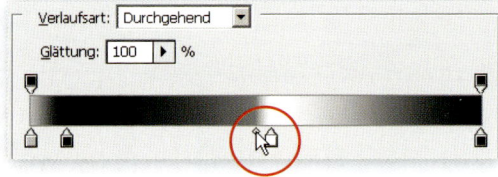

Schritt 3: Klicken Sie bei
gedrückter [Strg]-Taste (am Mac
bei gedrückter [⌘]-Taste) auf
die Miniatur der Balkenebene in
der Ebenenpalette. So entsteht
eine Auswahl um den Balken
herum. Klicken und ziehen
Sie mit dem Verlaufswerkzeug
innerhalb der Auswahl von
oben nach unten, um den abge-
bildeten Verlauf zu erhalten.

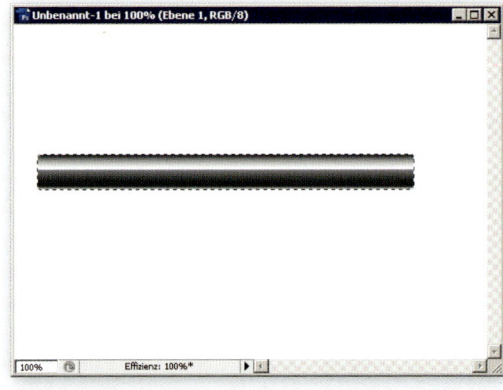

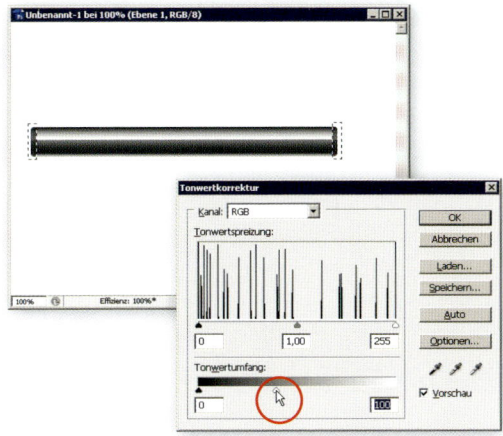

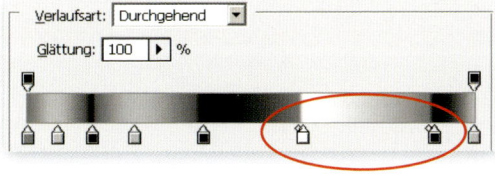

Schritt 4: Mit `Strg`+`D` (am Mac `⌘`+`D`) heben Sie die Auswahl auf. Mit dem `M` schalten Sie das Auswahlrechteck ein. Zeichnen Sie eine dünne senkrechte Auswahl um das linke Ende der Figur (wie hier zu sehen). Bei gedrückter `⇧`-Taste rahmen Sie auch das rechte Ende ein, so dass beide ausgewählt sind (siehe Abbildung). Rufen Sie mit `Strg`+`L` (am Mac `⌘`+`L`) die Tonwertkorrektur auf. Ziehen Sie den unteren rechten Tonwertumfangregler nach links, so dass die Enden des Balkens abdunkeln (wie zu sehen), dann klicken Sie auf OK. Mit `Strg`+`D` (am Mac `⌘`+`D`) annullieren Sie die Auswahl.

Schritt 5: Laden Sie wieder den Dialog VERLÄUFE BEARBEITEN. Sie brauchen einen Verlauf von Mittelgrau zu Hellgrau, dann eine harte schwarze Linie (ziehen Sie die Rauten auf beiden Seiten eng an die schwarze Farbmarke heran); die nächsten Farbmarken sind Hellgrau, Schwarz (mit einer eng gesetzten Raute auf der linken Seite), dann Weiß (Sie sehen hier die sehr nah liegende Raute), dann Schwarz (wieder eine enge Raute) und schließlich Mittelgrau. Damit erzeugen Sie tolle Metallicwirkungen.

Schritt 6: Mit dem Auswahlrechteck setzen Sie eine kleine waagerechte Auswahl direkt ans rechte Ende des Balkens. Mit dem Verlaufswerkzeug (das jetzt Ihren neuen Verlauf verwendet) ziehen Sie vom unteren zum oberen Ende des Verlaufs (wie gezeigt). Lassen Sie die Auswahl noch im Bild.

Tipp:
Weniger ist mehr bei den Exif-Daten
Haben Sie schon mal einen Blick auf die Exif-Daten geworfen, die Ihre Kamera in den Bilddateien speichert? Also auf Belichtungszeit, Blende, Blitzverwendung und so weiter? Dort gibt es zahllose Informationen, viele dieser Werte interessieren aber gar nicht, so etwa „Eigenes Rendering" und andere rätselhafte Daten. Zeigen Sie in der Metadatenpalette von Bridge nur diejenigen Exif-Angaben, die Sie tatsächlich interessieren. Rufen Sie in Bridge mit `Strg`+`K` (am Mac `⌘`+`K`) die Voreinstellungen auf, klicken Sie links auf METADATEN und suchen Sie im Bereich rechts den Abschnitt EXIF (METADATEN). Entfernen Sie die Häkchen neben Kamerawerten, die Bridge nicht anzeigen soll.

Tipp:

Die Wirkung eines Filters hängt auch von der dpi-Zahl ab

Wie stark ein Filter im Druckergebnis wirkt, hängt auch von der dpi-Zahl des Bilds ab. Ein Beispiel: Sie wenden Scharfzeichner oder Strukturfilter auf eine Datei an, die Sie mit 300 dpi drucken. Die Filter wirken hier weniger auffällig als bei Dateien, die Sie mit 200 dpi drucken. Denn die 200 dpi-Datei nutzt weniger Pixel pro Flächeneinheit, so dass die Filterwirkung relativ stärker durchschlägt. Testen Sie bei wichtigen Projekten die Filterwirkung am besten in der geplanten Auflösung auf Auflagenpapier.

Schritt 7: Schalten Sie den Linienzeichner ein (zu finden im Klappmenü der Formwerkzeuge). Oben in den Optionen setzen Sie die Stärke auf 1, dann ziehen Sie bei gedrückter ⇧-Taste zwei senkrechte Linien durch Ihre Auswahl (wie hier zu sehen). Jetzt heben Sie die Auswahl mit `Strg`+`D` (am Mac `⌘`+`D`) auf.

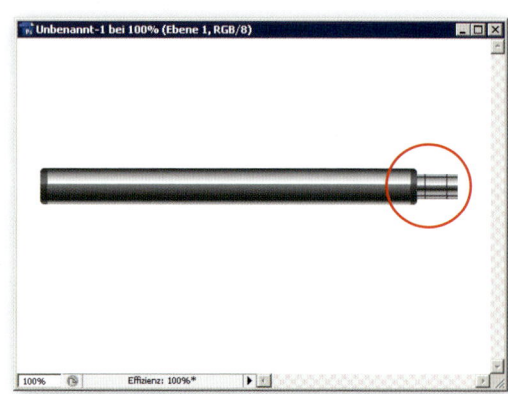

Schritt 8: Wir haben diesen Balken größer als benötigt angelegt. Starten Sie also mit `Strg`+`T` (am Mac `⌘`+`T`) das Freie Transformieren. Halten Sie die ⇧-Taste gedrückt (um die Seitenverhältnisse zu wahren) und ziehen Sie einen Eckanfasser diagonal nach innen, um den Lupengriff zu verkleinern, wie zu sehen.

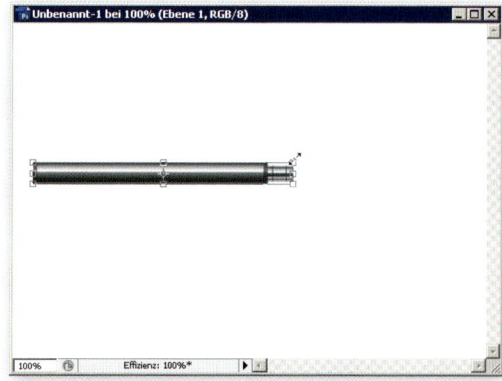

Schritt 9: Sie brauchen eine neue leere Ebene, klicken Sie also auf Neue Ebene erstellen unten in der Ebenenpalette. Schalten Sie zur Auswahlellipse, halten Sie die ⇧-Taste gedrückt und ziehen Sie eine große Kreisauswahl auf. Die linke Seite stößt genau an das Ende des Griffs.

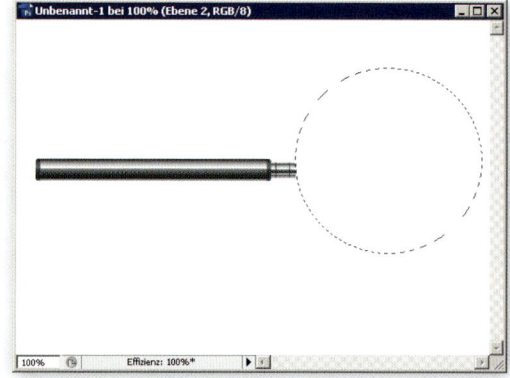

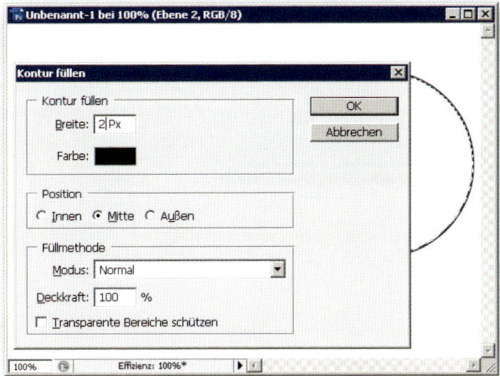

Schritt 10: Der nächste Befehl heißt BEARBEITEN, KONTUR FÜLLEN. Im Dialog setzen Sie die Breite auf einen Pixel und die Position auf Mitte. Nach dem OK-Klick erhält der Kreis eine schwarze Kontur.

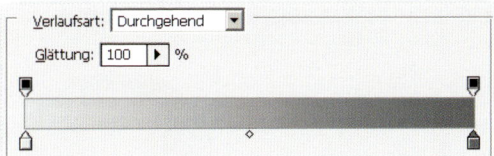

Schritt 11: Den dritten (und letzten) Verlauf haben Sie schnell: Im Dialog VERLÄUFE BEARBEITEN erzeugen Sie einen Verlauf wie abgebildet, also von sehr hellem Grau (so wie zehn Prozent Schwarz) zu Dunkelgrau (so wie 60 Prozent Schwarz). Oben in den Einstellungen klicken Sie auf das Symbol REFLEKTIERTER VERLAUF, das vierte von fünf Verlaufssymbolen rechts neben der eigentlichen Verlaufsminiatur.

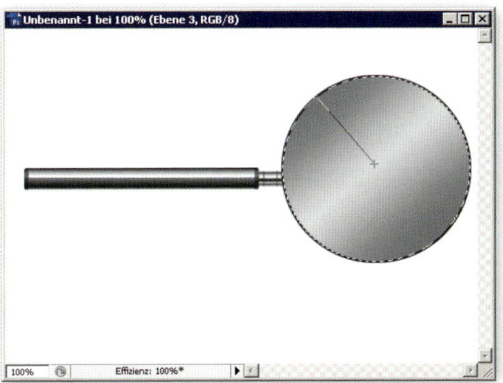

Schritt 12: Klicken Sie bei gedrückter Strg-Taste (am Mac bei gedrückter ⌘-Taste) auf das Symbol NEUE EBENE ERSTELLEN unten in der Ebenenpalette. So entsteht eine neue Ebene unterhalb der zuletzt aktiven Ebene. Klicken Sie in die Mitte der Kreisauswahl und ziehen Sie nach außen in die obere linke Ecke (wie zu sehen). Sie sehen den gespiegelten Verlauf. Behalten Sie die Auswahl noch.

Tipp:

Scharfzeichnen im Camera-Raw-Dialog

Scharfzeichnen sollte man erst ganz am Ende der Bildbearbeitung. Darum ist es nicht immer sinnvoll, schon im Camera-Raw-Dialog scharfzuzeichnen. Dennoch müssen Sie im Camera-Raw-Dialog nicht darauf achten, dass der Stärkeregler beim Scharfzeichnen auch wirklich auf null steht: Sie können Ihr Bild nämlich auch scharfgezeichnet anzeigen, ohne die Schärfung beim Öffnen auch anzuwenden. Wenn der Raw-Dialog geöffnet ist, laden Sie dessen Voreinstellungen mit Strg+K (am Mac ⌘+K). Im Klappmenü SCHARFZEICHNEN ANWENDEN nehmen Sie den Punkt NUR VORSCHAUDARSTELLUNGEN. Jetzt sehen Sie das Bild im Dialogfeld zwar geschärft, aber wenn Sie es speichern oder in Photoshop öffnen, wendet Photoshop die Scharfzeichnung nicht an.

Fortsetzung

Tipp:

Zoomen Sie in mehreren Bildern gleichzeitig

Sie haben mehrere Bilder gleichzeitig geöffnet? Mit dem Befehl FENSTER, ANORD-NEN, UNTEREINANDER reihen Sie die Dateien gleichmäßig über der Programmfläche auf. Und das Interessante: Sie können in mehreren Bildern gleichzeitig zoomen. Schalten Sie das Zoomwerkzeug ein und klicken Sie bei gedrückter ⇧-Taste in ein Bildfenster – alle anderen Dateien ändern den Abbildungsmaßstab ebenfalls.

Schritt 13: Mit dem M wechseln Sie wieder zur Auswahlellipse. Drücken Sie sechsmal auf die ←-Taste, um die Kreisauswahl nach links zu schieben. Dann drücken Sie die ↓-Taste sechsmal für eine Abwärtsbewegung. Mit der Entf-Taste löschen Sie den größten Teil des Verlaufs. Heben Sie die Auswahl noch nicht auf.

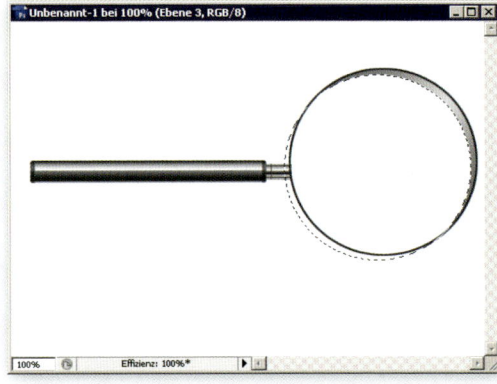

Schritt 14: Erzeugen Sie eine weitere neue, leere Ebene unter der aktiven Ebene; dazu klicken Sie wieder bei gedrückter Strg-Taste (am Mac bei gedrückter ⌘-Taste) auf das Symbol NEUE EBENE ERSTELLEN unten in der Ebenenpalette. Sie nehmen wieder das Verlaufswerkzeug und ziehen einen Verlauf vom Zentrum zur linken oberen Kante des Kreises (wie hier zu sehen).

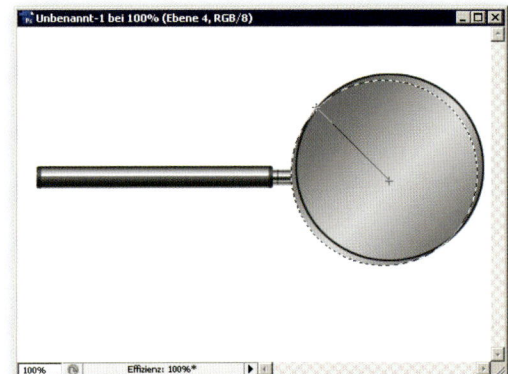

Schritt 15: Drücken Sie sechsmal die ↑-Taste, dann sechsmal die →-Taste. So wandert die Auswahl wieder an den ursprünglichen Platz. Mit der Entf-Taste löschen Sie erneut einen Großteil. So entsteht der Rahmen der Lupe. Mit Strg+D (am Mac ⌘+D) heben Sie die Auswahl auf.

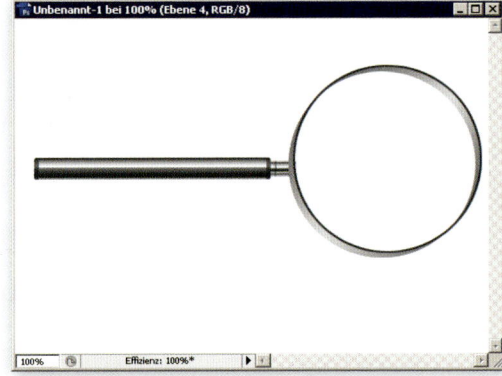

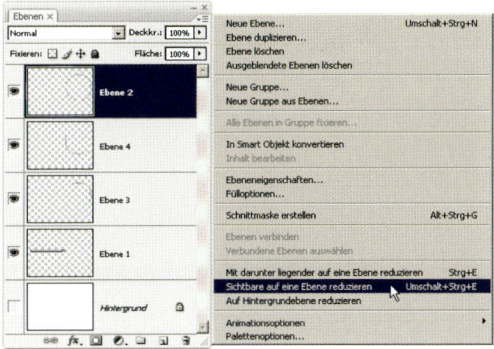

Schritt 16: Klicken Sie in der Ebenenpalette auf das Augensymbol links neben der Hintergrundebene. Aus dem Palettenmenü wählen Sie dann SICHTBARE AUF EINE EBENE REDUZIEREN; damit besteht die Lupe nur noch aus einer einzigen Ebene. Klicken Sie in das leere Kästchen neben der Hintergrundebene, so dass sie wieder erscheint.

Tipp:

Einzoomen in der Filtergalerie

Die Filtergalerie hat eine große Vorschau, doch oft will man höhere Zoom-stufen wie 100 Prozent oder mehr einstellen. Das ist mit der kleinen Plus-Schaltfläche unten links etwas umständlich und das Menü mit den Zoomstufen macht es auch nicht viel leichter. Aber halten Sie einfach den Mauszeiger über die Vorschau und drücken Sie die [Strg]-Taste (am Mac [⌘]-Taste). Dann wandelt sich der Handcursor zur Lupe, der Abbildungsmaßstab lässt sich vergrößern. Bei gedrückter [Alt]-Taste verkleinern Sie den Maßstab wieder.

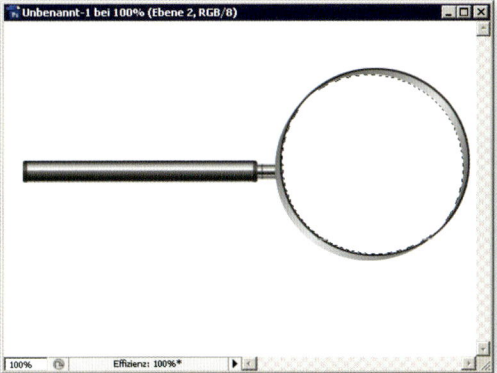

Schritt 17: Schalten Sie in der Werkzeugleiste zum Zauberstab und klicken Sie mitten ins Vergrößerungsglas, um den Kreis auszuwählen. Mit einem Klick bei gedrückter [Strg]-Taste (am Mac bei gedrückter [⌘]-Taste) erzeugen Sie eine weitere neue Blankoebene. Die Tastenfolge [D], [X] sorgt für weiße Vordergrundfarbe und mit [Alt]+[Entf] füllen Sie den Kreis weiß. Die Deckkraft dieser Ebene senken Sie auf 20 Prozent.

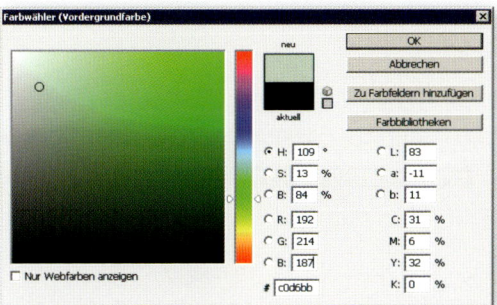

Schritt 18: In der Werkzeugleiste klicken Sie auf das Feld für die Vordergrundfarbe und wählen Hellgrün aus (hier sehen Sie R 192, G 214, B 187). Unten in der Ebenenpalette klicken Sie auf NEUE EBENE ERSTELLEN, so dass Sie eine neue Ebene erhalten.

Fortsetzung

Tipp:

Wie Sie in der Filter-galerie nur einen ein-zigen Filter prüfen

Ein Vorteil der Filtergalerie ist, dass Sie mehrere Filter gleichzeitig und sogar einen Filter mehrfach auf ein Bild anwenden kön-nen, alle übereinander. Wenn Sie allerdings eine Reihe von Effekten kom-biniert haben, möchten Sie vielleicht nur einen einzelnen Filter prüfen. Das funktioniert mit dem gleichen Trick, der in der Ebenenpalette nur eine einzelne Ebene anzeigt: Sie klicken bei gedrückter ⌐Alt⌐-Taste auf das Augen-symbol neben dem Effekt. Photoshop blendet alle anderen Filter vorüber-gehend aus.

Schritt 19: Mit ⌐G⌐ aktivieren Sie das Verlaufswerkzeug, dann holen Sie mit der ⌐↵⌐-Taste den Verlaufswähler auf den Schirm. Nehmen Sie, wie zu sehen, den zweiten Verlauf (Vordergrund-Transparent).

Schritt 20: Oben in den Optionen klicken Sie auf das erste Verlaufssymbol (Linearer Verlauf), gleich neben der Verlaufsminiatur. Dann klicken Sie in die Mitte der Kreisauswahl und ziehen nach unten rechts wie abgebildet. Mit ⌐Strg⌐+⌐D⌐ (am Mac ⌐⌘⌐+⌐D⌐) heben Sie die Auswahl auf.

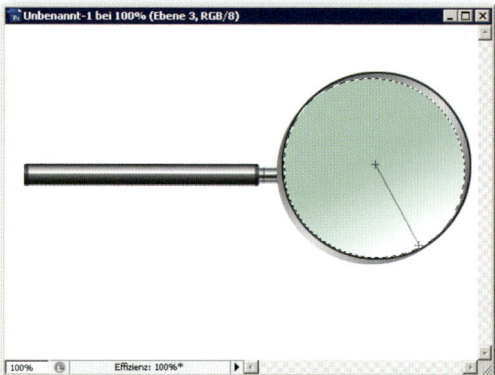

Schritt 21: Sie wechseln zurück zur Auswahlellipse und erzeu-gen eine große ovale Auswahl, wie im Bild zu sehen.

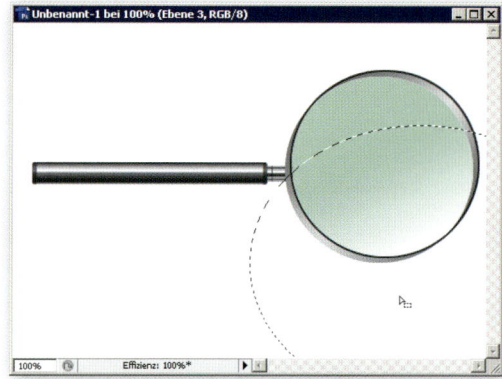

Schritt 22: Klicken Sie auf AUSWAHL, AUSWAHL UMKEHREN, so dass Ihre Auswahl umgekehrt wird (wie hier zu sehen), dann drücken Sie die ⌐Entf⌐-Taste. So entsteht ein Loch im oberen Teil des Glases, das den reflektie-renden Eindruck verstärkt. Mit ⌐Strg⌐+⌐D⌐ (am Mac ⌐⌘⌐+⌐D⌐) heben Sie die Auswahl auf. Senken Sie die Deckkraft dieser Ebene auf 35 Prozent.

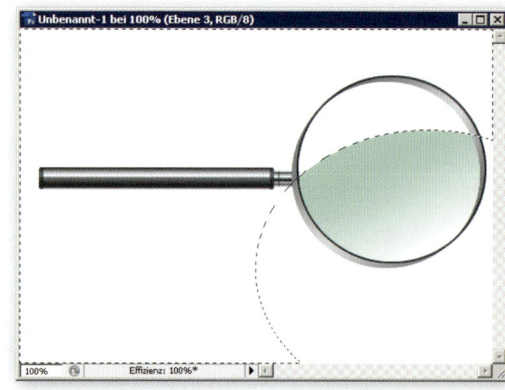

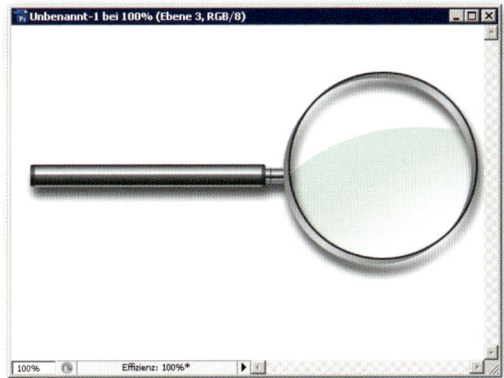

Schritt 23: Aktivieren Sie die Lupenebene durch einen Klick in der Ebenenpalette. Unten in der Palette klicken Sie auf EBENENSTIL HINZUFÜGEN, im Menü nehmen Sie den Schlagschatten. Größe und Abstand steigern Sie auf zehn, dann klicken Sie auf OK und erhalten einen weichen Schlagschatten. Verbergen Sie die Hintergrundebene und wählen Sie aus dem Palettenmenü wieder SICHTBARE AUF EINE EBENE REDUZIEREN; Lupe und Spiegelung verschmelzen so zu einer Ebene.

Tipp:
Ordnen Sie die Filter in der Filtergalerie neu an
Die Reihenfolge der Filter, die Sie in der Filtergalerie anwenden, entscheidet maßgeblich über das Ergebnis. Experimentieren Sie also mit der Anordnung der Filter. Das geht genauso wie in der Ebenenpalette. Klicken Sie in der Filterliste rechts unten auf einen Effekt und ziehen Sie ihn nach oben oder unten.

Schritt 24: Mit dem Verschiebenwerkzeug ziehen Sie die Lupe in eine Datei mit großen Schriftzügen. (Ich verwende hier ein Anzeigenmotiv. Die Schriftart oben ist Optima Bold.) Sie starten das FREIE TRANSFORMIEREN mit [Strg]+[T] (am Mac [⌘]+[T]) und ziehen außerhalb des Rechteckrahmens, um die Lupe in Position zu drehen. Besiegeln Sie das Manöver mit der [↵]-Taste.

Schritt 25: Mit der Auswahlellipse ziehen Sie eine Kreisauswahl innerhalb des Lupenglases wie zu sehen. Noch während Sie die Auswahl aufziehen, können Sie die Leertaste drücken – so lässt sich der Kreis sofort neu positionieren. Ganz schön praktisch.

Fortsetzung

Tipp:

Wie Sie die Filter-galerie wieder zurück-setzen

Sie haben in der Filter-galerie nach Kräften experimentiert und wollen nun alles zurücksetzen. Drücken Sie die ⌜Alt⌟-Taste. Die Schaltfläche ABBRECHEN zeigt nun die Beschriftung ZURÜCK, damit stellen Sie die Filterkombination auf den Zustand beim Öffnen des Dialogfelds zurück. Oder drücken Sie die ⌜Strg⌟-Taste (am Mac ⌘-Taste). Nun zeigt die ABBRECHEN-Schaltfläche den Text STANDARD. Hatten Sie von vornherein mehrere Filter geladen, verwerfen Sie so alle Verfremdungen und sehen wieder das unveränderte Original in der Vorschau. Haben Sie dagegen mit einem Einzel-befehl begonnen, wird dieser auf den ursprüngli-chen Zustand gesetzt und später hinzugefügte Filter fliegen raus.

Schritt 26: Klicken Sie in der Ebenenpalette auf die Textebene. Sie wählen FILTER, VERZERRUNGSFILTER, WÖLBEN. Weil es sich um eine Textebene handelt, meldet Photoshop zunächst, dass Sie die Ebene rastern müs-sen. Bestätigen Sie mit OK.

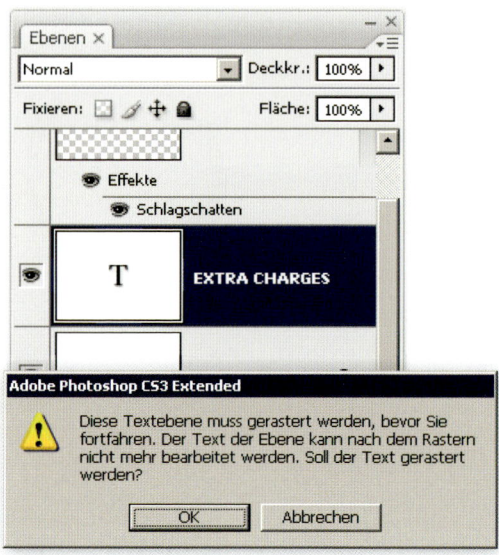

Schritt 27: Der Wölbenfilter spannt den ausgewählten Bild-teil quasi auf eine Kugel, wie schon in der Filtervorschau zu erkennen. Senken Sie die Stärke auf 75 Prozent.

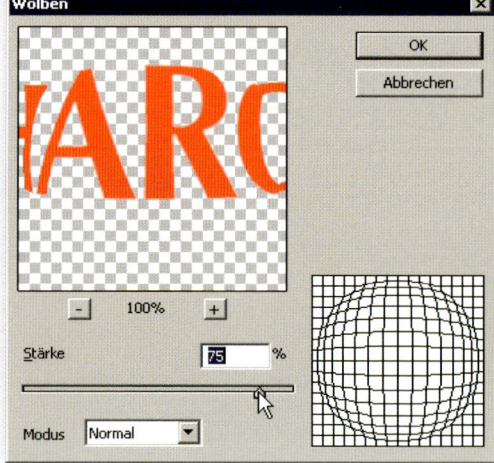

Schritt 28: Mit dem OK-Klick haben Sie's! Sie verfügen jetzt über zwei tolle Metallic-Verläufe, die Sie für andere Projekte speichern können.

Jetzt zur Rendite. Hier kommen die Effekte, mit denen Sie Ihren Kunden die Arbeit präsentieren. Und danach die Rechnung. Egal, ob Webalbum, gedrucktes Buch, Broschüre

Bare Münze
Präsentationseffekte

oder Flyer, hier veredeln Sie Ihre Ergebnisse noch einmal. Sie lernen die Tricks und die kleinen, entscheidenden Extras, die Ihr Werk aus der Masse herausheben. Sie legen einen Auftritt hin, der Ihre Kunden – und Ihre Konkurrenz – erblassen lässt. Mit diesen Effekten mutieren Sie vom Photoshop-Klicker zum Design-Guru; vom blassen Knipser mit Kompaktkamera zum Starfotografen, der lässig seine drei Nikon D3 schwingt und noch ein bisschen am 300/2,8 AF-S VR schraubt. Sie schaffen das – mit meinen Tipps. Ganz sicher. Aber nageln Sie mich nicht darauf fest.

Tipp:
Speichern Sie alle Daten für neue Dateien

Wenn Sie eine neue Datei anlegen, bietet Photoshop im Neu-Dialog eine Liste mit typischen Pixelmaßen an. Natürlich ist die Größe, die Sie wirklich täglich brauchen, nie dabei. Und warum nicht? Weil das im Leben immer so ist. Adobe wusste das und hat darum die Schaltfläche VORGABE SPEICHERN in den NEU-Dialog eingebaut. Geben Sie also alle gewünschten Bilddaten ein und klicken Sie auf VORGABE SPEICHERN. Auch Farbmodus, Auflösung und Hintergrundfarbe werden dabei mitgesichert. Ab jetzt erscheint Ihre eigene Dokumentgröße ganz oben im Menü. (Anmerkung: Nicht dass Sie glauben, Sie könnten nur eine neue Dateigröße sichern – speichern Sie gleich eine ganze Sammlung. Tun Sie sich keinen Zwang an.)

Schablonen für Filmstreifen

Diese Technik finden Sie in ganz verschiedenen Bereichen: für Auftragsarbeiten speziell bei Mode und Porträt, für Schulporträts, Reisefotos und Internetgalerien. Besonders praktisch: Steht die Schablone erst einmal, können Sie die Bilder leicht austauschen. Und so geht's:

Schritt 1: Öffnen Sie ein neues RGB-Bild mit 300 dpi. Unten in der Palette klicken Sie auf die Schaltfläche NEUE EBENE ERSTELLEN, so dass Sie eine neue Blankoebene erhalten. Mit dem ⒟ setzen Sie die Vordergrundfarbe auf Schwarz. Ziehen Sie eine große Rechteckauswahl auf, die Sie per ⌥Alt+⌥Entf schwarz füllen, dann heben Sie die Auswahl mit ⌥Strg+⒟ (am Mac ⌘+⒟) wieder auf. Jetzt erzeugen Sie noch eine kleinere Auswahl innerhalb der schwarzen Fläche (wie hier zu sehen).

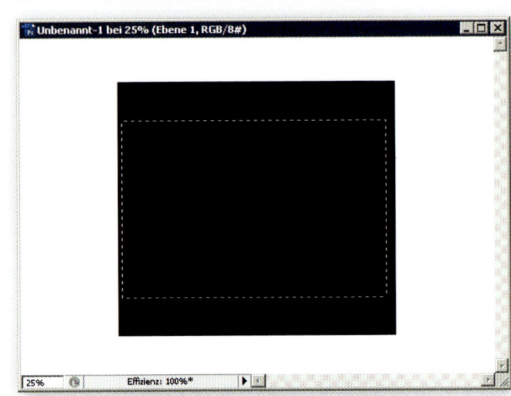

Schritt 2: Drücken Sie die ⌥Entf-Taste. So entsteht ein weißes Loch im schwarzen Rechteck (wie abgebildet).

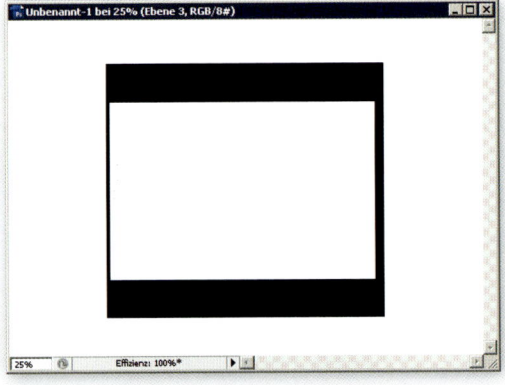

Schritt 3: Mit ⌥Strg+⒟ (am Mac ⌘+⒟) heben Sie die Auswahl auf. Besorgen Sie sich das Abgerundetes-Rechteck-Werkzeug in der Werkzeugleiste und richten Sie mit der Taste ⓧ weiße Vordergrundfarbe ein. Legen Sie in der Ebenenpalette noch eine neue leere Ebene an.

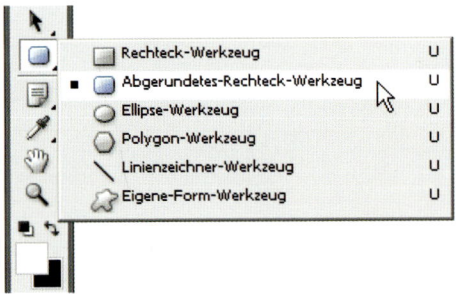

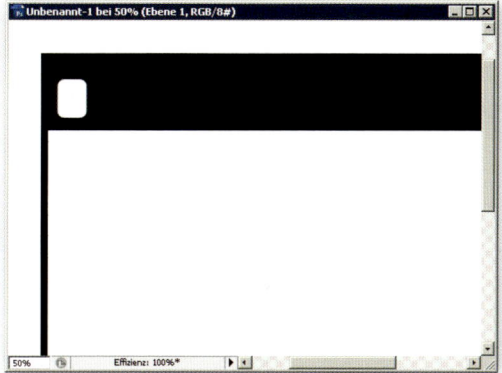

Schritt 4: Drücken Sie ⌐Alt⌐+ ⌐Strg⌐+⌐+⌐-Taste (am Mac ⌐Alt⌐+ ⌐⌘⌐+⌐+⌐-Taste), um ins Bild hineinzuzoomen, ohne dass sich die Fenstergröße ändert. Oben in den Optionen klicken Sie auf das dritte Symbol von links namens PIXEL FÜLLEN. Geben Sie einen 15er Radius vor (je höher der Radius, desto runder die Ecken). Ziehen Sie ein kleines abgerundetes Rechteck oben links auf (wie hier zu sehen).

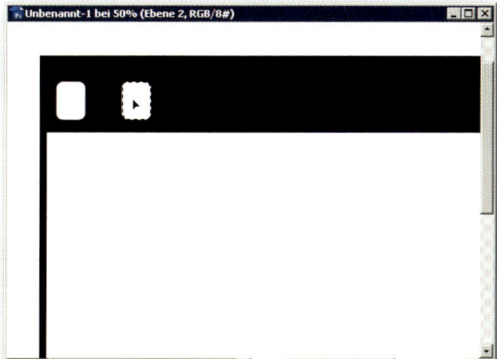

Schritt 5: Fertig? Wechseln Sie mit dem ⌐V⌐ zum Verschiebenwerkzeug. Dann folgt ein ⌐Strg⌐-Klick (am Mac ⌐⌘⌐-Klick) auf die Miniatur der aktuellen Ebene in der Ebenenpalette. Jetzt halten Sie ⌐⇧⌐+⌐Alt⌐-Taste gedrückt und können eine Kopie des ersten Rechtecks nach rechts ziehen (die ⌐⇧⌐-Taste garantiert perfekt horizontale Bewegungen). Ziehen Sie weitere Duplikate, bis die obere Leiste gefüllt ist. Mit ⌐Strg⌐+⌐D⌐ (am Mac ⌐⌘⌐+⌐D⌐) heben Sie die Auswahl auf.

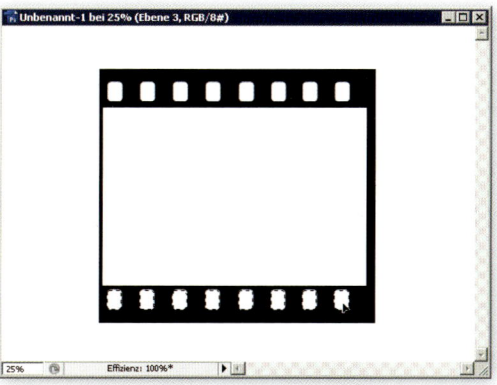

Schritt 6: Klicken Sie bei gedrückter ⌐Strg⌐-Taste (am Mac bei gedrückter ⌐⌘⌐-Taste) auf die Miniatur der Ebene mit der weißen Perforation, so dass alle Rechtecke ausgewählt werden. Halten Sie wieder ⌐⇧⌐+⌐Alt⌐-Taste gedrückt und ziehen Sie diesmal eine Kopie der Rechteckleiste senkrecht nach unten, dann heben Sie die Auswahl auf.

Fortsetzung

Tipp:
Zoomen mit gleichbleibender Fenstergröße
In Schritt 4 zeige ich Ihnen, wie Sie ins Bild hineinzuzoomen, ohne dass sich das Dateifenster dabei mitvergrößert. Sie müssen jedoch nicht immer diese Zusatztasten drücken. Sie können Photoshop auch dauerhaft so einrichten, dass die Fenstergrößen sich beim Zoomen nicht verändern.

Dabei arbeiten Sie nicht in den Voreinstellungen, sondern in den Optionen. Wechseln Sie in der Werkzeugleiste zum Zoomwerkzeug. Dann schalten Sie oben in den Einstellungen die Option FENSTERGRÖSSE ab. Jetzt bleibt die Fenstergröße immer gleich, egal wie Sie im Bild zoomen.

Tipp:

Wie man die kleinen Checkboxen besser erwischt

Gibt es ein Programm, in dem man noch mehr schrecklich kleine Checkboxen anklicken muss als in Photoshop? Dann zeigen Sie mir es mal bitte. (Genau genommen möchte ich es aber gar nicht sehen.) Egal, das Positive an der Sache ist: Sie müssen gar nicht so präzise auf die Checkbox klicken. In den meisten Fällen ändern Sie die Option auch, indem Sie auf das Wort neben der Checkbox klicken. Probieren Sie's mal aus. Schalten Sie zum Beispiel das Verschiebenwerkzeug ein und werfen Sie einen Blick oben auf die Einstellungen. Dort gibt es die Checkbox AUTOMATISCH AUSWÄHLEN; aber klicken Sie nicht direkt auf die Checkbox, sondern nur auf die Wörter „Automatisch auswählen" – und schon haben Sie diese Einstellung geändert.

Schritt 7: Jetzt folgt wieder ein `Strg`-Klick (Mac: `⌘`-Klick) auf die Miniatur der Ebene mit den abgerundeten Rechtecken. Sehen Sie die Auswahlmarkierung? Dann ziehen Sie die Ebene selbst in den Mülleimer, sie wird nicht mehr benötigt. Klicken Sie in der Ebenenpalette auf die Ebene mit dem schwarzen Rechteck (die Auswahl ist noch da?) und drücken Sie die `Entf`-Taste. So stanzen Sie die Perforation in den Filmstreifen.

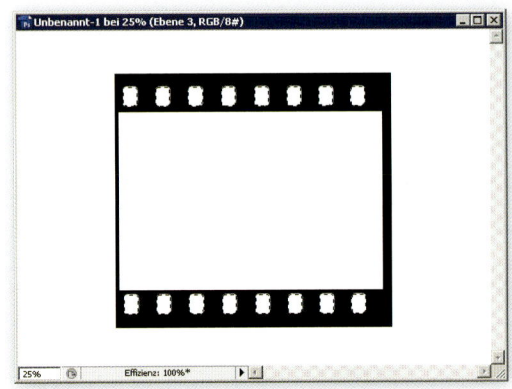

Schritt 8: Unten in der Ebenenpalette klicken Sie auf EBENENSTIL HINZUFÜGEN und dann auf SCHLAGSCHATTEN. Heben Sie den Abstand auf 21 und die Größe auf 25, dann klicken Sie auf OK. So erhält die Ebene einen Schlagschatten (wir nennen sie ab jetzt Filmstreifenebene).

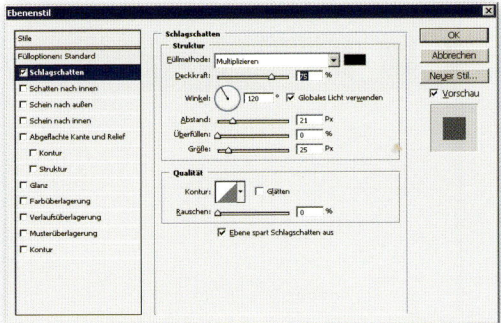

Schritt 9: In der Werkzeugleiste klicken Sie auf das Feld für die Vordergrundfarbe, im Farbwähler stellen Sie Olivgrün ein (ich nahm R 141, G 162 und B 68, wie abgebildet). Klicken Sie auf OK.

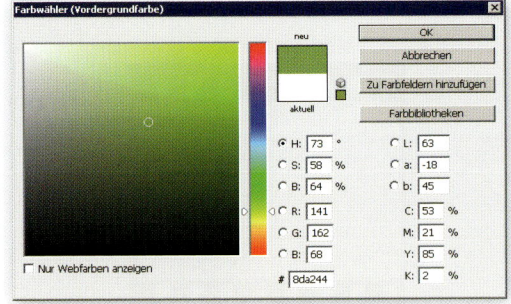

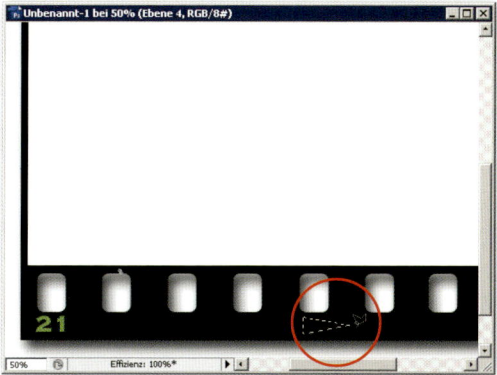

Schritt 10: Zoomen Sie die Ecke links unten groß heran, schalten Sie mit dem [T] das Textwerkzeug ein und tippen Sie die 21 ein (quasi das 21. Bild auf dem Film). Ich habe hier die Schriftart Copperplate Gothic Bold von Adobe verwendet. Legen Sie eine neue leere Ebene an, schalten Sie in der Werkzeugleiste zum Polygon-Lasso und skizzieren Sie ein langes Dreieck, wie hier zu sehen. Sie klicken nur die Eckpunkte ins Bild, Photoshop verbindet sie automatisch, per Doppelklick schließen Sie die Auswahl.

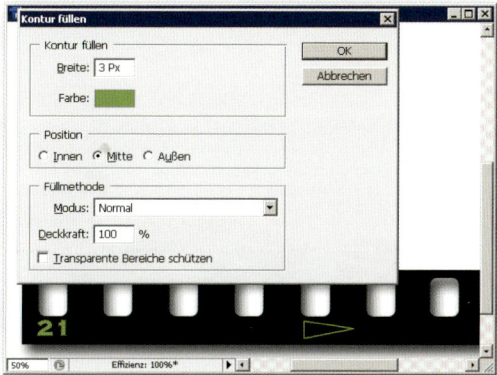

Schritt 11: Der nächste Befehl heißt BEARBEITEN, KONTUR FÜLLEN. Als Breite nehmen Sie drei Pixel. Mit dem OK-Klick erhält die Dreieckauswahl eine Kontur mit dem Olivgrün, das Sie ja in Schritt 9 eingestellt haben. Per [Strg]+[D] (am Mac [⌘]+[D]) heben Sie die Auswahl auf.

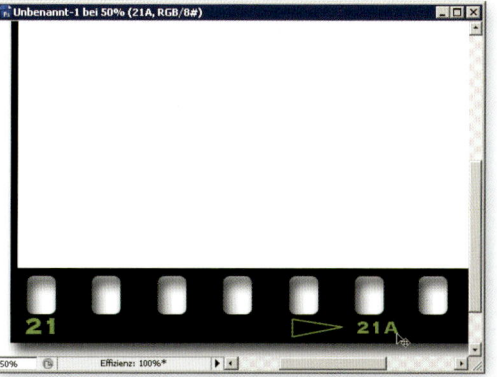

Schritt 12: Jetzt kehren Sie zum Textwerkzeug zurück und tippen „21A" rechts vom Dreieck. Die beiden Elemente lassen den Filmstreifen realistischer aussehen.

Tipp:
So bekommen Sie einen perfekt kreis-runden Pfad
Sie wollen Text auf einen perfekt runden Kreis setzen? Zeichnen Sie den Kreis nicht mit dem Zeichenwerkzeug, das macht zu viel Arbeit. Nehmen Sie stattdessen das Ellipsewerkzeug (eines der Formwerkzeuge, die ein einzelnes Fach weiter unten in der Werkzeugleiste belegen). Oben in den Optionen klicken Sie auf das mittlere der drei Symbole weit links. So entsteht ein Pfad, kein Pixelbereich mit Farbfüllung. Ziehen Sie den Kreis bei gedrückter [⇧]-Taste auf.

Fortsetzung

Schritt 13: Bei gedrückter Strg-Taste (am Mac bei gedrückter ⌘-Taste) klicken Sie in der Ebenenpalette neben alle Miniaturen, die zum Dia gehören, um sie gemeinsam auszuwählen. Sie starten das Transformieren mit Strg+T (am Mac ⌘+T) und drehen durch Ziehen außerhalb der Rechteckbox. Die Drehung bestätigen Sie mit der ↵-Taste.

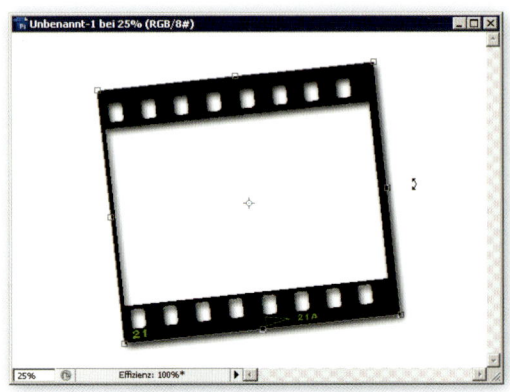

Schritt 14: Laden Sie das Foto, das innerhalb des Filmstreifens erscheinen soll. Mit dem V schalten Sie außerdem das Verschiebenwerkzeug ein. Ziehen Sie das Bild über die Datei mit dem Filmstreifen.

Schritt 15: Das Foto liegt zunächst eventuell über dem Filmstreifen. Aber zuerst zur Ebenenpalette: Nach einem Rechtsklick (am Mac Ctrl-Klick) auf die Fläche rechts neben der Fotominiatur nehmen Sie Iɴ Sᴍᴀʀᴛ Oʙᴊᴇᴋᴛ ᴋᴏɴᴠᴇʀ-ᴛɪᴇʀᴇɴ. Ziehen Sie das Foto in der Ebenenpalette unmittelbar unter die Filmstreifenebene.

Schritt 16: Starten Sie das FREIE TRANSFORMIEREN mit `Strg`+`T` (am Mac `⌘`+`T`) und drehen Sie das Foto passend zum Rahmen. Etwas Überstand stört nicht (der verschwindet im nächsten Schritt), aber Sie können die Größe auch durch Ziehen an den Eckanfassern bei gedrückter `⇧`-Taste ändern.

Tipp:
Wirklich smart, diese smarten Objekte
Wir haben das Foto hier als Smart Objekt angelegt, eine Neuheit aus Photoshop CS2, die in CS3 weiter verbessert wurde. Ihr Riesenvorteil bei dieser Montage: Sie können das Foto immer wieder vergrößern und verkleinern, die Bildqualität geht nicht wie sonst mit jedem Manöver weiter den Bach herunter. Besonders interessant: Tauschen Sie das Foto ganz einfach aus. Dazu klicken Sie wieder mit rechts (am Mac mit gedrückter `Ctrl`-Taste) neben die Miniatur des Fotos und wählen Sie INHALT ERSETZEN. Geben Sie ein neues Foto an – schon erscheint es in Ihrer Montage, und zwar in der passenden Größe und Drehung. Es sollte aber die gleichen Seitenverhältnisse haben wie das erste Bild. Auch diese Datei ist automatisch ein Smart Objekt, beim „Transformieren" entsteht also kein Schaden.

Schritt 17: Aktivieren Sie die Filmstreifenebene durch einen Klick in der Ebenenpalette. Schalten Sie mit dem `W` den Zauberstab ein, nutzen Sie in den Optionen die Vorgabe GLÄTTEN und verzichten Sie auf ALLE EBENEN AUFNEHMEN. Dann klicken Sie in das innere Rechteck. Die eigentliche Diafläche wird so ausgewählt.

Schritt 18: Klicken Sie in der Palette einmal auf die Fotominiatur und dann unten auf das dritte Symbol von links, es heißt EBENENMASKE HINZUFÜGEN – der Bildüberstand verschwindet. Foto oder auch Bildnummern lassen sich noch austauschen. Ihr flexibler Filmstreifen ist fertig!

Tipp:
**Der vielseitige
Schwarzweißdialog**
Seit Photoshop CS3 gibt es
den Befehl Bild, Anpassungen, Schwarzweiss, der häufig (allerdings nicht beim
Verfahren auf dieser Seite)
die besten Umsetzungen
von Farbe in Graustufen
liefert. Klicken Sie zuerst
einmal auf die Auto-
Schaltfläche und lassen
Sie sich von Photoshop
eine Graustufenvariante
vorschlagen. Die sieht oft
schon klasse aus. Dann
verfeinern Sie von Hand.
Sie müssen aber gar nicht
an Reglern für Rottöne,
Gelbtöne, Grüntöne und
Co. ziehen. Traktieren Sie
unmittelbar Ihr Foto! Ein
Beispiel: Die Blautöne
sollen im Graubild noch
dunkler erscheinen.
Klicken Sie in eine blaue
Bildpartie – zum Beispiel
in den Himmel – und zie-
hen Sie nach links; schon
erscheint der Himmel in
der Grauvariante noch
düsterer. Rottöne möch-
ten Sie heller sehen?
Klicken Sie zum Beispiel in
eine Hautpartie und zie-
hen Sie nach rechts, schon
zeigt die Grauumsetzung
rötliche Bildpartien heller.

Ein edler Galeriedruck

Dieses raffinierte Verfahren lässt Ihr Foto so aussehen, als solle es in einer Galerie hängen.
Wir verwandeln das Bild zunächst in sehr kontrastreiche Graustufen, und zwar weil das gut
zum Motiv passt. Für andere Aufnahmen eignen sich auch weniger harte Kontraste.

Schritt 1: Öffnen Sie das Bild,
das als Galeriedruck erscheinen
soll.

© Brand X Pictures

Schritt 2: Mit dem Tastengriff
Strg+J (am Mac ⌘+J)
duplizieren Sie die Hintergrundebene. Häufig eignet sich der
Schwarzweißbefehl für den
geplanten Graustufeneffekt
ideal. Doch unsere Bildvorstel-
lung – mit stark überbelichte-
tem Himmel – setzt ausnahms-
weise der Kanalmixer besser
um. Klicken Sie unten in der
Ebenenpalette auf das Symbol
Füll- oder Einstellungsebene hinzufügen und dann auf Kanalmixer.

Schritt 3: Im Dialogfeld klicken
Sie zuerst unten auf die Option
Monochrom, so dass Ihr Bild
schwarzweiß erscheint. Wir wollen die typische Bildstimmung
von Ansel-Adams-Fotos erreichen, ziehen Sie also den Rot-
regler auf +200. Senken Sie
Grün auf -30 und heben Sie Blau
auf +20.

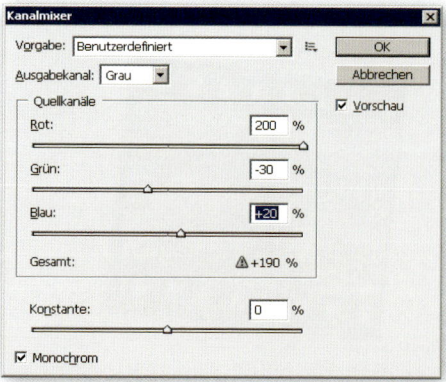

Schritt 4: Sie erhalten ein Graustufenbild mit sehr markanten Kontrasten. Drücken Sie nun Strg + E (am Mac ⌘ + E); so verschmelzen Sie die Kanalmixer-Einstellungsebene mit der duplizierten Bildebene.

Schritt 5: Ihr Bild bekommt nun zusätzliche weiße Fläche. Das erledigt der Befehl BILD, ARBEITSFLÄCHE. Klicken Sie auf die Option RELATIV, dann geben Sie für Höhe und Breite jeweils fünf Zentimeter hinzu (wie abgebildet).

Schritt 6: Hier sehen Sie die neue weiße Arbeitsfläche. Klicken Sie bei gedrückter Strg-Taste (am Mac bei gedrückter ⌘-Taste) auf die Miniatur der Graustufenebene in der Ebenenpalette. So entsteht eine Auswahl um das Foto herum (wie hier zu sehen). Dazu legen Sie noch eine neue leere Ebene an, Sie klicken also auf das Symbol NEUE EBENE ERSTELLEN unten in der Palette.

Tipp:
Wie Sie die Laufweite schnell auf 0 setzen
Mit der Laufweite in der Zeichenpalette steuern Sie den Abstand zwischen den Buchstaben einer Zeile. Bei negativen Werten rücken die Lettern enger zusammen; positive Vorgaben sorgen für mehr „Luft" zwischen den Zeichen. Vielleicht geht es Ihnen so wie mir und Sie schrauben fortwährend an der Laufweite herum. Dann werden Sie sich auch so freuen wie ich seinerzeit, als ich erfahren habe, dass man die Laufweite sehr bequem auf 0 zurücksetzen kann. Dazu tippen Sie unter Windows einfach ⇧ + Strg + Q, am Mac ⇧ + ⌘ + Q. Der Haken bei der Sache: Sie müssen den Text erst markieren. (Und das ist merkwürdig, denn herauf- oder heruntersetzen können Sie die Laufweite auch bei unmarkiertem Text, solange die Textebene aktiviert ist. Aber der Tastaturbefehl funktioniert wirklich nur, wenn Sie den Text erst markieren; wirklich merkwürdig, oder?)

Fortsetzung

Tipp:

So bekommen Sie Ihre letzten Einstellungen zurück

Sie arbeiten an einem Bild und verwenden Gradationskurven, Tonwertkorrektur und so weiter. Öffnen Sie diese Befehle ein zweites Mal, fangen Sie wieder bei null an. Sie wenden zum Beispiel eine spezielle Gradationskurve an, klicken auf OK und rufen die Gradationskurve ein zweites Mal auf. Dann sehen Sie nur die schnurgerade Standardkurve ohne Veränderung.

Aber mit einem Trick greifen Sie auf Ihre Einstellungen vom letzten Mal zurück – drücken Sie den Tastaturbefehl und zusätzlich die Alt-Taste. Sie wollen zum Beispiel die Gradationskurven gleich mit den Werten der letzten Anwendung laden; drücken Sie also Alt+Strg+M (am Mac Alt+⌘+M) und nicht nur den üblichen Tastenbefehl Strg+M (am Mac ⌘+M).

Schritt 7: Fassen Sie das Bild mit einer dünnen Linie ein, dazu dient der Befehl BEARBEITEN, KONTUR FÜLLEN. Als Breite nehmen Sie ein Pixel, nach einem Klick auf das Farbfeld stellen Sie Hellgrau ein, die Position bleibt bei Mitte.

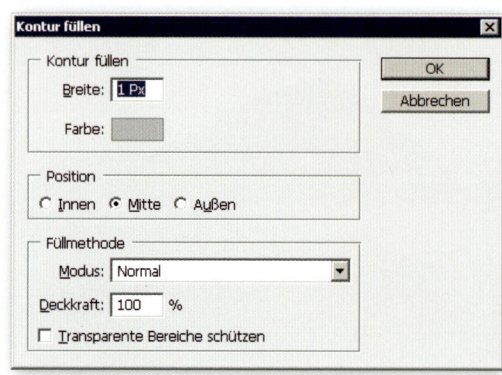

Schritt 8: Nach dem OK-Klick erscheint die Kontur um das Bild herum; heben Sie die Auswahl aber noch nicht auf. Die Kontur liegt ja auf einer eigenen Ebene – finden Sie die Linie also etwas zu aufdringlich, senken Sie einfach die Deckkraft in der Ebenenpalette.

Schritt 9: Die Auswahl existiert ja noch. Wählen Sie also BEARBEITEN, AUSWAHL TRANSFORMIEREN. Wir dehnen die Auswahl aus und vermeiden dabei abgerundete Ecken.

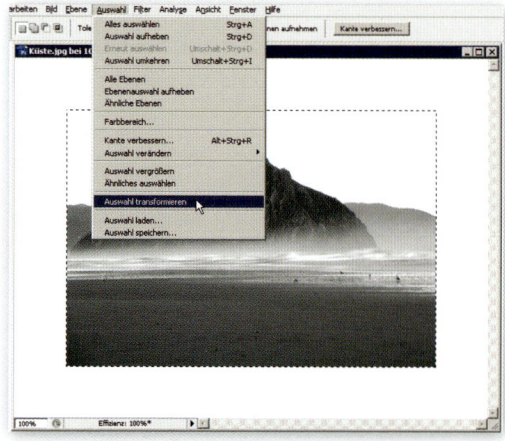

Schritt 10: Oben in den Einstellungen tippen Sie 102 Prozent B(reite) und 103 Prozent H(öhe) ein, dann bestätigen Sie Änderung mit der ⏎-Taste. Während die vergrößerte Auswahl noch im Bild steht, legen Sie eine neue Ebene an, dann wählen Sie wieder BEARBEITEN, KONTUR FÜLLEN. Die Breite bleibt bei einem Pixel, aber als Farbe nehmen Sie diesmal Schwarz; dazu klicken Sie auf das hellgraue Farbfeld.

Schritt 11: Nach dem OK-Klick erscheint die dünne schwarze Linie im Gesamtbild. Mit dem Textwerkzeug signieren Sie Ihr Foto jetzt (natürlich nur, wenn die Aufnahme von Ihnen stammt). Die Schriftart sollte nach Handschrift aussehen, ich nahm ITC Bradley Hand. Ordnen Sie diese Textebene rechts unten an. Unten links habe ich noch den Eindruck eines teuren nummerierten Prints nachempfunden.

Schritt 12: Zum Schluss kam noch der Name einer fiktiven Galerie dazu. Ich habe die Schriftart Minion von Adobe mit Großbuchstaben mit 24 Punkt Höhe verwendet. Allerdings ließ ich nachträglich nur die Anfangsbuchstaben bei 24 Punkt; die weiteren Buchstaben habe ich markiert und auf 21 Punkt verkleinert, so dass es wie Kapitälchen wirkt. „San Francisco" setzte ich in Minion Italic, mit einer Laufweite von 400 Prozent in der Zeichenpalette.

Tipp:
So entfernen Sie Ebenenstile
Sie haben einen Ebenenstil auf eine Ebene angewendet, wollen ihn nun aber wieder löschen. Klicken Sie einfach auf den Effekt in der Ebenenpalette und ziehen Sie ihn in den Mülleimer unten in der Palette.

Alternativ verbergen Sie den Effekt nur, ohne ihn gleich ganz zu löschen. Dazu klicken Sie auf das Augensymbol neben dem Effekt, den Sie unsichtbar machen wollen. Klicken Sie in das leere Kästchen, das zuvor das Augensymbol enthalten hatte, wenn Sie den Effekt wieder anzeigen wollen.

Tipp:
Extra starke plastische Kanten

Sie brauchen plastisch herausmodellierte Objektränder mit harter Kante? Dann nehmen Sie den Ebenenstil ABGEFLACHTE KANTE UND RELIEF mit der Technik HART MEISSELN.

Eine weitere Möglichkeit bietet die Filtersammlung Eye Candy 5: Impact der Firma Alien Skin mit dem leistungsfähigen Bevel-Filter. Die Filter bekommen Sie auch im deutschsprachigen Raum, englische Informationen finden Sie beim Hersteller unter www.alienskin.com.

Foto-Ecken

Mit diesen Fotoecken peppen Sie Ihre Bilder auf. Hochzeits- und Reisefotografen verwenden den Effekt ebenso wie Leute, die historische Bilder restaurieren. Haben Sie die Fotoecken erst einmal konstruiert, lassen sie sich auf viele Bilder anwenden. Und noch ein Plus: Am Ende erzeugen wir noch eine ziemlich attraktive Hintergrundstruktur aus dem Nichts heraus.

Schritt 1: Öffnen Sie ein neues Dokument im RGB-Modus. Mit der Schaltfläche NEUE EBENE ERSTELLEN unten in der Ebenenpalette erzeugen Sie eine neue Ebene. Schalten Sie mit dem ⬚M⬚ das Auswahlrechteck ein und ziehen Sie bei gedrückter ⬚⇧⬚-Taste eine quadratische Auswahl in der Bildmitte auf (wie hier zu sehen). Mit dem ⬚D⬚ setzen Sie die Vordergrundfarbe auf Schwarz, mit ⬚Alt⬚+⬚Entf⬚ füllen Sie die Rechteckauswahl schwarz.

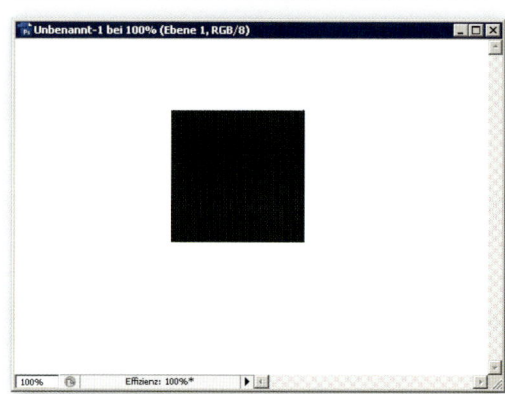

Schritt 2: Heben Sie die Auswahl mit ⬚Strg⬚+⬚D⬚ (am Mac ⬚⌘⬚+⬚D⬚) auf. Ziehen Sie mit dem Polygon-Lasso eine Diagonale durch die Mitte des Quadrats, dann ziehen Sie Geraden, wie hier zu sehen. So wählen Sie die obere linke Hälfte der Figur aus. Mit der ⬚Entf⬚-Taste löschen Sie den Auswahlbereich. Heben Sie die Auswahl mit ⬚Strg⬚+⬚D⬚ (am Mac ⬚⌘⬚+⬚D⬚) wieder auf.

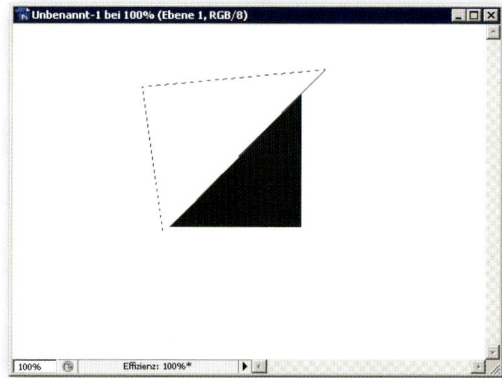

Schritt 3: Zurück zum Auswahlrechteck. Halten Sie die ⬚⇧⬚-Taste gedrückt und erzeugen Sie eine kleinere Auswahl, wie hier zu sehen. Ziehen Sie die Auswahlmarkierung so über das verbleibende schwarze Dreieck, dass ein kleinerer Teil davon ausgewählt ist.

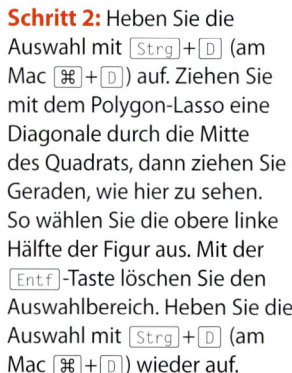

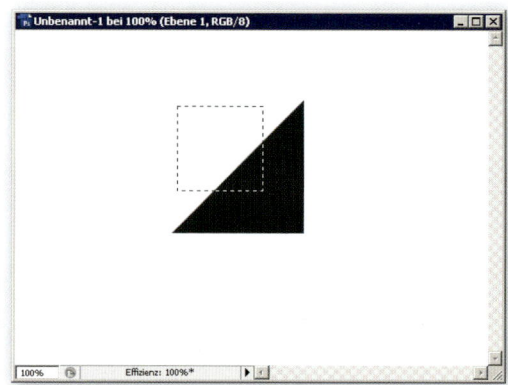

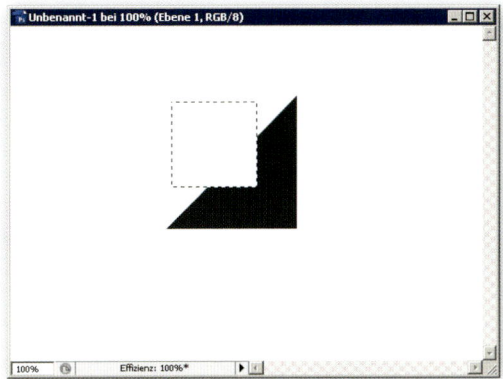

Schritt 4: Mit der `Entf`-Taste löschen Sie nochmal einen kleinen dreieckigen Bereich aus der schwarzen Figur heraus. Heben Sie die Auswahl per `Strg`+`D` (am Mac ⌘+`D`) auf.

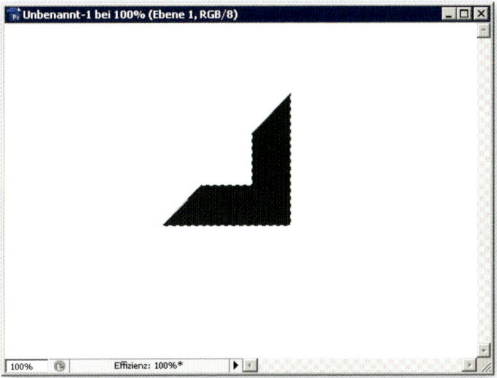

Schritt 5: Sie brauchen eine Auswahl der verbleibenden Figur. Klicken Sie also bei gedrückter `Strg`-Taste (am Mac bei gedrückter ⌘-Taste) auf die Miniatur des schwarzen Objekts in der Ebenenpalette. So entsteht eine Auswahl dieser Figur (wie hier zu sehen). Im nächsten Schritt verkleinern Sie die Auswahl.

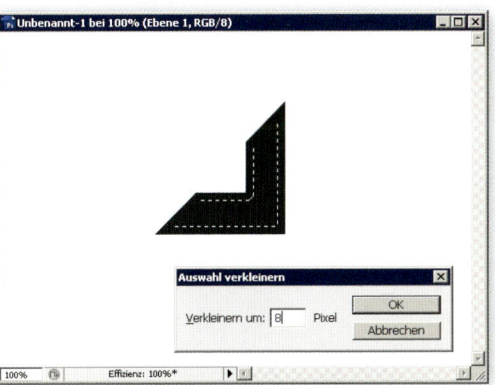

Schritt 6: Der erforderliche Befehl heißt AUSWAHL, AUSWAHL VERÄNDERN, VERKLEINERN. Verkleinern Sie die Auswahl um acht Pixel, so dass sie nach innen schrumpft. Erzeugen Sie eine neue leere Ebene, indem Sie unten in der Ebenenpalette auf das Symbol NEUE EBENE ERSTELLEN klicken.

Tipp:
Wie Sie den Chromverlauf schneller aufspüren
Sobald Sie das Verlaufswerkzeug einschalten, zeigt Photoshop oben die Werkzeugeinstellungen an. Klicken Sie auf das gekippte Dreieck rechts von der Verlaufsminiatur, bietet Ihnen der Verlaufswähler alle geladenen Verläufe an. Wie finden Sie jetzt auf die Schnelle heraus, welches der Chromverlauf ist? Wenn Sie die QuickInfos eingeschaltet haben (und sie sind nach der Installation zunächst aktiv), dann halten Sie den Cursor über irgendeine Verlaufsminiatur und Photoshop blendet den Namen ein. Haben Sie die QuickInfos aber abgeschaltet (ehrlich gesagt, mich nerven sie, außer bei Verläufen), dann gibt es eine weitere Möglichkeit: Zeigen Sie nur die Namen der Verläufe an. Dazu klicken Sie auf die Schaltfläche rechts oben im Verlaufswähler und nehmen die Vorgabe NUR TEXT. So erscheinen nur die Namen der Verläufe und Sie finden den Chromverlauf ganz mühelos.

Tipp:
Ein neues Dokument mit den Werten einer geöffneten Datei
Wenn Sie viel mit Fotomontagen arbeiten, dann sparen Sie mit diesem Tipp eine Menge Zeit. Sie wollen eine neue Datei anlegen, die exakt in Pixelgröße, Druckauflösung, Farbmodus und so weiter mit einer geöffneten Datei übereinstimmt. Wählen Sie also wie üblich DATEI, NEU. Während das Dialogfeld NEU auf dem Schirm ist, öffnen Sie Photoshops FENSTER-Menü. Unten im Menü sehen Sie alle geöffneten Dateien. Klicken Sie auf das gewünschte Dokument und Photoshop übernimmt alle Werte sofort in den NEU-Dialog. Sie müssen nur noch auf OK klicken.

Schritt 7: Unten in der Ebenenpalette klicken Sie auf die Schaltfläche EBENENSTIL und dann auf ABGEFLACHTE KANTE UND RELIEF. Als Stil nehmen Sie RELIEF AN ALLEN KANTEN. Die Größe senken Sie auf 3, den Weichzeichnenwert heben Sie auf 5.

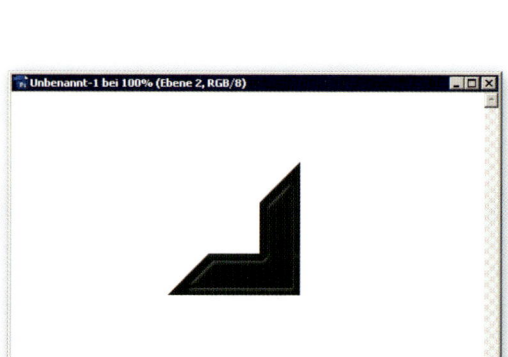

Schritt 8: Klicken Sie auf OK. Die kleinere, innere Figur erhält so leichte Schatten und Glanzlichter. Sie wirkt damit wie in das größere Objekt eingebettet (wie hier zu sehen).

Schritt 9: Klicken Sie in der Ebenenpalette auf die größere schwarze Form (Ebene 1), dann öffnen Sie unten in der Palette wieder das Menü EBENENSTIL HINZUFÜGEN, wieder mit dem Befehl ABGEFLACHTE KANTE UND RELIEF. Die Größe senken Sie auf 3, für das Weichzeichnen nehmen Sie aber den Wert 7.

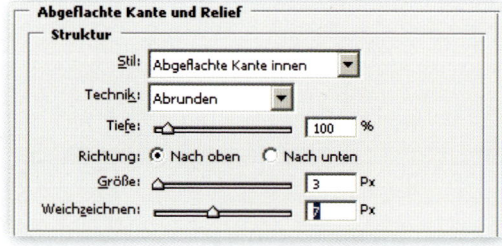

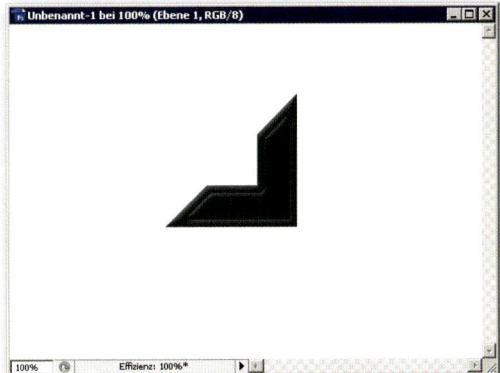

Schritt 10: Klicken Sie auf OK. So erhält die größere der beiden Formen eine sanft abgeschrägte Kante.

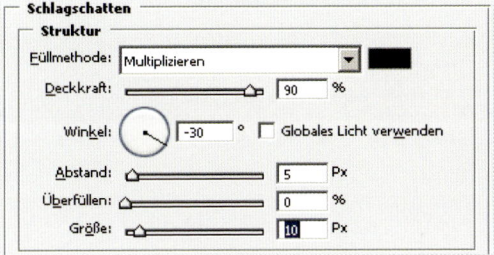

Schritt 11: Im Menü EBENENSTIL HINZUFÜGEN unten in der Ebenen-palette klicken Sie jetzt auf SCHLAGSCHATTEN. Heben Sie die Deckkraft auf 90 Prozent, schalten Sie das GLOBALE LICHT ab, setzen Sie den Winkel auf minus 30 Grad und die Größe auf zehn.

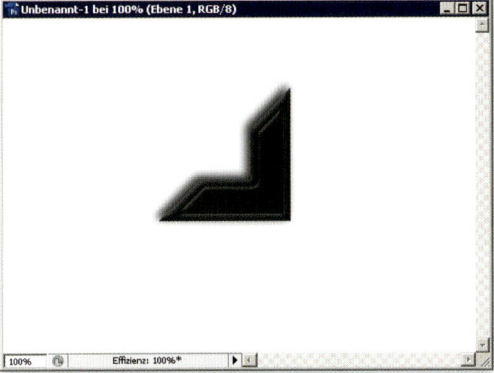

Schritt 12: Klicken Sie auf OK, um den Schlagschatten anzuwenden. In den nächsten Schritten setzen wir die Fotoecken an die vier Ecken eines Fotos an.

Tipp:
Der Vorteil von Einstellungsebenen
Wir verwenden im Buch immer wieder Einstellungsebenen. Ich weiß, manche Leute mögen keine Einstellungsebenen, aber ich will Ihnen den Hintergrund erklären und dann nutzen Sie diese praktische Technik vielleicht auch öfter.

Einstellungsebenen erschienen mit Photoshop 4.0 (also 14 Jahre vor Entdeckung der Elektrizität durch Benjamin Franklin). Damals konnte man in Photoshop nur einen einzigen Arbeitsschritt widerrufen. Also entwickelte Adobe die Einstellungsebenen, damit man zumindest Tonwertänderungen wie Gradationskurven oder Farbbalance zurücknehmen konnte. Sie erscheinen in der Ebenenpalette als Einstellungsebenen. Eine prima Sache: Wenn Sie nach zwei Stunden merken, dass Sie eine bestimmte Kontrast-änderung doch nicht brauchen, ziehen Sie die Einstellungsebene einfach in den Mülleimer unten in der Palette. Sie können die Einstellungsebenen sogar mit der Datei speichern und die Korrektur später widerrufen.

Fortsetzung

Tipp:
Große Effekte bei kleinen Größen

Ich erzähle Ihnen hier öfter, dass Sie bestimmte Effekte bei großen Bildgrößen anlegen müssen. Zum Beispiel sage ich, für einen bestimmten Texteffekt brauchen Sie 200 oder 300 Punkt Schriftgröße, damit die Wirkung stimmt. Aber lassen Sie sich davon nicht abschrecken: Wenn Sie eine kleine Größe brauchen, legen Sie den Effekt dennoch zunächst mit hohen Maßen an. Später verkleinern Sie das Ergebnis mit dem BILDGRÖSSE-Befehl oder per FREI TRANSFORMIEREN. Der Effekt bleibt dann häufig verwendbar. Beginnen Sie dagegen Ihre Arbeit schon mit kleinen Größen, erhalten Sie oft unpassende Ergebnisse. Also fangen Sie besser mit großen Dateien an, die Sie später verkleinern. Professionelle Webdesigner arbeiten häufig so.

Schritt 13: Öffnen Sie das Bild, das den Effekt erhalten soll. Öffnen Sie noch eine neue größere Leer-Datei und ziehen Sie das Foto mit dem Verschiebenwerkzeug in die leere Datei. Das Foto landet dort auf einer eigenen Ebene. Mit dem Verschiebenwerkzeug ziehen Sie das Foto in die Mitte (wie abgebildet).

Schritt 14: Jetzt ziehen Sie einen Rahmen um Ihr Foto. Dazu klicken Sie unten in der Ebenenpalette auf EBENENSTIL HINZUFÜGEN und dann auf KONTUR. Im Dialog heben Sie die Größe auf 11, als Position nehmen Sie innen und nach einem Klick auf das Farbfeld stellen Sie ein sehr helles Grau als Konturfarbe ein. Mit dem OK-Klick erhält die Aufnahme einen Polaroid-artigen Rahmen (Sie sehen ihn in der Abbildung zum nächsten Schritt).

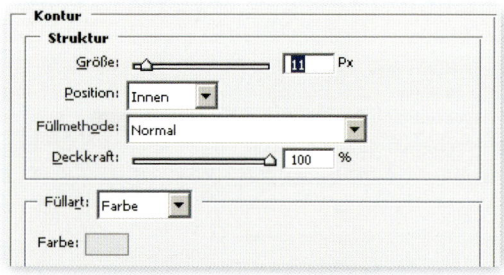

Schritt 15: Wechseln Sie wieder zurück zur Datei mit den Fotoecken. Klicken Sie in der Ebenenpalette einmal auf die obere Ebene und drücken Sie [Strg]+[E] (am Mac [⌘]+[E]) – so verschmelzen Sie die beiden Ebenen. Ziehen Sie diese Ecke mit dem Verschiebenwerkzeug in die Fotodatei (wie zu sehen). Die Ecke ist vielleicht zu groß, darum wird sie im nächsten Schritt angepasst.

Schritt 16: Mit `Strg`+`T` (am Mac `⌘`+`T`) starten Sie das FREIE TRANSFORMIEREN. Bei gedrückter `⇧`-Taste ziehen Sie einen Eckpunkt nach innen, bis die Elemente harmonieren. Ziehen Sie innerhalb des Rechteckrahmens, um das schwarze Objekt an der rechten unteren Bildecke zu platzieren (siehe Abbildung). Mit der `↵`-Taste bestätigen Sie die Größenänderung.

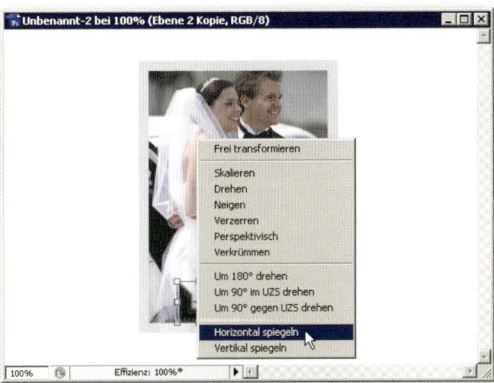

Schritt 17: Sie duplizieren die Fotoecke mit `Strg`+`J` (am Mac `⌘`+`J`). Mit `Strg`+`T` (am Mac `⌘`+`T`) starten Sie wieder das FREIE TRANSFORMIEREN. Klicken Sie mit rechts (am Mac bei gedrückter `Ctrl`-Taste) in die Rechteckbox und nehmen Sie HORIZONTAL SPIEGELN. Dieses Duplikat wird die linke Ecke.

Schritt 18: Ziehen Sie das Objekt im Rechteckrahmen an die linke untere Bildecke, dann schließen Sie diese Änderung mit der `↵`-Taste ab. Wiederholen Sie die Prozedur für die beiden oberen Ecken: Duplizieren Sie die Ebene, starten Sie das FREIE TRANSFORMIEREN, nehmen Sie nach einem Rechtsklick diesmal aber UM 90° IM UZS DREHEN, bringen Sie das Objekt links oben in Position. Diese Ecke duplizieren Sie erneut, starten das FREIE TRANSFORMIEREN, nehmen HORIZONTAL SPIEGELN und schieben dieses letzte Duplikat in die rechte obere Bildecke.

Tipp:
Schneller durch die Voreinstellungen
Das hier ist einer der wenig bekannten Tastaturbefehle, mit denen Sie Zeit sparen können. Wenn Sie die Voreinstellungen laden, müssen Sie nicht erst auf eine Kategoriebezeichnung wie LEISTUNG oder MASSEINHEITEN UND LINEALE klicken, um dorthin zu wechseln. Drücken Sie einfach `Strg`+`N` (am Mac `⌘`+`N`), schon springt Photoshop zum nächsten Bereich. Es geht auch rückwärts: mit `Strg`+`P` (am Mac `⌘`+`P`).

Fortsetzung

Tipp:
Öffnen Sie mehrere Bilder gleichzeitig

Sie können mehrere Bilder eines Ordners gleichzeitig öffnen. Sie müssen also nicht ein Foto nach dem anderen laden. Klicken Sie im ÖFFNEN-Dialog auf das erste Bild, das Sie brauchen; dann, bei gedrückter `Strg`-Taste (am Mac bei gedrückter `⌘`-Taste), klicken Sie weitere Motive an. Sobald Sie auf ÖFFNEN klicken, erscheinen alle gewählten Bilder in Photoshop.

Schritt 19: Jetzt folgt die Hintergrundstruktur. Klicken Sie in der Ebenenpalette auf die Hintergrundebene, die Sie dann mit `Strg`+`J` (am Mac `⌘`+`J`) duplizieren. Unten in der Ebenenpalette klicken Sie auf EBENENSTIL HINZUFÜGEN und dann auf MUSTERÜBERLAGERUNG. Mit einem Klick auf das gekippte Dreieck neben der Mustervorschau laden Sie den aktuelle Musterwähler. Im Menü dieses Fensters nehmen Sie Strukturen – Sie laden also einen weiteren Satz an Mustern.

Schritt 20: Im Menü des Musterwählers geben Sie die KLEINE LISTE an, Sie sehen also die Namen der Muster. Nehmen Sie das Muster mit der Bezeichnung STÖRUNG, dann senken Sie die Deckkraft auf 29 Prozent und klicken auf OK. Die duplizierte Hintergrundebene erhält jetzt dieses Muster. Rufen Sie den TONWERTKORREKTUR-Dialog mit `Strg`+`L` (am Mac `⌘`+`L`) auf. Nehmen Sie rechts unten den Schieberegler für Tonwertumfang und ziehen Sie ihn etwas nach links. So dunkeln Sie das Muster ab, es wirkt ein bisschen wie Marmor.

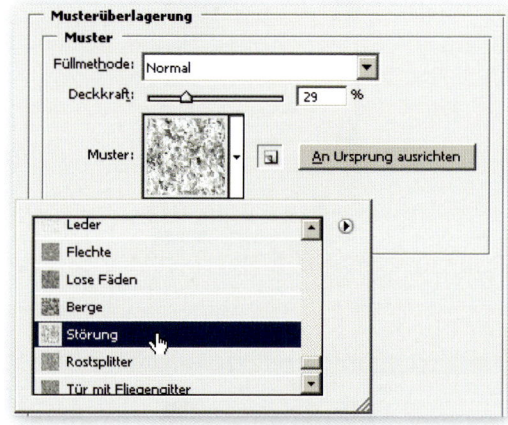

Schritt 21: Klicken Sie in der Tonwertkorrektur auf OK und Sie sind fertig! Das Ergebnis sehen Sie hier.

Schnelle Diarahmen

Die Präsentation in simulierten Diarahmen wird wieder beliebt. Aber früher hatte man viel Arbeit mit den abgerundeten Ecken. Das ist heute zum Glück anders, denn es gibt das Abgerundetes-Rechteck-Werkzeug und andere Verbesserungen. Dieses Tutorial braucht also nur noch drei Seiten, Sie sind in 60 Sekunden durch. Die eingesetzten Fotomotive lassen sich später bequem austauschen.

Schritt 1: Legen Sie eine neue RGB-Datei an, Größe und Auflösung spielen keine Rolle. Legen Sie eine neue leere Ebene an, dazu klicken Sie unten in der Ebenenpalette auf NEUE EBENE ERSTELLEN. Nach einem Klick auf das Vordergrundfarbfeld stellen Sie einen Grauton ein (ich nahm R 212, G 212, B 212). Schalten Sie nun das Abgerundetes-Rechteck-Werkzeug ein (wie gezeigt). Oben in den Optionen klicken Sie auf das dritte Symbol von links. Damit entstehen pixelgefüllte Objekte (keine Pfade oder Formebenen).

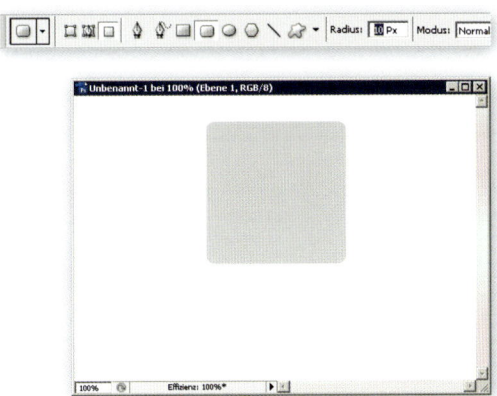

Schritt 2: Setzen Sie den Radiuswert in den Optionen für niedrigaufgelöste 72 dpi-Bilder auf 10 (oder 40 für hochauflösende 300 dpi-Dateien). Mit dem Radiuswert steuern Sie den Grad der Abrundung. 10 ist noch ein niedriger Wert (ebenso wie 40 für 300 dpi-Bilder), die Ecken werden also nur leicht abgerundet, genau der gewünschte Effekt. Ziehen Sie bei gedrückter Maustaste ein großes Rechteck auf.

Tipp:
Zeigen Sie die Histogramme in Farbe an
Die Histogrammpalette zeigt wahlweise nur ein Histogramm oder Einzelhistogramme für die verschiedenen Farbkanäle Ihrer Datei. Allerdings erscheinen die Histogramme sämtlicher Farbkanäle schwarz. Für schnelles, intuitives Arbeiten sollten Sie die Farbkanäle auch in Farbe anzeigen. Der Weg: Sie wählen aus dem Menü der Histogrammpalette zunächst ALLE KANÄLE IN ANSICHT (so dass die Einzelkanäle erscheinen), dann folgt im selben Menü KANÄLE IN FARBE ANZEIGEN.

Fortsetzung

Tipp:
Wie Sie die Werte für Maße austauschen
Tippen Sie öfter Maße in die Optionen für Freistellwerkzeug, Auswahlrechteck und auch bei anderen Funktionen? Sie geben dort ja getrennt Breite und Höhe an. Sie können dort die Breite- und Höhewerte mit einem einzigen Klick austauschen (stellen Sie beim Freistellen zum Beispiel von 10 x 15 Zentimeter auf 15 x 10 Zentimeter um). Tippen Sie zuerst die Werte ein, dann klicken Sie auf das kleine Symbol zwischen den beiden Angaben, es zeigt die Meldung VERTAUSCHT HÖHE UND BREITE. Jetzt tauscht Photoshop die beiden Werte aus.

Schritt 3: Jetzt brauchen Sie das normale Auswahlrechteckwerkzeug. Ziehen Sie eine Rechteckauswahl innerhalb der grauen Figur auf (wie hier zu sehen). Mit der Entf-Taste löschen Sie den Bereich leer. Der Diarahmen in seiner Grundform wird so schon deutlich. Annullieren Sie die Auswahl mit Strg+D (am Mac ⌘+D).

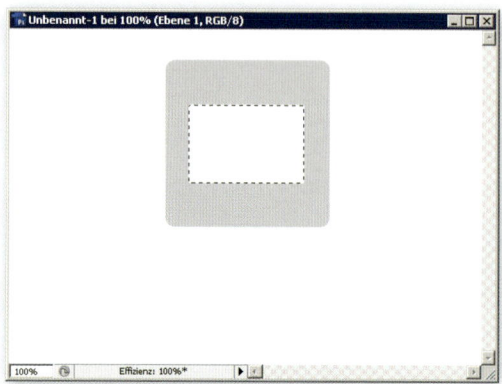

Schritt 4: Unten in der Ebenenpalette klicken Sie auf das Symbol EBENENSTIL HINZUFÜGEN und dann auf Schlagschatten. Senken Sie den Abstand auf 1 (für hochauflösende 300 dpi-Bilder lassen Sie den Abstand beim voreingestellten Wert 5, die Größe heben Sie auf 20). Klicken Sie auf OK. Der Schatten erscheint nicht nur an den Außenrändern des Diarahmens, sondern auch im inneren Bereich. Er fällt also auch auf das Bild, das Sie später einbauen, so dass das Ganze plastischer wirkt (auch wenn der Schatten leicht übertrieben ist).

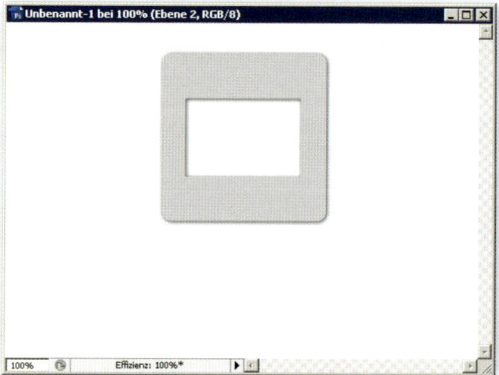

Schritt 5: Fügen Sie der Diarahmenvorlage noch schwarzen Text hinzu. Nehmen Sie die Schriftarten Helvetica oder Arial in Großbuchstaben. Senken Sie die Deckkraft der Textebenen auf 50 Prozent, damit sie sich gut einfügen. Klicken Sie dann auf das Augensymbol neben der Miniatur der Hintergrundebene, um sie zu verbergen. Danach wählen Sie SICHTBARE AUF EINE EBENE REDUZIEREN aus dem Menü der Ebenenpalette. So haben Sie den kompletten Diarahmen auf einer einzigen Ebene. Die Hintergrundebene können Sie wieder einblenden.

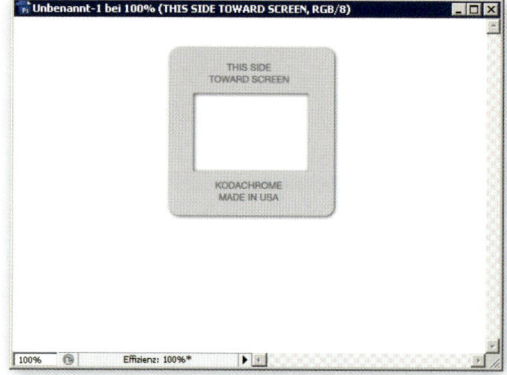

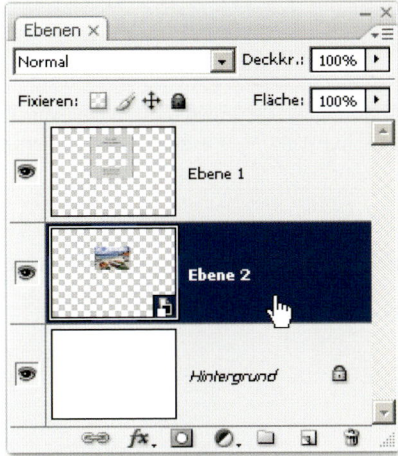

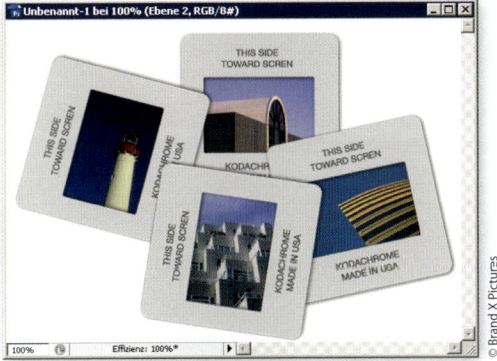

© Brand X Pictures

Schritt 6: Ziehen Sie mit dem Verschiebenwerkzeug ein Foto in die Diarahmendatei. Dort klicken Sie mit rechts (am Mac bei gedrückter `Ctrl`-Taste) auf die Miniatur des Fotos in der Ebenenpalette und wählen IN SMART OBJEKT KONVERTIEREN. Ziehen Sie das Foto in der Ebenenpalette unter den Diarahmen. Mit `Strg`+`T` (am Mac `⌘`+`T`) starten Sie das FREIE TRANSFORMIEREN; ziehen Sie einen Eckanfasser mit gedrückter `⇧`-Taste nach innen, bis das Bild kaum größer als der freie Diabereich ist. Das bestätigen Sie mit der `↵`-Taste. Klicken Sie in der Ebenenpalette bei gedrückter `Strg`-Taste (am Mac bei gedrückter `⌘`-Taste) in die Fläche rechts neben der Diarahmenminiatur, so dass beide Ebenen ausgewählt sind. Nun klicken Sie unten links in der Palette auf die Gliederkette mit dem Einblendtext EBENEN VERBINDEN. Ziehen Sie die zwei verbundenen Ebenen als Gesamtdia in ein neues Dokument, in dem Sie später weitere Dias sammeln und invididuell drehen. Wechseln Sie zurück zur Einzeldia-Montage und klicken Sie mit der rechten Maustaste (am Mac bei gedrückter `Ctrl`-Taste) rechts neben die Miniatur des eingesetzten Fotos. Nehmen Sie INHALT ERSETZEN, um ein neues Foto in den Rahmen zu montieren; am besten ein Bild mit dem gleichen Seitenverhältnis.

Tipp:
Auch so starten Sie die Transformieren-Funktionen
Wir rufen die Transformieren-Funktionen im Buch häufig mit `Strg`+`T` (am Mac `⌘`+`T`) auf und nehmen dann eventuell noch das Kontextmenü dazu, um Funktionen wie DREHEN, FREI TRANSFORMIEREN oder NEIGEN zu erhalten. Sie erreichen die Funktionen aber auch über das Untermenü BEARBEITEN, TRANSFORMIEREN.

Tipp:
Wie Sie die pixeligen Kanten loswerden

Tipp:
Wie Sie die pixeligen Kanten loswerden
Bildteile und manch-
mal sogar Text zeigen
mitunter grobpixelige
Kanten. Das passiert in
krummen Zoomstufen wie
66,67 Prozent (ein häufig
genutzter Wert). In den
Zoomstufen 100 Prozent,
50 Prozent, 25 Prozent
und 12,5 Prozent sehen
Sie die gezackten Kanten
dagegen nicht. Wollen
Sie also Ihre Motive mög-
lichst glatt sehen, neh-
men Sie auch eine glatte
Zoomstufe wie 100 oder
50 Prozent.

Eine DVD-Hülle

In Kapitel 4 haben wir bereits eine DVD-Scheibe gestaltet und schließlich so verändert, dass sie scheinbar aus einer richtigen DVD-Hülle herausragt. Dieser Effekt ist zurzeit sehr beliebt, denn so wird klar, dass die Packung eine DVD enthält. In diesem Verfahren hier wandeln Sie ein normales Foto in eine DVD-Hülle mit plastischer Wirkung um, genau wie die Verpackung aus dem früheren Projekt.

Schritt 1: Legen Sie ein neues Foto im RGB-Modus an. Es sollte recht breit sein, wie hier zu sehen, damit Sie später genug Arbeitsfläche haben. Öffnen Sie das Bild für den Titel und ziehen Sie es mit dem Verschiebenwerkzeug in die neue leere Datei. Ebenfalls mit dem Verschiebenwerkzeug positionieren Sie es in der rechten Hälfte der neuen Datei (siehe Abbildung).

Schritt 2: Unten in der Ebenenpalette klicken Sie auf das Symbol NEUE EBENE ERSTEL-LEN, so dass eine neue leere Ebene entsteht. Ziehen Sie mit dem Auswahlrechteck eine Auswahl um das untere Viertel des Fotos. Klicken Sie auf das Vordergrundfarbfeld und stellen Sie ein dunkles Grau ein. Mit dem Tastaturbefehl ⌐Alt⌐+⌐Entf⌐ füllen Sie den ausgewählten Bereich grau.

Schritt 3: Erzeugen Sie noch eine schmale Rechteckauswahl oben im Bild (wie hier zu sehen). Diesmal stellen Sie Hellgrau ein, dann füllen Sie die Auswahl wieder per ⌐Alt⌐+⌐Entf⌐. Mit ⌐Strg⌐+⌐D⌐ (am Mac ⌐⌘⌐+⌐D⌐) heben Sie die Auswahl auf.

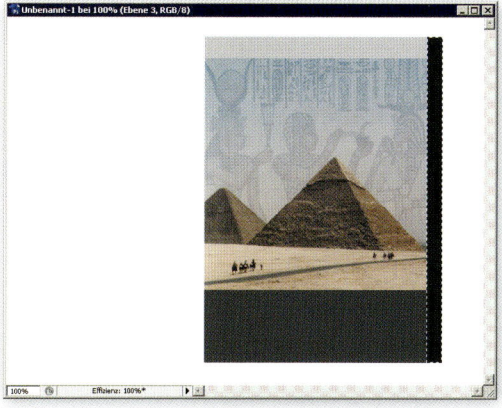

Schritt 4: Legen Sie eine weitere leere Ebene an. Ziehen Sie an der rechten Bildkante eine lange Rechteckauswahl auf (wie abgebildet). Mit der Taste D setzen Sie die Vordergrundfarbe auf Schwarz, dann füllen Sie diese Auswahl per Alt+Entf schwarz.

Schritt 5: Sie arbeiten weiter auf dieser Ebene. Ziehen Sie ein sehr schmales Rechteck an der Oberkante des Bilds auf (wie hier zu sehen). Mit Alt+Entf füllen Sie diese Auswahl schwarz.

Schritt 6: Wechseln Sie zur Auswahlellipse und ziehen Sie ein vertikal ausgerichtetes Oval auf, das vor allem einen Teil des senkrechten schwarzen Balkens, aber auch einen kleinen Teil des Fotos erfasst. Drücken Sie Alt+Entf, um diesen Auswahlbereich schwarz zu füllen. Das ist die Grifflasche für die DVD-Box. Heben Sie die Auswahl mit Strg+D (am Mac ⌘+D) auf.

Fortsetzung

Tipp:

Skalieren Sie mehrere Ebenen gleichzeitig

Skalieren Sie mehrere Ebenen in einem einzigen Durchgang – das spart enorm Zeit. Klicken Sie in der Ebenenpalette einmal auf eine Ebene, die Sie verändern möchten. Dann halten Sie die Strg-Taste (am Mac ⌘-Taste) gedrückt und klicken die weiteren Ebenen in der Palette an; klicken Sie jeweils in das Feld rechts neben der Miniatur. So haben Sie die Ebenen gemeinsam ausgewählt. Jetzt starten Sie wie üblich das FREIE TRANSFORMIEREN mit Strg+T (am Mac ⌘+T). Bei Bedarf drücken Sie die ⇧-Taste, um beim Skalieren die Seitenverhältnisse zu wahren. Alle gewählten Ebenen verändern sich gleichzeitig.

Tipp:

So erscheint der Mauszeiger schnell als Fadenkreuz

Wenn Sie mit den Mal-
werkzeugen arbeiten,
erscheint der Mauszeiger
als Umriss in der Größe
der aktuellen Pinselspitze.
Aber für wirklich prä-
zises Arbeiten können
Sie vorübergehend zum
Fadenkreuz umstellen.
Dazu drücken Sie einfach
die ⇧-Taste auf Ihrer
Tastatur (mit dieser Taste
sorgen Sie sonst dafür,
dass alle Buchstaben
als Großbuchstaben
erscheinen). Nicht nur
den Pinsel, auch andere
Werkzeuge sehen Sie
jetzt als Fadenkreuz. Um
wieder die übliche Pinsel-
darstellung zu erhalten,
drücken Sie die ⇧-Taste
erneut.

Dieser Trick mit der ⇧-
Taste kann auch verwirren,
wenn man ihn nicht kennt.
Womöglich verwenden
Sie das Textwerkzeug mit
der ⇧-Taste, weil Sie
einen Schriftzug nur in
Großbuchstaben brau-
chen. Wenn Sie dann zu
einem anderen Werkzeug
wechseln, erscheint es als
Fadenkreuz.

Schritt 7: Verschmelzen Sie die schwarzen und grauen Teile der Box mit dem Foto. Dazu drücken Sie zweimal `Strg`+`E` (am Mac `⌘`+`E`). Mit `⇧`+`M` wechseln Sie jetzt wieder zum Auswahlrechteck. Diesmal ziehen Sie eine große vertikale Auswahl über dem linken Ende des Bilds auf, von oben bis unten. Dieser Auswahlbereich wird zum Rücken Ihrer Verpackung.

Schritt 8: Diese Auswahl müs-sen Sie ausschneiden und auf eine eigene Ebene heben. Das erledigen Sie schlicht mit dem Tastaturbefehl `⇧`+`Strg`+`J` (am Mac `⇧`+`⌘`+`J`). Wechseln Sie mit dem `V` zum Verschiebenwerkzeug und zie-hen Sie den Rücken leicht nach links (wie hier zu sehen).

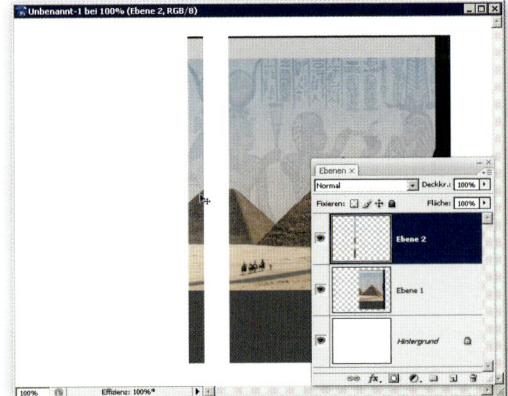

Schritt 9: Mit dem Textwerk-zeug fügen Sie die Beschriftung hinzu (Schriftarten hier: „Egyp-tian" mit Papyrus, „Secrets of the Pharaohs" mit Herculanum und „National Geothermal DVD" ganz oben in Gill Sans Regular, horizontal auf 90 Prozent ska-liert). Die Ebene „Secrets of the Pharaohs" duplizieren Sie mit `Strg`+`D` (am Mac `⌘`+`D`).

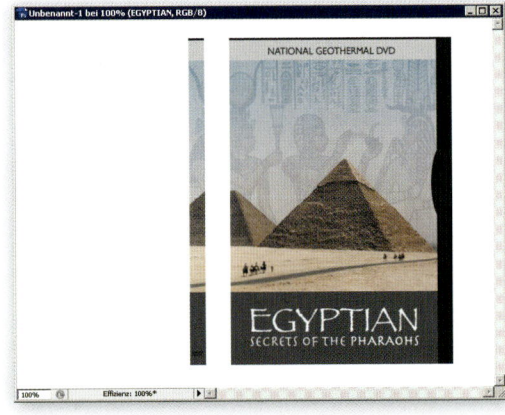

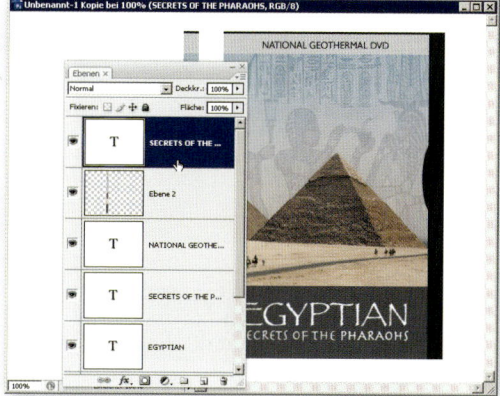

Schritt 10: Ziehen Sie die duplizierte Textebene in der Palette nach oben, so dass sie direkt über dem Verpackungsrücken rangiert (wie hier zu sehen). Der nächste Befehl heißt BEARBEITEN, TRANSFORMIEREN, UM 90° IM UHRZEIGERSINN DREHEN. Ziehen Sie den Text über den Verpackungsrücken, markieren Sie ihn mit dem Textwerkzeug, klicken Sie auf das Farbfeld oben in den Optionen zum Textwerkzeug und stellen Sie Schwarz ein. Mit [Strg]+[E] (am Mac [⌘]+[E]) verschmelzen Sie diese Textebene mit dem darunterliegenden Rücken, Sie haben also nur eine Ebene.

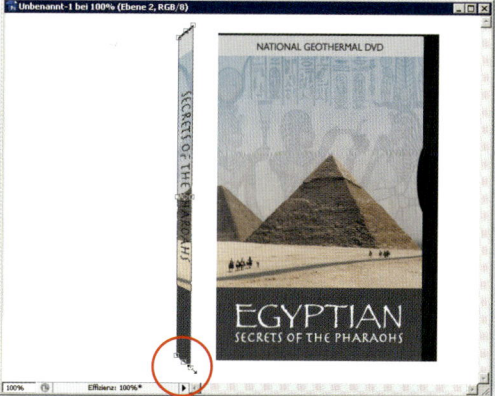

Schritt 11: Klicken Sie die Rückenebene in der Ebenenpalette einmal an und wählen Sie BEARBEITEN, TRANSFORMIEREN, PERSPEKTIVISCH. Klicken Sie auf den rechten unteren Eckpunkt und ziehen Sie ihn nach unten, so dass sich eine perspektivische Wirkung ergibt. Den linken unteren Eckpunkt ziehen Sie nach oben, um den Effekt zu verstärken.

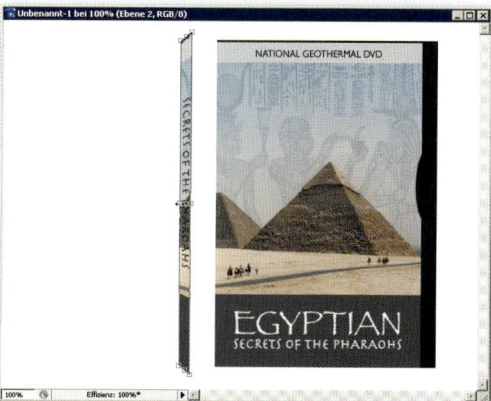

Schritt 12: Der Rücken wird so etwas zu stark gedehnt. Klicken Sie darum mit rechts (am Mac mit gedrückter [Ctrl]-Taste) in die Rechteckbox und wählen Sie SKALIEREN. Ziehen Sie den mittleren Anfasspunkt am linken Rahmen etwas nach innen, so dass der Rücken weniger gestreckt aussieht. Mit der [↵]-Taste bestätigen Sie die Korrekturen.

Tipp:
Auch Textebenen können Sie noch vielseitig transformieren
Viele Anwender wissen nicht, dass man auch Textebenen vielseitig transformieren, also umformen kann. So lassen sich die Funktionen SKALIEREN, DREHEN, NEIGEN und SPIEGELN noch nutzen. Der Text lässt sich weiterhin im Textmodus bearbeiten, Sie können also Wortlaut, Zeilenabstand oder Laufweite jederzeit ändern. Die Funktionen VERZERREN und PERSPEKTIVISCH VERZERREN bietet Photoshop für Textebenen jedoch nicht an. Für diese Aufgaben müssen Sie den Text zuerst rastern. Der Befehl heißt EBENE, RASTERN, TEXT.

Fortsetzung

Tipp:

Das Freistellwerkzeug

Hier sind ein paar schnelle Tipps, mit denen Sie das Freistellwerkzeug optimal nutzen:

• Sie wollen den Freistellrahmen drehen? Halten Sie den Mauszeiger außerhalb des Freistellrahmens, so dass er als gekrümmter Doppelpfeil erscheint. Durch Ziehen drehen Sie den Rahmen.

• Sie möchten ein perfektes Quadrat freistellen? Ziehen Sie den Rahmen bei gedrückter ⇧-Taste auf.

• Dockt der Freistellrahmen ungewollt an einer Bildkante an? Bei gedrückter Strg-Taste (am Mac bei gedrückter ⌘-Taste) ziehen Sie am Rahmen, ohne dass die Dokumentgrenzen noch „magnetisch" wirken.

• Sie möchten den Freistellrahmen gleichmäßig von der Mitte aus ändern? Ziehen Sie mit gedrückter Alt-Taste.

• Um den Freistellrahmen zu bewegen, ziehen Sie innerhalb des Rahmens.

Schritt 13: Klicken Sie in der Ebenenpalette auf die Vorderseite der DVD-Box. Dann halten Sie die Strg-Taste (am Mac die ⌘-Taste) gedrückt und klicken neben allen Textebenen in die Fläche rechts. Mit Strg+E (am Mac ⌘+E) verschmelzen Sie diese gemeinsam ausgewählten Ebenen, dann wählen Sie wieder BEARBEITEN, TRANSFORMIEREN, PERSPEKTIVISCH. Ziehen Sie den linken unteren Eckpunkt nach unten (wie gezeigt). Versuchen Sie, die Perspektive dem Verpackungsrücken anzupassen.

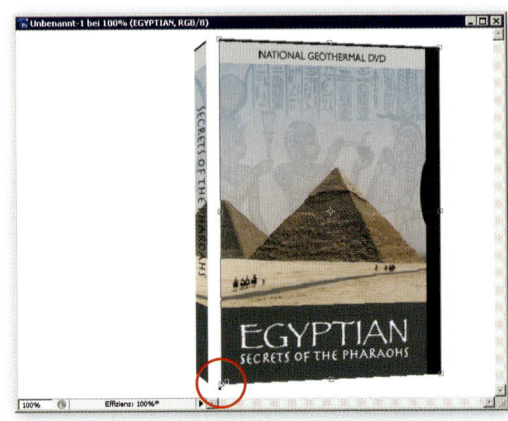

Schritt 14: Jetzt ziehen Sie den rechten unteren Eckpunkt nach oben, um die perspektivische Wirkung zu verstärken (wie hier zu sehen).

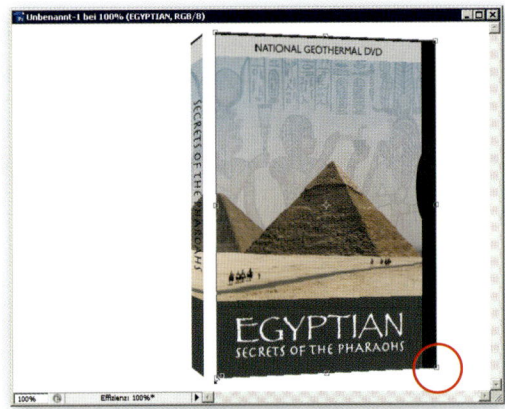

Schritt 15: Diese Änderung lässt die Hülle wiederum etwas zu gedehnt aussehen. Klicken Sie darum mit rechts (am Mac mit gedrückter Ctrl-Taste) in die Rechteckauswahl und gehen Sie auf SKALIEREN. Nehmen Sie den mittleren Anfasspunkt im rechten Rahmen und ziehen Sie ihn etwas nach links, bis die Verpackung nicht mehr zu gestreckt wirkt. Bestätigen Sie die Änderung mit der ↵-Taste.

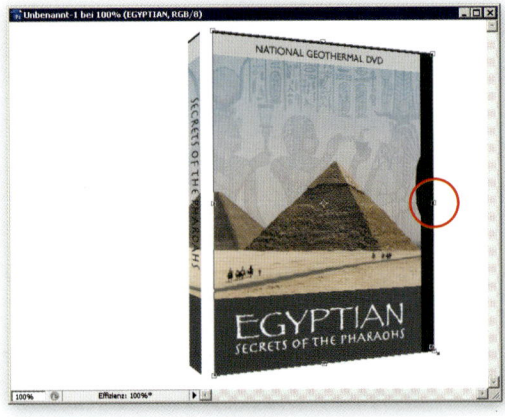

Schritt 16: Wechseln Sie zum Verschiebenwerkzeug und setzen Sie die Ebene mit der Verpackungsvorderseite präzise an den Rücken an. (Anmerkung: Falls sie nicht optimal zusammenpassen, passen Sie den Rücken noch einmal per FREI TRANSFORMIEREN an.)

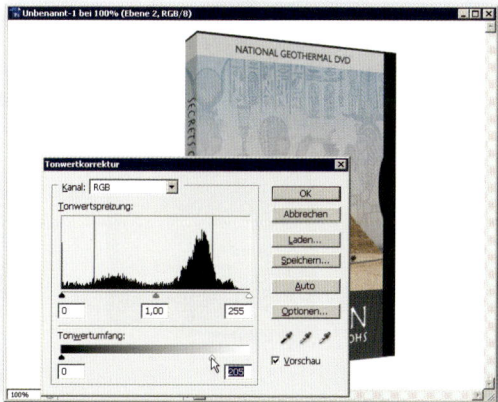

Schritt 17: Klicken Sie in der Ebenenpalette einmal auf die Ebene mit dem Rücken. Sie dunkeln die Ebene etwas ab, so dass sie abgeschattet erscheint. Rufen Sie mit `Strg`+`L` (am Mac `⌘`+`L`) die Tonwertkorrektur auf. Schieben Sie den rechten unteren Regler für Tonwertumfang nach links (wie hier zu sehen) und klicken Sie auf OK, um das Rückteil abzudunkeln.

Schritt 18: Mit `Strg`+`E` (am Mac `⌘`+`E`) verschmelzen Sie Rücken und Front zu einer einzigen Ebene. Drücken Sie bei gedrückter `Strg`-Taste (am Mac bei gedrückter `⌘`-Taste) auf die Miniatur der Verpackungsebene in der Ebenenpalette. So entsteht eine Auswahl entlang der Verpackung (siehe Abbildung). Erzeugen Sie eine neue Ebene; dazu klicken Sie unten in der Ebenenpalette auf NEUE EBENE ERSTELLEN.

Tipp:
Die richtige Zoomstufe hängt auch von der Präsentation ab
Immer wieder lesen Sie, man soll die Wirkung von Scharfzeichnern, Störungsfiltern und anderen kritischen Funktionen in der Zoomstufe 100 Prozent prüfen und eine realistische Vorschau auf das Druckergebnis bringt eventuell die Zoomstufe 50 Prozent. Denn in diesen Zoomstufen erscheint das Bild besonders sauber und präzise, man ist verlockt, den Stärkeregler beim Scharfzeichner weit nach rechts zu ziehen. Aber Vorsicht, wenn Sie das Bild auch für Monitorpräsentationen mit wechselnden Bildschirmauflösungen einplanen. Das gilt zum Beispiel für PDF-Präsentationen oder für CDs voller JPEG-Dateien, die per DVD-Spieler über den Fernseher flimmern. Bei dieser Wiedergabe kommt es zu allen möglichen Zoomstufen wie 37,89 Prozent – und eine kraftvolle Scharfzeichnung wirkt hier nur noch entstellend. Testen Sie die Scharfzeichnung also auch mit krummen Zoomstufen, sofern das Bild elektronisch präsentiert wird.

Fortsetzung

Tipp:

Schneller zoomen

Manchmal empfehle ich hohe Zoomstufen bis hin zu 1200 Prozent. Um das Bild schnell groß zu zoomen, drücken Sie mehrfach `Strg`+`+`-Taste (am Mac `⌘`+`+`-Taste). Mit jedem Tastendruck erhöht Photoshop die Zoomstufe, so dass Sie schnell eine sehr hohe Vergrößerung erhalten. Zurück zu kleineren Maßstäben kommen Sie ganz ähnlich, drücken Sie mehrfach `Strg`+`-`-Taste (am Mac `⌘`+`-`-Taste).

Schritt 19: Drücken Sie das `D`, dann das `X`, um die Vordergrundfarbe auf Weiß zu setzen. Mit dem `B` schalten Sie den Pinsel ein. Sie brauchen eine sehr kleine, weichkantige Pinselspitze. Klicken Sie einmal auf die obere Ecke in der Hülle, wo Front und Rückteil sich treffen. Dann halten Sie die `⇧`-Taste gedrückt und klicken unten in der Hülle ebenfalls auf den Treffpunkt von Vorderseite und Rückenteil. Photoshop verbindet die beiden Punkte mit einer perfekt geraden weißen Linie.

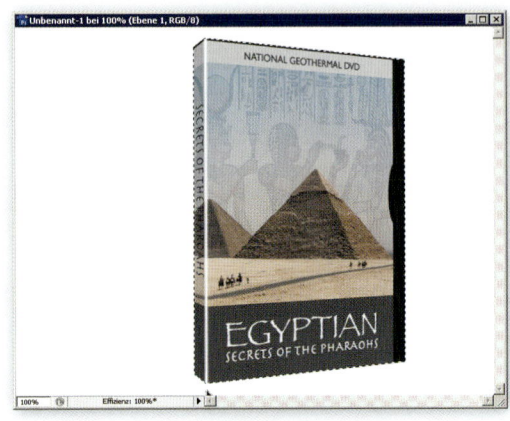

Schritt 20: Oben in der Ebenenpalette senken Sie die Deckkraft dieses weißen Pinselstrichs auf 50 Prozent. So simulieren Sie die Krümmung der DVD-Hülle (wie hier zu sehen). Heben Sie die Auswahl mit `Strg`+`D` (am Mac `⌘`+ `D`) auf und Sie sind fertig! Oder möchten Sie noch die zugehörige DVD-Scheibe konstruieren und einbauen, die ich in der Einleitung zu diesem Tutorial erwähnt habe? Dann halten Sie die DVD-Verpackung geöffnet und blättern Sie zurück zum vierten Kapitel.

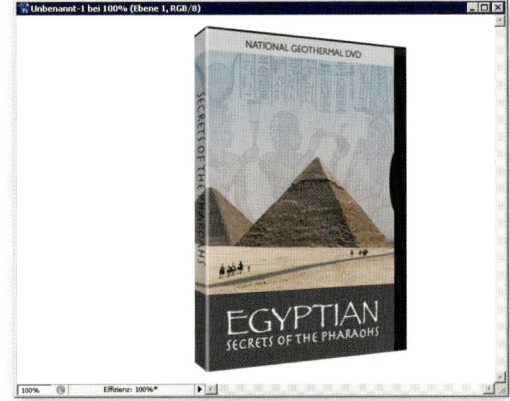

Ein edler Rahmen

Erstaunlich, wie ein Foto aufgewertet wird, wenn Sie einen Rahmen hinzufügen – Schnappschüsse verwandeln sich in Kunstwerke. Hier konstruieren Sie einen fotorealistischen Rahmen nur mit Photoshop-Mitteln. Dieser Rahmen hier wird knallrot. Sie können stattdessen aber auch mit Mittelgrau arbeiten; anschließend färben Sie den Rahmen per FARBTON/SÄTTIGUNG in jede beliebige Farbe um.

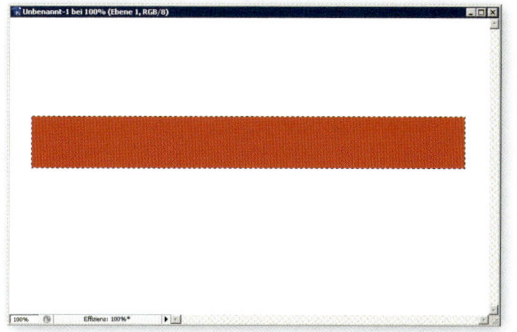

Schritt 1: Öffnen Sie ein neues RGB-Dokument. Klicken Sie unten in der Ebenenpalette auf NEUE EBENE ERSTELLEN, so dass Sie eine neue leere Ebene erhalten. Mit dem Auswahlrechteck ziehen Sie eine waagerechte Auswahl wie hier zu sehen. Klicken Sie auf das Vordergrundfarbfeld und geben Sie ein mittleres Rot an. Mit der Tastenkombination [Alt]+[Entf] füllen Sie die Auswahl dann rot.

Schritt 2: Heben Sie die Auswahl mit [Strg]+[D] (am Mac [⌘]+[D]) auf. Ziehen Sie mit dem Auswahlrechteck eine schmale lange Auswahl innerhalb des roten Rechtecks; die Auswahl erstreckt sich vom linken zum rechten Rand und verläuft nah am oberen Rand (so wie abgebildet). Mit [Strg]+[J] (am Mac [⌘]+[J]) kopieren Sie diesen Bereich auf eine eigene Ebene.

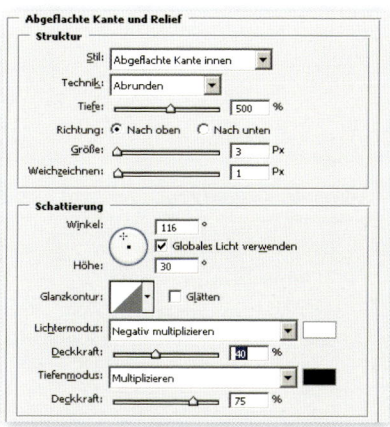

Schritt 3: Unten in der Ebenenpalette klicken Sie auf EBENENSTIL HINZUFÜGEN und dann auf ABGEFLACHTE KANTE UND RELIEF. Heben Sie die Tiefe auf 500 Prozent, senken Sie die Größe auf 3, das Weichzeichnen stellen Sie auf 1. Im Bereich SCHATTIERUNG ändern Sie die Deckkraft des Lichtermodus auf 40 Prozent. Klicken Sie noch nicht auf OK.

Fortsetzung

Tipp:

Auswahlen in andere Dateien ziehen

Sie können Auswahlen von einer Datei in eine andere ziehen, ohne dass sich dabei der Bildinhalt mitbewegt. Sie müssen lediglich dafür sorgen, dass ein Auswahlwerkzeug aktiv ist, zum Beispiel Lasso, Auswahlrechteck oder Zauberstab. Klicken Sie in die Auswahl hinein und ziehen Sie diese in ein anderes Dateifenster. Noch ein Hinweis: Oben in den Einstellungen sollte die Vorgabe NEUE AUSWAHL aktiv sein; mit Optionen wie DER AUSWAHL HINZUFÜGEN oder VON AUSWAHL SUBTRAHIEREN funktioniert das Ziehen in eine andere Datei nicht. Beachten Sie, dass das Schnellauswahlwerkzeug von Haus aus die Vorgabe DER AUSWAHL HINZUFÜGEN verwendet.

Schritt 4: Der kleinere rote Balken erhält jetzt eine plastische Kante mit Schatten und Licht (wie hier zu sehen). Klicken Sie in der Liste links auf SCHLAGSCHATTEN, senken Sie den Abstand auf 2 und klicken Sie auf OK. So erhält die obere, abgeschrägte Leiste auch noch einen feinen Schatten (siehe Bild).

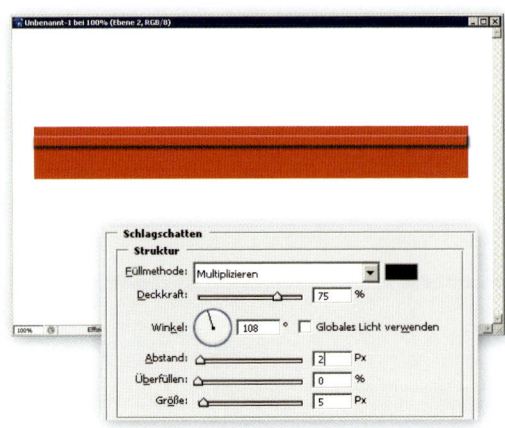

Schritt 5: Sie nehmen erneut das Auswahlrechteck für eine weitere Auswahl (wie abgebildet, also unterhalb der abgeschrägten Leiste und fast bis an den unteren Rand der unteren Leiste). Klicken Sie in der Ebenenpalette auf die ursprüngliche rote Ebene, dann drücken Sie [Strg]+[J] (am Mac [⌘]+[J]). So kopieren Sie diesen Bereich auf eine eigene Ebene. Nun drücken Sie die [Alt]-Taste und zielen auf das Wort „Effekte" unter der Ebene, die Sie gerade mit einer abgeschrägten Kante verziert haben. Bei weiter gedrückter Taste ziehen Sie das Wort über die Miniatur der soeben neu erstellten Ebene. So kopieren Sie Schatten und Kanteneffekt auf die neue Ebene.

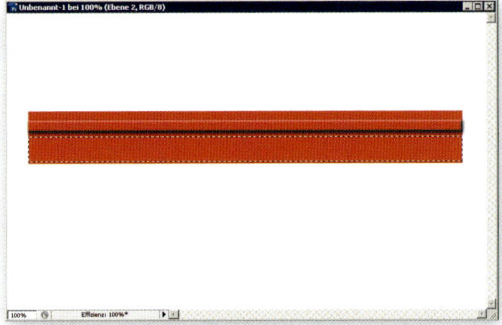

Schritt 6: In der neuen Ebene klicken Sie doppelt auf die Zeile ABGEFLACHTE KANTE UND RELIEF. Ändern Sie die Richtung auf NACH UNTEN, so dass Schatten und Lichter die Seiten tauschen. Dann klicken Sie auf OK.

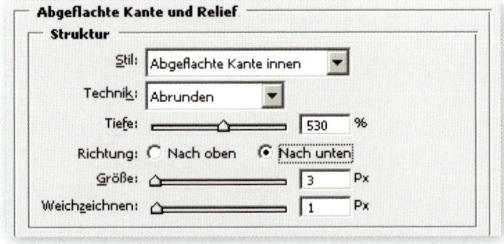

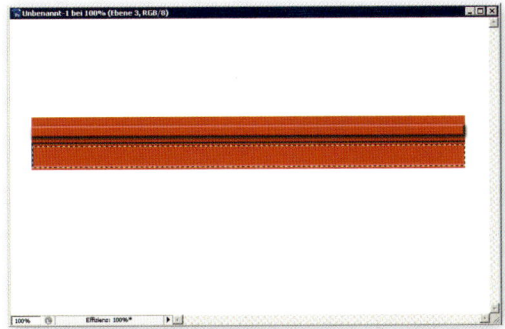

Schritt 7: Mit dem Auswahl-rechteck produzieren Sie eine weitere Auswahl, die etwas kürzer als die letzte ist. Sie geht aber immer noch fast bis ans untere Ende des großen roten Balkens (siehe Abbildung). Mit `Strg`+`J` (am Mac `⌘`+`J`) kopieren Sie diesen Bereich auf seine eigene Ebene. Sie kopieren von einer Ebene mit Effekten, also erhält der kopierte Bereich ebenfalls sofort eine abgeschrägte Kante. Klicken Sie allerdings noch doppelt auf den Begriff ABGEFLACHTE KANTE UND RELIEF und ändern Sie die Richtung wieder in NACH OBEN, dann klicken Sie auf OK.

Tipp:
Blättern Sie durch Ihre geöffneten Dateien
Sie können Ihre geöffne-ten Dateien regelrecht durchblättern. Dazu drü-cken Sie einfach `Strg`+`⇆` (am Mac `⌘`+`⇆`).

Schritt 8: Ziehen Sie eine wei-tere Auswahl auf, die so aussieht wie hier, also etwas kürzer als die vorherige. Mit `Strg`+`J` (am Mac `⌘`+`J`) kopieren Sie den Bereich auf eine eigene Ebene.

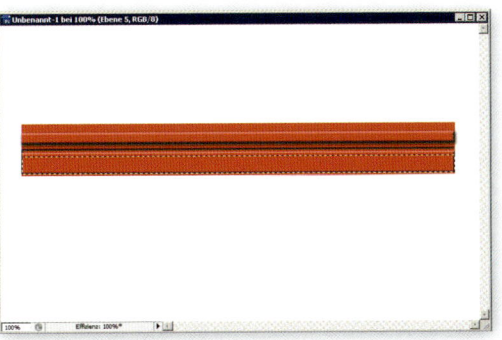

Schritt 9: Und das Gleiche nochmal: Erzeugen Sie eine etwas kürzere Auswahl, die Sie auf Ihre eigene Ebene heben. Jede Auswahl sollte etwas kürzer als die vorherige sein, so dass sich die Schichtung gut erkennen lässt.

Fortsetzung

Tipp:
Der Photoshop-Modus für Kundenpräsentationen

Ein Kunde kommt ins Büro und will die Arbeiten oder Zwischenergebnisse am Bildschirm sehen. In dieser Situation verstecke ich die Photoshop-Oberfläche möglichst, ich will das reine Bild zeigen.

Denn sonst höre ich wieder Kommentare wie „Hey, ist das Photoshop? Mein Nachbar Jochen hat das auch auf dem Rechner und der macht echt tolle Sachen damit". Hier zucke ich innerlich zusammen, denn natürlich denkt er „Hey, mein Nachbar kann den Job auch erledigen und ich spare einen Haufen Geld".

Außerdem soll sich der Kunde allein auf das Bild konzentrieren, die Software-Oberfläche soll nicht ablenken. So eine Präsentation ohne Photoshop-Oberfläche drumherum wirkt zudem einfach professioneller.

Drücken Sie auf Ihrer Tastatur also dreimal das F für schwarzen Hintergrund und dann die -Taste, um alle Paletten und Leisten zu verstecken. So sieht das schon besser aus.

Ist der Kunde fort, drücken Sie einfach noch einmal F und die -Taste und alles ist wie vorher.

Schritt 10: Verbergen Sie die Hintergrundebene. Dazu klicken Sie in der Ebenenpalette auf das Augensymbol gleich links von der Hintergrundminiatur. Öffnen Sie das Menü dieser Palette und wählen Sie SICHTBARE AUF EINE EBENE REDUZIEREN. So verschmelzen Sie alle Ihre abgeschrägten Leisten zu einer einzigen Ebene.

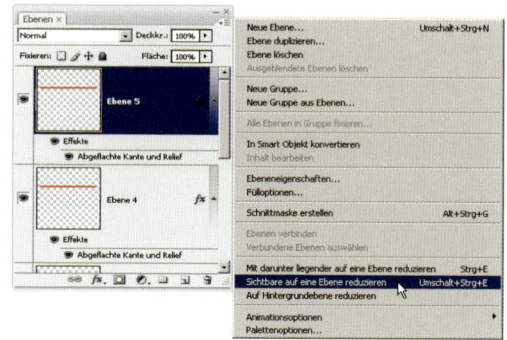

Schritt 11: Jetzt schneiden Sie die Enden auf Gehrung. Schalten Sie das Polygon-Lasso ein, sorgen Sie mit gedrückter -Taste für exakte 45 Grad-Winkel und erzeugen Sie eine dreieckige Auswahl wie hier. Die diagonale Seite muss über das linke obere Ende der Leiste laufen (siehe Abbildung). Mit der Entf -Taste löschen Sie diesen Bereich weg.

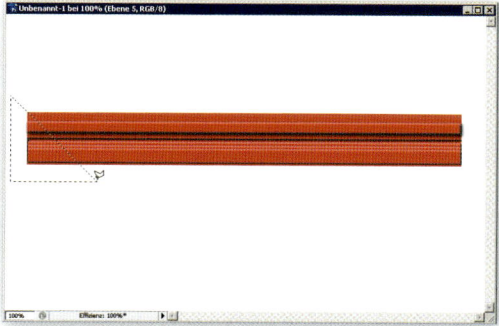

Schritt 12: Heben Sie die Auswahl noch nicht auf. Vielmehr wählen Sie AUSWAHL, AUSWAHL TRANSFORMIEREN. Klicken Sie mit der rechten Maustaste (am Mac bei gedrückter Ctrl -Taste) in den Rechteckrahmen und nehmen Sie HORIZONTAL SPIEGELN.

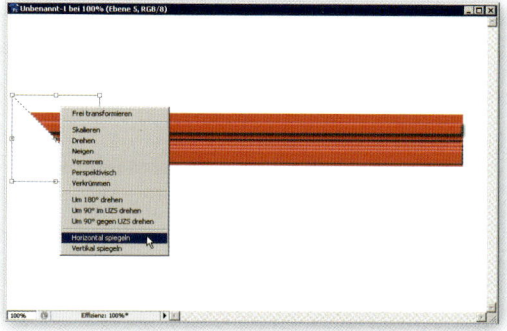

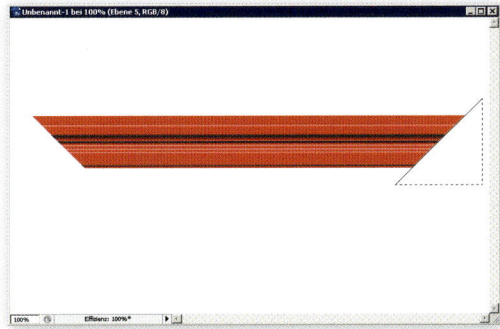

Schritt 13: Mit der ⏎-Taste bestätigen Sie die Änderung. Klicken Sie mit dem Polygon-Lasso in die gespiegelte Auswahl, um sie über das rechte Ende der Leiste zu ziehen. Die diagonale Seite der Auswahl muss sich mit der oberen rechten Ecke der Leiste überschneiden. Mit der Entf-Taste löschen Sie auch diese Ecke.

Schritt 14: Heben Sie die Auswahl auf, dazu drücken Sie Strg+D (am Mac ⌘+D). Mit Strg+T (am Mac ⌘+T) starten Sie das FREIE TRANSFORMIEREN. Halten Sie die ⇧-Taste gedrückt, dann ziehen Sie einen Eckpunkt nach innen, bis die gewünschte Endgröße erreicht ist. Mit der ⏎-Taste machen Sie die Änderung dauerhaft.

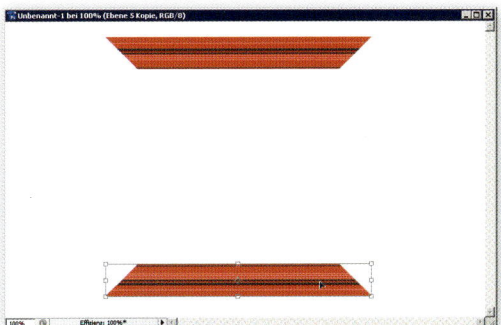

Schritt 15: Starten Sie das FREIE TRANSFORMIEREN diesmal mit Alt+Strg+T (am Mac Alt+⌘+T) – dieser Tastenbefehl wendet die Änderung direkt auf ein Duplikat der Ebene an. Klicken Sie mit rechts (am Mac bei gedrückter Ctrl-Taste) in den Transformieren-Rahmen und wählen Sie VERTIKAL SPIEGELN. Halten Sie die ⇧-Taste gedrückt, dann ziehen Sie die gespiegelte Kopie ans untere Ende der Arbeitsfläche (wie hier zu sehen). Mit der ⏎-Taste schließen Sie den Schritt ab.

Tipp:
Retuschen auf einer separaten Ebene
Wenn Sie Bildteile mit Bereichsreparatur-Pinsel oder Kopierstempel retuschieren, lassen Sie die ursprüngliche Ebene am besten unverändert. Malen Sie die neuen Retusche-Pixel in eine neue Ebene. Sie legen also zunächst in der Ebenenpalette eine neue Blankoebene an. Dann aktivieren Sie bei Bereichsreparatur-Pinsel oder Kopierstempel oben in den Einstellungen jeweils die Option ALLE EBENEN AUFNEHMEN. So landen die Pixel, mit denen Sie Fehler überdecken, zunächst auf einer separaten Ebene, das Original bleibt voll erhalten.

Fortsetzung

Tipp:

Der übersichtliche Kompaktmodus

Monitorfläche ist kostbar und Photoshop und Bridge breiten sich scheinbar unersättlich immer weiter aus. Sie können die Bilddatenbank Bridge aber stutzen: Klicken Sie ganz oben rechts in Bridge auf die Schaltfläche IN KOMPAKTMODUS WECHSELN. Jetzt braucht das Programm weniger Platz und lässt sich zunächst von anderen Programmen nicht überdecken. Ganz rechts außen gibt es jedoch den Menüschalter, dort lässt sich die Vorgabe KOMPAKTES FENSTER IMMER IM VORDERGRUND abwählen. Außerdem finden Sie auch einen Schalter für den Ultrakompaktmodus – er verkleinert die gesamte Bilddatenbank zur Menüleiste.

Schritt 16: Mit [Alt]+[Strg]+[T] (am Mac [Alt]+[⌘]+[T]) starten Sie erneut das FREIE TRANSFORMIEREN. Nach einem Rechtsklick (am Mac [Ctrl]-Klick) in den Transformieren-Rahmen wählen Sie UM 90° GEGEN UZS DREHEN. Ziehen Sie dieses Duplikat auf die rechte Seite in Position und drücken Sie die [↵]-Taste. Drücken Sie abermals [Alt]+[Strg]+[T] (am Mac [Alt]+[⌘]+[T]), wählen Sie HORIZONTAL SPIEGELN und ziehen Sie dieses weitere Duplikat auf die linke Seite. Sie müssen die Unterseite eventuell noch einmal verschieben, damit alles zusammenpasst.

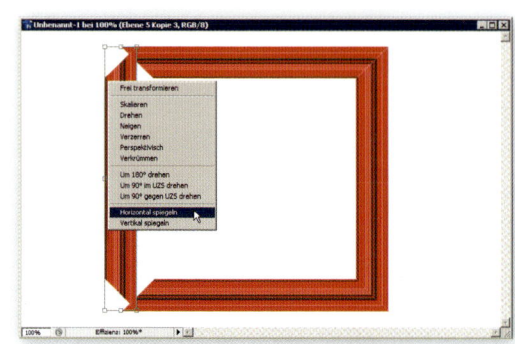

Schritt 17: Erzeugen Sie mit der Ebenenpalette eine neue Ebene, dann klicken Sie bei gedrückter [Strg]-Taste (am Mac bei gedrückter [⌘]-Taste) auf die Miniatur der oberen Leiste, so dass sie von einer Auswahl eingefasst wird. Nehmen Sie den Pinsel mit einer drei Pixel kleinen, hartkantigen Spitze, halten Sie die [⇧]-Taste gedrückt und malen Sie eine weiße Linie entlang der hellen obersten Kante (wie hier zu sehen).

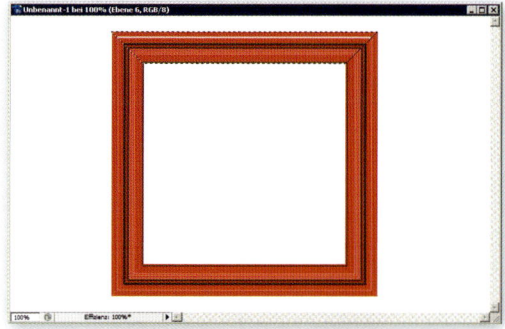

Schritt 18: Oben in den Optionen klicken Sie auf das abwärts gerichtete Dreieck neben der Pinselminiatur. Im Pinselspitzenwähler senken Sie den Hauptdurchmesser jetzt auf zwei Pixel. Malen Sie drei dünne Linien jeweils an den hellen Kanten der übereinanderliegenden Leisten entlang (siehe Abbildung).

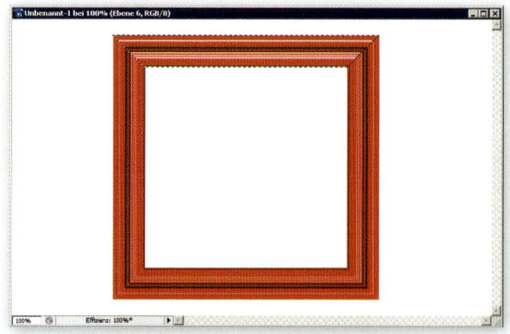

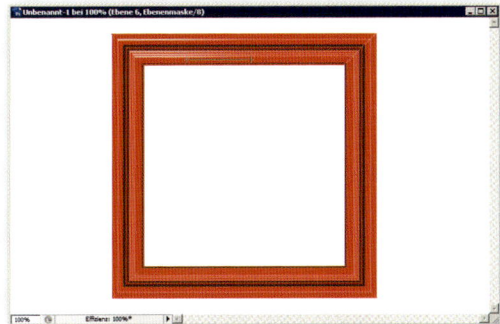

Schritt 19: Unten in der Ebenenpalette klicken Sie auf das Symbol EBENENMASKE HINZUFÜGEN. Schalten Sie das Verlaufswerkzeug ein und klicken Sie auf die Verlaufsminiatur oben in den Einstellungen. Aus dem Verlaufswähler nehmen Sie nun den dritten Verlauf von links (Schwarz, Weiß). Klicken Sie in die Mitte der oberen Leiste und ziehen Sie nach links (wie abgebildet); so blenden Sie die weißen Lichtkanten rechts aus.

Tipp:
Das magnetische Lasso und seine begrenzte Reichweite
Das magnetische Lasso wirkt praktisch, weil es Bildkonturen automatisch verfolgt. Allerdings liegt der Maximalwert für die Breite bei 256 Pixel. Führen Sie das magnetische Lasso also durch eine sehr große diffuse Zone, wird es dort verzweifelt Konturen ausmachen und nicht etwa eine 257 Pixel entfernte Objektkante aufspüren.

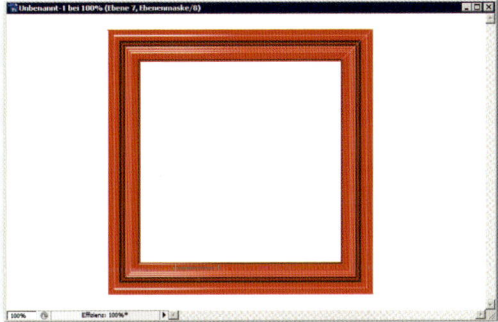

Schritt 20: Wiederholen Sie die Prozedur für den unteren Teil des Rahmens: Legen Sie eine neue Ebene an; wählen Sie die Ebene aus; tragen Sie die weißen, harten Striche auf; erzeugen Sie die Ebenenmaske; und blenden Sie die rechte Seite aus, indem Sie einen Schwarzweißverlauf von der Mitte nach links ziehen (wie hier zu sehen).

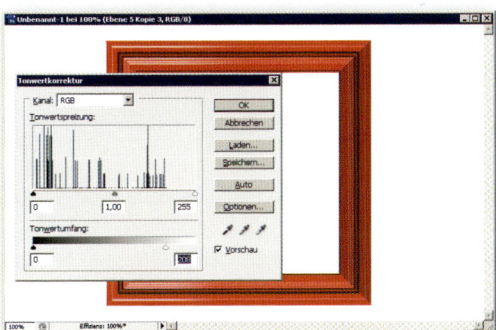

Schritt 21: Klicken Sie in der Ebenenpalette auf die Ebene für die Leiste rechts und laden Sie die Tonwertkorrektur mit Strg+L (am Mac ⌘+L). Ganz unten rechts ziehen Sie den Tonwertumfangregler nach links; so dunkeln Sie die Leiste ab (siehe Abbildung). Danach blenden Sie die Hintergrundebene aus (Sie klicken also auf ihr Augensymbol), dann nehmen Sie im Menü der Ebenenpalette den Befehl SICHTBARE AUF EINE EBENE REDUZIEREN; so fassen Sie den kompletten Rahmen in einer Ebene zusammen.

Fortsetzung

Tipp:

**Wenn Sie Ebenen in
ein neues Bild ziehen**

Seit der Einführung von
Ebenen in Photoshop 3.0
konnte man Ebenen von
einer Datei in eine andere
ziehen. Die herüberge-
zogene Ebene landet im
Zielbild exakt dort, wo
Sie den Finger von der
Maus nehmen. Häufig
verschwindet dann jedoch
ein Teil der neuen Ebene
hinter den Rändern des
Zielbilds.

Sie können Ihr Bild aber
auch perfekt zentriert
einsetzen. Dazu drücken
Sie beim Ziehen schlicht
die ⟨⇧⟩-Taste. Die herüber-
gezogene Ebene erscheint
in der neuen Datei perfekt
mittig.

Schritt 22: Im Menü EBENENSTIL
HINZUFÜGEN nehmen Sie nun
die Musterüberlagerung. Ein
Klick auf die Mustervorschau
zeigt den Musterwähler an. Im
Menü dieses Wählers klicken
Sie auf NATURMUSTER (und dann
auf ANFÜGEN). Klicken Sie auf das
Muster GELBE CHRYSANTHEMEN (wie
gezeigt). Die Füllmethode stellen Sie auf INEINANDERKOPIEREN um,
die Deckkraft senken Sie auf 30
Prozent.

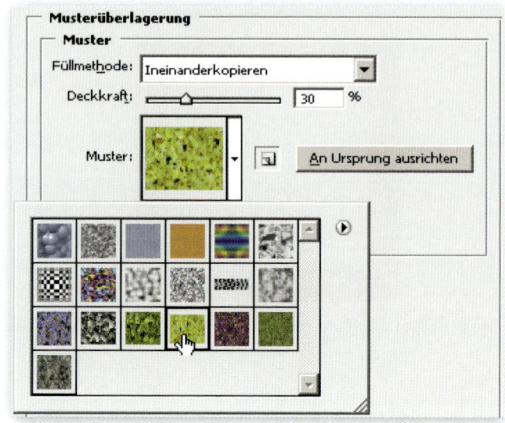

Schritt 23: Klicken Sie links im
EBENENSTIL-Dialog auf das Wort
SCHLAGSCHATTEN. In den Optionen
zu diesem Effekt senken Sie die
Deckkraft auf 50 Prozent, den
Abstand erhöhen Sie auf 14 und
die Größe auf 9. Nun wenden
Sie Muster und Schlagschatten
per OK-Klick dauerhaft an (siehe
Bild).

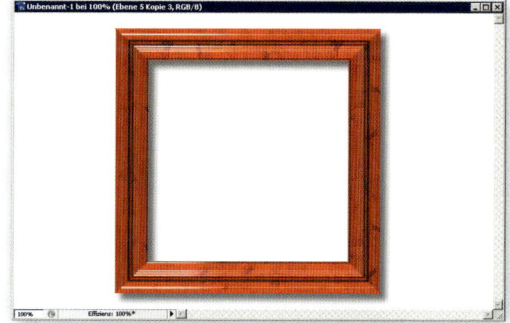

Schritt 24: Jetzt müssen Sie nur noch ein Foto öffnen, das Sie ins Rahmenbild ziehen, und dann in der Ebenenpalette unterhalb des Rahmens anordnen.

Wenn Sie sich in der US-Footballszene nicht so auskennen, sagt Ihnen der Begriff „Special Teams" vielleicht nicht so viel. Er passt übrigens nicht perfekt hierhin, denn tatsächlich

Special Teams
Special Effects für Photoshop

geht es nur um ein einziges „special" Team. Mein Team. Die Tampa Bay Buccaneers. Ja, doch, ganz genau, wir sind die Weltmeister. (Wir sind die Größten. Los, singen Sie mit: Wir sind die Größten (Sie singen nicht mit). Wir sind die Größten.) Was hat das jetzt mit Special Effects für Photoshop zu tun? Nicht das Geringste – ich musste nur irgendwie einen Football-Ausdruck in dieses Buch schmuggeln, so dass ich es hier der ganzen Welt sagen kann: „Wir sind die Weltmeister!" Schon traurig, oder? Aber Sie nehmen sicher gerne zur Kenntnis, dass ich im gesamten Kapitel immerhin keine Fotos, Logos oder Fanartikel der Buccaneers verwende; was eine erstaunliche Zurückhaltung von meiner Seite zeigt, finden Sie nicht? Oh, hatte ich es schon erwähnt? Wir sind die Größten! (Sie singen nicht mit!)

3D-Fotowürfel

Ein plastischer Fotowürfel hat bisher viel Arbeit gemacht, doch das ist vorbei. Wir verwenden
hier den Fluchtpunktfilter, der erstmals in Photoshop CS2 zu erleben war. Photoshop CS3
Extended bringt einen etwas weiter ausgebauten Fluchtpunktfilter als der günstigere Photoshop CS3 Standard. Doch für dieses Verfahren reicht CS3 Standard voll und ganz.

Schritt 1: Öffnen Sie das erste
Fotomotiv für den Würfel.
Schalten Sie mit der Taste [M]
zum Auswahlrechteck und
ziehen Sie bei gedrückter [⇧]-
Taste eine Auswahl auf. Die
[⇧]-Taste sorgt hier für eine
exakte Quadratform, so dass die
Auswahl optimal auf den Würfel
passt. Kopieren Sie die Auswahl
mit [Strg]+[C] (am Mac [⌘]+
[C]) in den Arbeitsspeicher.

Schritt 2: Öffnen Sie eine neue
leere RGB-Datei. Unsere Datei
hier zeigt zur Orientierung
zusätzlich die schlichte 3D-Gra-
fik eines Würfels, die brauchen
Sie aber nicht zwingend. Bei
Bedarf scannen oder fotografieren Sie unsere Grafik einfach
ab. Klicken Sie unten in der
Ebenenpalette auf NEUE EBENE
ERSTELLEN, so dass Sie eine neue
leere Ebene erhalten.

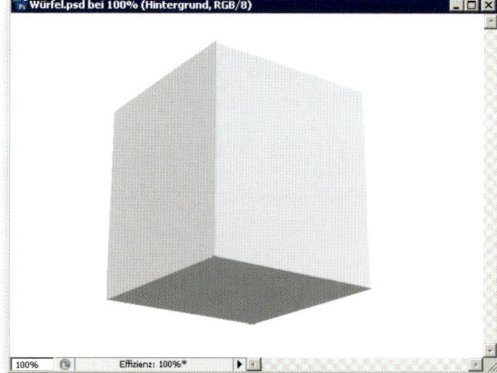

Schritt 3: Wählen Sie FILTER,
FLUCHTPUNKTFILTER. Klicken Sie
auf die vier Ecken der unteren
Würfelseite, so entsteht automatisch eine erste Fläche. Bei
gedrückter [Strg]-Taste (am
Mac bei gedrückter [⌘]-Taste)
klicken Sie auf den mittleren
Anfasspunkt der Seite vorne
rechts (wie hier zu sehen).

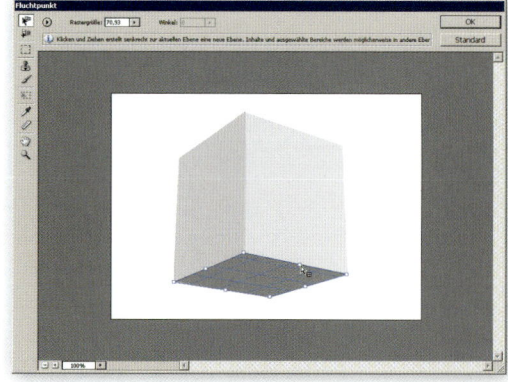

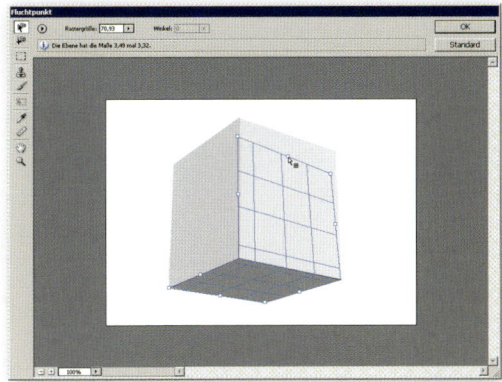

Schritt 4: Ziehen Sie die zweite Wand nach oben. Sie liegt hier zunächst nicht perfekt über dem Würfel. Doch Sie können an den beiden Anfasspunkten links oben und rechts oben ziehen und diese Fläche so mit den Würfelkanten ausrichten – es muss nicht völlig perfekt werden.

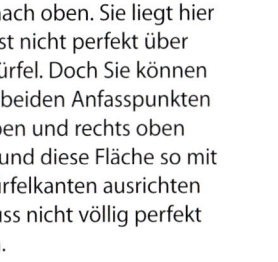

Tipp:
Die wichtigsten Zoomstufen blitz- schnell
Sie wollen blitzschnell zur Zoomstufe 100 Prozent wechseln? Klicken Sie einfach doppelt auf das Zoomwerkzeug in der Werkzeugleiste. Um ein Foto komplett und bild- schirmfüllend anzuzeigen, klicken Sie doppelt auf das Handwerkzeug.

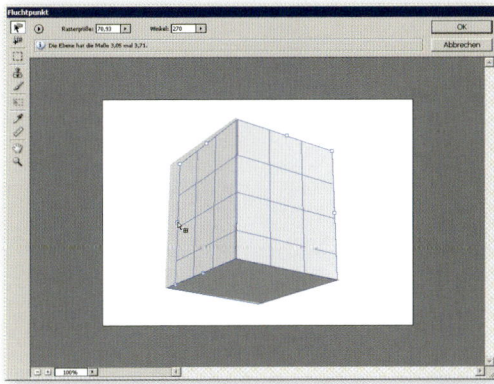

Schritt 5: Steht die zweite Seite? Klicken Sie bei gedrück- ter Strg-Taste (am Mac bei gedrückter ⌘-Taste) auf den mittleren Anfasspunkt der rechten Seite dieses zweiten Gitternetzes und ziehen Sie die dritte Fläche heraus. Sie liegt nicht perfekt über dem Würfel, aber das stört nicht.

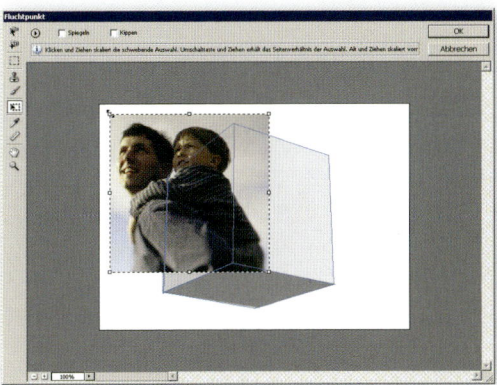

Schritt 6: Drücken Sie Strg+ V (am Mac ⌘+V), um das Bild aus dem Arbeitsspeicher einzufügen. Es erscheint zunächst viel zu groß. Schalten Sie darum mit dem T zum Transformierenwerkzeug, halten Sie die ⇧-Taste gedrückt und ziehen Sie einen Eckanfasser nach innen (wie zu sehen). Sie müssen aber die genaue Größe noch nicht treffen.

Fortsetzung

Tipp:

Auswahl einer Textebene

Um Auswahlen aus Textebenen abzuleiten, klicken wir hier bei gedrückter ⌨Strg⌨-Taste (am Mac bei gedrückter ⌘-Taste) auf die Miniatur der Textebene. Es gibt noch einen anderen Weg. Der dauert zwar länger, aber ich habe mir dennoch gedacht, dass Sie ihn kennen möchten (speziell, wenn Sie auf Stundenlohnbasis arbeiten).

Wählen Sie AUSWAHL, AUSWAHL LADEN und klicken Sie auf OK. Schon haben Sie die Auswahl entlang der Textkontur.

Schritt 7: Klicken Sie ins Bild und ziehen Sie es über die rechte vordere Würfelseite. Dort schnappt das Foto in die seitliche Perspektive ein und Sie müssen die Größe erneut anpassen. Ziehen Sie das Foto so zurecht, dass Sie einen Eckanfasser sehen, dann ziehen Sie an einem Eckanfasser, bis die Größe passt. Das Bild darf auch die anderen Würfelseite überlagern, denn hier bauen Sie ja noch weitere Motive ein. Klicken Sie auf OK.

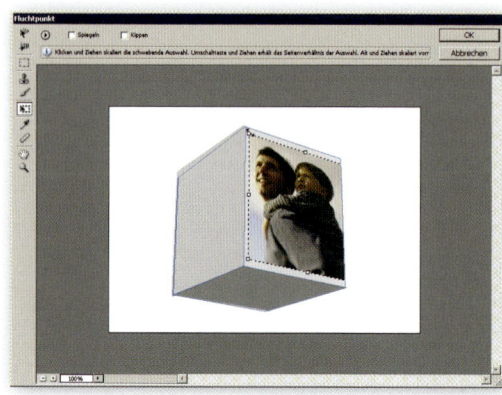

Schritt 8: Laden Sie das nächste Foto und erstellen Sie mit Auswahlrechteck und gedrückter ⌨⇧⌨-Taste eine quadratische Auswahl. Kopieren Sie den Bereich wieder mit ⌨Strg⌨+⌨C⌨ (am Mac ⌘+⌨C⌨) in den Arbeitsspeicher. Sind Sie wieder bei dem Würfelbild? Dann erzeugen Sie hier eine neue leere Ebene mit der Schaltfläche NEUE EBENE ERSTELLEN unten in der Ebenenpalette.

Schritt 9: Sie wählen wieder FILTER, FLUCHTPUNKT. Fügen Sie das zweite Bild mit ⌨Strg⌨+⌨V⌨ (am Mac ⌘+⌨V⌨) ein. Schalten Sie mit dem ⌨T⌨ zum Transformierenwerkzeug, verkleinern Sie das Foto bei gedrückter ⌨⇧⌨-Taste und ziehen Sie es über die vordere linke Würfelseite, wo es in die gewünschte Perspektive springt. Stellen Sie durch Ziehen im Bild und an den Anfasspunkten (wie abgebildet; ⌨⇧⌨-Taste nicht vergessen) die endgültige Größe und Lage her.

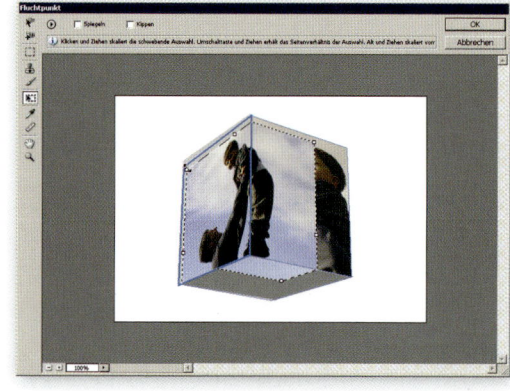

Schritt 10: Klicken Sie im Fluchtpunktfilter auf OK. Das weitere Prozedere ahnen Sie: Sie laden Bild 3 und wählen einen quadratischen Bereich aus, den Sie mit Strg+C (am Mac ⌘+C) kopieren.

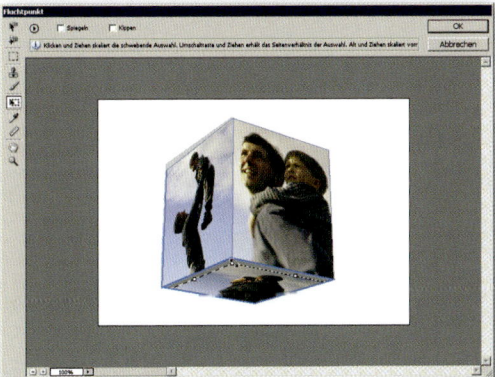

Schritt 11: Zurück im Würfelbild legen Sie eine neue Ebene an, laden den Fluchtpunktfilter und fügen Motiv 3 ein. Dann klicken Sie auf OK. Über der 3D-Grafik haben Sie jetzt Ebenen mit den drei Einzelseiten des Würfels. Sie lassen sich – falls sie nicht perfekt sitzen – noch verschieben. Ansonsten drücken Sie zweimal Strg+E (am Mac ⌘+E); so verschmelzen alle drei Seiten zu einer einzigen Ebene.

Schritt 12: Nehmen Sie das Verschiebenwerkzeug und ziehen Sie Ihren Fotowürfel über ein hübsches Hintergrundmotiv, hier Wolken. Ich habe hier noch FREI TRANSFORMIEREN mit Strg+T (am Mac ⌘+T) gestartet, um den Würfel etwas zu drehen. Den Transformierenrahmen habe ich mit Strg+H (am Mac ⌘+H) ausgeblendet. Fügen Sie eventuell weitere Würfel in anderen Größen und Winkeln hinzu.

Tipp:
So entstellen Sie Ihr Bild nicht
Wenn Sie die Bildgröße ändern, gibt es eine schlichte Faustregel: Verkleinern ist ok, Vergrößern ist nicht gut. Beim Verkleinern leidet allenfalls die Schärfe ein wenig, aber das hängt vom Einzelbild ab. Beim Vergrößern – speziell bei niedrigauflösenden 72 dpi-Bildern – entstehen pixelige oder aufgeweichte Ergebnisse. Fangen Sie also lieber mit einem großen Bild an, das Sie später verkleinern, statt erst ein kleines Bild zu bearbeiten und dieses später zu vergrößern. Scannen und fotografieren Sie also lieber mit hohen Auflösungen; verkleinern können Sie immer noch.

Tipp:
**Ganz exakte Auswahl-
größen, Methode 1**
Wenn Sie die gewünschte
Größe für eine Auswahl
schon genau kennen,
dann kommen Sie auf
verschiedenen Wegen ans
Ziel. Der schnellste und
einfachste: Wechseln Sie
zum Auswahlrechteck,
öffnen Sie die Infopalette
mit F8 und beobachten
Sie die Palette, während
Sie die Auswahl aufziehen.
Noch während Sie mit
dem Auswahlrechteck
arbeiten, meldet Photo-
shop in der rechten unte-
ren Ecke die Größe; das B
steht für Breite, das H für
Höhe. Dabei verwendet
Photoshop Ihre aktuell
gewählte Maßeinheit wie
Zentimeter oder Pixel.

Imitieren Sie Handzeichnungen

Die Idee für diese Technik entstand, als jemand ein Zoo-T-Shirt trug. Sie fangen mit Fotos
an, die Sie in Silhouetten verwandeln. Die Ergebnisse erinnern an Grafiken aus Illustrations-
programmen. Zum Schluss zeige ich Ihnen noch ein paar nützliche weitere Beispiele, in
denen dieses Verfahren eine Rolle spielt.

Schritt 1: In diesem Projekt
entwerfen wir eine T-Shirt-
Illustration für einen Zoo. Wir
verwandeln drei Tierfotos in
Zeichnungen. Öffnen Sie das
erste Tierbild.

Schritt 2: Wählen Sie den
Elefanten mit beliebigen Werk-
zeugen aus. Gut geeignet ist
das Schnellauswahlwerkzeug.
Wenn zu viel in die Auswahl
gerät, senken Sie oben in den
Einstellungen die Pinselgröße
und übermalen überflüssige
Auswahlzonen mit gedrückter
Alt-Taste.

Schritt 3: Stimmt die Auswahl?
Heben Sie den Elefanten mit
Strg+J (am Mac ⌘+J)
auf eine eigene Duplikatebene
über der Hintergrundebene (die
Ebenenpalette zeigt es hier).

© Brand X Pictures

Schritt 4: Das zweite Motiv zeigt eine Giraffe. Sie lässt sich wieder mit der Schnellauswahl wählen. Überflüssige Auswahlbereiche können Sie auch mit Lasso und gedrückter `Alt`-Taste entfernen. Drücken Sie wieder `Strg`+`J` (am Mac `⌘`+`J`), so dass auch die Giraffe auf ihrer eigenen Ebene landet.

Tipp:
Ganz exakte Auswahlgrößen, Methode 2
Auch so steuern Sie die Größe der Auswahl präzise: Schalten Sie das Auswahlrechteck ein und bearbeiten Sie oben in den Optionen das Klappmenü ART. Zunächst steht es auf NORMAL, aber Sie können auch zu FESTE GRÖSSE wechseln, dann tippen Sie rechts neben dem Klappmenü die gewünschten Werte ein.
  Wenn Sie nun mit dem Auswahlrechteck ins Bild klicken, entsteht eine Auswahl in der festgelegten Größe und sie lässt sich nicht durch Ziehen verkleinern oder vergrößern.

© Brand X Pictures

Schritt 5: Jetzt zum dritten Tier – ein Rhinozeros. Wählen Sie das Tier aus und drücken Sie `Strg`+`J` (am Mac `⌘`+`J`), so dass es auf einer separaten Ebene landet. Sie haben also jetzt drei Dateien, jede enthält ein Tier auf der obersten Ebene.

© Brand X Pictures

Schritt 6: Öffnen Sie das geplante Hintergrundmotiv für die Tiere (hier ist es ein Sonnenuntergang).

Fortsetzung

Tipp:

Weg mit dem Pfad!
Jedes Mal, wenn Sie einen
Pfad verbergen wollen,
bemühen Sie sich erst
zur Pfadepalette? Es geht
auch schneller. Drücken
Sie einfach ⬆+Strg+H
(am Mac ⬆+⌘+H),
schon verschwindet
Ihr Pfad. Mit der selben
Tastenkombination zeigen
Sie den Pfad auch wieder
an.

Schritt 7: Klicken Sie in der Ebenenpalette auf das Symbol Neue Ebene erstellen, so dass Sie eine neue leere Ebene erhalten. Schalten Sie zum Auswahlrechteck und ziehen Sie eine große Auswahl um das untere Viertel des Fotos. Mit dem D stellen Sie schwarze Vordergrundfarbe ein, mit Alt+Entf füllen Sie die Auswahl schwarz (siehe Abbildung). Heben Sie die Auswahl mit Strg+D (am Mac ⌘+D) auf.

Schritt 8: Jetzt wechseln Sie zu einem Tierbild. Schalten Sie das Verschiebenwerkzeug mit der Taste V ein, dann ziehen Sie das Tier über den Sonnenuntergang. Dort müssen Sie es verkleinern. Starten Sie also das Freie Transformieren mit Strg+T (am Mac ⌘+T). Halten Sie die ⬆-Taste gedrückt, dann ziehen Sie einen Eckpunkt nach innen (wie hier zu sehen). So schrumpft das Rhinozeros.

Schritt 9: Skalieren Sie das Tier auf die hier gezeigte Größe und schieben Sie es so zurecht, dass es scheinbar über das schwarze Rechteck wandert. Diese Prozedur wiederholen Sie jetzt für die zwei anderen Tiere: Ziehen Sie die Tiere in den Sonnenuntergang, verkleinern Sie die Ebenen per Frei transformieren, dann reihen Sie sie in die Tierwanderung über das schwarze Rechteck ein.

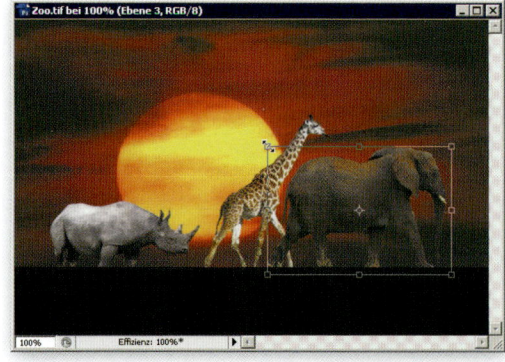

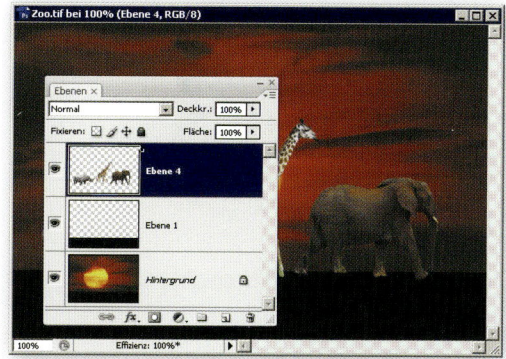

Schritt 10: Die Tiere befinden sich zunächst auf drei getrennten Ebenen, wir brauchen sie aber auf einer einzigen Ebene. Klicken Sie also in der Ebenenpalette auf das oberste Tier und drücken Sie zweimal `Strg`+`E` (am Mac `⌘`+`E`). So dampfen Sie die drei Ebenen zu einer einzigen ein.

Tipp:
Wann braucht man die Färbenoptionen
Es gibt nur eine Situation, in der Sie die Färbenoption im Dialogfeld FARBTON/SÄTTIGUNG wirklich brauchen: wenn das Bild oder die aktuelle Auswahl keine Farbe enthalten. Schalten Sie das Färben ein, um Farbe hinzuzufügen. Bearbeiten Sie aber Farbdaten und Sie wollen die Farbe ändern, dann müssen Sie das Färben nicht einschalten; stattdessen ziehen Sie einfach am Farbtonregler.

Schritt 11: Schwarz ist ja noch Ihre Vordergrundfarbe? Sie müssen also nur `⇧`+`Alt`+`Entf` drücken, um die Tiere schwarz zu füllen. So entstehen die scheinbar handgezeichneten Silhouetten (wie abgebildet).

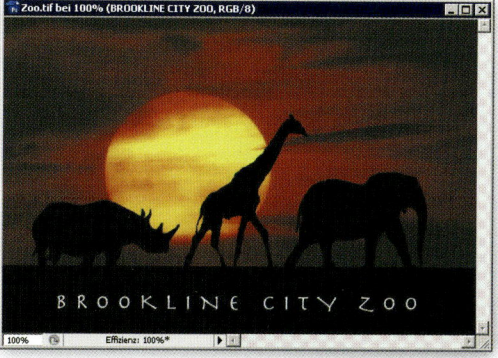

Schritt 12: Jetzt fügen Sie nur noch Text hinzu. Ich habe die Schriftart Herculaneum mit Großbuchstaben verwendet und die Laufweite in der Zeichenpalette auf 345 gesetzt. Auf der nächsten Seite sehen Sie noch mehr Beispiele für diese Technik.

Tipp:
Wie Sie realistische Farben erhalten

Wenn Sie ein Schwarzweißbild kolorieren, achten Sie auf realistische Farbwerte für kritische Bereiche, etwa Hauttöne, Haar, Gras und Himmel. Öffnen Sie ein normales Farbbild, das die gewünschten Farbtöne enthält. Wenn Sie dann den Farbwähler laden, müssen Sie nur noch ins Farbbild klicken, um einen Farbton als Vordergrundfarbe zu verwenden. Schließen Sie den Farbwähler und kehren Sie zum Schwarzweißbild zurück, um mit der zuvor gewählten Farbe weiterzuarbeiten.

Beispiel 2: Hier habe ich das Foto eines Fahrrads verwendet. Ich zog es vor einen Wolkenhintergrund, füllte es schwarz und fügte den Text hinzu (Schriftart: American Typewriter Bold von Adobe).

Beispiel 3: Hier habe ich den Golfspieler ausgewählt, vor einen Sonnenuntergang gestellt und in eine Silhouette verwandelt. Das Verfahren ist einfach. Die meiste Zeit beansprucht die Suche nach einem Bild, das sich gut als Silhouette eignet.

Infokonsole mit Ausschnitt

Dieses Verfahren eignet sich für viele Einsatzzwecke. Sie konstruieren eine plastische Konsole, erzeugen einen Durchbruch und zeigen ein anderes plastisches Objekt dahinter (hier ist es das gleiche Objekt, nur verkleinert und umgefärbt). Unser Beispiel passt zu Webseiten oder Videos, aber wenn Sie es erst einmal ausprobiert haben, finden Sie vermutlich noch zehn andere Verwendungen.

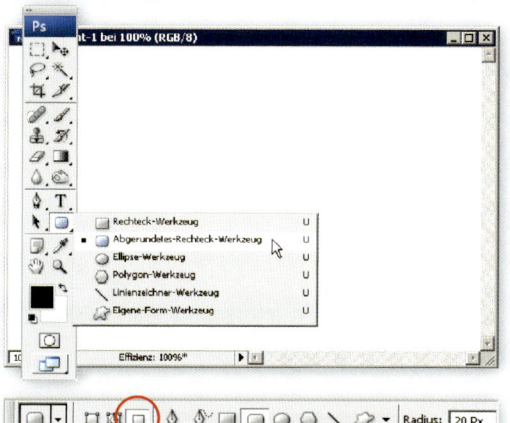

Schritt 1: Öffnen Sie eine neue Datei im RGB-Modus. Klicken Sie unten in der Ebenenpalette auf das Symbol NEUE EBENE ERSTELLEN, so dass eine neue leere Ebene entsteht. Mit dem Buchstaben D setzen Sie die Vordergrundfarbe auf Schwarz und dann schalten Sie in der Werkzeugleiste das Abgerundetes-Rechteck-Werkzeug ein.

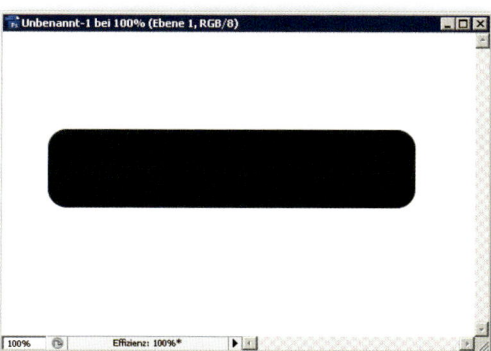

Schritt 2: Oben in den Optionen klicken Sie auf das dritte Symbol von links (wie hier hervorgehoben), so dass Pixelfüllungen entstehen. Den Radius, also das Ausmaß der Abrundung, stellen Sie auf 20. Ziehen Sie eine Figur auf (so wie hier zu sehen).

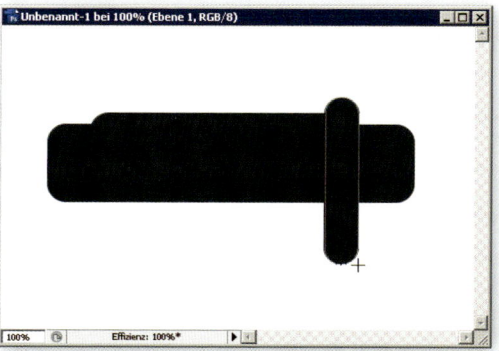

Schritt 3: Bauen Sie die Form aus, fügen Sie weitere abgerundete Rechtecke auf derselben Ebene hinzu. Legen Sie ein dünnes Rechteck der Länge nach so über den ersten Balken, dass die obere Hälfte in die weiße Fläche ragt. Dann ergänzen Sie ein drittes, vertikales Rechteck rechts (wie hier zu sehen).

Tipp:
Wie Sie den Farbmodus bei Bitmap-Dateien ändern

Strichgrafiken im Bitmap-Modus können Sie nicht ohne Weiteres färben. Dazu müssen Sie erst einen Farbmodus wie RGB einstellen (klingt vernünftig, oder?). Aber Sie können nicht unmittelbar von Bitmap zu RGB wechseln; Sie müssen unterwegs einen Zwischenstop im Graustufenmodus einlegen. Der Graustufenmodus begrüßt Sie mit einem Dialogfeld, das nach dem Größenverhältnis fragt. Das lassen Sie bei 1 und klicken auf OK, um in den Graustufenmodus zu wechseln. Jetzt erst bietet Photoshop auch RGB-Farbe im MODUS-Menü an.

Fortsetzung

Wenn Sie Strichgrafiken mit schlichten Farbflächen füllen, wirkt das Ergebnis ... nun ja, schlicht. Probieren Sie es stattdessen einmal mit einem Farbverlauf, der auf einer einzigen Farbe basiert, die von hell nach dunkel übergeht. Sie setzen zum Beispiel die Vordergrundfarbe auf Hellrosa und die Hintergrundfarbe auf Dunkelrosa. Erzeugen Sie eine Auswahl, legen Sie eine neue Ebene an, schalten Sie mit dem G zum Verlaufswerkzeug (Sie müssen mit der Vorgabe Vordergrund-Hintergrund arbeiten). Dann ziehen Sie den Verlauf der Länge nach durch Ihre Auswahl. So simulieren Sie Lichtquellen und werten Ihre Grafik auf. (Anmerkung: Ziehen Sie sämtliche Verläufe einer Grafik in die gleiche Richtung, um einen einheitlichen Schattenfall zu simulieren. Ziehen Sie also zum Beispiel immer von links nach rechts oder von oben nach unten.)

Schritt 4: Wiederum mit dem Abgerundetes-Rechteck-Werkzeug setzen Sie noch eine Form am unteren Rand der Konsole an (wie abgebildet).

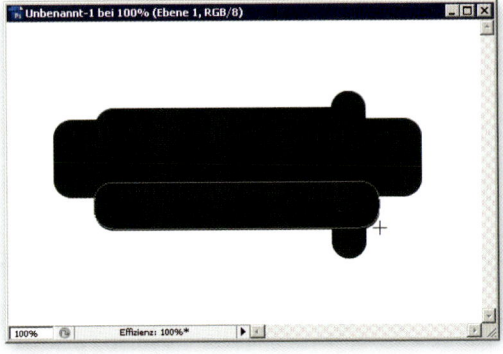

Schritt 5: Wechseln Sie zum Polygonwerkzeug (im Klappmenü der Formwerkzeuge kommt es kurz nach dem Abgerundetes-Rechteck-Werkzeug). Oben in den Optionen setzen Sie die Zahl der Seiten auf 5, dann ziehen Sie ein Fünfeck wie hier zu sehen auf. Beginnen Sie das Aufziehen, dann drücken Sie die Leertaste; so können Sie die Figur unmittelbar nach dem Aufziehen noch verschieben.

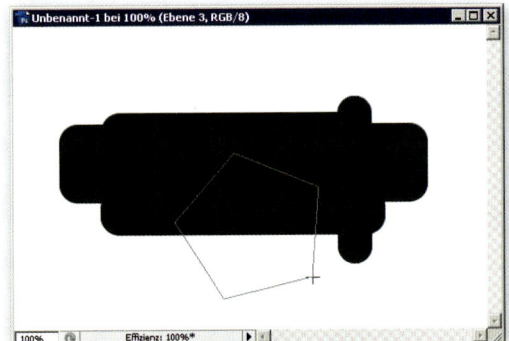

Schritt 6: Fügen Sie zwei weitere Figuren hinzu. Um sie zu drehen, bewegen Sie die Maus einfach beim Aufziehen nach oben oder unten. Damit steht der Aufbau Ihrer Konsole. (Sie können aber auch ganz andere Formen entwerfen, dies hier ist nur ein Beispiel.)

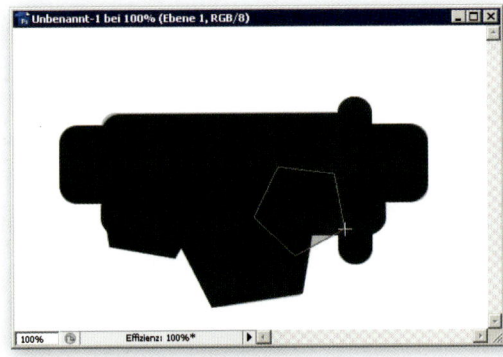

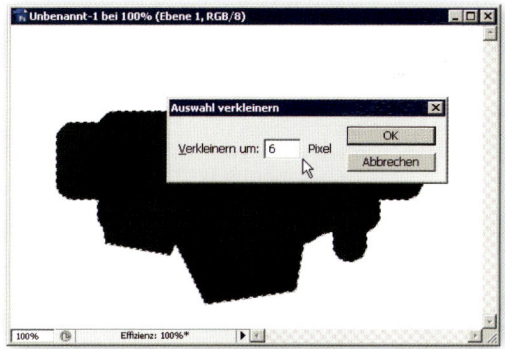

Schritt 7: Bei gedrückter ⌈Strg⌉-Taste (am Mac bei gedrückter ⌘-Taste) klicken Sie auf die Miniatur der neuen Form; so wird sie von einer Auswahlmarkierung umgeben. Wählen Sie nun AUSWAHL, AUSWAHL VERÄNDERN, VERKLEINERN. Verkleinern Sie die Auswahl um sechs Pixel.

Tipp:
Was ist eigentlich mit dem Kunstprotokoll-Pinsel?
Der Kunstprotokoll-Pinsel malt ältere Bildversionen „künstlerisch verfremdet" zurück in die Datei. Ich benutze ihn nicht oft, denn schon mit Pinsel oder Kopierstempel lässt sich viel erreichen, wenn Sie nur die Pinselspitzen richtig einrichten. Sie möchten den Kunstprotokoll-Pinsel einmal benutzen? Drücken Sie so oft ⌈⇧⌉+⌈Y⌉, bis er in der Werkzeugleiste auftaucht (dort, wo sonst der Protokollpinsel sitzt). Mein Vorschlag: Arbeiten Sie mit einer kleinen Pinselspitze und malen Sie über das vorhandene Bild. Die Möglichkeiten sind allerdings reichlich begrenzt.

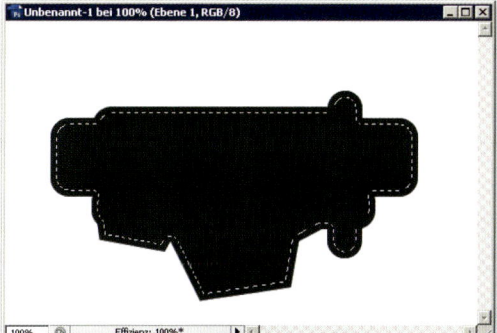

Schritt 8: So schrumpft die Auswahl. Heben Sie die Auswahl aber noch nicht auf. Erstellen Sie vielmehr eine neue Blankoebene, indem Sie unten in der Palette auf NEUE EBENE ERSTELLEN klicken. Füllen Sie die Ebene mit dem Tastenbefehl ⌈Alt⌉+⌈Entf⌉ schwarz. Jetzt wenden Sie eine Reihe von Ebenenstilen an.

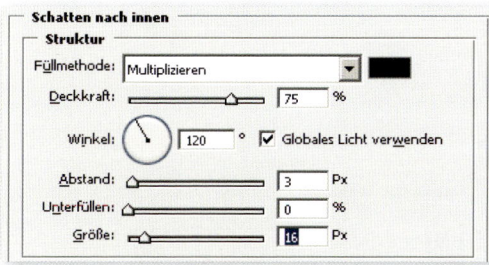

Schritt 9: Sie klicken unten in der Ebenenpalette auf EBENENSTIL HINZUFÜGEN und dann auf SCHATTEN NACH INNEN. Klicken Sie auf das Farbfeld neben dem Menü für Füllmethoden und stellen Sie ein rötliches Braun als Schattenfarbe ein. Schalten Sie das GLOBALE LICHT ab, setzen Sie den Abstand auf 3 und die Größe auf 16. Klicken Sie noch nicht auf OK.

Fortsetzung

Tipp:

Wie Sie den sichtbaren Bildausschnitt mit Tastenbefehlen ändern

Es gibt Dutzende Tastaturbefehle, um die Zoomstufe zu ändern: Schalten Sie zum Zoomwerkzeug um, zeigen Sie das Gesamtbild größtmöglich – und so weiter. Es gibt aber noch viele weitere Tastaturbefehle, die sich vor allem für große, hochauflösende Bilder eignen. Sie brauchen dazu lediglich eine übliche erweiterte Tastatur, nur manche Laptops spielen also nicht mit. Also: Um einen Bildschirm nach unten zu blättern, drücken Sie die Bild-abwärts-Taste. Einen Bildschirm nach links springen Sie mit Strg+Bild-aufwärts (am Mac ⌘+Bild-aufwärts). Für den Sprung nach rechts drücken Sie Strg+ Bild-abwärts (am Mac ⌘+Bild-abwärts). Mit der Pos1-Taste erreichen Sie die obere linke Bildecke. Die untere rechte Bildecke erscheint nach einem Druck auf die Ende-Taste.

Schritt 10: In der STIL-Liste links klicken Sie direkt auf die Zeile ABGEFLACHTE KANTE UND RELIEF. Heben Sie die Größe auf 9 und das Weichzeichnen auf 2. Unten im Bereich SCHATTIERUNG schalten Sie das GLOBALE LICHT ab; den Winkel dort setzen Sie auf 120 Grad, die Höhe auf 70 Grad. Klicken Sie auf das Farbfeld für den Lichtermodus und stellen Sie Hellgrau ein. Nach einem Klick auf das Tiefenmodusfarbfeld nehmen Sie ein mittleres Braun. Die Deckkraft für den Lichtermodus stellen Sie auf 100 Prozent, die Tiefenmodusdeckkraft bekommt nur 66 Prozent. Klicken Sie nun in der STIL-Liste links auf das Wort „Satin".

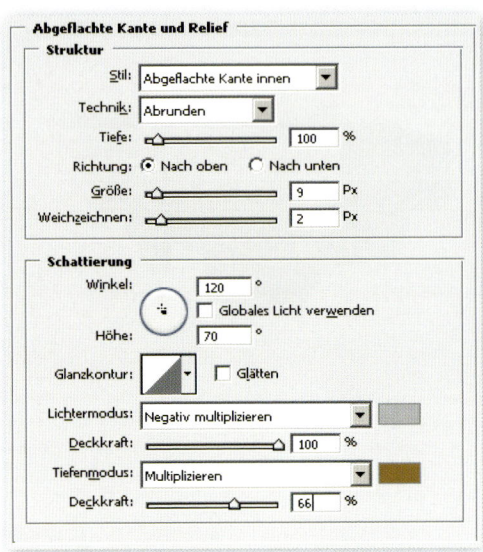

Schritt 11: Die Füllmethode für Satin stellen Sie auf INEINANDERKOPIEREN um, als Farbe nehmen Sie ein helles Blau. Heben Sie die Deckkraft auf 100 Prozent an. Den Winkel setzen Sie auf 90 Grad, den Abstand auf 30 Pixel und die Größe auf 43 Pixel. Neben der Konturminiatur klicken Sie auf das gekippte Dreieck und dann im Konturwähler auf die Vorgabe HALBRUND wie abgebildet. Schalten Sie das Glätten ein, dann klicken Sie für den letzten Effekt in der Liste links auf FARBÜBERLAGERUNG.

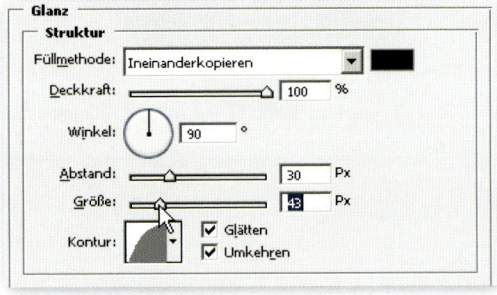

Schritt 12: Stellen Sie Orange für die Farbüberlagerung ein (wie hier zu sehen) und klicken Sie auf OK – alle Effekte werden jetzt dauerhaft angewendet. Mit Strg+D (am Mac ⌘+D) heben Sie die Auswahl auf.

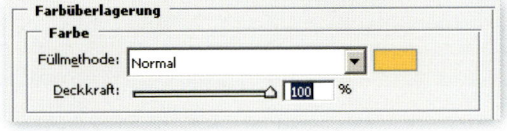

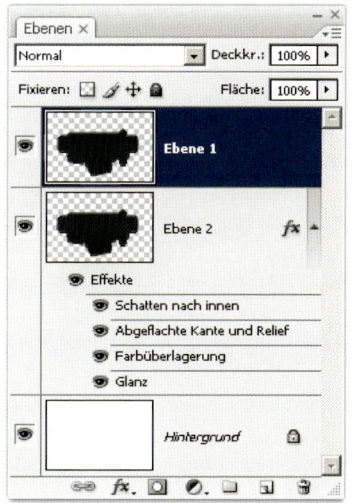

Schritt 13: Klicken Sie in der Ebenenpalette auf die ursprüngliche Figur – die größere der beiden, ohne Ebeneneffekte. Ziehen Sie diese Figur in der Palette nach oben (wie abgebildet). Diese größere Ebene bekommt jetzt einen Metallic-Look.

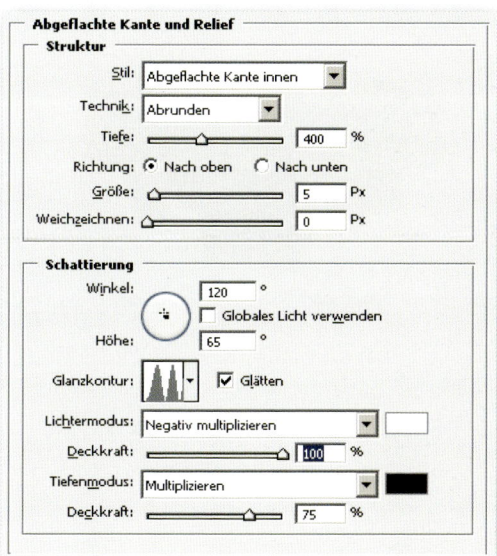

Schritt 14: Unten in der Ebenenpalette klicken Sie auf EBENENSTIL HINZUFÜGEN und dann auf ABGEFLACHTE KANTE UND RELIEF. Die Tiefe heben Sie auf etwa 400. Im Bereich SCHATTIERUNG schalten Sie das GLOBALE LICHT ab. Setzen Sie den Winkel auf 120 Grad und die Höhe auf 65 Grad. Im Glanzkonturwähler klicken Sie auf die Kontur namens „Doppelter Ring" (wie hier zu sehen). Schalten Sie das Glätten ein und heben Sie die Deckkraft beim Lichtermodus auf 100 Prozent. Klicken Sie in der STIL-Liste links auf den nächsten Effekt, diesmal Musterüberlagerung.

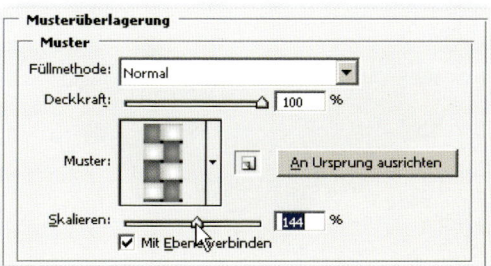

Schritt 15: Nach einem Klick auf die Musterminiatur sehen Sie den Musterwähler. Aus dessen Menü laden Sie die Bibliothek MUSTER. Sie nehmen die Vorgabe BREITES GEWEBE, die Sie hier auch sehen, außerdem heben Sie den Skalierenwert auf 144 Prozent. Dann klicken Sie auf OK.

Tipp:
Schneller Neubeginn mit der Ebenenmaske
Sie haben eine Ebenenmaske angewendet, die aber irgendwie nicht recht passt – da fängt man manchmal am besten mit einer ganz neuen Maske von vorn an. Sie können die Maske natürlich unten in den Mülleimer der Ebenenpalette ziehen. Es gibt jedoch einen anderen Weg, der Zeit spart, denn Sie müssen nicht erst eine neue Maske anlegen. Klicken Sie die Maskenminiatur bei gedrückter Alt-Taste an (so zeigt Photoshop die Maske an). Sie stellen die Vordergrundfarbe auf Weiß und drücken Alt + Entf. So füllen Sie die Ebenenmaske weiß und können von vorn loslegen. Klicken Sie erneut bei gedrückter Alt-Taste auf die Maske, dann ziehen Sie einen Verlauf über die Maske oder bearbeiten sie mit dem Pinsel.

Fortsetzung

Tipp:
Auch so löschen Sie eine Pinselspitze
Auch so löschen Sie eine Pinselspitze aus dem Pinselspitzenwähler: Klicken Sie mit der rechten Maustaste (am Mac bei gedrückter `Ctrl`-Taste) darauf. Im Kontextmenü nehmen Sie PINSEL LÖSCHEN.

Schritt 16: Mit dem Auswahlrechteck erzeugen Sie eine Auswahl wie hier zu sehen. Mit der `Entf`-Taste löschen Sie ein Stück aus der oberen Ebene heraus, so dass die orange Ebene darunter hervorscheint (wie abgebildet).

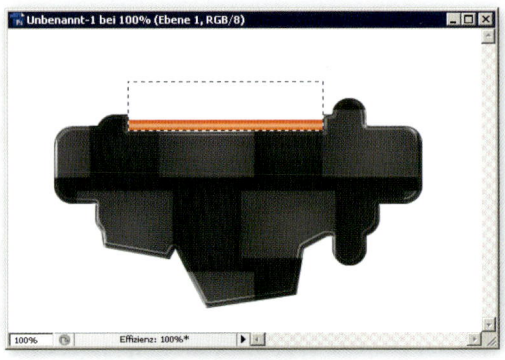

Schritt 17: Löschen Sie noch ein paar weitere Stücke. Ziehen Sie einfach eine erste Auswahl auf und ergänzen Sie diese bei gedrückter `⇧`-Taste um weitere Auswahlbereiche. Wenn alles passt, löschen Sie die Abschnitte mit der `Entf`-Taste, so dass die orangefarbene Ebene wieder erscheint. Mit `Strg`+`D` (am Mac `⌘`+`D`) heben Sie die Auswahl auf.

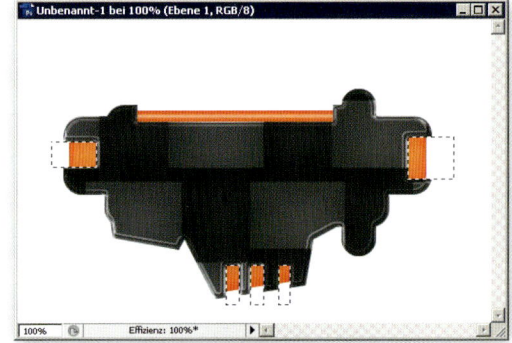

Schritt 18: Erzeugen Sie eine neue Ebene in der Ebenenpalette. Schalten Sie das Abgerundetes-Rechteck-Werkzeug ein und ziehen Sie eine Figur auf wie in unserer Abbildung.

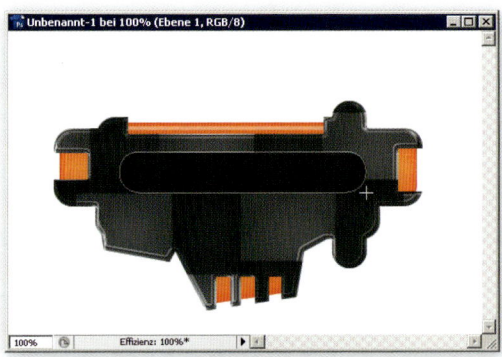

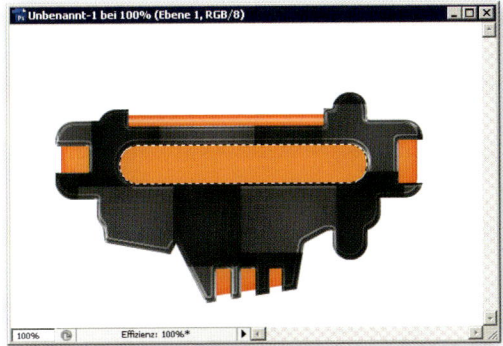

Schritt 19: Klicken Sie in der Ebenenpalette bei gedrückter ⌃Strg⌄-Taste (am Mac bei gedrückter ⌘-Taste) auf die Miniatur dieser neuesten Ebene mit dem einzelnen abgerundeten Rechteck. So entsteht eine Auswahl um die Figur herum. Ziehen Sie die Ebene selbst unten in den Mülleimer, dann drücken Sie die ⌃Entf⌄-Taste. So verschwindet ein weiterer Ausschnitt der obersten Ebene, von der Ebene darunter wird noch mehr sichtbar.

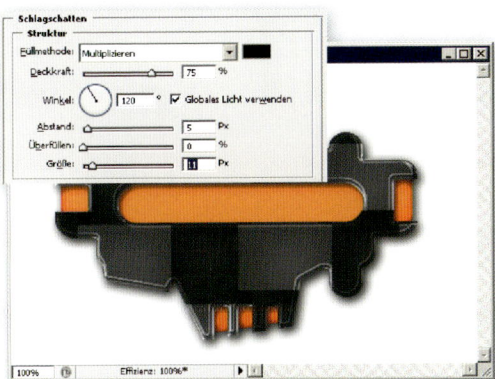

Schritt 20: Heben Sie die Auswahl auf, dann klicken Sie unten in der Ebenenpalette auf EBENENSTIL HINZUFÜGEN und danach auf SCHLAGSCHATTEN. Sie heben die Größe auf 11 und klicken schon wieder auf OK. So erhält die obere Ebene einen Schatten. Halten Sie die ⌃Alt⌄-Taste gedrückt, dann klicken Sie auf das Wort SCHLAGSCHATTEN unter der obersten Ebene und ziehen es zu der darunterliegenden Figur; sie erhält damit den gleichen Schlagschatten. Erstellen Sie eine weitere neue Ebene, die Sie in der Palette unter die unterste Figur ziehen.

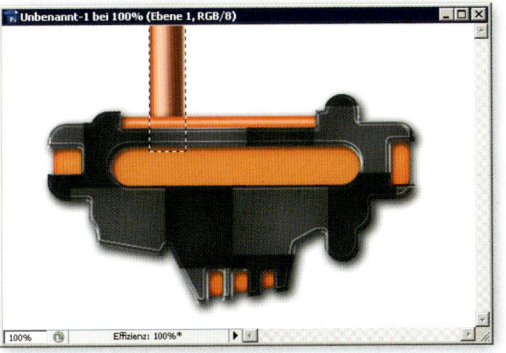

Schritt 21: Ziehen Sie mit dem Auswahlrechteck eine senkrechte Figur wie hier abgebildet auf. Wechseln Sie mit dem ⌃G⌄ zum Verlaufswerkzeug und laden Sie den Verlaufswähler mit der ⌃↵⌄-Taste. Wählen Sie den Kupferverlauf aus und ziehen Sie ihn von links nach rechts durch die Auswahl (wie hier gezeigt).

Fortsetzung

Tipp:
Wenn Sie eine Datei nicht im gewünschten Dateiformat speichern können

Sie wollen speichern, doch im SPEICHERN-Dialog sehen Sie diesen Satz: „Bei Auswahl der obigen Optionen kann die Datei nur als Kopie gespeichert werden." Dann prüfen Sie diese Punkte:

1. Ebenen: Wenn Ihr Bild Ebenen enthält, können Sie verlustfrei nur in den Dateiformaten TIFF, PDF und PSD sichern. Sie sehen ein Warnsymbol neben der EBENEN-Option im SPEICHERN-Dialog.

2. Zusätzliche Bildkanäle: Sie haben zusätzliche Bildkanäle, zum Beispiel eine gespeicherte Auswahl. Photoshop zeigt neben der Option ALPHA-KANÄLE das Warnsymbol. Ziehen Sie den Kanal in der Kanälepalette in den Mülleimer.

3. Sie brauchen eine Hintergrundebene: Wenn die einzige Bildebene EBENE 1 oder EBENE 0 heißt, geht Photoshop von einer Ebenendatei aus. Wählen Sie zunächst den Menübefehl EBENEN, AUF HINTERGRUNDEBENE REDUZIEREN.

4. Prüfen Sie den Farbmodus: Manche Dateiformate eignen sich nicht für bestimmte Farbmodi. So können Sie CMYK-Bilder nicht als BMP-Dateien sichern.

Tipp:

Mehr Klarheit und Dynamik für Ihre Bilder

Der CAMERA-RAW-Dialog von Photoshop CS3 hat ein paar Einstellmöglichkeiten, die Sie so im Photoshop-Hauptprogramm nicht wiederfinden. Dazu gehören die Regler KLARHEIT und DYNAMIK, die Sie unbedingt testen sollten. Der Regler KLARHEIT sorgt für mehr Schärfe und Kontrast vor allem in den Mitteltönen. Das klingt etwas spröde – doch Ihre Bilder werden deutlich knackiger. Auch nicht schlecht: der Dynamikschieber, eine intelligente Alternative zum üblichen Sättigungsregler. Der Dynamikregler hebt die Farbsättigung nur in Bereichen, die noch nicht stark gesättigt sind, und Himmelsblau steigt stärker an als Hauttöne; so frischen Sie Ihre Motive auf, ohne gleich übertriebene Quietschtöne zu erhalten.

Schritt 22: Entfärben Sie diesen Verlauf mit dem Tastaturbefehl `⇧`+`Strg`+`U` (am Mac `⇧`+ `⌘`+`U`), das steht für den Befehl SÄTTIGUNG VERRINGERN. Jetzt können Sie die Auswahl per `Strg`+`D` (am Mac `⌘`+`D`) verwerfen.

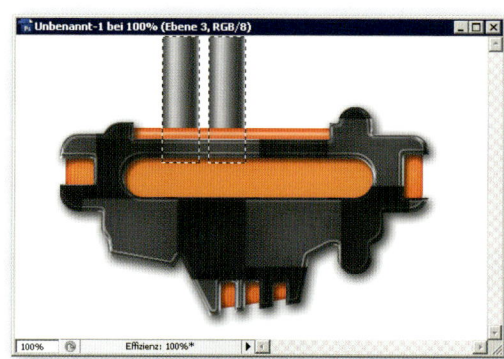

Schritt 23: Sie duplizieren die Verlaufsebene mit `Strg`+`J` (am Mac `⌘`+`J`). Wechseln Sie mit dem `V` zum Verschiebenwerkzeug und ziehen Sie das Duplikat nach rechts, so dass eine zweite Röhre entsteht. Per `Strg`+`E` (am Mac `⌘`+`E`) verschmelzen Sie die beiden Ebenen zu einer. Klicken Sie bei gedrückter `Strg`-Taste (am Mac bei gedrückter `⌘`-Taste) auf die Miniatur dieser Röhrenebene in der Palette, so dass sie ausgewählt wird (siehe Bild).

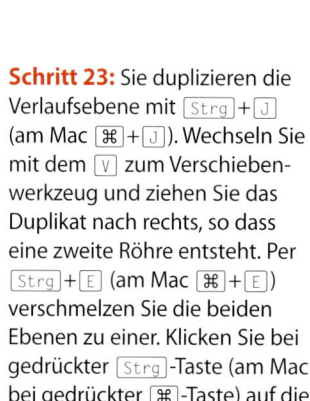

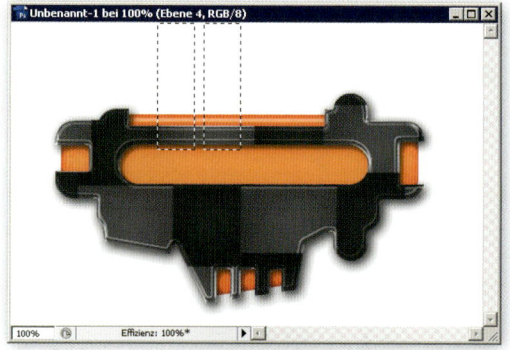

Schritt 24: Erzeugen Sie eine neue Ebene. Drücken Sie das `D`, um sicherzustellen, dass Sie mit weißer Hintergrundfarbe arbeiten, dann füllen Sie die zwei Rechteckauswahlen per `Strg`/`⌘`+`Entf` mit Weiß.

Schritt 25: Der nächste Befehl heißt FILTER, ZEICHENFILTER, RASTERUNGSEFFEKT. Stellen Sie die Größe auf 1, den Kontrast auf 5, als Musterart nehmen Sie LINIE.

Schritt 26: Mit dem OK-Klick wenden Sie graue Linien auf die weiße Füllung an. Heben Sie die Auswahl mit [Strg]+[D] (am Mac [⌘]+[D]) auf. In der Ebenenpalette ändern Sie die Füllmethode dieser Ebene auf MULTIPLIZIEREN, so dass sie sich besser mit dem Verlauf mischt (wie gezeigt). Zum Schluss setzen Sie in der Mitte noch Text ein (ich nahm die Schriftart Myriad von Adobe).

Tipp:
Wenn der Verlauf nicht stimmt, ziehen Sie einfach noch einmal
An anderer Stelle im Buch ziehen Sie einen Verlauf über einer Ebenenmaske, so dass das Foto auf der darunterliegenden Ebene wieder sichtbar wird. Das Schöne dabei: Misslingt der erste Verlauf, ziehen Sie sofort einen zweiten. Bei jedem Zug mit dem Verlaufswerkzeug entsteht ein komplett neuer Verlauf. Probieren Sie auch einmal, mit Schwarz auf der Maske zu malen, um die Ebene darunter anzuzeigen, oder malen Sie mit Weiß, um die Ebene unterhalb zu verdecken (es wirkt immer, als ob man direkt auf der Bildebene arbeitet, aber tatsächlich ändern Sie nur die Maske dieser Ebene, lassen Sie sich also nicht abhalten).

Lassen Sie ein Bild altern

Wie man alte, beschädigte Bilder in Photoshop wiederherstellt, dafür hat scheinbar wirklich jeder eine andere Technik parat. Es gibt endlos viele Anleitungen zu diesem Thema. Aber wie lässt man ein Foto alt aussehen? Braucht es eine ganz spezielle Psyche, um eine perfekte Aufnahmen mit Knicken und Kratzern zu entstellen? Probieren Sie dieses Tutorial, es ist sehr therapeutisch.

Schritt 1: Öffnen Sie das Bild, das Sie auf Alt trimmen wollen (hier ein klassischer Chevrolet). Stellen Sie die Vordergrundfarbe auf Schwarz und die Hintergrundfarbe auf Weiß, indem Sie die Taste D drücken. Wählen Sie BILD, ARBEITSFLÄCHE. Dehnen Sie Breite und Höhe um mindestens fünf Zentimeter aus, dann klicken Sie auf OK.

© Brand X Pictures

Schritt 2: Schalten Sie in der Werkzeugleiste das Auswahlrechteck ein und ziehen Sie eine Auswahl, die etwas größer als das Bild ist. Mit Strg+J (am Mac ⌘+J) kopieren Sie diesen Auswahlbereich auf eine eigene Ebene (EBENE 1).

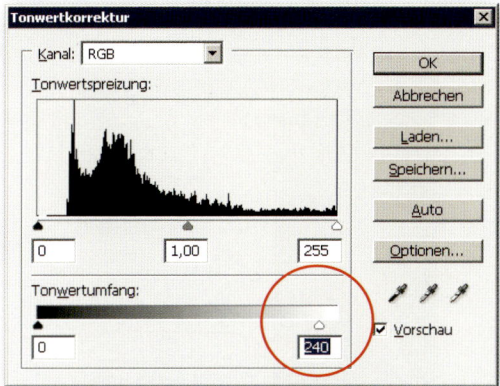

Schritt 3: Mit ⌈Strg⌉+⌈L⌉ (am Mac ⌘+⌈L⌉) laden Sie die Tonwertkorrektur. Ziehen Sie den Lichterregler für den Tonwertumfang nach links (also den weißen Schieberegler rechts unten). Das Datenfeld muss 240 anzeigen. Dann klicken Sie auf OK.

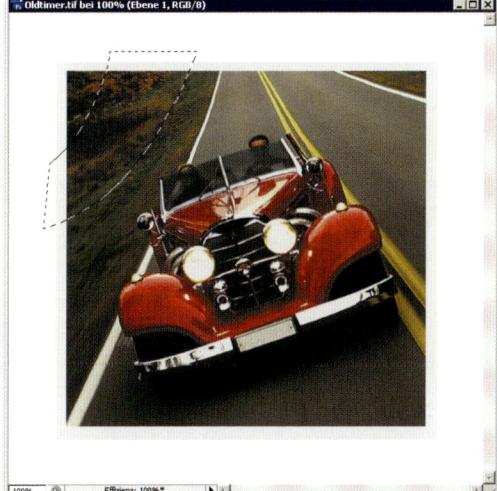

Schritt 4: In der Werkzeugleiste wechseln Sie zum Lasso. Wählen Sie die obere linke Ecke so aus wie hier zu sehen. Mit ⌈Strg⌉+⌈J⌉ (am Mac ⌘+⌈J⌉) heben Sie den Bereich auf seine eigene Ebene (EBENE 2).

Schritt 5: Legen Sie eine neue Ebene an (EBENE 3); dazu klicken Sie unten in der Ebenenpalette auf die Schaltfläche NEUE EBENE ERSTELLEN. Diese Ebene ziehen Sie in der Palette unter die Ebene mit dem kleinen Bildschnipsel. Während die neue Ebene weiter in der Palette markiert ist, klicken Sie bei gedrückter ⌈Strg⌉-Taste (am Mac bei gedrückter ⌘-Taste) auf die Ebene mit dem Bildschnipsel, um eine Auswahl zu erhalten. Per ⌈Strg⌉+⌈Entf⌉ (am Mac ⌘+⌈Entf⌉) füllen Sie die Auswahl mit der Hintergrundfarbe (Weiß). Klicken Sie auf die Ebene mit dem Bildstück und drücken Sie ⌈Strg⌉+⌈E⌉ (am Mac ⌘+⌈E⌉) zum Verschmelzen. Mit ⌈Strg⌉+⌈D⌉ (am Mac ⌘+⌈D⌉) heben Sie die Auswahl auf.

Tipp:
Neue Pinselspitzen schnell speichern
Sie können neue Pinselspitzen natürlich auf dem normalen Weg speichern: Sie wählen NEUE PINSELVORGABE aus dem Menü des Pinselspitzenwählers. Aber es geht auch schneller. Unten in der Pinselspitzenpalette klicken Sie in den freien Bereich nach der letzten Spitze, schon präsentiert Photoshop den Dialog, um die Pinselspitze zu benennen. Tippen Sie einen Namen ein und klicken Sie auf OK; die neue Pinselspitze erscheint in der Palette.

Fortsetzung

Tipp:
So gehen Ihre Pinselspitzen nicht verloren

Wenn Sie eine Pinselspitze gespeichert haben, erscheint sie beim nächsten Photoshop-Start an ihrer gewohnten Stelle in der Pinselpalette. Falls Sie die Pinselspitzen jedoch zurücksetzen (mit dem Befehl PINSEL ZURÜCKSETZEN aus dem Menü der Pinselpalette) sind alle Ihre selbst gebauten Pinsel futsch – für immer. Zur Sicherheit können Sie Ihre Pinselspitzen aber auch speichern. Dazu dient der Palettenbefehl PINSEL SPEICHERN. Ich lösche zunächst alle Photoshop-Standardpinsel, indem ich sie bei gedrückter Alt-Taste anklicke; wenn nur noch meine neuen Pinsel verbleiben, gehe ich auf PINSEL SPEICHERN aus dem Palettenmenü, vergebe einen sinnvollen Namen (so wie Acme Co. logos) und speichere die Datei im Pinselordner innerhalb des Vorgabenordners in der Photoshop-Installation. Puh!

Schritt 6: Unten in der Ebenenpalette klicken Sie auf das Symbol EBENENSTIL HINZUFÜGEN (es zeigt die Beschriftung „fx", in früheren Programmversionen nur „f") und dann auf ABGEFLACHTE KANTE UND RELIEF. Im Dialogfeld heben Sie die Größe auf 115, den Winkel auf 120 Grad, die Deckkraft im Lichtermodus setzen Sie auf 40 Prozent. Dann klicken Sie auf OK.

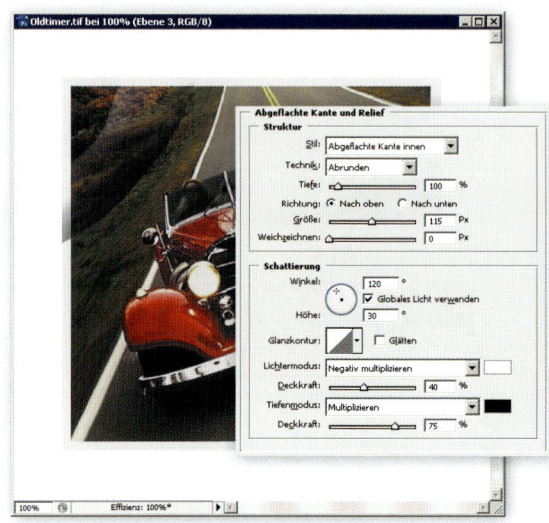

Schritt 7: Der nächste Befehl heißt FILTER, VERFLÜSSIGEN. Um den oberen Bildteil leicht zu beugen, nehmen Sie das oberste Werkzeug aus der Leiste, es heißt Vorwärts-krümmen-Werkzeug. Der Pinsel sollte hier etwa so groß sein wie das obere Ende des Bildschnipsels (wie abgebildet). Ziehen Sie behutsam von oben nach unten. Verkleinern Sie den Pinsel etwas, dann drücken Sie die linke Seite des Bildstücks ein (unteres Bild) und klicken auf OK.

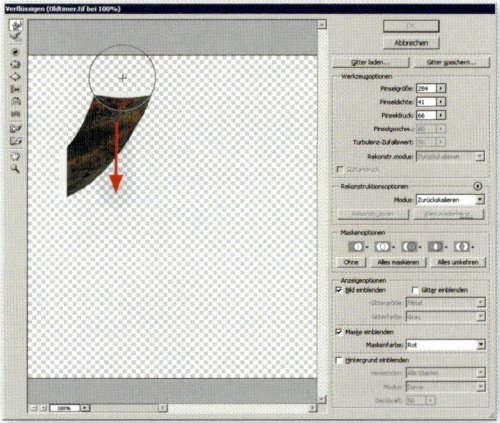

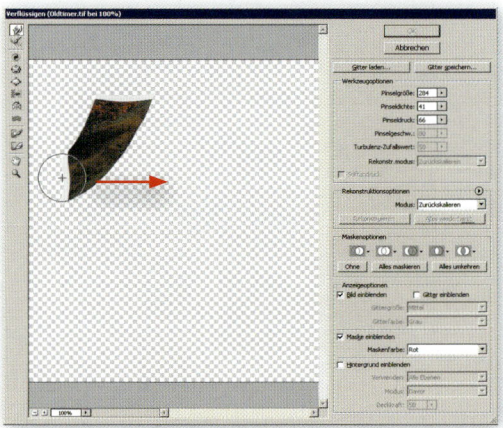

Schritt 8: Klicken Sie in der Ebenenpalette auf die Ebene 1 (das Fotoduplikat). In der Werkzeugleiste schalten Sie den Radiergummi ein und radieren alle Ränder weg, die über den eingedrückten Bildrand hinausragen (wie im Beispiel).

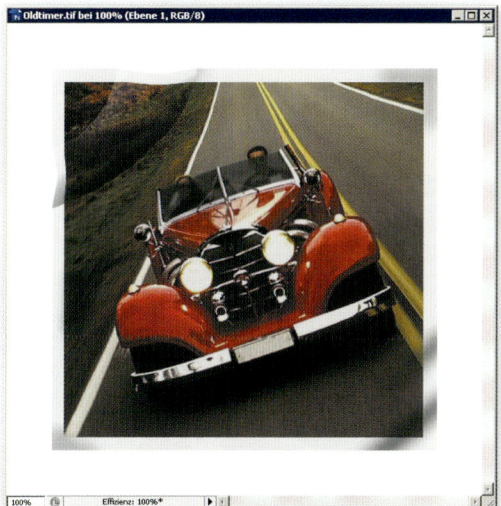

Schritt 9: Drücken Sie mehrfach ⇧+O, bis Sie zum Nachbelichterwerkzeug gelangen. Stellen Sie mit dem Pinselwähler aus den Optionen eine mittelgroße, weiche Pinselspitze ein, dann dunkeln Sie einige Ränder und Ecken ab (wie abgebildet).

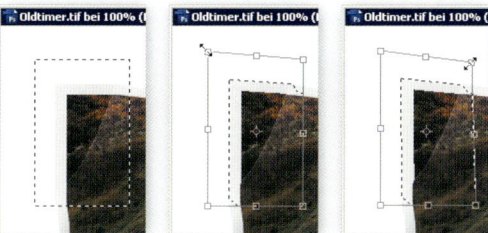

Schritt 10: Die Duplikatebene ist noch aktiv? Wählen Sie die obere linke Bildecke mit dem Auswahlrechteck aus (wie links außen zu sehen). Mit Strg+T (am Mac ⌘+T) starten Sie das FREIE TRANSFORMIEREN. Klicken Sie bei gedrückter Strg-Taste (am Mac bei gedrückter ⌘-Taste) auf den linken oberen Anfasspunkt und ziehen Sie etwas nach rechts oben. Jetzt folgt ein Strg-Klick (am Mac ⌘-Klick) auf den rechten oberen Anfasspunkt; ziehen Sie ihn ein bisschen nach unten.

Tipp:
Zeigen Sie Ihre Fotos nebeneinander
Wenn Sie mehrere Fotos gemeinsam laden, liegen sie zunächst fast deckungsgleich übereinander, nur vom vordersten Bild erkennen Sie etwas. Das lässt sich jedoch ändern, und zwar mit dem Untermenü FENSTER, ANORDNEN. Wählen Sie hier UNTEREINANDER oder NEBENEINANDER, schon stehen die Fotos schön übersichtlich nebeneinander. Dieses Untermenü bietet überdies die praktischen Befehle GLEICHE ZOOMSTUFE und GLEICHE POSITION (dieser letzte Befehl sorgt dafür, dass alle Fenster einen vergleichbaren Bildausschnitt zeigen, zum Beispiel die Mitte einer Datei). Gut zu wissen: Wenn Sie die Lupe (das Zoomwerkzeug) einschalten, können Sie die Option ALLE FENSTER nutzen – Zoomen in einem Bild ändert dann gleich alle Bilder in einem Rutsch.

Fortsetzung

Tipp:
**Der neue, sanfte
Helligkeit/Kontrast-
Befehl**

Wir alle haben es wohl
schon im Photoshop-
Kindergarten gelernt:
Der Befehl HELLIGKEIT/
KONTRAST arbeitet zu grob
und entstellt normale
Fotos allzu leicht, weil er
unterschiedslos Tiefen,
Mitten und Lichter verän-
dert. Nur für Grafisches
oder Ebenenmasken-
Korrekturen ließ sich die
Funktion verwenden,
ansonsten waren die
Gradationskurven allemal
die bessere Wahl. Doch
Photoshop CS3 wertet
den Befehl HELLIGKEIT/
KONTRAST auf: Er manipu-
liert jetzt vor allem die
Mitteltöne des Bilds und
wirkt so wesentlich scho-
nender. Aber Sie brauchen
die harte, ursprüngliche
Wirkungsweise der
Funktion? Kein Problem:
Schalten Sie die Option
FRÜHEREN WERT VERWENDEN ein.

Schritt 11: Mit der ⏎-Taste
bestätigen Sie die Umwandlung, mit Strg+D (am
Mac ⌘+D) heben Sie die
Auswahl auf. Klicken Sie auf
die Ebenenminiatur mit dem
Bildschnipsel (EBENE 3) und
drücken Sie Strg+E (am
Mac ⌘+E), um diese mit der
darunterliegenden Ebene zu
verschmelzen. Mit Strg+T
(am Mac ⌘+T) starten Sie
das FREIE TRANSFORMIEREN. Drehen
Sie das Bild, indem Sie außerhalb des Rechteckrahmens
ziehen. Wenden Sie die
Drehung mit der ⏎-Taste
dauerhaft an. Klicken Sie auf
die Hintergrundebene, um
sie per Strg+Entf (am
Mac ⌘+Entf) mit der
Hintergrundfarbe (Weiß) zu
füllen.

Schritt 12: Aktivieren Sie
die Fotoebene (EBENE 1) mit
einem Klick. Klicken Sie auf die
Schaltfläche EBENENSTIL HINZUFÜGEN
und dann auf SCHLAGSCHATTEN.
Heben Sie die Größe auf 10 und
klicken Sie auf OK. Dann wählen
Sie EBENE, EBENENSTIL, EBENE ERSTELLEN.
In der Warnmeldung klicken Sie
auf OK. Der Schlagschatten liegt
jetzt auf einer separaten Ebene.

Schritt 13: In der Palette klicken Sie auf die Ebene SCHLAG-
SCHATTEN VON EBENE 1, danach
wählen Sie FILTER, VERZERRUNGSFILTER,
VERBIEGEN. Klicken Sie in die
Mitte der senkrechten Linie,
um dort einen Ankerpunkt
zu erzeugen. Dann ziehen Sie
Ankerpunkte oben und unten
leicht nach rechts, so wie hier
zu sehen, und klicken auf OK.
Die Deckkraft der Ebene senken
Sie auf 50 Prozent, dann ziehen
Sie den Schatten mit dem Verschiebenwerkzeug nach rechts.

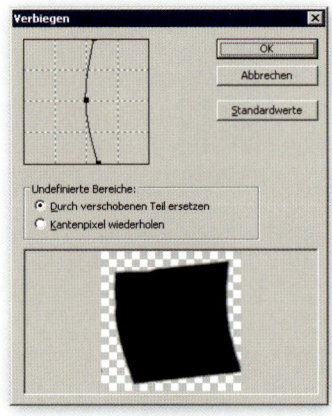

Vorher

Schritt 14: Öffnen Sie ein Hintergrundbild (hier eine Landkarte). Ziehen Sie es mit dem Verschiebenwerkzeug in das ursprüngliche Dokument. In der Ebenenpalette ziehen Sie das Hintergrundmotiv ganz nach oben, bis direkt oberhalb von der Hintergrundebene.

Schritt 15: Drücken Sie ⇧+ Strg+U (am Mac ⇧+⌘+ U), um Ebene 2 zu entfärben. Klicken Sie auf Ebene 1 und entfärben Sie auch diese. Erzeugen Sie eine neue Ebene (Ebene 3), die Sie in der Ebenenpalette ganz nach oben bugsieren. Nach einem Klick auf das Vordergrundfarbfeld stellen Sie eine helle Cremefarbe ein. Der Tastaturbefehl Alt+Entf füllt die neue Ebene 3 mit dieser Farbe. Die Füllmethode stellen Sie auf Farbe um – und Sie sind fertig!

Nachher

Tipp:
Rücknahme mit allem Komfort und Zurück
Photoshop nimmt zunächst nur wenige Arbeitsschritte zurück. Doch wenn man viel mit Stempel oder Pinsel im Bild herumklickt, sind 20 oder 50 Rücknahmestufen schnell aufgebraucht. Erhöhen Sie darum die Zahl der widerrufbaren Schritte. Sie öffnen die Photoshop-Voreinstellungen mit Strg+K (am Mac ⌘+K). In Photoshop CS3 klicken Sie dann links auf LEISTUNG und bearbeiten das Feld PROTOKOLLOBJEKTE. Bis zu 1000 Rücknahmestufen sind möglich, aber dann müssen Sie auch Arbeitsspeicher satt anbieten. 200 Rücknahmestufen sollten Sie sich jedoch schon gönnen.

Vom Menschen zum Cyborg

Das roboterhafte Innere zeigen, diese Technik ist wahrlich beliebt. Man sieht sie im Druck, im Web, eigentlich überall. Vielleicht denken Sie, „oh, ich habe keine Fotos von Roboter-Innereien". Aber Sie werden staunen: Bilder von Automotoren, Fabrikanlagen oder Ihrer Computerplatine eignen sich ebenso gut. Die Technik hier wirkt zunächst kompliziert, sie ist aber ganz einfach.

Schritt 1: Öffnen Sie das Bild einer Person, die Sie „als Roboter" zeigen wollen. Unser Bild hier zeigt den Moment, in dem der Mann in Ohnmacht fiel, weil er an seiner Achselhöhle geschnuppert hat.

Schritt 2: Mit dem P schalten Sie das Zeichenwerkzeug ein und zeichnen einen Pfad wie hier zu sehen, den Arm abwärts. Falls Sie mit dem Zeichenwerkzeug nicht vertraut sind: Klicken Sie einmal links auf das Handgelenk; bewegen Sie den Mauszeiger nach rechts und klicken und ziehen Sie nach oben (so dass der erste Teil des Pfads leicht gebogen wird). Den nächsten Klick setzen Sie weiter rechts unten, dabei ziehen Sie sofort nach links, um den Pfad nach außen durchzudrücken, dann klicken Sie links unten (wie abgebildet).

Schritt 3: Klicken Sie auf Ihren Anfangspunkt, um den Pfad abzuschließen. Wenn Ihnen das Zeichenwerkzeug nicht liegt, könnten Sie auch das Polygon-Lasso verwenden, aber das erzeugt schnurgerade statt leicht durchgebogener Linien, es folgt also nicht den Konturen des Arms.

Schritt 4: Mit `Strg`+`↵`-Taste (am Mac `⌘`+`↵`-Taste) verwandeln Sie den Pfad in eine Auswahl.

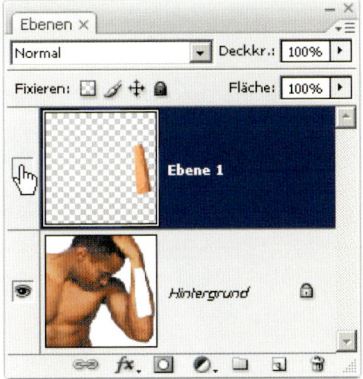

Schritt 5: Mit `⇧`+`Strg`+`J` (am Mac `⇧`+`⌘`+`J`) schneiden Sie die Auswahl aus der Hintergrundebene aus und heben sie auf eine eigene Ebene. Klicken Sie in der Ebenenpalette auf das Augensymbol links von der neuen Ebene, so dass Sie den Unterarm zunächst verbergen.

Schritt 6: Aktivieren Sie die Hintergrundebene durch einen Klick in der Ebenenpalette. Schalten Sie den Zauberstab mit dem `W` ein und klicken Sie einmal in die weiße Zone. So wählen Sie diesen Bereich aus (wie hier zu sehen).

Tipp:
Speichern Sie das Gitternetz
Falls Sie den VERFLÜSSIGEN-Filter nutzen (und ich weiß doch, dass Sie das tun), dann sollten Sie das entstehende Gitternetz auch mal speichern und auf andere Bilder anwenden. Und was bringt das Tolles? Nun, Sie könnten zum Beispiel eine Verzerrung auf einer niedrigaufgelösten Bildfassung testen; Sie speichern das Gitternetz und lassen den Effekt dann auf die hochaufgelöste Variante los. Dieses Verfahren hat einige hochinteressante Implikationen (mir fällt keine ein, aber ich wollte diesen Satz schon immer verwenden).

Fortsetzung

Tipp:

Farbkorrektur auf die Schnelle

Sie haben vielleicht schon gemerkt, dass die schnellen Korrekturbefehle Auto-Tonwertkorrektur und Auto-Kontrast selten überzeugen. Aber probieren Sie auch einmal Auto-Farbe. Diese Funktion verändert vor allem Farbstiche, ändert dabei aber den Kontrast kaum oder gar nicht. Wenn Sie mal wieder mit einem Problemfoto feststecken, probieren Sie Auto-Farbe einfach aus!

Schritt 7: Laden Sie das Foto mit den „Roboter-Innereien". Das Bild hier stammt aus einer Industrieanlage, aber andere Motive eignen sich auch, darunter Automotoren, Uhrwerke und andere Fotos mit vielen Kabeln und Drähten. Sie wählen das Gesamtbild mit ⌨Strg+A (am Mac ⌘+A) aus, dann kopieren Sie es mit ⌨Strg+C in den Arbeitsspeicher.

© Brand X Pictures

Schritt 8: Jetzt wieder zum Bild mit dem Mann. Die Auswahl müsste noch existieren, also wählen Sie Bearbeiten, In die Auswahl einfügen. So landet das Foto aus dem Arbeitsspeicher im Auswahlbereich (hier zu sehen). Vermutlich ist es zu groß.

Schritt 9: Um das Maschinenbild noch zu verkleinern, starten Sie das Freie Transformieren mit ⌨Strg+T (am Mac ⌘+T). Eventuell sehen Sie die Eckanfasspunkte nicht, dann drücken Sie ⌨Strg+0 (am Mac ⌘+0). Photoshop passt das Bildfenster dann automatisch an (wie abgebildet). Ziehen Sie einen der Eckpunkte bei gedrückter ⇧-Taste nach innen. Sie können auch in die Transformieren-Box klicken und das verkleinerte Innenleben verschieben.

Schritt 10: Größe und Position stimmen? Bestätigen Sie die Änderung mit der ⏎-Taste.

Tipp:
Wie Sie in einer Ebenenmontage eine Gesamtansicht kopieren
Wenn Sie einen Ebenen-bereich auswählen und mit Strg+C (am Mac ⌘+C) in den Arbeitsspeicher kopieren, berücksichtigt Photoshop nur die aktive Ebene. Aber Sie können auch eine Gesamtansicht aller Ebenen kopieren, die sich innerhalb der Auswahl befinden – so, als ob Sie von einer reinen Hinter-grundebene kopieren. Dazu drücken Sie einfach ⇧+Strg+C (am Mac ⇧+⌘+C). So kopieren Sie die gesamte Szene innerhalb der Auswahl, als ob sich die Ansicht nur auf einer einzelnen Ebene befindet.

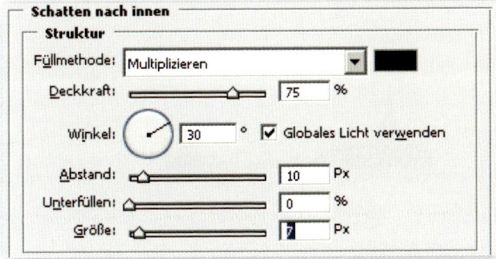

Schritt 11: Legen wir einen Schatten über das Innenleben – dann sieht es wirklich so aus, als ob das Maschinengewirr sich im Innern des Körpers befindet. Unten in der Ebenenpalette klicken Sie auf das Symbol EBENENSTIL HINZUFÜGEN und dann auf SCHATTEN NACH INNEN. Heben Sie den Abstand auf 10 und die Größe auf 7 und klicken Sie auf OK.

Schritt 12: Der Schatten legt sich rechts und oben über das Maschinenfoto, als ob sich die Innereien tatsächlich im Arm befänden. Im nächsten Schritt verstärken wir diesen Eindruck noch.

Fortsetzung

Tipp:
**Sie wollen die Pinsel
neu anordnen?**
In der Pinselpalette oder
im Pinselspitzenwähler aus
den Werkzeugoptionen
wollen Sie die Pinsel-
spitzen neu anordnen. Das
geht jedoch nicht direkt,
nur auf einem Umweg: Sie
wählen BEARBEITEN, VORGABE-
MANAGER und stellen
oben im Klappmenü die
Pinsel ein. Jetzt ziehen Sie
Pinselspitzen in beliebige
Positionen. Allerdings –
direkt widerrufen lässt
sich die Aktion nicht, Sie
können nur auf FERTIG oder
ABBRECHEN klicken. Keine
Sorge, die Standardpinsel
verlieren Sie dabei nicht.
Öffnen Sie bei Bedarf das
Menü zur Pinselpalette
und wählen Sie PINSEL
ZURÜCKSETZEN.

Schritt 13: Halten Sie die
Strg -Taste (am Mac die
⌘ -Taste) gedrückt, dann klicken Sie in der Ebenenpalette
auf die schwarzweiße Miniatur
der Ebenenmaske, die Sie
rechts neben der Miniatur des
Maschinenfotos sehen. So wählen Sie die Roboter-Innereien
aus. Schalten Sie das Lasso mit
der Taste L ein. Dann drücken
Sie zweimal die → -Taste,
danach zweimal die ↓ -Taste;
so bewegen Sie die Auswahl
nach rechts unten.

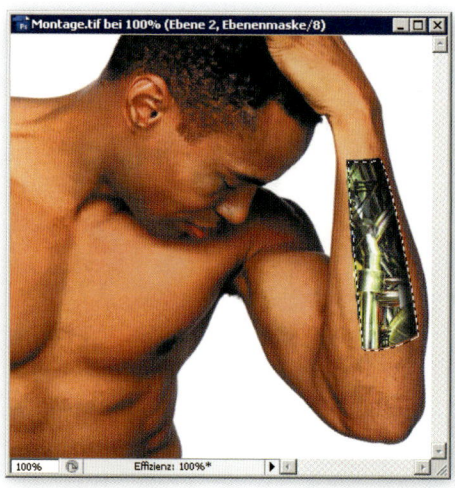

Schritt 14: Klicken Sie in der
Ebenenpalette einmal auf die
Hintergrundebene (die Auswahl
muss noch im Bild schillern). Mit
Strg + L (am Mac ⌘ + L)
rufen Sie die Tonwertkorrektur
auf. Ziehen Sie den linken unteren Tonwertumfangregler nach
rechts (wie abgebildet). So hellen Sie den Rand des Arms auf.
Klicken Sie auf OK.

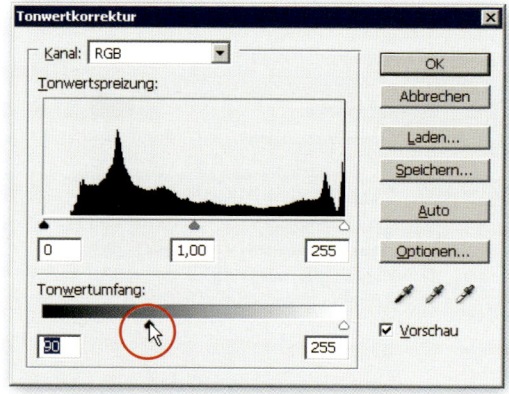

Schritt 15: Mit Strg + D (am
Mac ⌘ + D) heben Sie die
Auswahl auf. Sie erkennen die
Tiefenwirkung im Arm nun sehr
gut, der Rand aus Schritt 14
sieht wie ein Körperquerschnitt
aus. Sie wundern sich, warum
Lichter und Schatten auf derselben Seite liegen? Die linke Seite
des Arms wird sowieso gleich
überdeckt und es folgen weitere
Effekte, darum schummeln wir
hier ein bisschen.

Schritt 16: Klicken Sie in der Ebenenpalette auf die oberste Ebene (das ausgeschnittene Stück Arm). Mit dem V schalten Sie das Verschiebenwerkzeug ein, dann ziehen Sie die Ebene nach links unten (wie hier zu sehen), so dass der Arm nur halb überdeckt wird.

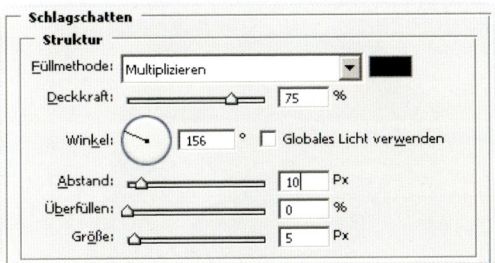

Schritt 17: Im Menü EBENENSTIL HINZUFÜGEN unten in der Ebenenpalette wählen Sie den Schlagschatten. Schalten Sie das GLOBALE LICHT ab (so dass die aktuellen Änderungen nicht den Schatten auf anderen Ebenen mitbeinflussen). Heben Sie den Abstand auf 10, den Winkel setzen Sie auf 156 Grad.

Schritt 18: Weil wir den Winkel geändert haben, fällt der Schatten jetzt auf die Maschinenteile im Arm. Gehen Sie einfach davon aus, dass wir mit verschiedenen Lichtquellen arbeiten. Machen Sie die Armklappe plastischer.

Tipp:
Der Weg zu abgestuften Grauschattierungen
Photoshop ist so enorm leistungsfähig, dass es sicher auch einen Schieberegler für verschiedene Grauabstufungen gibt – möchte man meinen. Den Regler gibt es auch in der Tat, aber er ist etwas versteckt. Sie wählen zunächst FENSTER, FARBE, um die Farbpalette zu laden. Im Palettenmenü geben Sie dann die Graustufen an. Nun bietet Photoshop einen Schieberegler mit Werten von 0 bis 100 Prozent an. Stellen Sie die gewünschte Graustufe ein.

Beliebt, wenn auch etwas umständlich, ist außerdem dieser Weg: Klicken Sie auf das Vordergrundfarbfeld und tragen Sie den Wert 0 für Cyan, Gelb und Magenta ein. Jetzt nennen Sie im Eingabefeld für Schwarz den Prozentwert für Ihre Graustufe. So erhalten Sie ein Grau ohne CMY, während der Weg über die Farbpalette ein Grau erzeugt, das sich auch aus gleichmäßigen Anteilen von Cyan, Magenta und Gelb zusammensetzt.

Fortsetzung

Tipp:

Nutzen Sie auch die Volltonfarben

Viele Anwender kennen nur drei Arten von Dateien: rein schwarzweiße Bitmap-Dateien, Graustufenbilder und normale Farbbilder. Es gibt jedoch auch die Möglichkeit, einem Graustufenbild eine Extrafarbe hinzuzufügen, sie heißt auch Schmuckfarbe, Sonderfarbe oder Spotfarbe. Wählen Sie den Bereich in Ihrem Graustufenbild aus, der eine Sonderfarbe erhalten soll, dann gehen Sie im Menü der Kanälepalette auf NEUER VOLLTONFARBKANAL. Anschließend geben Sie eine Farbe im Farbwähler an oder nutzen die Farbbibliotheken der Farbenhersteller.

Auf gleiche Art ergänzen Sie auch CMYK-Bilder um einen weiteren Farbkanal, so dass Sie nach der Separation fünf Druckplatten haben. Solche Dateien speichert man traditionell im speziellen Format DCS 2.0, ein Ableger von EPS. Nach Rücksprache mit Ihrer Setzerei können Sie auch TIFF oder PDF nehmen. Es gäbe noch viel mehr über Sonderfarben zu sagen, aber ich wollte hier nur kurz erwähnen, dass es sie überhaupt gibt.

Schritt 19: Klicken Sie in der Ebenenpalette bei gedrückter `Strg`-Taste (am Mac bei gedrückter `⌘`-Taste) auf die Miniatur mit dem Arm-Ausschnitt, so dass Photoshop diesen Bildteil auswählt. Mit dem `L` schalten Sie das Lasso ein. Drücken Sie zweimal auf die Taste `→` und zweimal auf die Taste `↓`; so wandert die Auswahl nach rechts unten.

Schritt 20: Sie wollen nur den Rand dieses Armstücks verändern. Wählen Sie also AUSWAHL, AUSWAHL UMKEHREN. Damit ist nur der Bildbereich ausgewählt, den Sie zuvor nicht gewählt hatten.

Schritt 21: Mit `Strg`+`L` (am Mac `⌘`+`L`) laden Sie die Tonwertkorrektur. Ziehen Sie unten den linken Tonwertumfangregler nach rechts (wie abgebildet). So hellen Sie eine hauchdünne Zone am Rand des Armstücks auf, es wirkt damit dreidimensionaler.

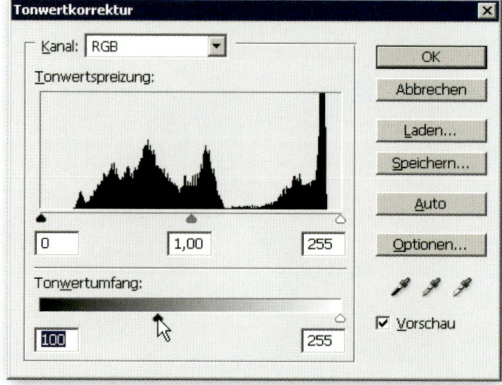

Schritt 22: Heben Sie die Auswahl mit `Strg`+`D` (am Mac `⌘`+`D`) auf, damit steht der Effekt (siehe Foto). Die Schatten und die Lichterzonen an den Rändern, die wir mit der Tonwertkorrektur über den verschobenen Auswahlen erzeugt haben, sorgen hier für die eindrucksvolle Wirkung.

Weitere Möglichkeit: Weil Sie das Verfahren jetzt kennen, können Sie leicht noch mehr Körperbereiche öffnen (das Bild mit der Fabrikanlage befindet sich ja sogar noch im Arbeitsspeicher). Wählen Sie also eine neue Zone aus (dabei folgen Sie den Körperumrissen), schneiden Sie einen Teil heraus, heben Sie ihn auf eine eigene Ebene, klicken Sie auf die Hintergrundebene und setzen Sie das Maschinenfoto wieder mit BEARBEITEN, IN DIE AUSWAHL EINFÜGEN ein. Hier habe ich das Bruststück gar nicht weiterverwendet und das Bild wirkt immer noch gut. (Ich sehe diesen Effekt häufiger ohne die „Deckel" – Sie können also den entsprechenden Teil ganz auslassen und nur das Innere mit der Abschattung zeigen.)

Tipp:
Wie Sie Filter auf CMYK-Bilder anwenden
Wenn Sie demnächst ein RGB-Bild nach CMYK umwandeln, öffnen Sie einmal das FILTER-Hauptmenü. Da sehen Sie, dass viele Funktionen nur noch blassgrau erscheinen, sie stehen also nicht zur Verfügung. Aber konvertieren Sie lieber nicht zurück nach RGB, nur um die Filter anzuwenden; denn dann müssen Sie später ein zweites Mal nach CMYK wechseln und das bekommt der Bildqualität nie. Nutzen Sie lieber diesen Trick, um direkt CMYK-Dateien zu filtern: Klicken Sie in der Kanälepalette auf einen einzelnen Kanal (zum Beispiel auf den Cyan-Kanal). Jetzt werfen Sie einen Blick auf das FILTER-Menü – und die Filter sind wieder da, hurra! Wenden Sie die Filter auf jeden Farbkanal einzeln an. Das dauert länger, aber es funktioniert. Und so beschleunigen Sie die Sache etwas: Filtern Sie zuerst den Cyan-Kanal. Dann wechseln Sie mit `Strg`+`2` (am Mac `⌘`+`2`) zum Magenta-Kanal und drücken `Strg`+`F` (am Mac `⌘`+`F`), um den Filter zu wiederholen. Wiederholen Sie die Prozedur für die Grundfarben Gelb und Schwarz (dann mit den Ziffern 3 beziehungsweise 4).

Kapitel 8 DOWN & DIRTY TRICKS

Kapitel 8 DOWN & DIRTY TRICKS

Kapitel 8 DOWN & DIRTY TRICKS

In diesem Kapitel lernen Sie, wie Sie Leute durch Werbung unterschwellig dazu bringen, Produkte zu kaufen, die sie weder wollen noch brauchen noch auch nur bezahlen

Werbetrommel
Effekte für die Werbung

können, so dass ihr Schuldenstand steigt und sie, und vielleicht das ganze Land mit ihnen, an den Rand eines Finanzkollapses geraten, den man nur mit dem „Schwarzen Samstag" vergleichen kann, an dem die Kurse allerdings nicht abstürzten, weil die Finanzmärkte geschlossen waren. Aber hätten sie normalen Geschäftsbetrieb gehabt, wäre sicher etwas vorgefallen, das ich Ihnen hier zu berichten geneigt wäre; und dann wäre dies hier vielleicht der längste Satz in der modernen Literatur geworden und nicht der kurze, bündige, sachliche Kapiteleinstieg, den Sie erwarten dürfen von Autoren wie mir, die um Ihre begrenzten Zeitressourcen wissen und dennoch hier und da ein Komma setzen (aber nur, wenn wirklich absolut notwendig), so wie hier. Ok, weiteratmen, weiteratmen. Durch die Nase ein-, durch den Mund ausatmen. Oder, hey, warum nicht mal Nasatrin ausprobieren, es schützt zwölf Stunden lang frei von Nebenwirkungen gegen typische Allergiesymptome wie etwa ...

Tipp:
Wie Sie Formen schon beim Zeichnen bewegen
Dieser Tipp gilt für die Formwerkzeuge: Noch während Sie eine Form aufziehen, können Sie das Ergebnis über der Arbeitsfläche verschieben; dazu drücken Sie die Leertaste.

Eleganter Hintergrund für ein Produktfoto

Mit diesem Verfahren präsentieren Sie elegante Produkte wie Schmuck oder Uhren. Es sieht wirklich nach einer Studiofotografie aus, die rote Zone scheint von einer Softbox-Beleuchtung zu stammen. Klasse auch: Dies ist einer meiner 60 Sekunden-Effekte, bei denen jeder denkt, Sie hätten Stunden daran gearbeitet.

Schritt 1: Öffnen Sie eine neue Datei in der geplanten Größe für den Produkthintergrund (wir arbeiten hier mit 13 x 18 Zentimeter im RGB-Modus). Mit dem D setzen Sie die Vordergrundfarbe auf Schwarz, mit Alt + Entf füllen Sie die Hintergrundebene schwarz. Fügen Sie eine neue leere Ebene hinzu; dazu klicken Sie unten in der Ebenenpalette auf das Symbol Neue Ebene erstellen.

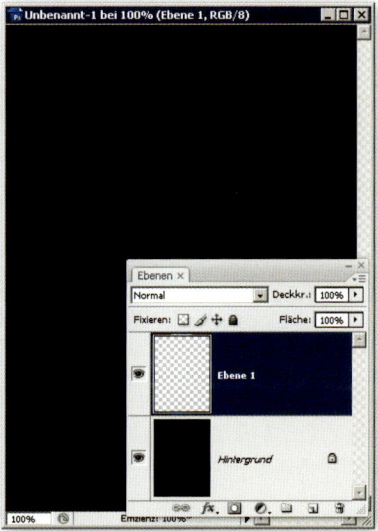

Schritt 2: Drücken Sie ⇧ + M, bis die Auswahlellipse zur Verfügung steht, und ziehen Sie ein horizontales Oval auf (wie hier gezeigt). Die Enden ragen über die Bildgrenzen hinaus. Falls erforderlich, klicken Sie noch in die Auswahl und ziehen Sie das Oval in die Bildmitte.

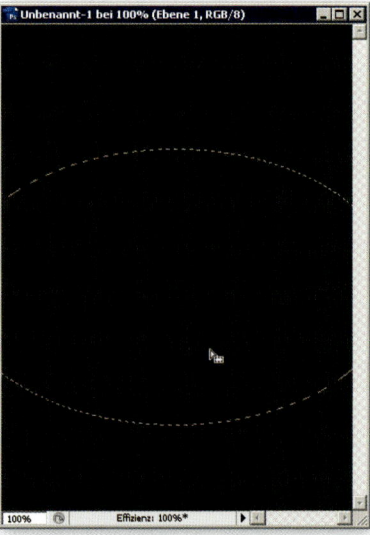

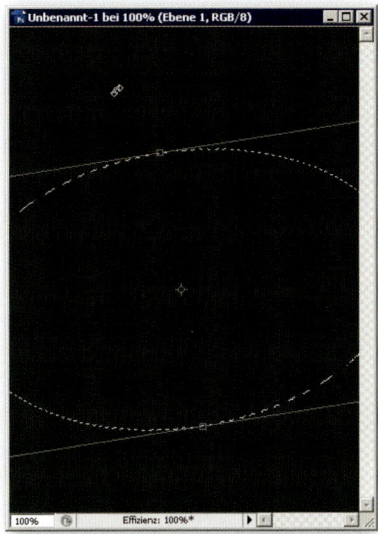

Schritt 3: Um die Auswahl zu drehen, wählen Sie AUSWAHL, AUSWAHL TRANSFORMIEREN. Ziehen Sie außerhalb der Transformieren-Box nach links, um die Auswahl zu drehen; dabei erscheint der Cursor als gekrümmter Doppelpfeil. Wenn es so aussieht wie in unserer Abbildung, bestätigen Sie die Drehung mit der ⏎-Taste. Behalten Sie die Auswahl noch bei.

Schritt 4: Klicken Sie in der Werkzeugleiste auf das Vordergrundfarbfeld und stellen Sie Rot als Vordergrundfarbe ein. Per Alt + Entf füllen Sie die Auswahl rot. Heben Sie die Auswahl mit Strg + D (am Mac ⌘ + D) auf. Nach einem Rechtsklick (am Mac Ctrl Klick) rechts neben die Miniatur der roten ovalen Ebene wählen Sie IN SMART OBJEKT KONVERTIEREN.

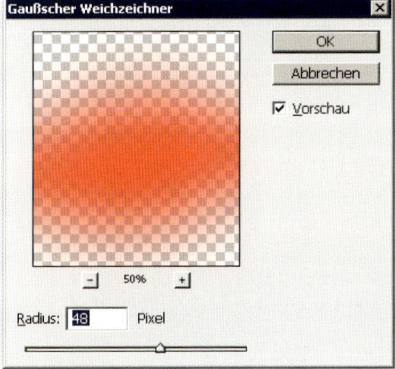

Schritt 5: Der nächste Befehl heißt FILTER, WEICHZEICHNUNGSFILTER, GAUSSSCHER WEICHZEICHNER. Geben Sie 48 Pixel Radius vor (bei hochauflösenden 300 dpi-Dateien 230 Pixel). So weichen Sie die Kanten des Ovals auf.

Tipp:
Farbtonungen jetzt noch bequemer
Sie brauchen eine einfarbige Farbtonung? Vielleicht verwenden Sie dafür den altbekannten Weg: den Befehl BILD, ANPASSUNGEN, FARBTON/SÄTTIGUNG, das Färben einschalten und die Farbe mit dem Farbtonregler steuern. Photoshop CS3 bietet mehr Komfort mit einem Befehl, an den Sie jetzt vielleicht nicht gedacht haben: BILD, ANPASSUNGEN, SCHWARZWEISS. Dort klicken Sie unten auf die Vorgabe FARBTON. Jetzt können Sie nicht nur den Farbton TONUNG steuern, sondern auch den Anteil von Rottönen, Blautönen oder Grüntönen; so erhalten Sie den optimalen Kontrast.

Fortsetzung

Tipp:
Ebenennamen auf die langsame Tour

Ja, Sie können Ebenen durch Doppelklick auf den Namen umbenennen. Es gibt aber immer noch das Dialogfeld EBENENEIGENSCHAFTEN aus grauer Vorzeit? Dort lässt sich gleichzeitig der Ebenenname verbessern und Sie vergeben einen Farbcode (ah, den Farbcode hatten Sie schon vergessen, oder?). Brauchen Sie also die Ebeneneigenschaften, klicken Sie mit rechts (am Mac bei gedrückter `Ctrl`-Taste) auf die Ebenenminiatur und wählen Sie EBENENEIGENSCHAFTEN. Möchten Sie aber indes nur den Farbcode, nicht aber den Namen ändern, können Sie auch mit rechts (am Mac bei gedrückter `Ctrl`-Taste) in die schmale Spalte direkt links neben der Ebenenminiatur klicken.

Schritt 6: Das Oval sieht jetzt wie ein Studiolicht aus (es wirkt noch besser, nachdem Sie den Schmuck eingebaut haben). Weil Sie mit einem Smart Objekt arbeiten, ändern Sie die Weichzeichnung jederzeit verlustfrei durch einen Doppelklick auf die Zeile „Gaußscher Weichzeichner" in der Ebenenpalette.

Schritt 7: Öffnen Sie das passende Produktfoto. Hier ist es eine Kette mit einem Rubin (jedenfalls halte ich das für einen Rubin, da sehen Sie mal, wie wenig Rubine ich schon gekauft habe). Wählen Sie das Produkt mit einem beliebigen Auswahlwerkzeug aus; hier auf dem weißen Hintergrund eignen sich die Schnellauswahl mit der Option AUTOMATISCH VERBESSERN oder der Zauberstab.

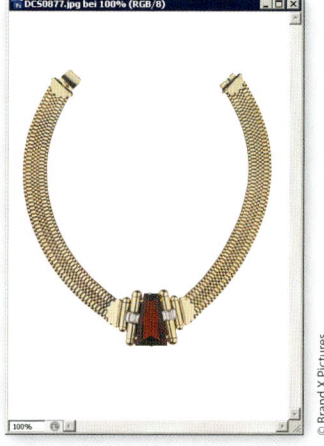

Schritt 8: Steht die Auswahl? Schalten Sie mit dem `V` zum Verschiebenwerkzeug und ziehen Sie das Objekt in die Datei mit dem roten Spotlicht (wie hier zu sehen). In der Ebenenpalette klicken Sie mit rechts (am Mac bei gedrückter `Ctrl`-Taste) auf die Fläche neben der Miniatur des Produkts und wählen Sie wieder IN SMART OBJEKT KONVERTIEREN. So lässt sich das Objekt jederzeit verlustfrei verkleinern oder drehen.

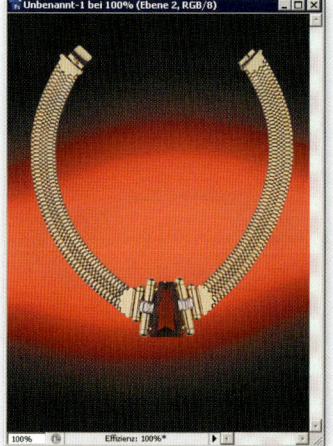

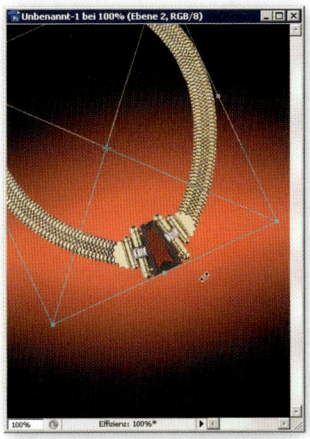

Schritt 9: Mit Strg+D (am Mac ⌘+D) starten Sie das Transformieren. Halten Sie den Cursor außerhalb des Rechteckrahmens und ziehen Sie, um die Kette zu drehen. Wenn der Winkel passt, klicken Sie in die Auswahl und ziehen die Kette in die obere linke Ecke (wie abgebildet). Schließen Sie den Schritt mit der ↵-Taste ab.

Tipp:
Nutzen Sie die Pfeiltasten
Die Deckkraft- und Flächewerte in der Ebenenpalette können Sie auch mit den Pfeiltasten ändern. Klicken Sie einmal in das Datenfeld und dann drücken Sie ↓-Taste, um die Deckkraft oder Flächevorgabe in Ein-Prozent-Schritten zu senken; mit der ↑-Taste heben Sie den Wert. Drücken Sie zusätzlich die ⇧-Taste, um in Zehn-Prozent-Stufen zu verändern.

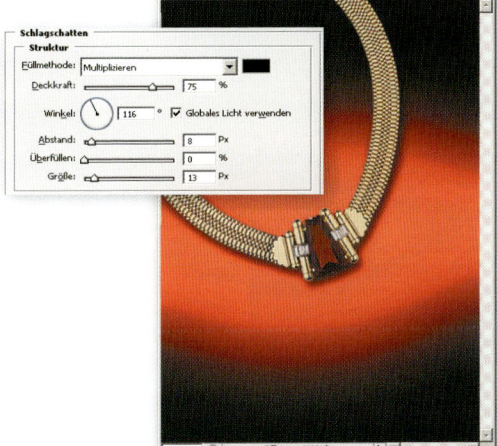

Schritt 10: Steigern Sie noch die Tiefenwirkung. Klicken Sie unten in der Ebenenpalette auf EBENENSTIL HINZUFÜGEN und auf SCHLAGSCHATTEN. Im Dialog heben Sie den Abstand auf 8 und die Größe auf 13 (siehe kleines Bild). Hochauflösende 300 dpi-Bilder brauchen den Abstand 33 und die Größe 54. Wenn der Schatten so aussieht wie hier, klicken Sie auf OK.

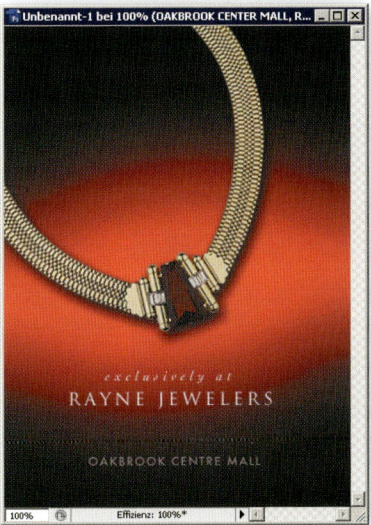

Schritt 11: Damit steht der Effekt. Zum Abschluss können Sie noch Text hinzufügen. Ich habe die Worte „exclusively at" mit 340er-Laufweite (Buchstabenabstand) in der Schriftart Cochin Italic von Adobe gesetzt. Die Worte „RAYNE JEWELLERS" verwenden die Schriftart Trajan (auch von Adobe) mit Laufweite 300. Der Name ganz unten erscheint in der Schriftart Futura Medium (ebenfalls von Adobe) mit Laufweite 105.

Tipp:
Experimentieren Sie mit der Glanzkontur
Experimentieren Sie gern mit Ebenenstilen? Dann ändern Sie auch einmal die Glanzkontur beim Effekt ABGEFLACHTE KANTE UND RELIEF, so erzielen Sie interessante neue Wirkungen. Klicken Sie einfach auf das gekippte Dreieck neben der Miniatur für die aktuelle Glanzkontur. Im Konturwähler klicken Sie dann verschiedene Vorgaben an, das Bild ändert sich sofort. Klingt einfach, und ist einfach.

Schneller Hintergrund für Produkte

Dieser Hintergrund sieht nicht nur gut aus, er kostet Sie auch nur ein paar Sekunden. Perfekt geeignet für Katalogbilder, Zeitschriftenanzeigen und Produktfotos aller Art. Verwenden Sie das Verfahren auch für Porträts, aber vielleicht mit weniger warmen Farben als Gelb und Braun. Für Porträts nehmen Sie einen hellblauen Hintergrund in Schritt 1 und fügen Dunkelblau in Schritt 2 hinzu.

Schritt 1: Erstellen Sie ein neues RGB-Dokument. Klicken Sie in der Werkzeugleiste auf das Vordergrundfarbfeld und nehmen Sie ein helles Gelb (hier verwende ich R 252, G 252, B 2). Drücken Sie [Alt]+[Entf], um die Hintergrundebene mit dieser Farbe zu füllen.

Schritt 2: Legen Sie eine neue leere Ebene an; dazu klicken Sie unten in der Ebenenpalette auf das Symbol NEUE EBENE ERSTELLEN. Die Vordergrundfarbe setzen Sie auf ein sehr dunkles Braun, dann füllen Sie die neue Ebene per [Alt]+[Entf] mit dieser Farbe. Wechseln Sie mit dem [M] zum Auswahlrechteck und ziehen Sie eine schmale Auswahl in der Bildmitte auf (wie hier zu sehen). Klicken Sie oben in den Einstellungen auf KANTE VERBESSERN. Ziehen Sie den Regler WEICHE KANTE auf den Wert 50 Pixel, alle anderen Regler stehen bei null.

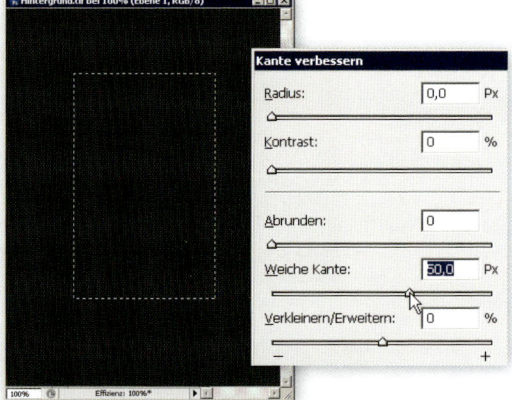

Schritt 3: Klicken Sie auf OK. Die Ränder Ihrer Auswahl erscheinen jetzt abgerundet (wie hier zu sehen).

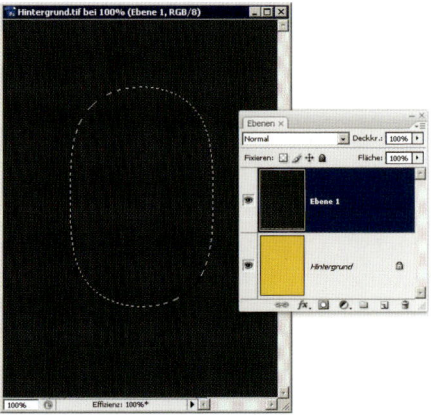

Schritt 4: Mit der ⌷Entf⌷-Taste erzeugen Sie ein Loch in der dunkelbraunen Ebene, so dass Teile der gelben Ebene durchscheinen (wie abgebildet). Heben Sie die Auswahl mit ⌷Strg⌷+⌷D⌷ (am Mac ⌷⌘⌷+⌷D⌷) auf.

© Brand X Pictures

Schritt 5: Öffnen Sie das geplante Produktfoto. Wählen Sie das Hauptmotiv mit einem geeigneten Auswahlwerkzeug aus, dann ziehen Sie es mit dem Verschiebenwerkzeug vor den gelb-braunen Hintergrund (wie hier zu sehen). Mit einem Schlagschatten steigern Sie im nächsten Schritt noch die Tiefenwirkung.

Schritt 6: Unten in der Ebenenpalette klicken Sie auf die Schaltfläche EBENENSTIL HINZUFÜGEN und dann auf SCHLAGSCHATTEN. Im Dialog heben Sie die Deckkraft auf 85 Prozent, den Abstand auf 9 und die Größe auf 11, dann wenden Sie den Schatten mit OK an. Ich habe hier noch etwas Text hinzugefügt. „Beautyscape" verwendet die Schriftart Cochin (von Adobe) mit einer 1000er Laufweite. Der Geschäftsname ist in Futura Light, die Städte sind wieder in Cochin.

Tipp:
Wie Sie Stile speichern
Sie können neue Stile mit dem Menü der Stilepalette speichern. Aber das Speichern funktioniert auch direkt im EBENENEFFEKTE-Dialog. (Eigentlich heißt es EBENENSTIL-Dialog, aber ich wollte nicht, dass Sie es mit der Stilepalette verwechseln. Wenn ich jetzt aber meinen letzten Satz noch einmal lese, habe ich vielleicht genau das Gegenteil erreicht – ich habe doch Verwirrung gestiftet. Tschuldigung dafür.) Jedenfalls, wie gesagt, Stile speichert man auch im EBENENSTIL-/EFFEKTE-Dialogfeld. Wenn Sie Ihren Stil beisammen haben, klicken Sie rechts oben auf NEUER STIL (direkt unterhalb von ABBRECHEN). Sie landen dann im Dialog NEUER STIL und benennen Ihre Vorgabe. Dieser Stil erscheint dann auch in der Stilepalette, als ob sie ihn direkt dort erzeugt hätten.

Tipp:
**Zuschneiden und
Drehen gleichzeitig**

Bei der Arbeit mit dem Freistellungswerkzeug können Sie den ausgewählten Bildteil auch drehen. Halten Sie den Mauszeiger außerhalb des Freistellrahmens, so dass er sich in einen gekrümmten Doppelpfeil verwandelt. Nun können Sie den Rahmen frei drehen. Stimmt der Drehwinkel, klicken Sie doppelt in den Rahmen oder drücken Sie die ↵-Taste, um die Drehung auszuführen. Sie haben schon einen Freistellrahmen aufgezogen, wollen aber gar nichts freistellen? Dann klicken Sie auf das Freistellungswerkzeug in der Werkzeugleiste. Photoshop präsentiert nun eine Dialogbox, in der Sie sich für oder gegen das Freistellen entscheiden.

Hintergrund für Hi-Tech-Produkte

Diesen Hintergrund sieht man oft bei Hi-Tech-Produkten wie Digitalkameras, Camcorder, Handys und dergleichen. Das blaue Spotlicht (eine Vorgabe des Filters BELEUCHTUNGSEFFEKTE) macht sich gut hinter Elektronikartikeln und dank der Schatten und Reflektionen, die Sie noch hinzufügen, wirkt das Ganze wie aufwändige Studioarbeit.

Schritt 1: Öffnen Sie eine neue RGB-Datei und setzen Sie die Vordergrundfarbe mit der Taste D auf Schwarz. Dann klicken Sie auf das Hintergrundfarbfeld (in der Werkzeugleiste) und geben im Farbwähler ein helles Grau vor. Schalten Sie das Verlaufswerkzeug mit der Taste G ein.

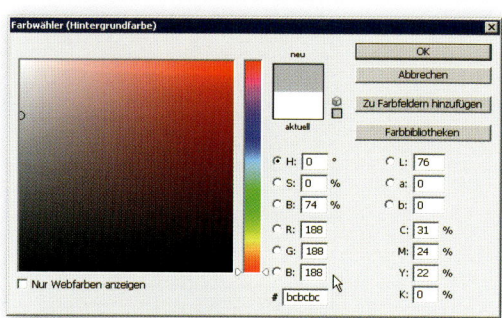

Schritt 2: Drücken Sie die ↵-Taste, so dass der Verlaufswähler erscheint. Stellen Sie sicher, dass der erste Verlauf ausgewählt ist (Vordergrund-Hintergrund). Halten Sie das Verlaufswerkzeug so, dass es etwa eine Drittel Bildlänge über der Unterkante der Datei ist. Klicken Sie und ziehen Sie bis ganz nach unten (wie hier zu sehen). So entsteht auf der Hintergrundebene der hier gezeigte Verlauf.

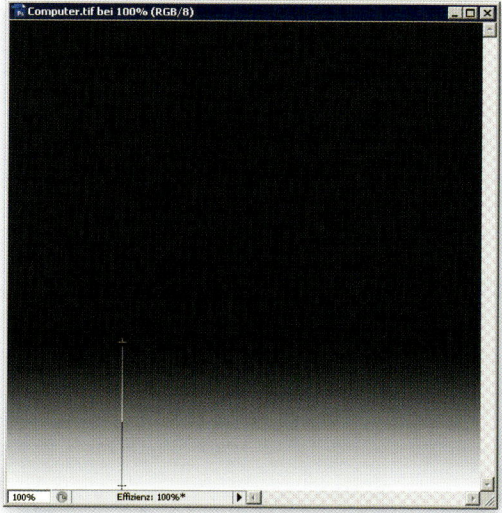

Schritt 3: Mit der Schaltfläche NEUE EBENE ERSTELLEN unten in der Ebenenpalette erzeugen Sie eine neue leere Ebene. Drücken Sie das D und dann das X, um die Vordergrundfarbe auf Weiß zu stellen. Per Alt+F füllen Sie die Ebene mit Weiß.

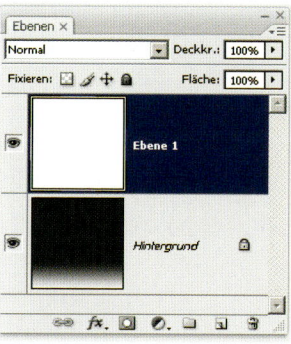

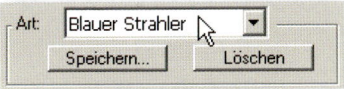

Schritt 4: Der nächste Befehl heißt FILTER, RENDERFILTER, BELEUCHTUNGSEFFEKTE. Im ART-Klappmenü nehmen Sie BLAUER STRAHLER (wie abgebildet). Links im Dialog sehen Sie eine Vorschau des Effekts (die Vorschau sehen Sie hier).

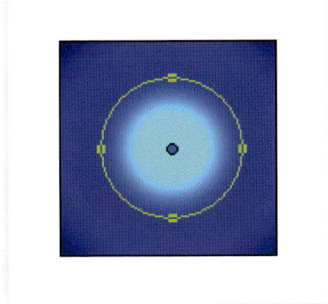

Schritt 5: Innerhalb der Vorschau sehen Sie einen Kreis mit einem Mittelpunkt und vier äußeren Punkten. Klicken Sie direkt auf den mittleren Punkt im Vorschaufenster und ziehen Sie es etwas nach rechts und nach oben (wie hier zu sehen). Vergleichen Sie es mit der Standardeinstellung in Schritt 4, dann sehen Sie, wie wir es nach rechts oben bewegt haben.

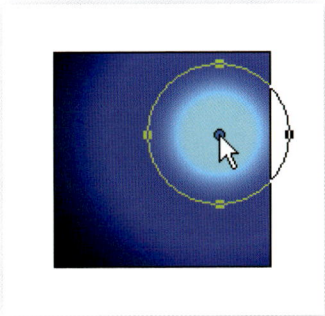

Schritt 6: Sobald Sie in den Beleuchtungseffekten auf OK klicken, wendet Photoshop den Blauen Strahler auf Ihre weiße Ebene an (siehe Abbildung).

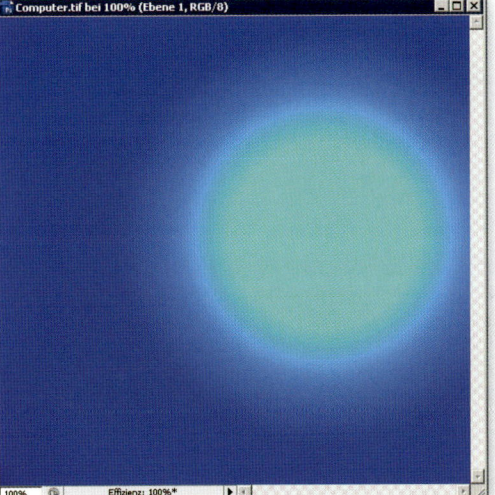

Tipp:
Schärfen Sie Metallisches, bis jemand Stopp ruft
Besteht Ihr Hauptmotiv aus Chrom oder Metall? Dann können Sie im Scharfzeichner weit höhere Werte als normal verwenden. Stellen Sie die Stärke bei Unscharf maskieren oder Selektivem Scharfzeichner zum Beispiel auf 300 oder 500 Prozent. Manchmal schärfe ich Chromobjekte dreimal hintereinander mit Werten zwischen 100 und 150. Die harten Kanten saugen das Scharfzeichnen nur so auf.
   Achten Sie jedoch auf Lichthöfe oder seltsame ungewollte Farben in den Kanten. Ansonsten können Sie hemmungslos scharfzeichnen, bis einer „Stopp!" ruft.

Fortsetzung

Tipp:
Eine breitere Basis für die Pipette
Bei der Pipette aus der Werkzeugleiste sollten Sie eine Einstellung sofort ändern, und zwar den Aufnahmebereich. Oben in den Optionen verwendet die Pipette zunächst einen Aufnahmebereich von 1 x 1 Pixel. Das heißt, wenn Sie einen Farbton aus dem Bild aufnehmen, berücksichtigt Photoshop tatsächlich nur den einen Pixel unter dem Mauszeiger. So erhalten Sie jedoch oft unrepräsentative Ergebnisse. Stellen Sie den Aufnahmebereich auf 3 x 3 Pixel Durchschnitt um. Nun errechnet Photoshop einen Durchschnittswert aus neun benachbarten Bildpunkten. So erhalten Sie ein viel nützlicheres Ergebnis.

Schritt 7: Unten in der Ebenenpalette klicken Sie auf das Symbol EBENENMASKE HINZUFÜGEN (in Photoshop CS3 das dritte Symbol von links). Achten Sie darauf, dass Sie mit schwarzer Vordergrundfarbe arbeiten, dann schalten Sie das Verlaufswerkzeug ein. Aber diesmal klicken Sie ins untere Drittel Ihres Bilds und ziehen nach oben (wie gezeigt). Dieser Maskenverlauf legt den unteren Teil Ihrer Hintergrundebene wieder frei (wie zu sehen).

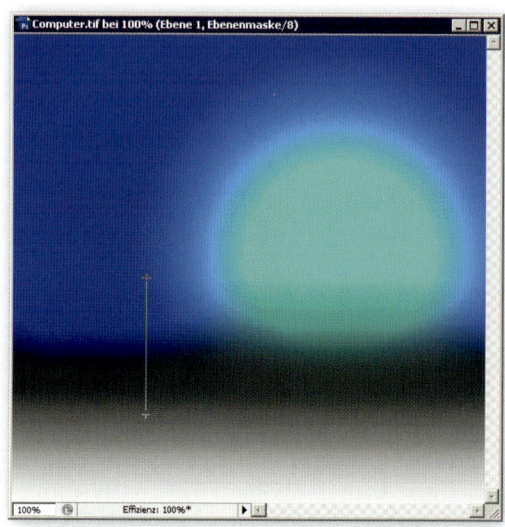

Schritt 8: Die Maske brauchen Sie nicht mehr. Ziehen Sie die Maske (eine schwarz-weiße Miniatur rechts neben der Ebene, mit Verlauf) in den Mülleimer unten in der Ebenenpalette. Photoshop fragt: „Soll die Maske vor dem Löschen auf die Ebene angewendet werden?" Klicken Sie auf ANWENDEN.

Schritt 9: Mit der Auswahlellipse ziehen Sie bei gedrückter ⇧-Taste eine große Kreisauswahl auf (wie hier zu erkennen). Klicken Sie in den Kreis und ziehen Sie ihn nach rechts oben (so wie hier). Das obere rechte Stück des Kreises ragt aus dem Bild heraus.

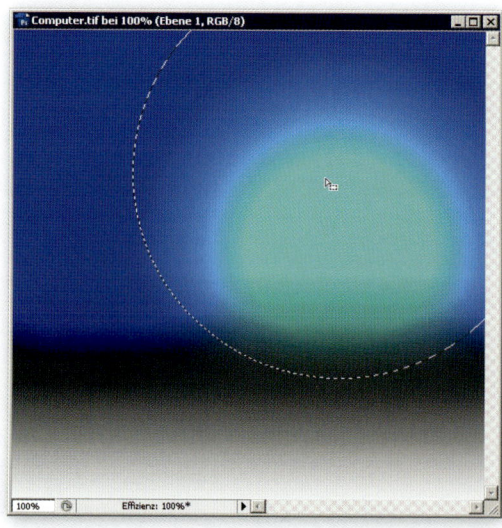

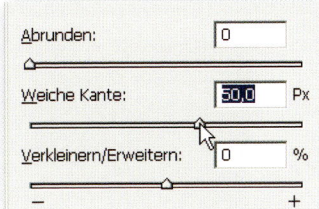

Schritt 10: Klicken Sie oben auf in den Einstellungen auf KANTE VERBESSERN. Ziehen Sie den Regler WEICHE KANTE auf den Wert 50 Pixel, alle anderen Regler stehen bei null (wie hier zu sehen).

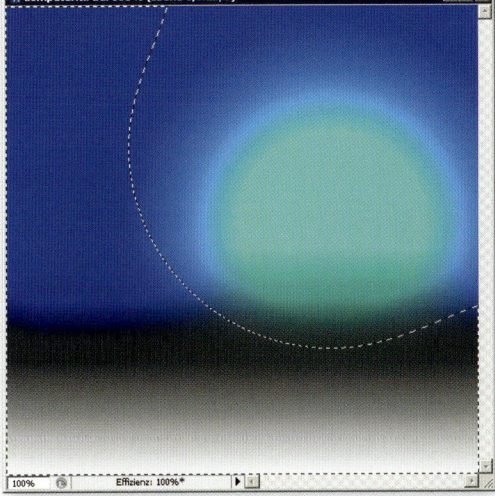

Schritt 11: Klicken Sie auf AUSWAHL, AUSWAHL UMKEHREN. Damit ist das blaue Spotlicht nicht mehr ausgewählt, während Sie die Umgebung bis zu den Bildrändern in der Auswahl erfasst haben (wie hier zu sehen).

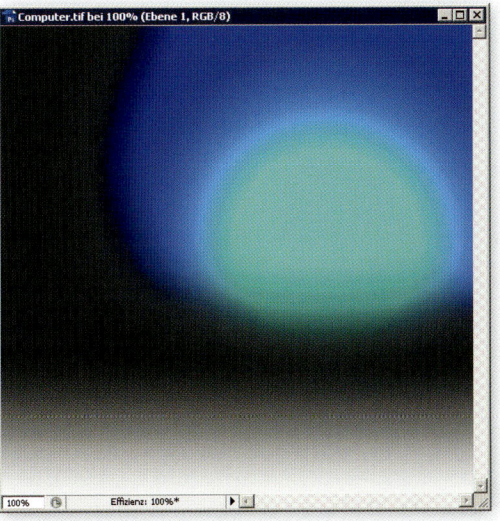

Schritt 12: Mit der `Entf`-Taste löschen Sie diese Umgebung. Heben Sie die Auswahl mit `Strg`+`D` (am Mac `⌘`+`D`) auf, unser Bild zeigt das Zwischenergebnis.

Tipp:
Tastaturbefehle zum Füllen
Hier kommen einige Tastaturbefehle, die Bildflächen zügig mit Farbe füllen:

• Sie wollen eine komplette Ebene mit der Vordergrundfarbe füllen. Drücken Sie `Alt`+`Entf`.

• Sie wollen das Objekt auf einer Ebene (aber nicht die gesamte Ebene) mit Farbe füllen. Der Tastaturbefehl heißt `⇧`+`Alt`+`Entf`.

• Sie möchten mit der Hintergrundfarbe füllen. Drücken Sie `Strg`+`Entf` (am Mac `⌘`+`Entf`).

• Sie möchten mit Schwarz füllen. Sie drücken erst das `D` und dann `Alt`+`Entf`.

• Sie möchten mit Weiß füllen. Dann drücken Sie `D`, `X` und danach `Alt`+`Entf`.

Fortsetzung

Tipp:

Horizontal skalieren ohne Palette

Wir verwenden hier im Buch immer wieder horizontal skalierten Text, die entsprechende Vorgabe machen wir in der Zeichenpalette. Aber Sie können die horizontale Skalierung auch einstellen, ohne erst die Zeichenpalette zu bemühen. Tippen Sie Ihren Text fertig, der Cursor muss aber noch im Textobjekt blinken. Dann halten Sie die `Strg`-Taste (am Mac `⌘`-Taste) gedrückt. Photoshop fasst den Text in eine Rechteckbox ein. Ziehen Sie am mittleren Anfasspunkt der rechten Rahmenseite nach außen. So strecken Sie die Buchstaben – als ob Sie den Wert für horizontales Skalieren anheben. Dieses Verfahren wirkt übersichtlicher als der Weg per Palette.

Schritt 13: Öffnen Sie das geplante Produktfoto. Wenn sich das Hauptmotiv noch nicht auf einer eigenen Ebene mit transparenter Umgebung befindet, wählen Sie es mit dem geeigneten Auswahlwerkzeug aus. Hier habe ich den Hintergrund mit der Schnellauswahl samt der Option AUTOMATISCH VERBESSERN ausgewählt und danach den Befehl AUSWAHL UMKEHREN verwendet.

Schritt 14: Mit dem `V` schalten Sie zum Verschiebenwerkzeug und ziehen das Produktfoto über die Datei mit dem blauen Strahler. Falls das Produkt zu groß ist (oder auch zu klein), starten Sie mit `Strg`+`T` (am Mac `⌘`+`T`) das FREIE TRANSFORMIEREN und ziehen bei gedrückter `⇧`-Taste an einem der Eckpunkte nach innen. Mit der `↵`-Taste besiegeln Sie diese Änderung.

Schritt 15: Passt die Größe? Starten Sie das FREIE TRANSFORMIEREN diesmal mit `Alt`+`Strg`+`T` (am Mac `Alt`+`⌘`+`T`). Dank der `Alt`-Taste wendet Photoshop die Änderung nun auf ein Duplikat der aktiven Ebene an. Klicken Sie mit der rechten Maustaste (am Mac bei gedrückter `Ctrl`-Taste) in den Transformieren-Rahmen. Aus dem Kontextmenü nehmen Sie VERTIKAL SPIEGELN.

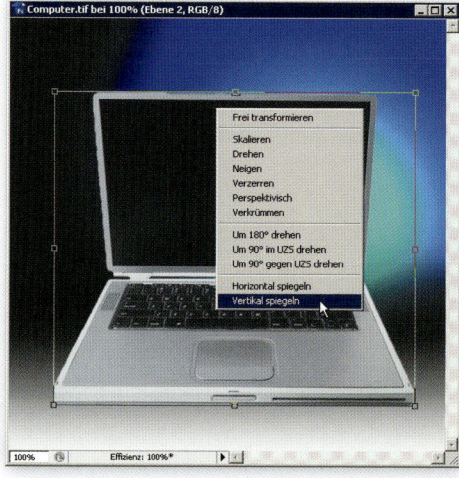

Schritt 16: Wenn Sie VERTIKAL SPIEGELN verwenden, spiegelt Photoshop Ihr Motiv vertikal (oh, tja) wie hier zu sehen. Bestätigen Sie die Änderung mit der ⏎-Taste.

Schritt 17: Bei gedrückter ⇧-Taste ziehen Sie das vertikal gespiegelte Produkt geradewärts nach unten (die ⇧-Taste garantiert die perfekt senkrechte Bewegung), bis die Unterkante des gespiegelten Computers auf die Unterkante des Original-Laptops trifft (wie hier abgebildet).

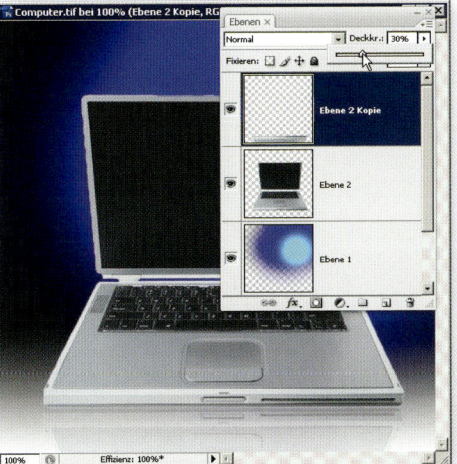

Schritt 18: Damit die gespiegelte Version wie eine Reflektion aussieht, senken Sie die Deckkraft in der Ebenenpalette auf rund 30 Prozent (siehe Bild).

Tipp:
Wie Sie bei Verläufen Zeit sparen
Sie komponieren einen eigenen Verlauf und das aktuelle Bild enthält die Farben, die der Verlauf auch zeigen soll. Dann können Sie beim Umstellen der Farbunterbrechungen viel Zeit sparen. Klicken Sie auf den Farbverlauf in den Optionen zum Verlaufswerkzeug; so landen Sie im Dialog VERLÄUFE BEARBEITEN. Danach klicken Sie einmal (nicht doppelt) auf die Farbunterbrechung, die Sie ändern wollen. Ihr Cursor erscheint nun als Pipette; klicken Sie ins Bild – die Farbunterbrechung verwendet nun den angeklickten Tonwert. Das Ganze funktioniert komplett ohne Farbwähler. Feine Sache!

Fortsetzung

Tipp:
Wie Sie etwas in Chrom verwandeln

Sie wollen einen Bildbereich chromartig darstellen. Da gibt es – abgesehen von den Tipps auf der gegenüberliegenden Seite – ein paar nützliche Tricks. Das Objekt muss zuerst plastisch herausmodelliert werden. Dazu wenden Sie die Beleuchtungseffekte auf einen weichgezeichneten Alphakanal an. Danach brauchen Sie nur noch eine Gradationskurve als Einstellungsebene, dort formen Sie einen Hügel aus der Kurve.

Also: Wann immer Sie etwas als Chrom zeigen wollen, überlegen Sie zuerst, wie Sie das Motiv herausmodellieren, dann erst denken Sie an die Chromeinzelheiten.

Möglichkeit 2: Der Ebeneneffekt ABGEFLACHTE KANTE UND RELIEF hilft normalerweise auch. Aber direkt nach der Anwendung sollten Sie eine neue leere Ebene erzeugen, die Sie unter die bearbeitete Ebene ziehen; dann klicken Sie auf die Ebene mit dem Ebeneneffekt und wählen im Palettenmenü MIT DARUNTERLIEGENDER EBENE AUF EINE EBENE REDUZIEREN. Sonst kommt sich die Gradationskurve mit der korrigierbaren plastischen Kante in die Quere und es sieht ... nun ja, schlecht aus.

Möglichkeit 3: Der Filter für abgeflachte Kanten aus der Filtersammlung Eye Candy 5: Impact von Alien Skin arbeitet ebenfalls sehr gut.

Schritt 19: Damit es plastischer und realistischer wirkt, legen Sie noch einen Schlagschatten drauf. Dazu erzeugen Sie zunächst eine neue leere Ebene und ziehen Sie in der Ebenenpalette unter Ihr Originalprodukt. Schalten Sie das Pinselwerkzeug ein und aktivieren Sie eine mittelgroße, weichkantige Pinselspitze. Oben in den Optionen senken Sie die Deckkraft auf rund 40 Prozent. Ziehen Sie bei gedrückter ⬆-Taste eine gerade Linie entlang der Laptop-Unterkante (wie hier zu sehen).

Schritt 20: Nun haben Sie sich bis hierher durchgekämpft, da werden Sie wohl den Monitor nicht schwarz lassen, oder? Nein! Also: Öffnen Sie ein Bild, das auf dem Laptop-Monitor erscheinen soll (als ob der Laptop dieses Motiv bildschirmfüllend anzeigt). Mit Strg+A (am Mac ⌘+A) wählen Sie das Gesamtfoto aus, mit Strg+C (am Mac ⌘+C) kopieren Sie es in den Arbeitsspeicher.

© Brand X Pictures

Schritt 21: Zurück zum Produktfoto. Klicken Sie in der Ebenenpalette einmal auf den Laptop. Schalten Sie das Schnellauswahlwerkzeug mit der Option AUTOMATISCH VERBESSERN ein und klicken Sie einmal oder mehrmals in die Monitorfläche (siehe Abbildung).

Schritt 22: Nun gehen Sie auf BEARBEITEN, IN DIE AUSWAHL EINFÜGEN. So fügen Sie das Autofoto aus dem Arbeitsspeicher in die Auswahl ein (wie zu sehen). Eventuell ist das Foto zu groß und muss verkleinert werden.

Schritt 23: Um das Foto zu verkleinern, drücken Sie `Strg`+`T` (am Mac `⌘`+`T`). Drücken Sie `Strg`+`0` (am Mac `⌘`+`0`), um alle Eckanfasser zu sehen, dann verkleinern Sie das Motiv bei gedrückter `⇧`-Taste bis es kaum größer als der Monitor ist (siehe Bild). Drücken Sie noch nicht die `↵`-Taste.

Schritt 24: Das Foto passt nicht zur Perspektive des leicht gekippten Monitors. Don't worry, be happy: Halten Sie einfach die `Strg`-Taste (am Mac die `⌘`-Taste) gedrückt und ziehen Sie den linken unteren Eckpunkt nach oben bis zur linken unteren Monitorecke (wie gezeigt). So fangen Sie an, Ihr Bild an die Monitorperspektive anzupassen.

Tipp:
Metallic-Effekte und Gradationskurven
Um Metallic-Effekte zu erhalten, wendet man oft Gradationskurven auf Alphakanäle an, die weichgezeichnet und mit den Beleuchtungseffekten bearbeitet wurden (siehe gegenüberliegende Seite). Experimentieren Sie mit den Gradationskurven nach Lust und Laune. Normalerweise reicht eine Kurve mit einem Hügel, die am Schluss aber oben endet. Dynamischer wirken aber zwei oder drei Spitzen. Je mehr Hügel, desto wilder wird es. Tauchen alle möglichen seltsamen Farben auf, müssen Sie nicht verzweifeln. Ziehen Sie einfach per `⇧`+`Strg`+`U` (am Mac `⇧`+`⌘`+`U`) alle Farbe aus dem Bild, so dass nur schimmerndes Metall verbleibt. Es gibt hier keine „richtige" Gradationskurve; ziehen Sie einfach an den Anfasspunkten, bis es gut aussieht.

Fortsetzung

Tipp:

Wie viel Speicher braucht Photoshop, wie viel steht zur Verfügung?

Klicken Sie in der Statusleiste unten in jeder Bilddatei auf das kleine Dreieck und stellen Sie die Arbeitsdateigrößen ein. Jetzt meldet Photoshop unten links in der Statusleiste stets zwei Werte, zum Beispiel 206 MB/ 1,2 GB. Das heißt, zurzeit braucht Photoshop für sich und alle geöffneten Dateien 206 Megabyte Arbeitsspeicher. Zur Verfügung stehen aber 1,2 Gigabyte – eine beruhigende Reserve. Kritisch wird es, wenn der linke Wert größer ist, zum Beispiel im Wertepaar 1,54 GB/1,2 GB. Dann braucht Photoshop mehr Arbeitsspeicher, als physikalisch zur Verfügung steht, und muss Daten auf die Festplatten auslagern; Sie können zwar weiterarbeiten, aber das Programm wird deutlich langsamer.

Schritt 25: Halten Sie die Strg-Taste (am Mac ⌘-Taste) weiter gedrückt. Ziehen Sie auch den oberen linken Anfasspunkt bis auf die Monitorecke herunter. Wiederholen Sie den Vorgang für die rechte obere und rechte untere Ecke (wie hier zu sehen).

Schritt 26: Bestätigen Sie die Änderung mit der ↵-Taste. Ihr Foto neigt sich nun genauso wie der Bildschirm. Damit steht der Effekt!

Stilisiertes Fenster mit Aussicht

Diesen Effekt sehen Sie unter anderem bei Ferien- und Immobilienprospekten. Er verwendet einen der am wenigsten gebräuchlichen Ebenenstile (Schein nach innen). Und obwohl das Ganze kaum Mühe bereitet, beeindruckt der endgültige Effekt ganz enorm. Wie das geht? Lesen Sie's Schritt für Schritt.

© Brand X Pictures

Schritt 1: Öffnen Sie das geplante Hintergrundbild. Schalten Sie in der Werkzeugleiste zur Auswahlellipse und ziehen Sie eine große Kreisauswahl auf, wie hier zu sehen.

Schritt 2: Mit ⇧+M wechseln Sie zum Auswahlrechteck (⇧+M schaltet zwischen Auswahlellipse und Auswahlrechteck hin und her). Halten Sie die ⇧-Taste gedrückt, so dass Sie die vorhandene Auswahl erweitern können, und ziehen Sie ein großes Rechteck auf. Es beginnt an der linken Außenseite der Kreisauswahl und erstreckt sich wie abgebildet weit nach unten. (Anmerkung: Das Rechteck muss genauso breit wie der Kreis sein und exakt vom linken zum rechten Ende des Kreises reichen.)

Fortsetzung

Tipp:
Sie brauchen Symbole fürs Web? Die haben Sie schon.
Sie brauchen Symbole für Internetseiten? Die liefert Photoshop mit. Schalten Sie das Eigene-Form-Werkzeug ein, öffnen Sie die FORMEN-Bibliothek oben in den Einstellungen, dann wählen Sie WEB aus dem Menü zur Bibliothek.

Tipp:
**Form-Vorgaben auf
die schnelle Tour**
Wenn Sie mit dem Eigene-
Form-Werkzeug arbeiten,
müssen Sie nicht immer
erst die Form-Bibliothek
oben in den Einstellungen
öffnen. Drücken Sie
stattdessen einfach die
⬡-Taste, schon präsen-
tiert Ihnen Photoshop
den Formwähler direkt
unter dem Mauszeiger.
Klicken Sie doppelt auf die
gewünschte Form und die
Bibliothek wird automa-
tisch geschlossen.

Schritt 3: Laden Sie das Foto,
das innerhalb der Auswahl
erscheinen soll, und wählen
Sie es mit ⌈Strg⌉+⌈A⌉ (am Mac
⌘+⌈A⌉) aus. Mit ⌈Strg⌉+⌈C⌉ (am
Mac ⌘+⌈C⌉) kopieren Sie es in
die Zwischenablage.

Schritt 4: Jetzt wieder zum
Hintergrundbild. Dort existiert
noch Ihre Auswahl. Wählen
Sie BEARBEITEN, IN DIE AUSWAHL
EINFÜGEN. So erscheint das
Foto innerhalb der Auswahl,
die Auswahlmarkierung ver-
schwindet. Wählen Sie FILTER, FÜR
SMARTFILTER KONVERTIEREN; als Smart
Objekt lässt sich das Motiv
wiederholt verlustfrei skalieren.
Zum Verkleinern drücken Sie
⌈Strg⌉+⌈T⌉ (am Mac ⌘+⌈T⌉)
und ziehen einen Eckanfasser
bei gedrückter ⬡-Taste nach
innen.

Schritt 5: Unten in der
Ebenenpalette klicken Sie auf
EBENENSTIL HINZUFÜGEN und dann
auf SCHEIN NACH INNEN. Rechts
oben im Dialog stellen Sie die
Füllmethode von NEGATIV MULTI-
PLIZIEREN auf NORMAL. Nach einem
Klick auf das beige Farbfeld richten Sie im Farbwähler Schwarz
ein. Die Größe heben Sie auf
rund 30 (für hochauflösende
300 dpi-Dateien auf 80).

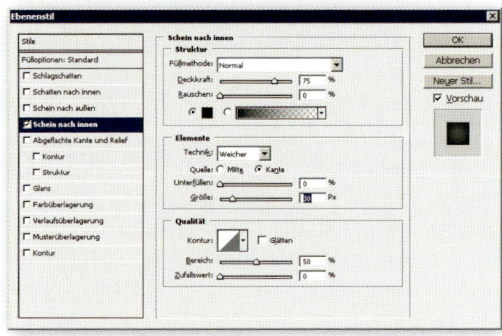

Schritt 6: Klicken Sie auf OK. Nun fällt ein Schatten auf alle Seiten des inneren Fotos, die Szene erhält Tiefe und wirkt wie ein Blick aus dem Fenster. Sie müssen nur noch Text ergänzen.

Schritt 7: Mit der Tastenfolge D, X richten Sie weiße Vordergrundfarbe ein, dann tippen Sie die Überschrift mit dem Textwerkzeug (hier mit der Schriftart ITC Bradley Hand). Der Text direkt unter dem inneren Foto ist in Minion von Adobe. „Mariner's Beach Club" habe ich in Trajan von Adobe gesetzt. Und so entsteht das Sonnenlogo über „Mariner's Beach Club": Schalten Sie zuerst das Eigene-Form-Werkzeug in der Werkzeugleiste ein.

Schritt 8: Oben in den Optionen klicken Sie auf das dritte Symbol von links. Dann öffnen Sie den Formwähler (hier abgebildet); aus dem Menü dort wählen Sie die Formbibliothek NATUR, danach klicken Sie auf ANFÜGEN. Klicken Sie einmal auf die Sonnengrafik, dann klicken und ziehen Sie dieses Motiv im Bild auf.

Tipp:

Drücken Sie bloß nicht auf die `Entf`-Taste

Ja, genau, drücken Sie nicht die `Entf`-Taste, wenn Sie im Dialog VERLÄUFE BEARBEITEN einen Verlauf gestalten und eine Farbunterbrechung löschen wollen. OK, drücken Sie die `Entf`-Taste, sofern Sie stundenweise abrechnen. Ansonsten aber klicken Sie nur auf die Farbunterbrechung und ziehen sie nach unten. Sie verschwindet umgehend (sie wird „entfernt").

Lenken Sie die Aufmerksamkeit mit dem Schein nach innen

Es gibt Dutzende Tricks, wie man das Hauptaugenmerk auf ein bestimmtes Bilddetail lenkt. Diesen Effekt hier sah ich in einer Anzeige und er hat mich besonders überzeugt. Ich gestalte das Ergebnis hier so ähnlich wie die ursprüngliche Anzeige, aber Sie können auch mit anderen Formen arbeiten.

Schritt 1: Öffnen Sie das Foto, das den Effekt erhalten soll (hier nehme ich ein Hochformat, denn wir planen eine Print-Anzeige).

Schritt 2: Mit `Strg`+`A` (am Mac `⌘`+`A`) wählen Sie das Gesamtbild aus, mit `⇧`+`Strg`+`J` (am Mac `⇧`+`⌘`+`J`) schneiden Sie das Foto aus dem Hintergrund aus und heben es auf seine eigene Ebene (hier in der Ebenenpalette zu erkennen).

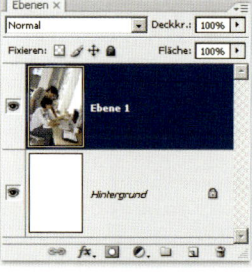

Schritt 3: Schalten Sie das Polygon-Lasso ein (das Lasso, mit dem Sie gerade Linien ziehen) und erzeugen Sie eine dreieckige Auswahl wie hier zu sehen. (Anmerkung: Die zwei Schenkel treffen sich rechts nicht ganz, es gibt einen kurzen Steg dazwischen.) Mit `Strg`+`J` (am Mac `⌘`+`J`) heben Sie die Auswahl auf eine eigene separate Ebene.

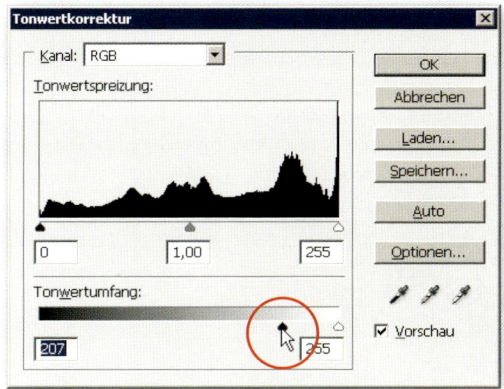

Schritt 4: Klicken Sie in der Ebenenpalette wieder auf die Fotoebene (Ebene 1) und laden Sie die Tonwertkorrektur mit `Strg`+`L` (am Mac `⌘`+`L`). Sie hellen das Bild jetzt drastisch auf; dazu ziehen Sie links unten den schwarzen Tonwertumfangregler weit nach rechts (wie hier gezeigt).

Schritt 5: Klicken Sie auf OK. Das Foto erscheint viel blasser – mit Ausnahme der Zone, die Sie ausgewählt und auf eine separate Ebene geliftet hatten (diese Ebene liegt ja über dem aufgehellten Gesamtbild). Jetzt kommt der Schein nach Innen hinzu, um die Ränder stärker herauszuarbeiten. Klicken Sie in der Ebenenpalette zunächst auf die Miniatur mit dem Dreieck.

Schritt 6: Unten in der Ebenenpalette klicken Sie auf das Symbol Ebenenstil hinzufügen und dann auf Schein nach innen. Die Füllmethode stellen Sie von Negativ multiplizieren auf Normal um, dann klicken Sie auf das beige Farbfeld und stellen im Farbwähler Hellblau ein (wie hier zu sehen). Heben Sie die Größe auf rund 50 Pixel.

Tipp:
So kommen Sie wieder zu den Standardeinstellungen für ein Werkzeug
Jedes Photoshop-Werkzeug hat seine eigenen Einstellungen und vermutlich ändern Sie diese Einstellungen laufend. Sie müssen aber nicht befürchten, die Standardeinstellungen des Herstellers zu verlieren – mit einem Klick lassen sie sich wieder herstellen. Klicken Sie mit der rechten Maustaste (am Mac bei gedrückter `Ctrl`-Taste) auf das Werkzeugsymbol ganz links außen in der Optionenleiste. Jetzt wählen Sie Werkzeug zurücksetzen; so kehren Sie stets zu den Standardeinstellungen zurück, Sie können also nach Lust und Laune experimentieren.

Fortsetzung

Tipp:

Die Vorteile der Ebenentransparenz

Immer wieder bitte ich Sie hier, bei gedrückter `Strg`-Taste (am Mac bei gedrückter `⌘`-Taste) auf eine Ebenenminiatur zu klicken, um die Ebenenumrisse als Auswahl zu laden (wenn Sie auf eine Textebene klicken, läuft die Auswahl um den Text herum). Technisch ausgedrückt, laden Sie die Ebenentransparenz als Auswahl (Sie könnten das auch manuell erledigen, wenn Sie AUSWAHL, AUSWHAL LADEN wählen und im KANAL-Menü die „Transparenz" angeben.) Brauchen Sie wirklich die komplette Ebene, ist der Weg über die Ebenentransparenz weit besser als zum Beispiel Zauberstab oder Schnellauswahl. Denn wenn Sie die Auswahl dann bewegen, bleiben kleine Flecken (nun ja, Pixel) zurück, die das Werkzeug nicht erwischt hatte. Laden Sie dagegen die Ebenentransparenz, bleibt nichts zurück, Sie erhalten die perfekte Auswahl. Darum verwenden wir diese Verfahren.

Schritt 7: Klicken Sie auf OK. Das Dreieck erhält jetzt einen blauen Rahmen (im Bild zu sehen). Damit haben Sie die Grundlage für den Effekt gelegt. Weil aber Text hinzukommt, blenden Sie größere Bildteile noch wirkungsvoller aus.

Schritt 8: Klicken Sie in der Ebenenpalette auf die Ebene 1 (die aufgehellte Ebene). Erzeugen Sie mit dem Polygon-Lasso eine Auswahl wie hier, also größer als das Dreieck.

Schritt 9: Sie wollen die Ränder der Auswahl absoften, das Bild soll nach Weiß hin ausklingen. Klicken Sie also oben in den Einstellungen auf KANTE VERBESSERN. Ziehen Sie den Regler WEICHE KANTE auf den Wert 30 Pixel, alle anderen Regler stehen bei null.

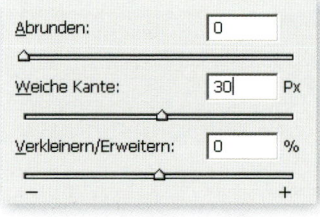

Schritt 10: Der nächste Befehl heißt AUSWAHL, AUSWAHL UMKEHREN. So kehren Sie die Auswahl um, erfasst sind nur noch die obersten und untersten Bereiche der Ebene (also die Zone, die ausgeblendet werden soll).

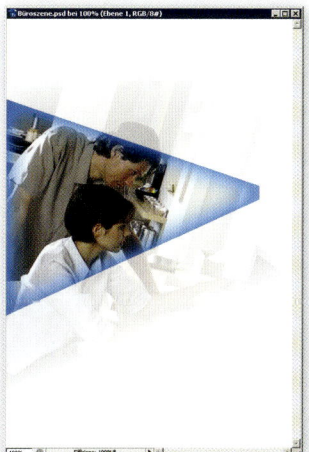

Schritt 11: Mit der `Entf`-Taste löschen Sie die gewählten Bildpartien. Weil wir die Auswahlkante so stark „aufgeweicht" haben, entsteht ein sehr allmählicher Übergang vom Bild zum weißen Hintergrund.

Schritt 12: Damit steht der Effekt, Sie müssen nur noch den Anzeigentext hinzufügen. Für die Überschriften verwendete ich die Schriftarten Trebuchet MS Bold. Der Lauftext erscheint in 10 pt Helvetica Light mit 24er Laufweite. Im blauen Kasten sehen Sie wieder Trebuchet. Der Firmenname nutzt die Schriftarten Helvetica Light Italic und Helvetica Bold Italic. Der Werbespruch ist in Helvetica Regular Italic gesetzt.

Tipp:

Sie können Kanäle genauso laden wie die Ebenentransparenz

Hier kommt eine Ergänzung zum Tipp auf der gegenüberliegenden Seite. Dort hatten wir erklärt, warum Sie die Auswahl einer Ebene über die Ebenentransparenz und nicht mit Zauberstab oder Schnellauswahl ermitteln sollten. Dazu klicken Sie bei gedrückter `Strg`-Taste (am Mac bei gedrückter `⌘`-Taste) auf die Miniatur einer Ebene in der Ebenenpalette. Tja, und das Gleiche funktioniert auch in der Kanälepalette: Laden Sie den Alphakanal als Auswahl, indem Sie die Kanalminiatur bei gedrückter `Strg`-Taste (am Mac bei gedrückter `⌘`-Taste) anklicken; er wird sofort als Auswahl geladen.

Tipp:

Das Wolkenmuster gefällt Ihnen nicht? Bestellen Sie ein neues.

Der Befehl FILTER, RENDER-FILTER, WOLKEN wird oft für Hintergrundmuster oder sogar für Gewittereffekte verwendet. Das entstehende Muster ist dabei völlig zufällig. Wenn Ihnen also die Wolken nach dem ersten Durchgang nicht gefallen, wiederholen Sie den Filter. Bei jedem neuen Anlauf erhalten Sie ein anderes Wolkenmuster.

Die aufgerollte Ecke – jetzt ganz einfach

Also okay, diesen Effekt hier gibt es schon eine ganze Weile. Aber erstens ist er immer noch sehr beliebt und zweitens verwenden die Leute meist Filter von Drittherstellern dafür und drittens ist er sehr kompliziert, wenn man ihn ohne diese Extrafilter nachbauen will. Aber das ist vorbei: Hier kommt ein superschnelles, superleichtes Verfahren für aufgerollte Ecken.

Schritt 1: Öffnen Sie das Bild, das den Effekt erhalten soll. Schalten Sie mit dem `P` zum Zeichenwerkzeug und holen Sie die rechte untere Ecke mit dem Zoomwerkzeug groß heran. Klicken Sie einmal auf die Bildunterkante, dann klicken Sie auf die rechte Kante und ziehen nach oben, um den Pfad nach außen zu wölben. Es folgt ein `Alt`-Klick auf den soeben erzeugten Punkt. Bewegen Sie sich nach unten und links; klicken und ziehen Sie, um den Pfad nach innen zu biegen.

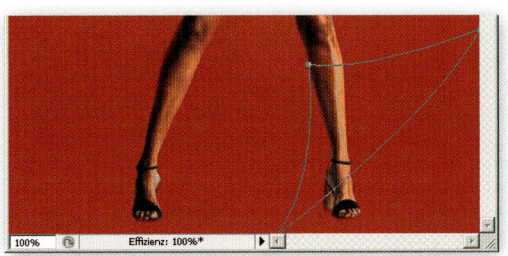

Schritt 2: `Alt`-klicken Sie auf diesen Punkt und dann klicken Sie auf den ursprünglichen Punkt und ziehen; so biegen Sie das letzte Pfadsegment nach innen (wie im obersten Bild). Mit `Strg`+`↵` (am Mac `⌘`+`↵`) verwandeln Sie den Pfad in eine Auswahl.

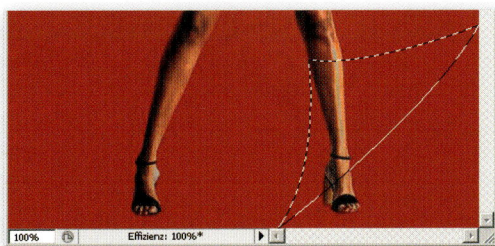

Schritt 3: Schalten Sie mit dem `G` zum Verlaufswerkzeug, oben in den Einstellungen klicken Sie auf die Verlaufsminiatur. Im Dialog VERLÄUFE BEARBEITEN erstellen Sie einen Verlauf wie hier; er geht von Mittelgrau zu Hellgrau, wieder zu Mittelgrau und dann zu Weiß.

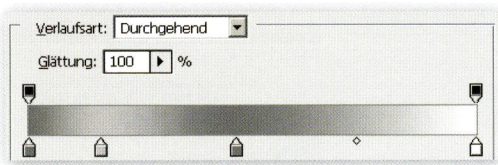

Schritt 4: Unten in der Ebenenpalette klicken Sie auf NEUE EBENE ERSTELLEN, so dass Sie eine neue leere Ebene erhalten. Klicken Sie mit dem Verlaufswerkzeug auf den Boden Ihrer Auswahl und ziehen Sie nach oben bis zur Spitze.

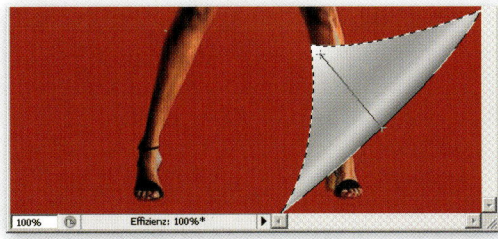

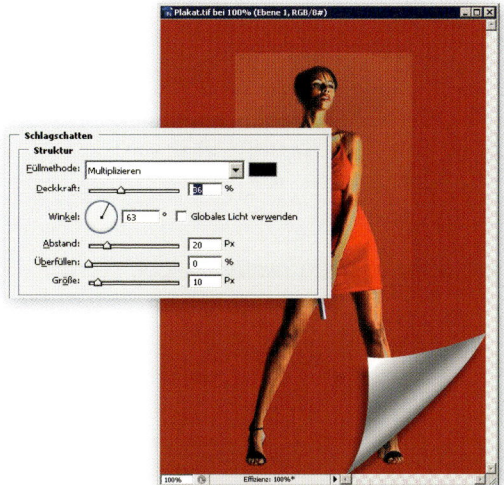

Schritt 5: Mit ⌨Strg+⌨D (am Mac ⌘+⌨D) heben Sie die Auswahl auf. Klicken Sie unten in der Ebenenpalette auf EBENENSTIL HINZUFÜGEN, dann auf SCHLAGSCHATTEN. Heben Sie den Abstand auf 20, die Größe auf 10, setzen Sie den Winkel auf 63 Grad und senken Sie die Deckkraft auf 36 Prozent. Mit dem OK-Klick erhält der Verlauf einen Schlagschatten, der die Dreidimensionalität unterstreicht.

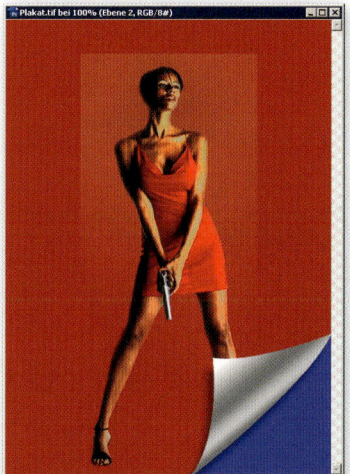

Schritt 6: Klicken Sie bei gedrückter ⌨Strg-Taste (am Mac bei gedrückter ⌘-Taste) auf das Symbol NEUE EBENE ERSTELLEN unten in der Ebenenpalette; so entsteht eine neue Ebene unterhalb der aktiven. Mit dem Polygon-Lasso erzeugen Sie eine Dreieckauswahl wie hier im Bild. Klicken Sie auf das Vordergrundfarbfeld in der Werkzeugleiste und wählen Sie Hellblau im Farbwähler. Mit ⌨Alt+⌨Entf füllen Sie die dreieckige Auswahl hellblau (wie hier zu sehen).

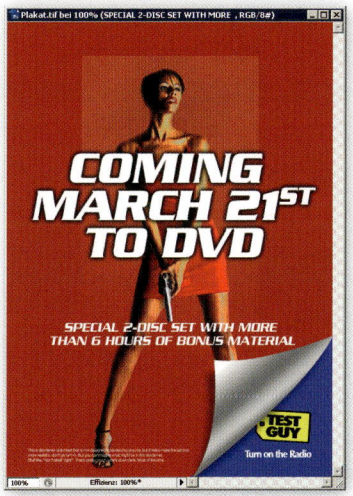

Schritt 7: Jetzt fügen Sie nur noch den Text hinzu. Text, der auf dem blauen Feld rechts unten steht, sollte vom aufgerollten Papier ansatzweise überdeckt sein; so wirkt das Ganze noch realistischer.

Tipp:
Ändern Sie die Bilddarstellung jederzeit
Während Sie einen Filter-Dialog oder eine Funktion wie Gradationskurven oder Tonwertkorrektur geöffnet haben, bietet Photoshop die meisten Menübefehle nicht mehr an. Das ANSICHT-Menü steht allerdings meist weiterhin zur Verfügung. Auch die Tastaturbefehle für die Funktionen aus dem ANSICHT-Menü lassen sich noch nutzen, obwohl Sie in einem Dialogfeld arbeiten.

Probieren Sie es selbst: Öffnen Sie ein Bild, starten Sie den Gaußschen Weichzeichner, dann testen Sie die Menüleiste. Das ANSICHT-Menü steht noch zur Verfügung, Sie können dort eine andere Zoomstufe einstellen oder die Tastaturbefehle für die Ansicht-Funktionen nutzen.

Ein Anhänger

Ein Leser schickte mir eine Zeitschriftenanzeige und fragte: „Wie haben die das gemacht? War das Photoshop?" Ja, das war es, und es ist ein nützlicher Effekt für viele Einsatzzwecke. Der Anhänger selbst lässt sich leicht gestalten, aber mir fiel einfach keine gute Idee ein, wie die Kordel in Photoshop entstehen könnte. Zum Glück hatte Colin Smith von PhotoshopCafe.com eine Idee, wie man den Bindfaden erzeugt und durchbiegt.

Schritt 1: Öffnen Sie ein neues RGB-Dokument. Unten in der Ebenenpalette klicken Sie auf NEUE EBENE ERSTELLEN, so dass Sie eine neue leere Ebene erhalten. Mit dem Auswahlrechteck ziehen Sie eine große, hochformatige Auswahl in der Bildmitte auf. Nach einem Klick auf das Vordergrundfarbfeld stellen Sie beige ein. Per ⟨Alt⟩+⟨Entf⟩ füllen Sie die Auswahl beige.

Schritt 2: Wählen Sie FILTER, FÜR SMARTFILTER KONVERTIEREN; so entsteht ein Smart Objekt. Der nächste Befehl heißt FILTER, STRUKTURIERUNGSFILTER, MIT STRUKTUR VERSEHEN. Im STRUKTUR-Menü stellen Sie LEINWAND ein. Setzen Sie die Skalierung auf 100 Prozent, die Reliefhöhe auf 4, als Lichtrichtung verwenden Sie oben. Per OK-Klick wenden Sie die Struktur auf das beige Rechteck an.

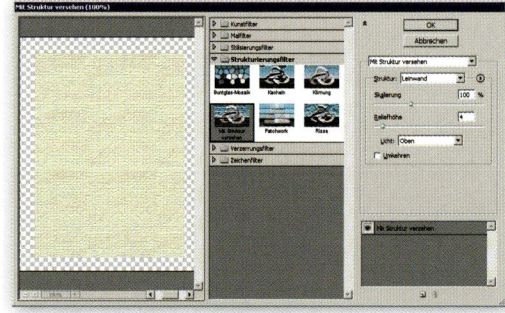

Schritt 3: Dank Smartfilter-Technik lässt sich die Struktur aus Schritt 2 noch bis Schritt 11 ändern. In der Ebenenpalette sehen Sie den dünnen Balken MIT STRUKTUR VERSEHEN; klicken Sie ganz rechts in diesem Balken auf die zwei schematisierten Schieberegler. Stellen Sie die Deckkraft des Filters auf 40 Prozent, erst so passt er richtig. Klicken Sie auf OK.

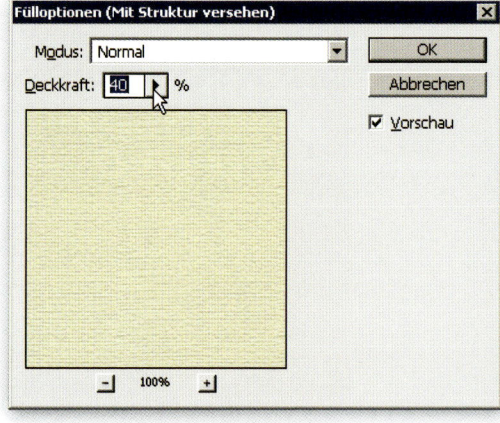

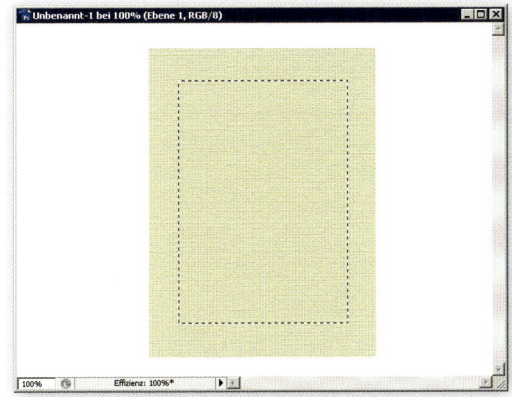

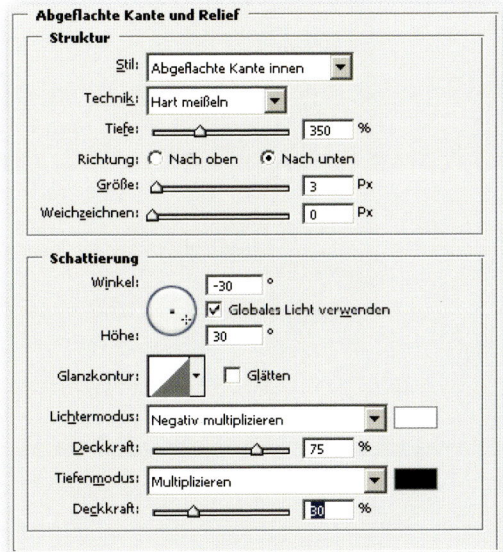

Schritt 4: Mit dem Auswahlrechteck erzeugen Sie eine kleinere Auswahl innerhalb des Rechtecks (wie abgebildet). Mit Strg + J (am Mac ⌘ + J) kopieren Sie diese Auswahl auf eine eigene Ebene.

Schritt 5: Unten in der Ebenenpalette klicken Sie auf EBENENSTIL HINZUFÜGEN und dann auf ABGEFLACHTE KANTE UND RELIEF. Als Technik verwenden Sie HART MEISSELN. Die Tiefe heben Sie auf 350 Prozent, die Größe sinkt auf 3. Im Bereich SCHATTIERUNG stellen Sie das GLOBALE LICHT ab, den Winkel setzen Sie auf minus 30, die Höhe auf 30 Grad, die Deckkraft im Tiefenmodus beschränken Sie auf 30 Prozent. Klicken Sie aber noch nicht auf OK, sondern auf die Zeile SCHEIN NACH INNEN in der Stilliste ganz links im Dialog.

Schritt 6: Hier ändern Sie die Füllmethode von NEGATIV MULTIPLIZIEREN auf NORMAL, die Deckkraft reduzieren Sie auf 30 Prozent. Nach einem Klick auf das Farbfeld stellen Sie Schwarz ein. Den UNTERFÜLLEN-Wert stellen Sie auf 48, die Größe auf 4. Mit dem OK-Klick erhält das kleinere Rechteck eine harte Kante.

Tipp:
Wie Sie einen Ebeneneffekt von der Ebene abkoppeln
Ein Ebeneneffekt ist zunächst direkt mit der Ebene verbunden. Wenden Sie einen Schlagschatten auf eine Textebene an, ist der unmittelbar mit der Textebene verbunden. Sie möchten den Schlagschatten auf einer Ebene sehen? Dann wählen Sie EBENE, EBENENSTIL, EBENE ERSTELLEN. So entsteht eine Ebene, die in diesem Fall nur den Schlagschatten allein enthält. Wenn Sie den Befehl auf den Effekt ABGEFLACHTE KANTE UND RELIEF anwenden, erhalten Sie zwei getrennte Ebenen für Lichter und Schatten. Die Ebenen sind allerdings immer noch mit der Herkunftsebene in einer Schnittmaske verbunden. Klicken Sie jeweils einmal auf eine der oberen Ebenen (sie enthalten die Effekte) und drücken Sie Alt + Strg + G (am Mac Alt + ⌘ + G); so lösen Sie diese Ebenen aus der Schnittmaske heraus, Sie haben drei unabhängige Ebenen.

Fortsetzung

Tipp:
Ändern Sie die Optionen blitzschnell
Sie wollen blitzschnell Werte für ein Werkzeug ändern, zum Beispiel die Toleranz für den Zauberstab? Sie müssen nicht erst in der Optionenleiste arbeiten. Drücken Sie das [W] für den Zauberstab und dann die [↵]-Taste. Jetzt markiert Photoshop das erste Eingabefeld in den Optionen. Sie müssen Ihren Wert nur noch eintippen und das war's.

Schritt 7: Klicken Sie in der Ebenenpalette auf Ihre ursprüngliche Rechteckebene. Unten in der Ebenenpalette klicken Sie auf EBENENSTIL HINZUFÜGEN und dann auf SCHLAGSCHATTEN. Im Dialog schalten Sie zuerst das GLOBALE LICHT ab, danach setzen Sie den Winkel auf 60 Grad. Heben Sie den Abstand auf 13 und die Größe auf 10, die Deckkraft senken Sie auf 40 Prozent, dann klicken Sie auf OK. So erhält der Anhänger einen Schatten (wie gezeigt).

Schritt 8: Wechseln Sie zum Textwerkzeug (mit der Werkzeugleiste), stellen Sie mit dem [D] die Vordergrundfarbe auf Schwarz und tippen Sie Ihre Zeilen. Hier verwende ich die Schriftart Minion von Adobe. Wenn die Schrift steht, erzeugen Sie eine neue leere Ebene, schalten das Linienwerkzeug ein (aus dem Untermenü der Formwerkzeuge in der Werkzeugleiste), dann ziehen Sie zwei Ein-Pixel-Linien zwischen den Textblöcken (siehe Abbildung).

Schritt 9: Erzeugen Sie noch eine neue leere Ebene, wechseln Sie zur Auswahlellipse, halten Sie die [⇧]-Taste gedrückt und erzeugen Sie ganz oben im Anhänger eine kleine Auswahl, wie hier zu erkennen. Stellen Sie mit dem [D] schwarze Vordergrundfarbe ein, dann füllen Sie die Auswahl per [Alt]+[Entf] schwarz. Behalten Sie die Auswahl noch bei. Erzeugen Sie eine weitere Ebene, stellen Sie mittelgraue Vordergrundfarbe ein, dann wählen Sie BEARBEITEN, KONTUR FÜLLEN. Nehmen Sie eine 4er-Breite und die Position Mitte; per OK-Klick erhält der Kreis eine graue Kontur (wie hier gezeigt).

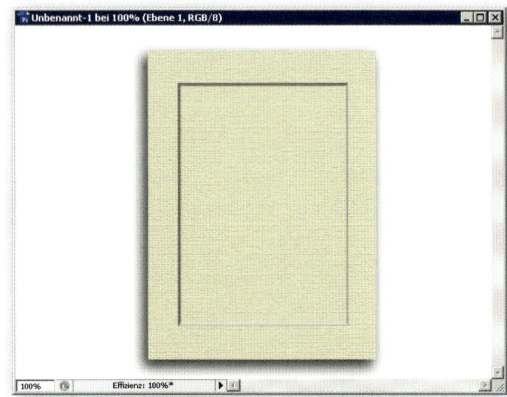

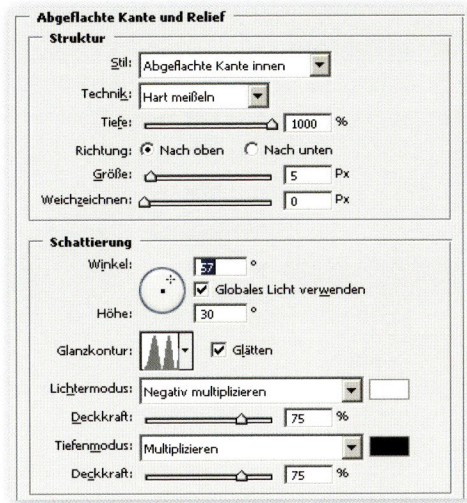

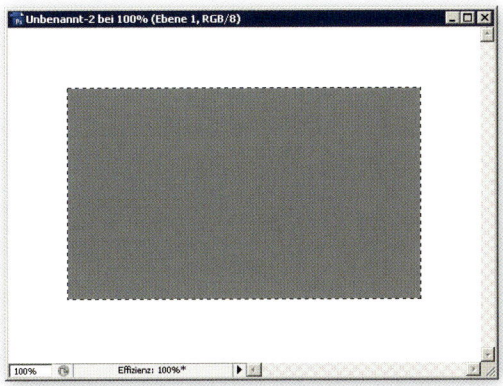

Schritt 10: Heben Sie die Auswahl mit `Strg`+`D` (am Mac `⌘`+`D`) auf. Unten in der Ebenenpalette klicken Sie auf EBENENSTIL HINZUFÜGEN und dann auf ABGEFLACHTE KANTE UND RELIEF. Die Technik stellen Sie auf HART MEISSELN, die Tiefe heben Sie auf 1000 Prozent. Setzen Sie den Winkel auf 57 Grad und die Höhe auf 30 Grad. Im GLANZKONTUR-Wähler stellen Sie den DOPPELTEN RING ein, der wie zwei Berggipfel aussieht (hier zu sehen). Klicken Sie auf OK. Die graue Kontur erhält so einen Metallic-Effekt.

Schritt 11: Verbergen Sie die Hintergrundebene. Dazu klicken Sie in der Ebenenpalette auf das Augensymbol gleich links von der Hintergrundebene. Im Palettenmenü nehmen Sie jetzt SICHTBARE AUF EINE EBENE REDUZIEREN; so verschmelzen Sie alle Einzelebenen des Anhängers zu einer einzigen. Mit `Strg`+`T` (am Mac `⌘`+`T`) starten Sie das Transformieren. Halten Sie den Cursor außerhalb des Rechteckrahmens (wie abgebildet) und ziehen Sie nach unten, um den Anhänger zu drehen. Beschließen Sie den Schritt mit der `↵`-Taste.

Schritt 12: Jetzt zur Kordel oben am Anhänger. Öffnen Sie eine neue RGB-Datei, erzeugen Sie eine neue leere Ebene und schalten Sie zum Auswahlrechteck. Ziehen Sie eine Rechteckauswahl im Querformat auf (wie hier zu sehen). Als Vordergrundfarbe stellen Sie mittleres Grau ein, dann füllen Sie die Auswahl mit dem Tastenbefehl `Alt`+`Entf` grau (siehe Abbildung).

Tipp:
Wie Sie Ebenenstile auf andere Ebenen übertragen
Sie können einen Ebenenstil auf eine Ebene anwenden und dann 1:1 auf andere Ebenen übertragen. Auf die langsame Tour regeln Sie das mit dem Befehl EBENE, EBENENSTIL, EBENENSTIL KOPIEREN. Dann klicken Sie in der Ebenenpalette auf die gewünschte Zielebene und bemühen sich wieder zur Menüleiste, um EBENE, EBENENSTIL, EBENENSTIL EINFÜGEN zu wählen.
Schneller geht es so: Klicken Sie in der Ebenenpalette bei gedrückter `Strg`-Taste (am Mac bei gedrückter `⌘`-Taste) auf das Feld rechts neben der Ebenenminiatur und wählen Sie EBENENSTIL KOPIEREN aus dem Kontext-menü. Dann folgt der `Strg`-Klick (am Mac `⌘`-Klick) auf die Zielebene, jetzt nehmen Sie im Kontextmenü den Befehl EBENENSTIL EINFÜGEN. Probieren Sie es einmal und Sie werden nie wieder im EBENE-Menü graben.

Fortsetzung

Tipp:

Wie Sie eine Ebene exakt an dieselbe Stelle übertragen

Sie können eine Ebene duplizieren und in der Zieldatei direkt an einer vergleichbaren Stelle platzieren. Klicken Sie zuerst in der Ebenenpalette auf die geplante Ebene. Dann öffnen Sie das Palettenmenü und wählen EBENE DUPLIZIEREN. Im Dialogfeld im Bereich ZIEL geben Sie den Namen der anderen Datei an und klicken auf OK. Ihre Ebene wird auf die andere Datei übertragen und landet exakt an der gleichen Stelle wie im Originalfoto.

Schritt 13: Jetzt folgt der Befehl FILTER, ZEICHENFILTER, RASTERUNGSEFFEKT. Setzen Sie die Größe auf 2, den Kontrast auf 33, als Musterart nehmen Sie die Linie, dann klicken Sie auf OK. So legen Sie Linien über Ihre graue Fläche. Heben Sie die Auswahl mit `Strg`+`D` (am Mac `⌘`+`D`) auf.

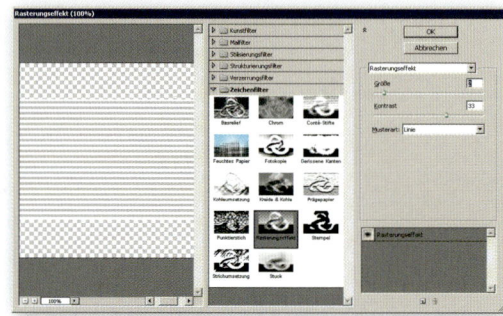

Schritt 14: Mit `Strg`+`T` (am Mac `⌘`+`T`) starten Sie das FREIE TRANSFORMIEREN. Halten Sie den Mauszeiger außerhalb der Rechteckbox und ziehen Sie nach oben, um das gesamte gestreifte Rechteck zu drehen (wie hier zu sehen). Schließen Sie den Schritt mit der `↵`-Taste ab.

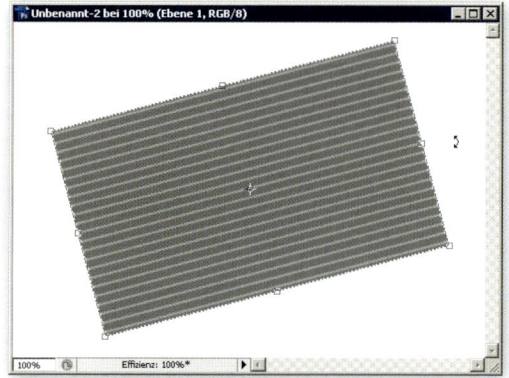

Schritt 15: Ziehen Sie mit dem Auswahlrechteck eine dünne horizontale Auswahl durch das gedrehte Rechteck, dann kopieren Sie diese Auswahl mit `Strg`+`J` (am Mac `⌘`+`J`) auf ihre eigene Ebene. Die graue Box ziehen Sie in den Papierkorb, um sie zu löschen (Sie brauchen die Ebene nicht mehr). Wählen Sie BEARBEITEN, TRANSFORMIEREN, UM 90° IM UZS DREHEN.

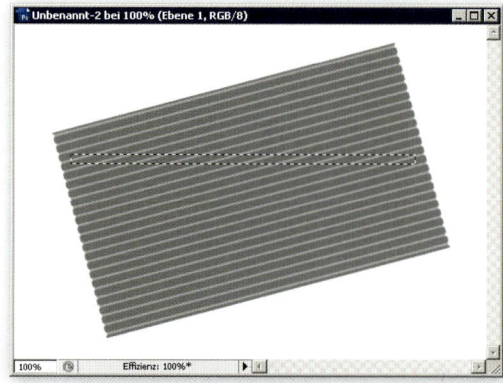

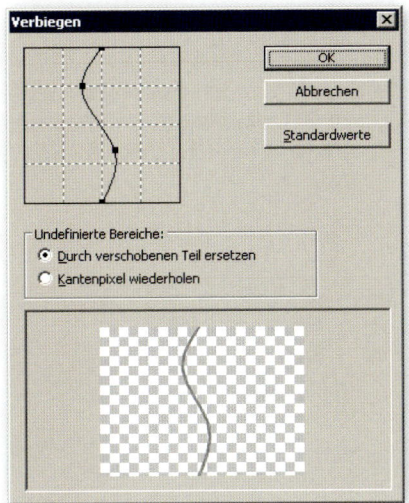

Schritt 16: Der nächste Befehl heißt FILTER, VERZERRUNGSFILTER, VERBIEGEN. Achten Sie auf die Linie in der Mitte der Koordinaten. Klicken Sie ins untere Viertel der Linie und ziehen Sie nach links. Dann klicken Sie ins obere Viertel und ziehen nach rechts, so dass eine Schlangenlinie entsteht. Mit dem OK-Klick biegen Sie Ihre dünne Leiste mit den grauen Linien zweimal durch.

Schritt 17: Unten in der Ebenenpalette klicken Sie auf EBENENSTIL HINZUFÜGEN und dann auf ABGEFLACHTE KANTE UND RELIEF. Senken Sie die Tiefe auf 71 Prozent, dann klicken Sie auf OK. So runden Sie das Band ab. Mit dem Verschiebenwerkzeug ziehen Sie es in die Anhängerdatei. Nach einem Druck auf `Strg`+`D` (am Mac `⌘`+`D`) ziehen Sie bei gedrückter `⇧`-Taste an einem Eckanfasser, um die Kordel passend zu verkleinern. Platzieren Sie das Objekt so, dass das untere Ende in der Öse oben am Anhänger endet.

Schritt 18: Duplizieren Sie das Band mit `Strg`+`J` (am Mac `⌘`+`J`). Ziehen Sie diese Version in der Ebenenpalette unter die Anhängerebene. Zum Schluss verschieben Sie die duplizierte Kordel so, dass sie scheinbar aus der Rückseite der Öse austritt (wie hier zu sehen).

Tipp:
Auch so biegen Sie Ebenen
Wir verwenden auf dieser Seite den VERBIEGEN-Filter, um die Ebene als Schlangenlinie zu zeigen. Photoshop bietet zu dem Verfahren eine Alternative, die allerdings in unserem konkreten Beispiel nicht stark genug wirkt. Sie aktivieren die Ebene und wählen BEARBEITEN, TRANSFORMIEREN, VERKRÜMMEN. Oben in den Einstellungen stellen Sie das Klappmenü auf Flagge – so erhalten Sie die S-Form aus unserem Beispiel, allerdings je nach Pixelzahl mit nur wenig Schwung. Sie können noch an den Anfasspunkten ziehen, um die Krümmung etwas zu verstärken. Wollen Sie die Änderung beibehalten, bestätigen Sie mit der `↵`-Taste.

Tipp:
Radieren Sie zum Original zurück

Sie arbeiten an einem Bild, doch Sie sind mit einigen Aspekten nicht zufrieden, dann können Sie natürlich DATEI, ZURÜCK ZUR LETZTEN VERSION wählen und das Bild auf den Stand des letzten Speicherns zurücksetzen. Aber vielleicht möchten Sie einige Änderungen beibehalten, andere nicht? Eine Möglichkeit: Sie malen mit dem Radierer bei gedrückter Alt-Taste über Bildpartien, die Sie nicht beibehalten wollen. Hier erscheint wieder der Bildzustand beim Öffnen. Der Radiergummi löscht Ihr Bild normalerweise, doch bei gedrückter Alt-Taste arbeitet es praktisch so wie der Protokollpinsel. Viele Leute nehmen für diese Aufgabe aber offenbar lieber den Radiergummi als den Protokollpinsel.

Zeigen Sie ein Bild als Fotopuzzle

Diesen Effekt habe ich schon öfter gesehen. Müssten Sie die Puzzlestücke mit dem Zeichenwerkzeug skizzieren, hätten Sie ganz schön zu tun. Zum Glück bietet Photoshops Formbibliothek aber bereits vier Puzzleteile an. Mit dieser Technik können Sie redaktionelle Kommentare untermauern, dramatische Effekte oder einfach Vergnügen erzeugen – nutzen Sie das Verfahren nach Belieben.

Schritt 1: Legen Sie eine neue Datei im RGB-Modus an. Klicken Sie auf das Vordergrundfarbfeld und stellen Sie im Farbwähler Mittelgrau ein, dann wechseln Sie in der Werkzeugleiste zum Eigene-Form-Werkzeug. Oben in den Einstellungen klicken Sie auf das dritte Symbol von links (mit der Einblendmeldung PIXEL FÜLLEN). Mit einem Klick auf die Formminiatur öffnen Sie dann den Formwähler. Im Menü des Formwählers gehen Sie auf OBJEKTE, danach klicken Sie auf ANFÜGEN. So laden Sie die Bibliothek OBJEKTE zusätzlich in den Formwähler.

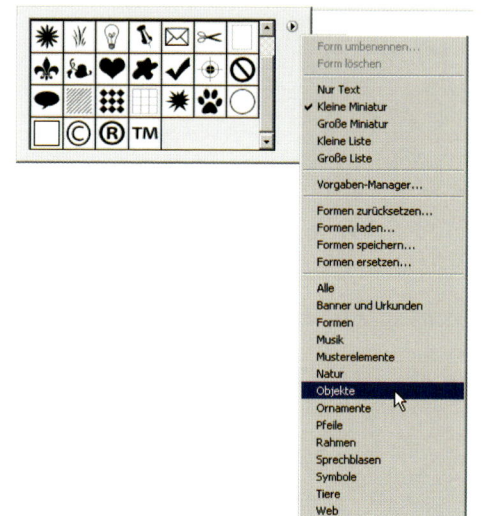

Schritt 2: Blättern Sie im Formwähler nach unten, bis Sie die vier Puzzleteile sehen, und klicken Sie auf das vierte (hier gezeigt). Klicken Sie unten in der Ebenenpalette auf die Schaltfläche NEUE EBENE ERSTELLEN, so dass Sie eine neue leere Ebene erhalten. Ziehen Sie mit dem Eigene-Form-Werkzeug die erste Figur bei gedrückter ⇧-Taste auf und schieben Sie das Ergebnis in die rechte obere Ecke (wie zu sehen).

Schritt 3: Erzeugen Sie eine neue leere Ebene, dann klicken Sie im Formwähler auf das zweite der vier Puzzlestücke (siehe Abbildung). Mit der ⇧-Taste ziehen Sie eine Figur auf, die in etwa so groß ist wie das vorherige Stück.

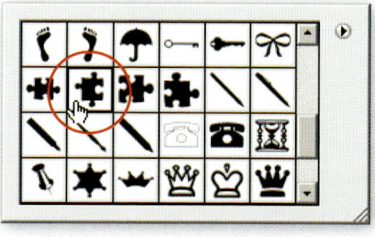

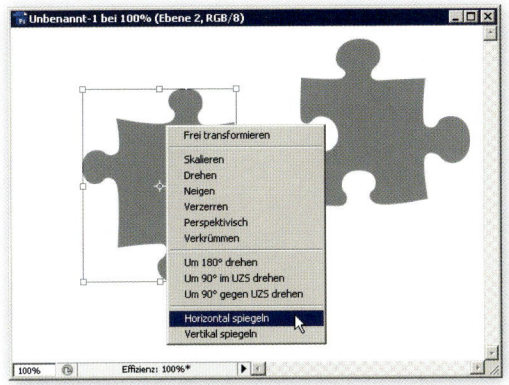

Schritt 4: Wechseln Sie mit ⌈Strg⌉+⌈T⌉ (am Mac ⌈⌘⌉+⌈T⌉) in den Modus FREI TRANSFORMIEREN. Klicken Sie in die Rechteckbox und dann auf HORIZONTAL SPIEGELN. Bestätigen Sie die Änderung mit der ⌈↵⌉-Taste.

Tipp:

Eine neue Ebene unterhalb der aktiven Ebene

Wenn Sie eine neue Ebene erstellen, landet sie oberhalb der momentan aktiven, vorhandenen Ebene. Wahlweise legt Photoshop die neue Ebene aber auch direkt unter die aktive Ebene. Dazu drücken Sie die ⌈Strg⌉-Taste (am Mac ⌈⌘⌉-Taste) und klicken auf die Schaltfläche NEUE EBENE. Die neue Ebene erscheint unterhalb der aktuellen Ebene.

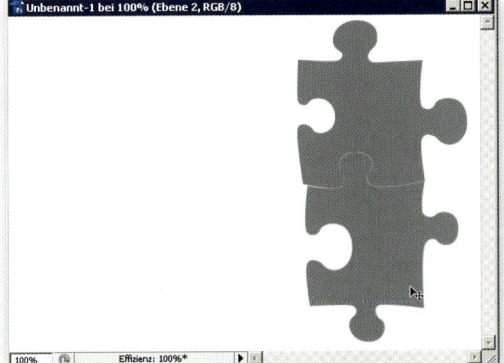

Schritt 5: Schalten Sie mit dem ⌈V⌉ das Verschiebenwerkzeug ein. Dann setzen Sie das zweite Stück an das erste an. Es muss jedoch ein winziger Spalt zwischen beiden Puzzleteilen erkennbar bleiben, sie dürfen nicht wie ein durchgehendes Stück wirken.

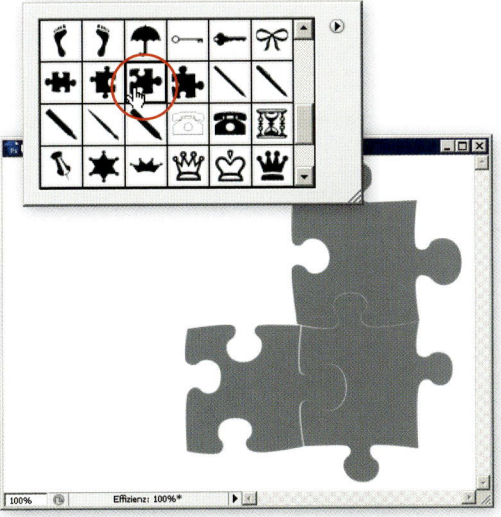

Schritt 6: Erzeugen Sie eine neue leere Ebene, schalten Sie wieder das Eigene-Form-Werkzeug ein und im Formwähler klicken Sie diesmal auf das dritte der vier Puzzleelemente. Bei gedrückter ⌈⇧⌉-Taste ziehen Sie die Figur auf, dann wird sie mit dem Verschiebenwerkzeug an das untere Puzzlestück angedockt. Lassen Sie wieder einen dünnen Spalt zwischen den Stücken sichtbar.

Fortsetzung

Tipp:

Ein Tipp zur Tonwert-korrektur

Sie wollen das Gesamtbild deutlich aufhellen oder abdunkeln. Dann eignen sich die Tonwertumfang-regler unten im TONWERT-KORREKTUR-Dialog. Wenn Sie den linken Regler nach rechts ziehen, hellen Sie das Gesamtbild auf. Bewegen Sie den rechten Tonwertumfangregler nach links, sinkt die Helligkeit. Der Effekt eig-net sich nicht für subtile Korrekturen, sondern eher für Spezialeffekte, etwa für Hintergrundflächen.

Schritt 7: Klicken Sie in der Ebenenpalette auf die Ebene mit dem rechten unteren Puzzlestück. Mit [Strg]+[J] (am Mac [⌘]+[J]) duplizieren Sie es auf eine neue Ebene. Starten Sie das FREIE TRANSFORMIEREN mit [Strg]+[T] (am Mac [⌘]+[T]). Ziehen Sie das Element nach links oben; ziehen Sie außerhalb des Transformieren-Rahmens, um es etwas zu drehen. Mit der [↵]-Taste schließen Sie die Änderung ab.

Schritt 8: Öffnen Sie das Bild, das den Puzzleeffekt erhal-ten soll, und schalten Sie das Verschiebenwerkzeug mit der Taste [V] ein. Ziehen Sie das Foto in die Puzzledatei. Ziehen Sie es dann in der Ebenen-palette bis unter das unterste Puzzlestück. Wichtige Bildteile sollten von den Puzzleteilen verdeckt sein. Jetzt wenden Sie eine plastische Kante auf das Foto an.

© Brand X Pictures

Schritt 9: Aus dem Menü EBENENSTIL HINZUFÜGEN nehmen Sie ABGEFLACHTE KANTE UND RELIEF. Senken Sie die Größe auf 1 und heben Sie den Weich-zeichnenwert ebenfalls auf 1. Klicken Sie in der STIL-Liste links auf SCHEIN NACH INNEN.

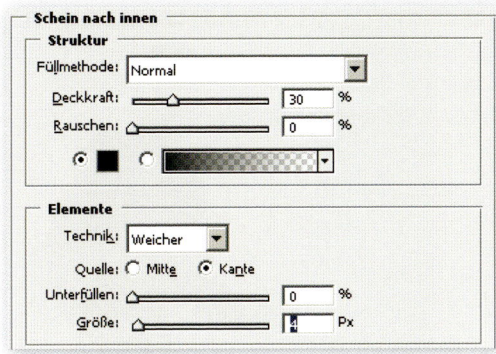

Schritt 10: Ändern Sie die Füllmethode von NEGATIV MULTI-PLIZIEREN auf NORMAL, senken Sie die Deckkraft auf 30 Prozent, heben Sie die Größe auf 4 und klicken Sie auf OK. So erhält das Foto die beiden Effekte. Später wenden Sie die Effekte auch auf die Puzzlestücke an.

Schritt 11: Klicken Sie in der Ebenenpalette bei gedrück-ter Strg-Taste (am Mac bei gedrückter ⌘-Taste) auf die Miniatur des linken unteren Puzzlestücks. Photoshop umgibt dieses Stück so mit einer Auswahlfließmarkierung. Klicken Sie in der Palette ein-mal auf die Fotoebene, um sie zu aktivieren (Sie heben die Auswahl nicht auf, Sie wechseln nur die Ebene). Ziehen Sie das Puzzlestück in den Mülleimer unten in der Ebenenpalette, um es zu löschen.

Schritt 12: Mit Strg+J (am Mac ⌘+J) heben Sie die Auswahl auf eine eigene Ebene. Sie hatten das Foto ja mit den Effekten ABGEFLACHTE KANTE UND RELIEF sowie SCHEIN NACH INNEN bearbeitet; die neue Kopie zeigt die Effekte deshalb ebenfalls an. Der Puzzleumriss erscheint darum plastisch (wie hier zu sehen).

Fortsetzung

Tipp:

Nutzen Sie die Lupe, während die Gradationskurven geöffnet sind

Wenn Sie Gradationskurven oder Tonwertkorrektur öffnen, schaltet Photoshop zur Pipette und Sie können nicht einfach ein anderes Werkzeug anklicken. Sie können dennoch weiter ins Bild einzoomen, auch bei geöffnetem Dialogfeld. Halten Sie `Strg`+`⇧`-Taste gedrückt (am Mac `⌘`+`⇧`-Taste), damit Photoshop vorübergehend die Vergrößerungslupe anbietet. Jetzt können Sie im Bild zoomen.

Schritt 13: Wiederholen Sie die Prozedur für die anderen drei Stücke: Ein `Strg`-Klick (am Mac `⌘`-Klick) auf die Ebene erzeugt eine Auswahl. Löschen Sie die Ebene, aktivieren Sie die Fotoebene und duplizieren Sie die Auswahl mit `Strg`+`J` (am Mac `⌘`+`J`) auf eine separate Ebene.

Schritt 14: Ziehen Sie die Fotoebene in den Mülleimer unten in der Ebenenpalette. So bleiben nur die plastischen Puzzlestücke zurück.

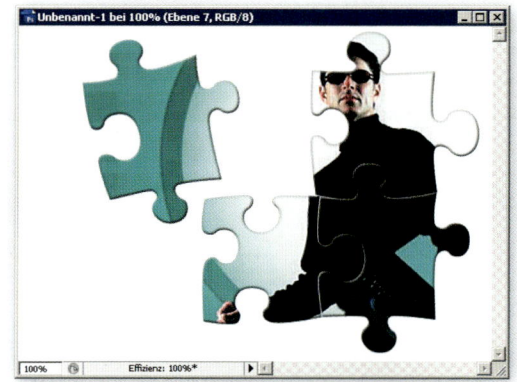

Schritt 15: Klicken Sie in der Ebenenpalette auf das Augensymbol gleich links neben der Hintergrundebene; so verbergen Sie diese Ebene. Dann wählen Sie im Palettenmenü Sᴄʜᴛʙᴀʀᴇ ᴀᴜꜰ ᴇɪɴᴇ Eʙᴇɴᴇ ʀᴇᴅᴜᴢɪᴇʀᴇɴ. Alle Puzzlestücke verschmelzen damit in einer Ebene. Jetzt können Sie die Hintergrundebene wieder anzeigen; dazu klicken Sie in das leere Kästchen, in dem zuvor das Augensymbol erschien.

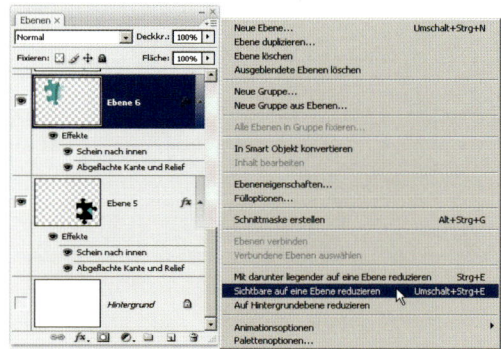

Schritt 16: Zuletzt wählen Sie noch SCHLAGSCHATTEN aus dem Menü EBENENSTIL HINZUFÜGEN, das Photoshop unten in der Ebenenpalette anbietet. Senken Sie die Deckkraft auf 65 Prozent, heben Sie die Größe auf 10 und klicken Sie auf OK. So erhält das Puzzle noch einen leichten Schatten – fertig!

Schritt 17: Ich nutze den Puzzleeffekt hier für ein fiktives Kinoplakat. Als Schriftarten dienen Minion von Adobe für die Namen unten und für den Untertitel. Die Titelzeile habe ich in Trajan gesetzt (auch von Adobe). Die Schriftart unten ist Helvetica Bold Condensed.

Tipp:
Die Optionen für den Maskierungsmodus
Sie erstellen eine Auswahl und drücken das [Q], um in den Maskierungsmodus zu wechseln. Photoshop deckt dann den Bildbereich rötlich ab, der nicht ausgewählt ist. Ich selbst überdecke aber lieber die ausgewählten Bildteile. Dazu klickt man einfach weit unten in der Werkzeugleiste doppelt auf das Symbol für den Maskierungsmodus (gleich unter den Farbfeldern). Schalten Sie um zur Vorgabe FARBE BEDEUTET: AUSGEWÄHLTE BEREICHE.

Tipp:
Eine hellere Farbe bei gleichbleibender Sättigung

Sie wollen im Farbwähler eine hellere Farbe einstellen, ohne Sättigung zu verlieren. Dazu klicken Sie auf das „S" im Bereich H, S, B. So erhalten Sie ein Farbwahlfeld mit unterschiedlichen Helligkeits- und Farbwerten, jedoch alle mit identischer Sättigung (probieren Sie es einmal, dann sehen Sie, was ich meine).

Imitieren Sie eine Kleinanzeige

Diesen Effekt haben Sie womöglich schon Dutzende Male gesehen: Eine herausgerissene Kleinanzeige, in der die wichtigsten Zeilen angemarkt sind. Der Effekt selbst macht wenig Arbeit, man muss allerdings erst mal die Kleinanzeige erstellen. Aber Sie können sich bei mir eine Kleinanzeige herunterladen, wenn Sie keine eigene produzieren möchten.

Schritt 1: Dieses Verfahren beginnt mit selbst konstruierten Kleinanzeigen. Entwerfen Sie wahlweise Ihre eigenen Kleinanzeigen, so dass Sie den Text nach Ihren Wünschen formulieren; oder laden Sie sich die hier gezeigte Variante unter www.scottkelbybooks.com/csphotos.html herunter.

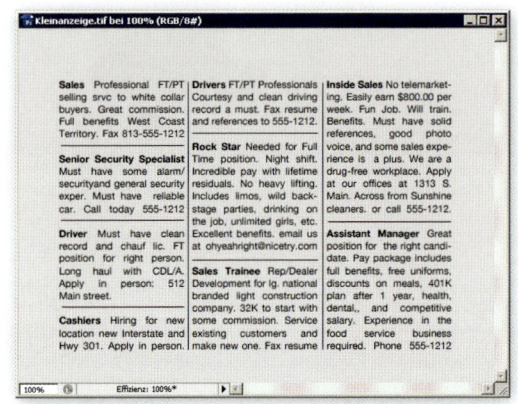

Schritt 2: Wechseln Sie mit dem L zum Lasso und ziehen Sie eine lose, unregelmäßige Auswahl um die Kleinanzeige, die Sie herausstellen wollen. (Anmerkung: Ich habe hier die Ebenendeckkraft etwas gesenkt, damit Sie die Auswahllinie besser erkennen.) Die Auswahl sollte ein bisschen fransig aussehen, als ob der Bereich von Hand aus einer Zeitung gerissen wurde.

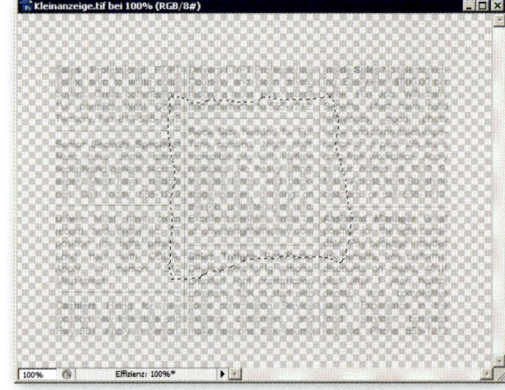

Schritt 3: Mit Strg+J (am Mac ⌘+J) kopieren Sie die Auswahl auf eine eigene Ebene. Dann klicken Sie in der Ebenenpalette auf die Hintergrundebene, wählen die Gesamtebene mit Strg+A (am Mac ⌘+A) aus und drücken die Entf-Taste. So verschwinden die äußeren Kleinanzeigen, nur der ausgewählte Text ist noch sichtbar (siehe Bild).

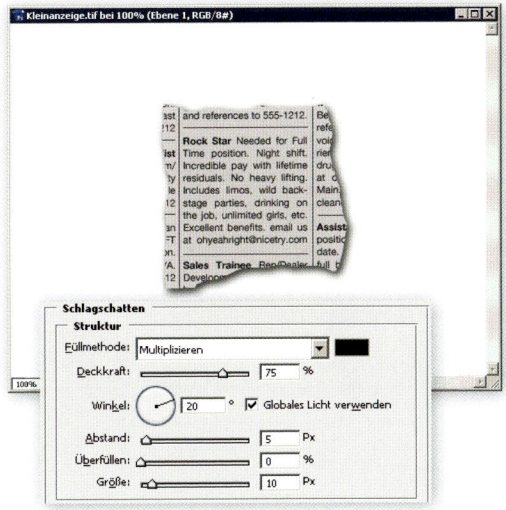

Schritt 4: Mit `Strg`+`D` (am Mac `⌘`+`D`) heben Sie die Auswahl auf. Klicken Sie wieder auf die Ausrissebene in der Ebenenpalette. Unten in der Ebenenpalette klicken Sie auf die Schaltfläche EBENENSTIL HINZUFÜGEN und dann auf SCHLAGSCHATTEN. Im Dialog setzen Sie den Winkel auf 20 Grad und die Größe auf 10 Pixel (hochauflösende 300 dpi-Bilder brauchen etwa eine 40er-Größe). Klicken Sie auf OK, so dass der Ausriss einen Schatten erhält (wie hier gezeigt).

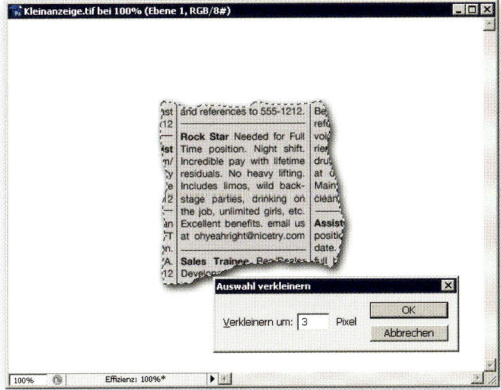

Schritt 5: Bei gedrückter `Strg`-Taste (am Mac bei gedrückter `⌘`-Taste) klicken Sie auf die Ausrissebene in der Palette; so wird sie von einer Auswahlmarkierung umgeben. Dann wählen Sie AUSWAHL, AUSWAHL VERÄNDERN, VERKLEINERN, geben 3 Pixel Radius an und klicken OK. Die Auswahl verringert sich etwas.

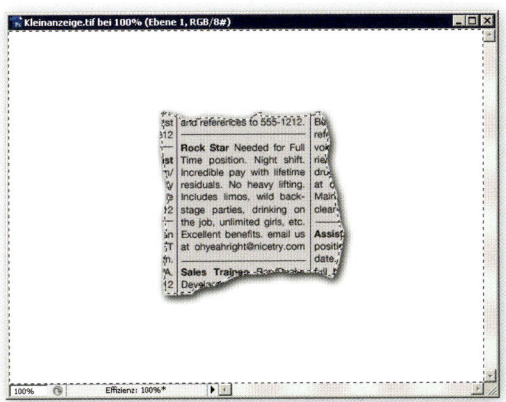

Schritt 6: Jetzt folgt der Befehl AUSWAHL, AUSWAHL UMKEHREN. Jetzt ist nur noch ein drei Pixel breiter Rand Ihres Zeitungsschnipsels ausgewählt. Im nächsten Schritt hellen Sie diesen Bereich auf, drücken Sie also `Strg`+`L` (am Mac `⌘`+`L`) für den TONWERTKORREKTUR-Dialog.

Tipp:
Bessere Standardwerte für den Tiefen/Lichter-Befehl
Sobald Sie den Befehl BILD, ANPASSUNGEN, TIEFEN/LICHTER aufrufen, erscheint Ihr Bild auch schon verändert, denn der Stärkeregler für die Tiefen steht bereits auf 50 Prozent. Ich ziehe den Regler dann immer erst mal auf null Prozent zurück, damit das Foto unverändert erscheint, so wie bei Tonwertkorrektur oder Gradationskurven). Sie können diesen Start mit null Prozent aber auch dauerhaft vorgeben. Wichtig ist zunächst, dass Sie auf WEITERE OPTIONEN EINBLENDEN klicken, so dass Sie sämtliche Optionen des Dialogs sehen. Ziehen Sie den Stärkeregler auf null Prozent zurück, dann klicken Sie unten auf ALS STANDARD SPEICHERN. Jetzt öffnet sich das Dialogfeld mit null Prozent Stärke.

Tipp:
Abgerundete Ecken ohne Einstellungsleiste

Das Ergebnis des Abgerundetes-Rechteck-Werkzeugs gefällt Ihnen nicht, Sie brauchen eine andere Rundung? Dann müssen Sie nicht erst in die Einstellungsleiste oben am Programmfensterrand wechseln. Widerrufen Sie einfach das aktuelle Ergebnis; dann senken Sie die Eckenrundung mit dem ⊙ oder heben Sie den Wert mit der Taste # auf Ihrer Tastatur.

Schritt 7: Um die Ränder aufzuhellen, ziehen Sie den linken unteren Tonwertumfangregler nach rechts (wie abgebildet). Heben Sie die Auswahl mit Strg + D (am Mac ⌘ + D) auf. Erzeugen Sie eine neue leere Ebene, indem Sie unten in der Ebenenpalette auf die Schaltfläche NEUE EBENE ERSTELLEN klicken.

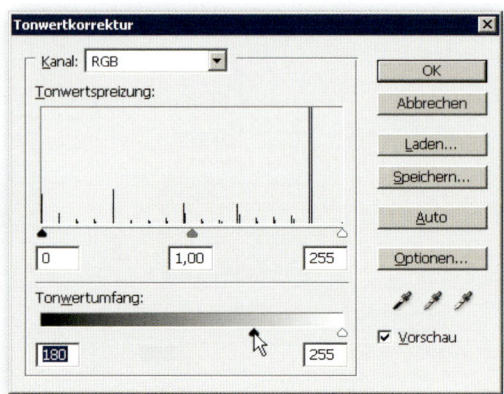

Schritt 8: Schalten Sie mit dem B zum Pinselwerkzeug, dann klicken Sie mit rechts (am Mac bei gedrückter Ctrl-Taste) in die Datei, um den Pinselspitzenwähler zu sehen. Aus dessen Menü laden Sie die Pinsel für nasse Farbe. Klicken Sie auf den vertikalen 19 Pixel-Pinsel mit dem Namen LEICHT ÖL FLACHE SPITZE; dann senken Sie die Pinselhöhe mit dem Regler HAUPTDURCHMESSER so weit, bis sie zu den Buchstaben der Anzeige passt. Die Vordergrundfarbe stellen Sie auf ein Textmarker-Gelb ein (ich nahm R 216, G 209, B 0). Malen Sie über die Zeilen, die Sie hervorheben möchten.

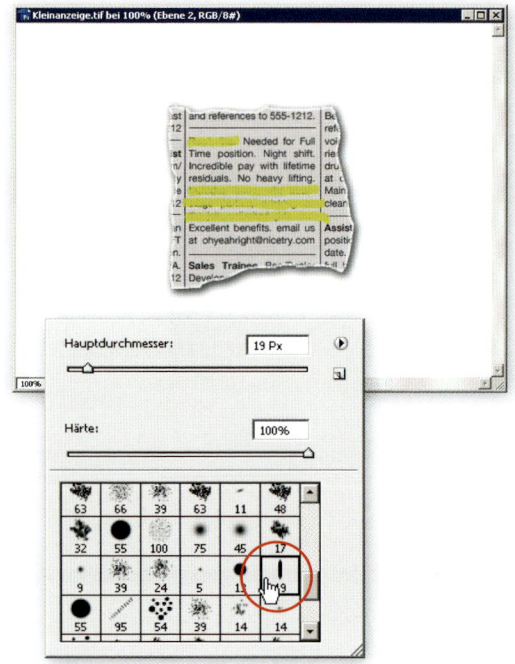

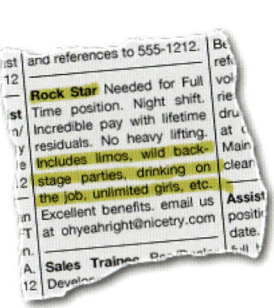

Schritt 9: Zum Schluss stellen Sie in der Ebenenpalette die Füllmethode von NORMAL auf MULTIPLIZIEREN um, so dass die Wörter auch innerhalb der hervorgehobenen Zone klar lesbar werden (wie hier zu sehen). In der Anzeige hier habe ich die Textmarkerebene und die Kleinanzeige mit Strg + E (am Mac ⌘ + E) verschmolzen und das Ganze per Verschiebenwerkzeug in die Datei mit der Zeitungswerbung gezogen. Per FREI TRANSFORMIEREN habe ich die Anzeige noch gedreht. Behalten Sie eine Kopie des Originals mit allen Ebenen, dann können Sie den Text leicht für den nächsten Einsatz austauschen.

Index